KB242927

경매·공매·NPL
교과서

법원경매편

[경매 · 공매 · NPL 시리즈 1]

실전
경매 · 공매 · NPL 교과서

법학박사 송순근 지음

법원경매편

좋은땅

"전정개정신판"을 낸 지도 거의 10년이 되었습니다. 그동안 부동산시장의 변화, 재테크에 대한 인식, 방법의 변화, 이와 관련한 법률의 제정, 개정 등에서 많은 변화가 나타나 더 이상 미룰 수가 없어서 원고를 새로이 정리해 보았습니다.

본서의 특징

기존의 "전정개정신판"을 1, 2권으로 분류하여 출간하게 되었습니다.

첫째, 1권은 "법원경매편"으로 구성하였습니다.

경매, 공매, NPL에서 필요로 하는 민사기초법리를 기존보다 압축하여 소개하고 법원경매의 진행과 절차 등을 경매 전과 후로 나누어 설명함으로써 비전공자도 쉽게 습득할 수 있도록 하였습니다.

특히, 법원경매의 고유제도 중의 하나인 인도명령을 민사소송법상의 명도소송과 함께 다루었으며, 배당이론과 실무편에서는 조문 해설을 증보하였습니다.

주택임대차보호법과 상가건물 임대차보호법의 개정 내용을 조문별로 정리하고 이론보다는 실무적인 부분에 중점을 두어 조문 해설 외에도 대법원 판례를 많이 소개하여 입찰 참여에 도움이 되도록 하였습니다.

둘째, 2권은 "실전권리분석, 공매(온비드)와 NPL(무수익여신 채권)"을 담았습니다.

1권의 완성편으로서 실전권리 분석을 테마별로 정리해 보았습니다. 그런 후 경매, 공매, NPL 영역에 영향을 미치는 민사집행법을 조문별로 소개하고 해설을 부쳤습니다.
그 후 한국자산관리공사의 온비드공매를 정리하고, 끝으로 종합적인 재테크 방식의 하나인 NPL을 통한 수익창출에 관하여 언급하였습니다.

이 책은 기존의 내용보다 좀 더 실무와 실전 부분에 중점을 둠으로써 전체적으로는 경매, 공매, NPL현장에서 겪게 되는 어려움을 다소 보완해 주리라 생각됩니다.

경매, 공매, NPL에 대한 지식의 습득은 적극적으론 부동산재테크를 통한 수익의 창출에 이바지 하는 것이고, 소극적으로는 자기의 재산을 지키기도 합니다.
"호시우행"하는 자세로 이에 대한 지식을 쌓아 각자 원하는 좋은 결과를 얻길 바랍니다.

아울러 본서의 출판을 흔쾌히 맡아 주신 "좋은땅 출판사" 관계자 여러분의 노고에 진심으로 감사를 드립니다.

저자 법학박사 송순근

목 차

완전개정신판에 즈음하여 ··· 4

제1편 법원경매의 참여

제1장 부동산 경매 개관

제1절 부동산 경매의 개념 ··· 14
1. "부동산 경매"의 의미 ··· 14
2. 부동산 경매 참여 ··· 18

제2절 부동산 경매 절차 ··· 103
1. 경매 참여 전 준비절차 ··· 103
2. 도해를 통해 본 경매 일반절차 ··· 105
3. 입찰절차 ··· 125
4. 매각 허가 및 대금납부 ··· 143
5. 소유권이전 신청 및 촉탁 신청 ··· 147

제3절 법원경매정보지 보는 법 ··· 148

제2장 부동산 경매와 물권

제1절 물권의 종류 ··· 154
1. 민법이 규정하는 물권 ··· 154
2. 관습법상의 물권 ··· 156
3. 명인방법 ··· 156

제2절 지상권 ··· 156

   1. 개념 ··· 156

   2. 지상권의 취득 ··· 157

   3. 존속기간 ··· 159

   4. 효력 ··· 161

   5. 소멸 ··· 166

   6. 관습법상의 지상권 ··· 166

제3절 공유(지분경매와 공유자우선매수청구권) ··· 182

   1. 공동소유의 개념 ··· 182

   2. 공유의 의의 ··· 182

   3. 공유의 내부관계 ··· 182

   4. 공유의 외부관계 ··· 184

   5. 공유물의 분할 ··· 184

제4절 전세권 ··· 186

   1. 개념 ··· 186

   2. 취득과 법정갱신 ··· 187

   3. 존속기간 ··· 189

   4. 효력 ··· 191

   5. 소멸 ··· 195

제5절 유치권 ··· 197

   1. 개념 ··· 197

   2. 법적 성격 ··· 197

   3. 성립요건 ··· 197

   4. 유치권의 종류 ··· 200

   5. 유치권자의 권리 ··· 203

   6. 유치권자의 의무 ··· 209

   7. 소멸사유일반 ··· 210

   8. 특유한 소멸 사유 ··· 210

   9. 유치권 물건의 입찰과 법적 조치 ··· 215

제2편 경매 후의 법률문제

제1장 인도명령과 명도소송

제1절 권리분석상 기준권리
    1. 소제(소멸)주의 ··· 224
    2. 인수주의(이전주의) ··· 225

제2절 인도명령 ··· 226
    1. 개관 ··· 226
    2. 부동산 인도명령 절차 ··· 227
    3. 부동산 인도명령의 불복절차 ··· 233

제3절 명도소송 ··· 235
    1. 의의 ··· 235
    2. 명도소송 시 주의할 점 ··· 237
    3. 부동산점유이전금지가처분 절차 ··· 237
    4. 명도소송의 관할법원 ··· 239
    5. 명도소송 절차 ··· 239

제2장 경매의 취소와 항고

제1절 경매신청의 취하 ··· 245
    1. 취하시기 ··· 245
    2. 심사 ··· 245
    3. 효과 ··· 245

제2절 경매 절차의 취소 ··· 246
    1. 요건 ··· 246
    2. 효과 ··· 246

제3절 즉시항고   ··· 247

  1. 의의   ··· 247

  2. 신청권자와 그 상대방   ··· 247

  3. 즉시항고를 할 수 있는 재판   ··· 247

  4. 항고 제기의 방법과 심리   ··· 248

  5. 집행정지   ··· 248

제3장 감정평가와 잔금 납부

제1절 감정평가   ··· 249

  1. 감정기관   ··· 249

  2. 평가대상   ··· 249

  3. 제시 외 물건   ··· 250

  4. 감정평가액   ··· 250

제2절 잔금 납부   ··· 251

  1. 잔금 납부와 상계   ··· 251

  2. 집행정지와 중복경매개시결정에 의한 잔금납부   ··· 251

  3. 재매각결정 후 매수인의 잔금납부   ··· 251

  4. 재입찰자의 전낙찰자에 대한 관계   ··· 252

제3편 배당이론과 실무

제1장 경매와 배당 일반

제1절 배당순위와 배당절차   ··· 254

  1. 배당순위 개관   ··· 254

  2. 경매의 배당절차   ··· 259

  3. 주택임차인의 배당 관계   ··· 266

  4. 소액임차인   ··· 269

　　5. 근로자의 임금채권의 우선변제권　　　　　　　　　… 271
　　6. 국세 및 지방세　　　　　　　　　　　　　　　　… 273

제2절 배당과 공탁　　　　　　　　　　　　　　　　… 274
　　1. 배당 장소, 주체　　　　　　　　　　　　　　　　… 274
　　2. 배당금의 공탁　　　　　　　　　　　　　　　　　… 274

제3절 배당과 변제의 효과　　　　　　　　　　　　　… 275
　　1. 충당금　　　　　　　　　　　　　　　　　　　　… 275
　　2. 배당요구 시기 등　　　　　　　　　　　　　　　… 275

제2장　배당과 관련한 이의의 소

제1절 배당에 대한 이의　　　　　　　　　　　　　　… 276
　　1. 배당방법　　　　　　　　　　　　　　　　　　　… 276
　　2. 가장 임차인　　　　　　　　　　　　　　　　　　… 276
　　3. 이의신청　　　　　　　　　　　　　　　　　　　… 276
　　4. 채무자의 이의　　　　　　　　　　　　　　　　　… 277

제2절 배당이의의 소　　　　　　　　　　　　　　　　… 277
　　1. 배당이의의 소　　　　　　　　　　　　　　　　　… 277
　　2. 배당이의의 사유　　　　　　　　　　　　　　　　… 277

제4편　주택 · 상가건물임대차보호법

제1장　주택임대차보호법

제1절 목적 및 적용 범위　　　　　　　　　　　　　　… 282
　　1. 목적　　　　　　　　　　　　　　　　　　　　　… 282
　　2. 적용 범위　　　　　　　　　　　　　　　　　　　… 282

제2절 대항력의 범위 ··· 291

　　1. 임대차의 존속기간 종료 전의 대항력 ··· 291

　　2. 임대차의 존속기간의 종료 후의 대항력 ··· 327

　　3. 경매에 의해 임차권이 소멸한 후의 대항력 ··· 328

제3절 대항력의 내용 ··· 331

　　1. 「대항할 수 있다」의 의미 ··· 331

　　2. 법정 승계의 요건 ··· 331

　　3. 대항력의 내용 ··· 332

　　4. 제3자에 대한 관계 ··· 335

　　5. 대항력의 범위 ··· 335

제4절 임대차 기간 ··· 338

　　1. 임대차 기간 등 ··· 338

　　2. 계약의 갱신 ··· 339

제5절 차임ㆍ보증금증감청구권 ··· 342

　　1. 우선변제의 보장 ··· 343

　　2. 임차주택의 양수인에 대한 임차인의 우선변제권 ··· 354

　　3. 임차인의 경매신청 시 집행개시의 요건 ··· 356

　　4. 소액보증금 중 일정액의 우선변제 ··· 360

제6절 주택임차권의 승계 ··· 369

　　1. 임차권의 승계 ··· 369

　　2. 승계 전 채무의 승계 여부 ··· 370

제2장　상가건물임대차보호법

제1절 입법 취지(목적) ··· 373

제2절 적용 범위 ··· 373

　　1. 사업자등록의 대상이 되는 상가건물의 임대차　　　… 373
　　2. 일시사용을 위한 임대차 등　　　… 375

제3절 대항력　　　… 377
　　1. 취득요건　　　… 377
　　2. 내용　　　… 378

제4절 존속기간　　　… 379
　　1. 최단기간　　　… 379
　　2. 임대차관계의 존속　　　… 379
　　3. 계약갱신요구권 등　　　… 380
　　4. 법정갱신(묵시적 갱신)　　　… 380
　　5. 보증금의 회수 등　　　… 381
　　6. 임차권등기명령　　　… 385
　　7. 민법에 따른 임대차등기의 효력　　　… 385
　　8. 상가권리금의 보호　　　… 385
　　9. 차임 등의 증감청구권 등　　　… 391

법원경매의 참여

제1절 부동산 경매의 개념

1. "부동산 경매"의 의미

1) "경매"와 "부동산 경매"

통상 "경매"라고 하면 매도인이 다수의 매수 희망자에게 구두나 서면으로 매수의 청약을 하여 그 청약자 중에서 최고 가격으로 청약한 한 사람에게 매도의 승낙을 함으로써 이루어지는 매매의 형식을 말한다.

특히, 그 대상을 부동산으로 하는 것이 "부동산 경매"이다. 이러한 경매절차는 민사집행법에 있는 "강제집행절차"에 따라 진행된다.

2) 경매의 종류

(1) 강제경매와 임의경매

가. 의의

(가) 채권자가 채무자에 대해 가지는 확정판결 등 집행권원에 근거하여 채무자 소유의 일반재산을 강제집행의 일환으로써 매각하는 것을 "강제경매"라 한다.

(나) 전세권이나 저당권을 원인으로 제공된 담보물에 대해 경매가 이루어지는 것을 강제경매에 대응하여 "임의경매"라고 한다.

나. 강제경매와 임의경매의 차이점

임의경매에도 강제경매에 관한 규정이 준용되지만(민사집행법 제268조 등), 다만 다음 두 가지 점에서 양자는 큰 차이가 있다.

가) 집행권원의 필요성 유무

강제경매에서는 집행할 수 있는 일정한 집행권원이 있어야 하지만(동법 제80조 3호), 임의경매에서는 담보권에 내재하는 환가권에 기초하여 경매신청권이 인정되는 것이다. 따라서 별도의 집행권원이 필요 없고, 경매신청 시 담보권의 존재를 증명하는 서류를 제출하면 된다(동법 제264조 1항).

나) 경매의 공신적 효과

(가) 강제경매는 확정판결 등 집행권원에 기초하여 이루어지는 것이어서, 경매 절차가 완결된 경우는 실체법상의 청구권이 없거나 무효·소멸된 때에도 매수인은 목적물의 소유권을 취득한다. 반면 임의경매에서는 담보권에 내재하는 환가권의 실행을 국가기관이 대행하는 것에 불과하므로 담보권에 문제가 있으면 그것이 매각의 효력에 영향을 미치게 되므로 경매의 공신적효과는 부정되는 것이 원칙이다.

(나) 다만, 이에 대해서는 예외가 있다. 즉 민사집행법 제267조에서 "매수인의 부동산 취득은 담보권 소멸로 영향을 받지 아니한다"(대판 (전원) 2022.8.25. 선고 2018다205209)고 정한 것이 그것이다. 즉, "경매개시결정 후 담보권이 소멸한 경우를 의

미하는 것으로 경매개시결정전에 이미 소멸한 담보권에 기한 경매는 무효이며, 매수인은 소유권을 취득할 수 없다.”는 의미이다. 이것은 부동산거래의 안전성과 경매 절차의 공정성을 확보하기 위한 취지로 이해된다.

다. 민사집행법의 제정

(가) 강제경매와 임의경매 모두 사법(私法)상의 권리의 강제적 실현을 목적으로 하므로, 근본적으로는 그 성질이 유사한 것이지만, 경매개시의 요건이나 개시 결정에 대한 이의 사유 등의 차이는 양자의 특성상 당연하다.

(나) 과거 “민사소송법”에 규정되었던 경매와 관련하여서는 현행 “민사집행법”을 제정(2002 . 법 6627)하여 2002년 7월 1일부터 시행하고 있다.
동 법은 총칙, 강제집행, 담보권실행 등을 위한 경매, 보전처분의 4개장, 312개 조문으로 구성되어 있다.

(2) 담보권실행을 위한 경매·유치권 등에 의한 경매

(가) 형식적 경매와 실질적 경매
임의경매는 전세권·질권·저당권 등 담보물권이 가지는 우선변제권을 실현하기 위한 실질적 경매와 단순히 물건을 금전으로 현금화하기 위해 경매의 수단을 이용하는데 지나지 않는 형식적 경매로 나뉜다.
“민사집행법”에서도 이 두 가지의 구별을 전제로 하여 정하는데 전자를 ‘담보권실행 경매’(동법 제264조 이하), 후자를 ‘유치권 등에 의한 경매’(동법 제274조)로 표현한다.

(나) 유치권에 의한 경매에의 준용
민법 제322조 1항은 “유치권자는 채권 변제를 받기 위하여 유치물을 경매할 수 있다.”고 규정하는데, 민사집행법 제274조에서는 유치권에 의한 경매를 위와 같은 환가를 위한 경매의 범주에 넣고 있다.
즉, 우선변제를 받기 위한 경매가 아니라 물건을 단순히 금전으로 환가하기 위한 경매로 보고, 그 금전을 유치하기 위한 수단으로써 유치권자에게 유치물의 경매신청권을 인정한 것이다(유치권에 대해서는 이하 해당 관련 항에서 상세히 설명 함.).

3) 한국자산관리공사(KAMCO)의 온비드 공매

(1) 일반적인 "공매"의 개념

가) 통상 공매라고 하면 한국자산관리공사나 금융기관 등이 부동산을 일반경쟁

입찰 방법 등에 의해 공개적으로 매각하는 것으로서, 한국자산관리공사의 공매(www. onbid.co.kr)를 의미한다(신탁사의 신탁 공매와는 엄격히 구분하여야 한다).

나) 한국자산관리공사의 공매로는 비업무용 부동산공매, 유입부동산 공매, 고정자산 공매, 압류부동산 공매 등을 대표적으로 들 수 있다.

(2) 특징

가) 불특정다수인을 상대로 진행한다.

불특정다수인을 상대로 하며, 적정한 응찰가격을 공매로 결정한다. 즉 불특정다수인을 상대로, 원매자가 공매 조건에 대하여 모두 알고 있다는 것을 전제로 매매하는 것이다.

나) 공매 역시 현장 확인은 필수이다.

공부와 실제가 다른 경우가 종종 있다. 따라서 부동산의 실제 이용 상황 등은 반드시 현장을 확인할 필요가 있다.
특히, 행정상 규제내용, 공부(등기부)와의 차이 여부, 수량의 차이점 등의 점검을 위해 토지이용계획확인원, 건축물 관리대장 등을 열람하여야 한다.
또한, 개발제한구역 여부의 확인, 도시계획의 저촉 여부 등, 타 용도의 전환 가능성 등에 대하여는 관계 공무원을 통해 꼼꼼히 따져보는 것도 필요하다.

다) 공매 자체가 많은 장점이 있어서 선택의 폭이 넓다.

비교적 소액의 자본으로 전답, 임야 등에 투자를 원한다면 압류재산에 관심을 가져볼 만하다. 또한, 권리관계가 안전한 주택, 상가, 공장 등의 건물을 원한다면 자산관리공사 소유의 유입자산이 가장 유리하다고 하겠다.

라) 반드시 부대조건을 확인해야 한다.

일반적으로 물건에 대한 종류, 수량, 위치, 금액 등은 앞부분에 표기되며, 각각의 물건별 부수 조건들은 뒷면에 표시된다. 따라서 아파트나 상가 등에서 별도로 인수해야 하는 선순위전세권자가 있는지를 살펴본다. 그리고, 공장과 같은 물건에서는 폐기물 처리 등 적지 않은 추가 비용이 들어가는 경우도 있어 부대조건을 꼼꼼히 따져보아야 한다.

(3) 법원경매와 관련하여

(가) 공매는 분할납부, 일정한 조건하에 사전 점유사용 등을 가능하게 하는 등 매수자를 유치하기 위하여 좋은 조건을 제시하고 있다. 그런데, 법원경매보다 유리한 것이 공매이긴 하나 반드시 그런 것만은 아니다. 특히 자산관리공사의 압류재산 공매는 법원경매와 같이 명도책임과 권리분석을 매수자가 직접 해야 하므로 주의해야 한다.

(나) 경매는 담보를 제공하지 않으면 경매 신고가 무효가 될 뿐, 별도의 의무부담 없다. 반면 입찰의 경우는 최고입찰자가 담보를 제공하지 않으면 차순위입찰자를 최고입찰자로 정하고 최초의 호창을 받고, 담보를 제공하지 아니한 입찰자를 차순위입찰자와의 입찰가격의 차액을 부담하게 한다.

2. 부동산 경매 참여

1) 경매 참여를 위한 기본전략의 수립

(1) 1차 단계에서의 기본전략

가. 경매를 위한 정보수집

경매정보는 신문 공고, 경매정보지, 경매정보 사이트, 대법원경매정보 사이트, 유튜브 등
을 통해 확인할 수 있다.

가) 경매정보 확인 방법

(가) 신문 공고의 경우

신문 공고의 경우에는 매각 기일 14일 전에 법원에서 직접 신문에 공고한다. 그런데
이 경우에는 내용이 부족하다는 점, 여러 신문에 나누어 게재되므로 자신이 원하는
매물을 찾는다는 것이 쉽지 않다.

(나) 경매정보지의 경우

정보지 회사들은 입찰 14일 전에 신문 공고가 나면 경매정보지 제작에 들어가며, 통
상 입찰 8일 내지 10일 전에 발간하게 된다. 따라서 각 법원의 입찰일에 맞추어 각
경매 계별로 단권으로 발간되므로 지속적인 정보를 얻기가 어렵다. 또한, 지역별로
구독해야 하므로 시간과 비용 면에서 부담이 된다.

(다) 경매정보 사이트

인터넷 경매정보를 이용할 때 최대 장점은 조회 기능이다. 각 기관이나 회사마다 그
기능에 약간의 차이가 있기는 하지만 금액별 조건별 검색을 통해 매물을 찾아볼 수
있다.
특히, 공신력 있는 정보를 원하는 경우는 무료로 제공되는 대법원경매정보 홈페이지
(www.courtauction.go.kr)를 방문해 정보를 확인하면 된다.
입찰이 진행되고 있지 않더라도 경매신청 여부를 확인할 수 있을 뿐만 아니라, 낙찰
후 즉시항고 여부, 허가 여부, 잔금 납부 여부 등 특정 사건의 법원 내 진행 상황을
상세히 알 수 있다. 이하 구체적인 정보수집 방법을 제시한다.

나) 일간신문을 통한 경매정보 얻는 법

가장 기본적인 사항인 사건번호, 소재지, 용도, 면적, 가격이 게재된다.

입찰 대상 부동산은 용도(종별)에 따라 아파트, 단독주택, 연립주택, 빌라, 다세대주택, 근린생활시설, 상가, 사무실, 오피스텔, 대지, 임야, 농지의 5가지로 구분한다.

참고: 공·경매 관련 정보 제공 사이트

1) 법원 관련 사이트
법원경매정보(www.courtauction.go.kr) - 법원 소식, 법원공고, 법률정보
인터넷 등기 서비스 (www.registry.scourt.go.kr) - 부동산등기인터넷서비스

2) 공매관련 사이트
온비드(www.onbid.co.kr) - 공매입찰공고, 인터넷입찰 및 부가정보
관세청(www.customs.go.kr) - 세관체화공매
KB부동산신탁(www.kbret.co.kr)
한국자산신탁(www.kait.com)
한국토지신탁(www.koreit.co.kr)
대한부동산신탁(www.reitpia.com)
예금보험공사(www.kdic.or.kr)
한국공매(www.koreapublicauction.co.kr)

3) 세무, 기준시가, 공시지가, 감정평가
국세청(www.nts.go.kr) - 세무정보, 기준시가, 조회계산서비스
한국감정원(www.kab.co.kr) - 입찰안내, 감정평가수수료계산
한국감정평가협회(www.kapanet.co.kr) - 표준공시지가열람, 감정평가

4) 경매정보제공 사이트
법원경매정보(www.courtauction.go.kr)
지지옥션(www.ggi.co.kr)
탑옥션(www.topauction.co.kr)
두인경매(www.dooinauction.com)

5) 부동산 시세제공 사이트
KB부동산시세(www.kbstar.co.kr)
부동산114(www.r114.co.kr)
스피드뱅크(www.speedbank.co.kr)
닥터아파트(www.drapt.com)

중앙21계 2023-118942 오피스텔(주거용)

물건소재지	서울 관악구 신림동 529-15 투니온 2층 202호 (08761) 서울 관악구 난곡로 66 가길 19				
경매구분	강제경매	채권자	송진욱		
용 도	오피스텔(주거용)	채무/소유자	김지연	매각기일	25.03.11(화) 10:00
감 정 가	140,000,000(24.01.19)	청구액	135,000,000	다음예정	25.01.15(36,700,000)
최 저 가	45,875,000(33%)	토지면적	6,8㎡(2.0평)	경매개시일	23.12.29
입찰보증금	4,587,500(10%)	건물면적	17㎡(5.2평)	배당종기일	24.03.25
주의사항	· 선순위전세권 · 소멸되지 않는 권리: 을구 순위 1번 전세권(2021.4.30. 등기)은 말소되지 않고 매수인이 인수함				

소재지/감정요약	물건번호/면적(㎡)	감정가/최저가/과정	임차조사	등기권리
(08761) 서울 관악구 신림동 529-15 투니온 2층 202호(난곡로 66가길 19) 감정평가서 요약 - 철콘구조 철콘지붕 - 업무시설, 공동주택, 2종 근린생활 시설 - 주위오피스텔, 다세대 및 단독주택, 근린시설 등 소재 - 버스 및 지하철 2호선 신내방역 인근 소새 - 세장형평지 - 도시지역 - 일반상업지역 - 지구단위계획구역 - 과밀억제권역	물건번호: 단독물건 대지 6.8/267.4 56,000,000 · 건물 17.1(5.17평) 84,000,000 복층구조 공부상: 사무소 · 전용 17.08㎡(5평) · 공용 13.35㎡(4평) - 총 11층 - 승인: 2020.04.02. - 보존: 2020.04.13. * 진행여부 확인 바랍니다.	감정가 14,000,000 · 대지 56,000,000 (40%) (평당 27,317,073) · 건물 84,000,000 (60%) 최저가 45,875,000 (33%) 경매진행과정	임차인조사 송진욱 전입 2021.04.30. 확정 2021.04.30. 배당 2024.01.23. (보)135,000,000 주거/건물전부 (202호) 점유기간 2021.04.30	소유권 김지연 2021.04.30.매매 135,000,000 전세권 송진욱 2021.04.30. 135,000,000 가압류주택도시보증 공사 2023.03.29. 1,091,500,000 강제 송진욱 2023.12.29. * 청구액 135,000,000원 열람일자 2024.07.18

(가) 경매정보지는 응찰자에게 현황조사, 권리분석 등에 소요하는 시간과 비용을 줄여주는 매우 유익한 자료이다. 즉 신문 공고와는 달리 임차인조사나 등기부상의 권리분석 등이 실려 있으므로 편리하다. 따라서 입찰 당일 법정에 준비된 입찰서류를 통해 관련 사항을 확인할 수도 있다. 그러나 충분한 사전 분석 없이 그 짧은 시간 동안에 모

든 것을 결정하기는 현실적으로 힘들다.

(나) 정보지와 인터넷 등을 동시에 이용하면 권리분석과 현황조사에 소요하는 시간과 비용을 줄일 수 있다. 경매정보지 등으로 관심 물건을 1차 분석하고, 현장과 등기부 등을 확인한 후에 최종 응찰 여부를 결정해야 할 것이다.

(다) 경매정보지는 어디까지나 참고자료일 뿐 100% 신뢰해서는 안 된다. 물론 최종 결정은 자신이 직접 조사, 분석, 결정해야 한다.

(라) 임차인조사
세입자의 임차보증금과 주민등록 전입 일자를 표시하는 항으로서 낙찰자에게 직접적인 이해관계가 미치는 부분이므로 현장답사 시 반드시 보완·조사해야 한다.
경매 초보인 경우는 정보지의 내용만을 근거로 한 입찰 참가는 위험하므로 입주일이나 임차보증금은 기재된 내용과는 별도로 재확인해야 한다.

(마) 결과
유찰내용을 기록하며 유찰시 매회 20% 내지 30%씩 하락한다.
이것의 변경은 경매 시 이해관계인(채권자, 채무자, 소유자, 임차인)의 신청으로 경매금액 변동, 기일 통지 미비 등의 이유로 다음 회 경매로 연기되는 경우(새매각)를 말하며, 이때 경매대금은 20% 내지 30% 감가되지 않는다.
낙찰이라 기재된 경우는 낙찰되었다가 다시 경매에 나오게 된 경우(재매각)를 말하며, 이때는 특별히 입찰보증금을 20% 내지 30% 로 지정하였다(특별매각조건).

(바) 감정가액
법원에서 경매의 진행을 위해 감정평가법인체에 의뢰하여 평가해놓은 금액으로 용도별로 다소 차이는 있으나 통상 시가의 80% 내지 90% 가격으로 평가된다.
최저경매가는 유찰 시 형성된 가격으로 응찰 가능한 하한선 금액을 표시한다.

(사) 감정평가법인
해당 물건에 대한 감정평가액을 산정하는 기관으로 한국감정원, 미래감정, 태평양감정 등을 비롯하여 다수의 감정평가법인체가 존재하고 있다.

라) 법원의 경매기록 열람을 통한 경매정보

배당신청을 한 임차인이 허위임차인으로 의심되는 경우(임차인의 배당요구 신청서 및 임대차계약서), 유치권자가 유치권 신고를 한 경우, 당시 제출한 서류와 유치권의 주장 내용과 일치하는지 여부, 경매 사건에 관하여 판결문이 제출된 경우는 그 판결문의 내용이 궁금한 경우 등이 대표적이다.
따라서 입찰기일 7일 전에 법원이 경매 관련 기록을 비치하므로 물건분석을 위해 활용하고, 입찰 당일에 재확인하여 입찰 여부를 최종적으로 판단하여야 한다.

(가) 이해관계인 열람표

이해관계인의 성명, 주소, 관계 등을 기록한 것을 말한다. 이해관계인은 대위변제, 항고, 배당 참가, 취하, 정지, 배당 합의 등 경매 절차에 있어서 상당한 영향을 끼친다. 따라서 송달 여부와 송달 방법 등을 반드시 확인하여야 한다.

(나) 우편송달 보고서

집행법원이 이해관계인과 관계기관(세무서, 구청 등)에 부동산 경매개시결정 등에 관한 내용을 우편송달 한 기록이다. 송달 절차가 불완전한 경우에는 절차상의 하자로 인한 항고, 매각허부와 관련이 있으므로 세심하게 열람해야 한다.

(다) 경매신청서

경매신청서를 통해 채권의 종류. 청구 금액 등을 확인할 수 있다. 특히 선순위 채권이 소액인 경우는 변제나 대위변제 가능성이 있기에 순위별 청구금액, 최선순위 저당권자의 채권액과 청구액을 확인하여 이러한 가능성에 대비해야 한다.

(라) 등기부

① 표제부

감정평가서와 비교하여 지번, 구조, 면적에 착오가 있는지 검토해야 한다.
집합건물인 경우는 대지권과 관련된 사항을 열람한다.

② 갑구

갑구에는 소유권의 변경사항, 보전가등기, 가처분, 예고등기, 환매등기 등이 기재되므로 주의 깊게 확인한다.

③ 을구

소유권 이외의 권리(제한물권 등: 지상권, 지역권, 전세권)가 기재되어 있다.
통상 이러한 제한물권에 의해 경매실행 원인이 발생하므로 말소기준권리를 기준으로
하여 인수해야 하는 권리가 있는지 확인한다.

(마) 감정평가서

부동산의 입지 조건을 분석하는 기초자료로 이용되는 내용이 기재되어 있는 것이 감
정평가서이다.
예컨대 "제시 외 물건"의 평가 여부, 미등기 건물의 평가 여부, 특히 제시 외 물건의
경우 감정평가서에 포함 가격으로 평가된 물건인지, 제외된 물건인지를 세심히 검토
해야 한다. 기타 위치도와 사진도 등을 꼼꼼히 살피고 현장답사 시 이를 활용한다.

(바) 매각물건명세서. 부동산현황조사보고서

해당 부동산의 현황, 임대차관계조사서, 점유관계조사서, 입주자의 주민등록등본이 첨
부되어 있다. 입찰기일 이전에 선순위임차인의 대항력 여부를 필히 확인하여야 한다.

(사) 입찰명령서, 입찰기일 공고와 공고게시보고서

입찰명령서에 기록된 금액이 최저경매입찰 가격이므로 명령서에 기록된 금액을 초과
하여 입찰해야 한다. 입찰기일 공고와 공고게시보고서에는 당해 경매목적부동산의
최저입찰가격, 입찰일시, 장소, 입찰 조건 등이 명시되어 있다.

(아) 권리분석

등기부상 갑구와 을구 사항을 시간 순서에 따라 나열했으며 채권의 종류, 채권자, 물
권의 종류와 물권소유자, 채권액, 저당 액수, 등기내용 등이 수록된다.

나. 경매 참여 전에 알아두어야 할 기본상식

투자금액의 결정도 중요하지만, 특히 투자자들의 선호도를 더 중시해야 할 것이다.
인터넷 또는 해당 구청, 군청, 시청에서 지적도, 임야도 등을 발급받아 현장답사를 할 것
이며, 특히 진입도로 현황이 실제 도면과 현장이 일치하는지 반드시 조사한다.
가격분석은 투자 대상 토지와 입지, 환경 등이 비슷한 토지 가격을 복수로 조사해 평균치

를 내어본다.

토지이용계획확인원을 발급받아 이용 범위와 행위 제한 범위를 확인한다. 해당 지역 중개업소 지역주민들을 통해 호가와 실거래가가 일치하는지 확인한다. 준농림지, 농림지 확인, 하천법과 수도법의 사항에 나온 이용범위 등 제반사항도 확인한다. 특히 지방의 땅은 경계가 불분명한 경우가 많으므로 이 점에도 신경을 써야 한다.

가) 주택경매의 경우 임차인 확인은 필수 사항이다.

주택(아파트, 단독주택, 다세대주택, 연립주택, 다가구주택, 주상복합건물의 주거용 부분 등)에 대한 경매 투자 시 임차인 유무를 철저히 파악하여야 한다. 그러나 주택 이외의 임차인은 낙찰자와는 아무런 상관이 없어 신경 쓰지 않아도 된다.
임차인의 경우 최선순위 근저당권 설정일을 기준으로 하여 낙찰자에 대한 대항 여부가 결정된다.

(가) 임차인이 낙찰자에게 대항할 수 없는 경우

a) 최선순위 근저당권 설정일 이후에 대항력(전입신고 + 거주)을 갖춘 경우로서, 이러한 임차인은 낙찰자가 낙찰대금을 법원에 납부 후 경매 물건의 각 이해관계인에게 채권액을 배당해 주는 배당기일 이후에 자기의 보증금액을 전액 배당받는 것과는 관계 없이 낙찰자에게 부동산을 명도해 줘야 한다. 동사무소에서 주민등록사항을 열람하면 확인할 수 있다.

b) 입찰기일(매각 기일)이 지정되면 법원은 입찰기일 7일 전부터 일반인에게 경매기록 조서를 열람시켜준다. 이때 경매정보지 회사는 경매기록을 열람하면서 경매 사건에 대한 정보를 얻게 되고 이를 기초로 다시 책자 화한다.
위의 과정에서 오자, 탈자가 있을 수 있으므로 이러한 자료는 참고하되 맹신하면 안 된다. 즉, 경매정보지에 의해 투자 대상을 결정하였다면 그 물건에 대한 보다 자세한 조사는 투자자 본인의 몫이 된다.

(나) 임차인이 낙찰자에게 대항할 수 있는 경우
주택임차인이 낙찰자에게 대항할 수 있는 경우는 최선순위 근저당권이 설정되기 이

전에 대항력(전입신고 + 입주)을 갖추었을 경우이다.

이런 임차인은 법원에 배당을 신청하여 순위에 의해 보증금을 배당받거나, 배당 결과 보증금 전액을 배당받지 못했다면 잔여 보증금을 낙찰자에게 청구할 수도 있고, 배당신청을 하였다가 별도로 낙찰자에게 보증금 전액을 부담 지울 수 있는 등 임차인의 선택에 따라 그 결과가 달라지므로 임차인 여부를 사전에 반드시 확인해야 한다.

나) 임차인에 대한 명도 전략을 수립하라!

(가) 최선순위 근저당권보다 후에 입주 또는 전입 신고한 임차인이나, 후에 사업자등록을 신청한 상가, 사무실 등의 임차인은 낙찰자에게 대항할 수 없어 낙찰자가 낙찰대금을 완납하면 소유권이전등기 없이도 소유권을 취득하게 된다.

따라서 이러한 임차인들은 이사비용 등을 이유로 순순히 주택을 인도하여 주진 않는 경우가 많고, 오히려 매수인과 협상하려 든다.

(나) 구체적인 예

a) 경매물건의 채권자가 배당기일에 임차인의 배당에 대한 이의를 구두 상으로 제기한 후 "배당이의소송"을 제기하는 경우이다. 이 때 낙찰자는 배당이의소송이 확정될 때까지 소송의 상대방(피고) 즉, 임차인 등에 대하여 경매 물건의 명도를 요청할 수 없게 된다. 이는 배당기일에 임차인 등이 배당을 받고 주택을 비워주면 되나 소송이 제기됨으로써 임차인이 일시적이나마 배당을 받지 못한다면 임차인 등은 동시이행의 항변권(제536조)을 낙찰자에게 주장하여 소송 결과 배당 여부가 확정될 때까지 주택을 비울 수 없다고 주장하더라도 낙찰자는 항변할 수가 없게 된다.

b) 매각허가결정에 대한 임차인의 무분별한 항고를 들 수 있다.

즉 임차인이 항고하면 민사집행법은 항고 보증금으로 낙찰가격의 10%에 해당하는 금전을 공탁하도록 하고 있다. 만약 기각되면 지연이자를 공제한 잔액을 돌려받을 수밖에 없다. 다만, 민사집행법의 제정으로 인해 임차인의 무분별한 항고는 다소 감소 되었다.

다) 등기부상 인수해야 하는 권리 유무를 확인하라!

한마디로 인수주의와 소제주의에 관한 사항이다.

낙찰자에게는 소제주의가 당연히 유리하다. 만약 낙찰대금 완납 후에 등기부상의 권리가 소멸하지 않고 낙찰자에게 인수된다면 이는 애물단지가 될 것이다.

라) 투자 대상 물건의 인근 상황을 파악하라!

주택을 낙찰받았으나 인근에 유흥가, LPG가스충전소, 장례식장, 쓰레기매립장 등의 혐오시설이 있어 주거환경이 좋지 않다든지, 상가를 낙찰받았으나 인근에 이마트, 홈플러스 등의 대형할인점이 있어 장사가 되지 않는 경우 등을 감안하여 결정하여야 한다.
즉, 투자대상 물건 외에도 부동산 용도와 연관하여 주변상황을 파악해야 한다.

마) 정확한 시세 파악 후에 입찰가격을 결정하라!

(가) 언론매체에 발표되는 낙찰률 등의 수치에 너무 치우쳐서는 안 된다. 이러한 수치는 단지 참고할 사항일 뿐이다. 경매 투자로 성공하기 위해서는 부동산의 정확한 시세를 파악하여야 한다.

(나) 이를 위해서는 법원의 최저경매가격을 맹신하여서는 안 된다. 최저경매가격은 입찰가격을 결정할 때 단지 참고자료로 활용하여야 한다. 결국은 경매투자자가 직접 가격조사를 하여야 하는데, 투자 대상 지역의 정확한 부동산 시세는 그 지역의 중개업소가 제일 잘 알고 있으므로 중개업소를 잘 활용하여야 한다.

(다) 특정 중개업소와 친분을 쌓아 놓으면 건물명도 시 임차인들에 대한 정보수집이 용이하고, 이들로 부터 도움을 받을 수도 있어, 시세 조사를 위해 현장 방문 시 공짜로 정보를 알려고 하지 말고 일정한 보수를 지급하더라도 정확한 정보를 파악하는데 신경 써야 할 것이다.

바) 경매 투자에 따른 수익성 여부를 확인하라!

(가) 경매 물건에 투자할 경우는 어쨌든 수익을 올려야 한다.
앞의 경매 성공사례에서 보았듯이 임대보증금으로 투자원금을 단기간에 회수하든지 아니면 월세 수익을 올리든지 하는 그런 투자가 되어야 한다.

(나) 경매 투자 후의 현금흐름이 어떻게 될지를 사전에 분석하고 파악해 놓아야 한다.

사) 임차인 외에도 기타 이해관계인의 무분별한 항고를 염두에 두라!

낙찰 후 이해관계인(임차인, 소유자, 채무자, 채권자 등)의 무분별한 항고가 제기될 수 있음을 염두에 두어야 한다. 이해관계인의 항고가 있으면 낙찰자는 이에 항변할 수 없고, 기다리는 수밖에 달리 방법이 없다. 다만 앞에서도 언급했듯이 현행 민사집행법은 구법과 달리 임차인이나 채권자가 항고의 경우에도 그 보증금으로 낙찰금액의 10%에 해당되는 현금을 공탁하게 함으로써 무분별한 항고가 줄어들었다.

아) 현장답사를 반드시 하라!

부동산 공부(公簿)와 현장이 일치하는지를 현장을 답사하여 확인한다.
특히, 대지만 경매신청 되었으나 지상에 건물이 소재한다면 법정지상권의 성립여부를 조사한 후 경매에 임해야 하며, 임야의 경우 분묘의 소재 여부와 군사시설(철책, 벙커, 간이초소, 사격연습장, 헬기 착륙장 등)이 있는지를 확인하여야 한다.

자) 경매대금 납부계획을 먼저 세워라!

낙찰 후 보증금 10%를 제한 잔여 금액 90%를 경매물건의 이해관계인 등의 항고가 없는 한 통상 1개월 이내에 법원에 납부하여야 한다.
공매처럼 분할납부가 되지 않으니 사전에 자금계획을 잘 수립하여야 한다.

차) 입찰서류 작성에 신중을 기하라!

(가) 입찰기일 전에 경매물건에 대한 권리분석, 물건분석, 현황조사와 시세 조사를 완벽히 하였으나 입찰기일에 입찰표를 잘못 기재하여 낙찰받을 수 없다면 난감한 일이다. 입찰서류상에 표시된 내용대로 차분히 기재한 후 집행관의 확인을 거쳐 입찰함에 투여하여야 한다.

(나) 재경매 시 입찰보증금은 입찰가격의 20%인데 10%를 넣어 낙찰받지 못하는 경우가
    있다. 입찰보증금은 현금보다는 자기앞수표로 납부(1금융 실무상 액면가 100만 원
    이상은 원 단위까지 한장으로 발급이 가능함)하여 원활한 경매진행이 될 수 있도록
    하는 것이 좋다(실제로 대부분의 각 법원이 자기앞수표를 요구하고 있다).

다. 경매함정 해결 10원칙

가) 호시우행(虎示牛行)의 철저한 권리분석

법원 경매 물건은 대체로 일반 매매가격보다 저렴하다.
그러나 주택의 경우 주택임대차보호법상 대항력이 있는 세입자에게는 기존의 임차금액을
물어줘야 하는 경우가 있다.
여러 번 유찰된 물건일수록 권리관계가 복잡하거나 임차금액을 물어줄 가능성이 높다. 낙
찰자가 부담해야 할 부분은 없는지도 반드시 확인해야 한다.

나) 변경·연기 잦으면 주의해야 할 물건

저자도 몇 번 경험한 사실인데 변경·연기가 잦은 경매 물건은 일단 주의가 요망된다. 채
무자가 돈을 갚으려고 노력 중이라고 보면 틀림없다. 특히 수익성 부동산의 경우는 경매
진행 중 채무자가 법원에 경매 진행을 연기해 달라고 하거나 이자를 일부 변제 후 연기신
청을 해 놓은 경우는 낙찰 직전 돈을 갚으면 경매 자체는 없던 것으로 되기 때문이다.
응찰자는 채권자의 청구금액이 크거나 이해관계인이 많은 물건을 골라야 후에 취하되지
않는다.

다) 세입자 등의 후순위권자의 대위변제를 염두에 둔다.

앞에서도 언급한 적이 있지만, 세입자의 대위변제는 돌발변수가 될 수 있다. 즉 후순위 세
입자 등이 1순위 근저당금액이 소액일 경우 그 금액을 변제하면 자동으로 대항력 있는 세
입자가 되므로 낙찰자가 그 전세 금액을 한다.
따라서 세입자가 채무자 대신 근저당금액을 갚아 대항력을 주장할 가능성은 없는지 반드
시 점검해봐야 한다.

라) 현장 확인은 필수다.

지방의 토지나 주택 등 위치 확인이 어려운 물건은 반드시 현지 사정에 밝은 전문가와 함께 현장을 확인한다.
정확한 현장 확인 없이 묻지마식으로 응찰했다가 후회하는 경우가 많다.
직접 현장을 방문하고 지적도를 발급받아 경계와 소재를 파악해야 한다.

마) 입찰장에서 사소한 실수에 주의하라.

아주 만족할 정도로 싸게 최고가매수신고인으로 결정됐다 하더라도 입찰서류의 잘못 기재, 입찰보증금 부족, 대리인 응찰 시 본인의 인감증명서를 첨부하지 않을 때는 입찰 자격이 취소된다. 입찰장에서 사소한 실수에 조심하고 사전에 충분한 지식을 쌓은 후 응찰해야 한다.

바) 입찰장 분위기에 휩쓸리지 마라.

입찰장에는 항상 사람들로 가득하다. 투자를 정한 물건이 아까워 경쟁률을 의식해 가격을 높인 경우 수익성은 고사하고 자칫 손해를 볼 수도 있다.
입찰장에 참여자가 많더라도 수익성을 따져서 사전에 결정한 가격에 응찰해야 후회가 없다. 아울러 유료 경매정보 사이트에서 클릭 조회 수가 많거나 적다고 하여 비례하여 금액을 결정하는 것도 금물이다. 저자 역시 그런 일로 인해 후회한 적이 있었다.

사) 입주 시기는 여유 있게 잡아야 한다.

법원의 진행 절차에 따라 이뤄지지만 의외로 입주 지연이 생기는 경우가 있다.
대개 30대의 경매투자자들은 전세 금액을 보태 경매에 참여하는데 전세 만료 기간을 얼마 앞둔 상태에서 낙찰받았다가 경매세입가가 항고(이의신청)함으로 인하여 진퇴양난의 처지에 빠지는 경우가 비일비재하다.
보통 항고 판결이 최소 3 내지 6개월, 이사(명도)까지 하는데 2 내지 3개월이 더 소요되므로 입주 시기를 넉넉히 잡아야 한다.

아) 낙찰 후의 부대비용을 고려해야 한다.

경매는 일반 매매에 비해 예상치 못한 비용이 들어가므로 충분히 확인 후 낙찰금액을 정해야 한다.

취득 시 과세는 낙찰가격 기준이므로 일반매매보다 더 많고(취득세·교육세·등록세 등 각종 세금은 취득가의 5.8%), 명도(세입자 집 비우기)가 순탄치 않으면 명도소송을 해야 하므로 강제 집행비용이 들 수 있고, 세입자가 있으면 이사비도 지급해야 하는 문제가 발생할 수도 있다. 입찰에 참여하기 전에 이런 비용까지 충분히 감안 해야 한다.

자) 구체적인 자금계획을 세워라.

경매는 입찰 당일 보증금으로 입찰가의 10%(재매각 물건은 20%)를 납부하고, 매각허가 결정 후 잔금을 납부해야 하는데, 구체적인 자금계획 없이 응찰했다가 잔금을 마련하지 못해 경매를 포기하는 사례도 있다.

경매를 포기하면 입찰보증금은 몰수되어 채권자들의 배당에 포함되므로 주의해야 한다.

차) 감정가를 맹신하지 마라.

법원 경매감정가는 감정하는 회사마다 차이가 있고, 감정 시점에 따라 감정가가 들쭉날쭉할 수 있으므로 주의해야 한다. 법원 감정가가 시세보다 더 높을 수 있기 때문이다.

최저경매가를 시세와 비교하지 않고 단순히 감정가보다 떨어졌다는 이유만으로 낙찰받았다가는 낭패를 보기 쉽다. 반드시 시세를 파악한 후 가격 흐름보다 20% 내지 30% 싸게 낙찰 받아야 수익성이 있다.

라. 경매 시 주의할 대표적인 사항(상대적인 관념으로 해결)

(가) 주택임대차보호법 및 상가건물임대차보호법상 선순위임차인이 있는 물건

(나) 법정지상권이 있는 물건

(다) 임대차가 부정확한 물건

(라) 특별매각조건이 붙어 있는 경우

(마) 대위변제의 가능성이 있는 물건

(바) 상가 일부가 주택임대차보호법의 적용을 받는 경우

(사) 선순위전세권이 있는 물건

(아) 부동산 관련 세금 및 체납관리비 등을 감안하지 않은 경우

(자) 잉여금 없는 경매의 실행

(차) 소액임대차, 세입자가 많은 물건

마. 경매를 위한 정보 분석

가) 초기 단계에서의 등기부등본 검토

(가) 권리분석은 경매로 부동산을 취득하기 위하여 장애 요소가 되는 법률상의 문제를 사
전에 파악하여 목적을 실현하기 위한 것이다. 따라서 해당 물건의 등기부 사항 점검
은 임차인의 법률관계를 검토하는 것만큼 중요한 것이다.

(나) 인수되는 권리
을구에 있는 선순위저당 설정일자보다 갑구에 있는 가등기 · 가처분 등이 먼저 설정되
어 있는 물건은 피하는 것이 좋다.

(다) 현장답사(임장활동)
해당 물건지에서 물건이 내용상 일치하는지 점검하는 작업이다. 임대차 관계의 현황
분석은 직접 방문하여 당사자의 이해와 협조를 얻어 직접 확인하는 것이 좋다. 면적
은 대지의 경우 정밀지도를 지참해 경계가 정확한지, 맹지(도로가 개설되지 않은 토
지)는 아닌지, 도로저촉. 편입 여부 등을 살펴본다.

나) 2차단계의 등기부등본 분석

(가) 대항력있는 전세권, 임차권
위에서도 언급했듯이 경매를 통하여 말소되지 않는 대항력 있는 전세권, 임차권 등은
낙찰 받은 자의 권리보다 우선하기 때문에 이들 권리자에 대한 보증금반환채권액을 조
사해 두어야 한다. 등기부에 기재되어 있지 않지만 주택임대차보호법이나 상가건물임
대차보호법상 낙찰자에게 대항할 수 있는 임차권이 있는 경우에도 역시 마찬가지이다.

🔍 참고: 임장(현장답사보고서)

<table>
<tr><td colspan="4" align="center">1. 물건 내역</td></tr>
<tr><td>사건번호(물건번호)</td><td colspan="3">물건번호가 있는 경우엔 물건번호를 반드시 기재</td></tr>
<tr><td>물건소재지</td><td colspan="3"></td></tr>
<tr><td>입창예정일</td><td colspan="3"></td></tr>
<tr><td>입찰참여 목적</td><td colspan="3">예: 임대, 투자(단기, 장기) 실거주, 기타</td></tr>
<tr><td>감정가(1차)</td><td align="center">최저가</td><td align="center">입찰보증금</td><td></td></tr>
<tr><td></td><td></td><td>(　　　) (　　)%</td><td></td></tr>
<tr><td>대지/건물 면적</td><td colspan="3"></td></tr>
<tr><td colspan="4" align="center">2. 권리분석</td></tr>
<tr><td>법적 권리분석(하자여부)</td><td colspan="3">말소기준(소제주의, 인수주의)에 의한 권리의 전부 또는 권리의 일부 인수 여부</td></tr>
<tr><td>경제적 권리분석(하자여부)</td><td colspan="3">수익성의 문제/흠결여부</td></tr>
<tr><td>관리비미납여부 및 특징</td><td colspan="3">수도계량기/전기계량기 회수여부 확인</td></tr>
<tr><td colspan="4" align="center">3. 수익성 여부(감정평가서 실제분석)</td></tr>
<tr><td>매매가</td><td colspan="3">현재의 매매가와 장래의 수익성 분석 후 예상매매가/주변시세현황</td></tr>
<tr><td>전세가</td><td colspan="3">현재의 전세기와 장래의 수익성 분석 후 예상매매가/주변시세현황</td></tr>
<tr><td>월세/반전세</td><td colspan="3">현재의 월세/반전세기와 장래의 수익성 분석 후 예상매매가/주변시세현황</td></tr>
<tr><td>환경여건(특성)</td><td colspan="3"></td></tr>
<tr><td>시장성 (장점 · 단점)</td><td colspan="3">감정평가서상의 내용과 실제현장현황과의 일치여부</td></tr>
<tr><td colspan="4" align="center">4. 종합적 분석(본인)</td></tr>
<tr><td colspan="4"></td></tr>
<tr><td colspan="4" align="center">5. 입찰가 분석</td></tr>
<tr><td>예정 입찰가</td><td colspan="3"></td></tr>
<tr><td>입찰가 산정 내역</td><td colspan="3"></td></tr>
<tr><td>미비점</td><td colspan="3"></td></tr>
<tr><td colspan="4" align="center">6. 낙찰 후의 문제점</td></tr>
<tr><td colspan="4"></td></tr>
<tr><td colspan="4" align="center">7. 경매 후의 문제점(인도 · 명도소송 등)</td></tr>
<tr><td colspan="4"></td></tr>
<tr><td colspan="4" align="center">8.결론(참여 여부)</td></tr>
<tr><td colspan="4"></td></tr>
</table>

(나) 각종 저당권·가압류·압류등기 된 권리

등기부상의 각종 저당권, 가압류나 압류 등은 매수인이 매각대금을 납부하면 소유권이
매수인(낙찰자)에게로 이전되면서 그 순위에 관계없이 말소되므로 문제 되지 않는다.

(다) 유치권이 설정된 권리

유치권은 당해 매각대금에서 우선변제를 받을 수 없을 뿐만 아니라, 무엇보다도 등기
부나 집행기록에 나타나지 않기 때문에 경매 참여를 위해서는 반드시 현장 답사하여
실태를 파악해야 한다.

(라) 지상권이 설정된 권리

등기부상의 최선순위저당권 또는 압류(가압류)등기보다 먼저 등기된 지상권이 있다
면 물론 주의해야 한다. 이 경우의 지상권은 지상권자의 동의가 있거나 또는 지상권
존속기간이 만료된 경우가 아니면 낙찰받은 부동산의 소유권을 취득하여도 지상권은
말소되지 않기 때문이다.

바. 법원경매 감정가 맹신하지 말고 참고만 하라(구체적 검토)

가) 단순수치에 의한 결정을 경계

한국감정원, 미래감정원 등 감정평가법인에 의뢰해 제시하는 법원의 감정가가 시세보다
높을 수 있으므로 감정평가법인의 감정가를 무조건 신뢰하여서는 안 된다. 즉 최저경매가
만 보고 단순히 감정가보다 떨어졌다는 이유만으로 매수(낙찰)하였다가는 손실을 보기 십
상이다.

나) 감정가와 시세가 다른 이유

(가) 법원에서 평가를 의뢰한 시점에서 감정평가기관이 평가를 마칠 때까지 약 3-4개월
이 소요되므로 이 기간에 변화된 시세를 제대로 반영하지 못한다.
법원 등기를 열람할 때 감정평가 시점을 꼭 확인해야 하는 것도 이 때문이다.

(나) 법원이 이해관계자인 채권자와 채무자를 보호해 달라는 취지를 앞세워 감정평가법인

등에 부동산 평가를 의뢰한다.

감정가격이 너무 낮게 측정되면 채권자로서는 채권확보가 어렵다. 채무자 측에서도 재산 가치가 헐값으로 평가되는 것을 막을 수 있다. 이런 이유로 감정평가기관은 법원에서 의뢰한 부동산을 비교적 후하게 평가하는 게 관행이다.

(2) 2차 단계의 종합분석

가. 입찰 물건의 선정(초보자의 경우)

가) 관심 있는 대상 물건의 선정

자금 여력이 충분하다면 환금성이 높은 아파트를 대상물로 하는 것이 유리하다. 또한 , 장래 예상되는 수익을 기대하여 개발이 예상되는 토지, 농지(전, 답, 과수원, 목장 용지), 임야 등도 여유자금이 있다면 좋은 선택이 될 것이다. 다만 관심 있는 대상 물건의 선정시에는 단순히 시세차익만을 염두에 두기보다는 경매로 취득한 후 리모델링이나 재건축 등 개발과 연계해 투자한다면 높은 수익을 올릴 수 있다.
또한, 재건축 예정 아파트나 사업 채산성이 높은 연립주택 등도 집중공략 해볼 만하다.

나) 전문 컨설팅회사에 자문을 의뢰한다

권리분석뿐만 아니라 수익성 분석 등에 충분한 지식과 경험을 쌓기 위해서는 시간과 비용이 많이 소요되고 전문지식이 필요하므로 전문 컨설팅회사를 이용하는 것도 좋을 것이다. 다만 최근엔 수많은 전문 컨설팅회사들이 생겨나므로 신뢰할 수 있는 업체를 선별하는 게 쉽지는 않다. 신중하게 선택하여야 한다.

다) 매각 잔금대출을 적절히 활용하자

(가) 금융권을 위주로 경락잔금을 대출해 주는 상품이 성행하고 있다. 따라서 부족한 자금을 손쉽게 대출받아 구입 가능하다. 또한, 대출금의 상환조건은 일정 기간 이자만 내다가 분납할 수 있으며, 적금식으로 상환해나갈 수 있고, 일시불 상환이나 일부만 일시불로 상환하고 나머지는 분납 할 수 있는 경우 등 다양하다.

(나) 대출업무는 매수인이 낙찰 후 대출 신청을 하면 금융기관에서 자체 감정을 하여 대
    출금을 결정한다. 다만 금융권에 따라서는 물건을 타인에게 매매할 경우는 대출금을
    50%를 변제조건으로 하거나, 담보대출 비율이 수시로 변경되므로 유념하여야 한다.
    특히 아파트 같은 경우엔 담보대출 비율 외에도 주택임대차보호법상 소액 보증금을
    공제 후 대출이 발생하므로 자금 계획을 잘 세워야 한다.

라) 충분한 준비 기간을 갖자

경매부동산은 값싸고 안전하게 경매 물건을 취득하려면 그만큼의 철저한 준비가 필요하다.

마) 응찰가격의 상한선의 사전 결정

초보자는 경매장에 들어가기 전에 낙찰받고자 하는 물건의 응찰가격을 미리 결정한다.
이는 초보자가 자칫 경매장의 분위기에 휘말리어 적정가격을 초과하여 응찰가를 써서 손
해를 보는 경우가 있기 때문이다.
적정가의 산정은 주변 시세와 비교하여 적정한 수익이 보장되는 선에서 결정한다.

바) 철저한 권리분석

매수하고자 하는 물건의 채권채무관계를 철저히 분석한다. 세입자가 있는지, 전입 일자,
사업자등록 일자, 확정일자 여부, 전세금액 및 계약기간, 점유현황을 파악한다.
재건축에 관심이 있는 경우 다음 사항을 고려한다.

(가) 용적률과 건폐율. 전체대지에 사고자 하는 대지권의 비율
(나) 재건축 예정 시기. 교통 사정. 단지의 규모와 준공연도
(다) 주위 생활편의 시설. 공법상 제한사항(저밀도, 고밀도지구)

나. 각 물건의 특징과 투자전략

가) 아파트(감정가 낮은 전년도 상반기 유찰 물건을 주시하라)

(가) 개인의 취향에 따라 차이는 있지만, 통상 부동산 가운데 가장 매력적인 대상은 아파트다. 일반 중개업소를 통해 매수하는 것보다 다소 복잡한 절차와 전문적인 분석력 및 투자판단력을 요구한다는 어려움이 있으나 그만큼 시세보다 낮게 취득할 수 있다는 장점도 있다.

   a) 우선, 최근(2020-2021년)의 임대차 3법 및 세제개편 등으로 인해 어려움은 있지만, 보유하는 동안 임대수익이 발생할 수 있고, 특히 환금성이 뛰어나 상승기에는 가격 상승 폭이 크다.

   b) 아파트는 주유소의 기름 가격처럼 가격이 내려 갈땐 소폭, 가격이 오를 땐 대폭 오르는 것이 특징이다. 특히 공매의 경우 양도세 중과세 부담을 느낀 다주택자들이 최근 자산관리공사를 통해 비과세되거나 양도세 중과세에서 제외되는 점을 이용하여 매각 의뢰하는 사례가 많다.

   c) 매각을 의뢰하는 측에서는 시세보다 저렴하며, 세금을 고려해도 실제 차익이 크기 때문에 이 제도를 이용하는 것이다. 반면 공매에 참여하는 매수자 입장에서는 선택의 여지가 풍부하지는 않지만, 공신력 있는 공기업을 통해 시세보다 저렴하게 취득할 수 있다는 장점이 있다.

   d) 또한, 주거지를 고른다면 무엇보다 중요한 것이 교통 환경이다. 따라서 아파트 역시 교통을 가장 먼저 살펴보아야 한다. 역세권 아파트는 앞으로도 꾸준히 인기가 높을 것이다.

(나) 역세권 아파트(특히 지하철 주변)는 임대수요가 많고 거래가 잘 된다.

(다) 재건축 대상 아파트도 경기침체와 정부의 부동산억제책 등으로 예전 같지 않지만, 그래도 꾸준히 인기가 높아지고 있기도 하다.

(라) 아파트 가격에 영향을 미치는 요소 중 하나는 로열층과 비로열층의 구분이다. 통상 로열층이 상대적으로 약 10% 정도 비싸다.

🔍 참고: '대지 지분' 계산법

아파트를 구입하고자 할 때에는 정부의 정책 기조에 따른 부동산 관련 세제의 변화, 아파트 예정 공급물량, 금리, 대출 조건의 변화, 인구 추계 등에 따른 주택 수요의 변동, 주식 등 금융 투자수단의 실질수익률 등을 종합적으로 검토해 보면 향후 투자의 방향을 명확하게 정할 수 있기도 하다. 특히, 아파트 등 공동주택에의 투자 시에 반드시 확인해 보아야 될 사항 중의 하나가 '대지 지분', 즉 땅의 크기이다.

결론부터 얘기하자면, 대지지분권이 높으면 용적률이 낮다. 반면, 동간 간격 넓음을 알 수 있다.

🔍 참고: 용적률 계산과 아파트의 형태

1) 용적률 계산 = (아파트 평수(예: 34Py) / 대지 지분 (예:16.3) x 100
2) 용적률과 아파트의 형태
  (1) 200% 이하 일때: 일자형 APT가 적당하다.
  (2) 250% 내외 일때: ㄷ자형 APT가 적당하다.
  (3) 300% 내외 일때: ㅁ자형 APT가 적당하다.

과거에는 교통, 교육, 편의시설, 환경, 전용면적 등 입지조건을 비롯하여, 시설의 편의성을 아파트 선택의 주된 기준으로 삼았다. 반면, 지금은 이러한 기본적인 사항 외에도 수도권뿐만아니라, 지방에서도 분양가가 높아짐으로 인해 대지 지분에 대한 검토가 반드시 필요하게 되었다.

여기서 대지지분이라 함은 '아파트가 갖고 있는 땅의 면적'을 말한다. 이 대지 지분은 아파트 단지 전체의 대지 면적을 가구 수로 나눠 등기부 등본에 표시되어 있다. 잠실주공을 비롯하여 비교적 오래된 주공 아파트의 경우 대부분 요지에 위치해있고, 특히 저층이므로 대지 지분이 넓다는 특징이 있다. 따라서 재건축을 하게 되면 상대적으로 수익성이 높아지게 되므로 가격이 오를 수밖에 없다.

아파트 가격을 비교할 때 '평당 가격'도 중요하지만, 더 중요한 것이 '대지 지분에 따른 평당 가격'이다. 당연히 대지 지분이 넓은 아파트를 사야 한다. 그것은 평당 가격보다는 전용 면적당 가격과 대지지분의 가격이 더 객관적으로 아파트 가치를 평가할 수 있는 잣대가 되기 때문이다.

예) 부동산등기부등본에 239225.8분의 53.9라고 기재되어 있다고 가정하자. 이 경우 앞의 숫자는 아파트 단지의 총면적을 의미하는 것이다. 뒤의 숫자는 해당 동호수의 대지 면적을 의미한다. 표시단위는 ㎡이므로 0.3025를 곱하면 평수를 알 수 있다. 각각 72365.8평과 16.3평이다. 결국 본 아파트 34평짜리의 대지 지분은 16.3평이라는 얘기가 되고 시세가 10억이라면 대지 지분에 따른 평당가, 즉 땅값은 6,135만 원이다.

아파트 구입시 위의 사례처럼 비슷한 입지 조건을 가진 주변의 같은 평수 아파트의 등기부 등본을 반드시 열람해 보아야 한다. 취득하고자 하는 아파트의 가격이 싼지 비싼지를 비교할 수 있고, 결과적으로 재산의 수익, 손실의 기준이 되기 때문이다.

(마) 난방은 복도식보다 계단식 구조가 효율성이 크다.

계단식아파트에 비해 전용면적이 좁은 복도식 아파트는 전면이 외부로 향해 있어 열비가 많이 든다. 관리비는 새로 지은 단지일수록 저렴하다. 지은 지 오래된 아파트는 특별수 선충당금과 수선유지비가 많이 든다. 원격제어시스템, 통합 경비 등 첨단시설을 갖춘 아파트는 초기 투자 비용은 높지만, 상대적으로 관리비가 저렴하다. 경비원 수를 줄일 수 있기 때문에 장기적으로는 이익이다.

참고: 아파트 투자를 위한 필수적 검토사항

> 1) 가구 수 500세대 이상 여부, 아파트브랜드의 인지도, 역세권 소재 여부 및 대중교통수단 확인, 층수와 방향에 따른 시세 차익분석
> 2) 대지지분권이 없는 경우 대지권 확보가 가능한지 확인(시유지인 경우는 전유부분의 소유자는 대지사용권이 없다. 이러한 아파트는 낙찰받더라도 대지권을 취득하지 못한다)
> 3) 관리사무소를 방문하여 관리비와 공공요금의 체납여부 확인(공용부분의 관리비는 납부)
> 4) 관리비 및 난방방식 확인. 분양 면적과 전용면적 확인
> 5) 재건축 대상 여부 검토

나) 단독주택(다가구 · 다중주택 포함) · 연립 · 다세대

(가) 아파트보다 선호도가 떨어진다.

보통 시세의 70 내지 80% 선에서 낙찰되고 있다. 따라서 낙찰받을 기회가 많고 발여지도 크다. 연립주택은 단지로 조성된 곳을 찾으면 좋다. 앞으로 재건축 등을 감안해 한 두개 동의 연립보다는 단지로 구성된 것이 투자효용 가치가 크다.

(나) 다세대주택은 대체로 시세 변동이 크지 않아 연간 투자수익률이 일정하게 나타나는 경향이 있어 월세 수입이 주 수입원이거나 노후대비를 위해 준비하는 사람들이 매수하는 경우가 많다.

(다) 원룸은 다가구주택으로 분류되기 때문에 별도의 용도변경 절차를 거칠 필요가 없다. 건축공사비는 차이는 있지만 코로나를 기점으로 2026년 1월 현재 평균 3.3 ㎡ 약 600만 원 내지 1,000만 원 선이다.

(라) 연립주택은 재건축 가능성을 타진해 볼 필요가 있다. 연립주택의 재건축은 아파트에
비해 사업성이 뛰어나다. 대부분 4층 규모이고 대지 지분권이 크므로 고층 아파트를
짓는 경우 일반 분양분이 그만큼 많아지며, 이는 결국 조합원들의 부담금을 절감시키
는 효과가 있다.
단독주택은 대체로 역세권이나 대학가 주변 지역을 고르는 것이 좋다. 단독주택을 철
거하거나 용도변경 하여 원룸 임대, 상가주택이나 도시형 생활주택 등으로 개발하면
높은 수익을 올릴 수도 있다.

(마) 주의할 점

a) 특히, 단독주택은 공동주택(아파트 등)에 비해서 경매시장에서 인기가 높지는 않다.
즉 아파트에 비해 환금성이 떨어지고, 집 구조, 세입자 현황, 경락잔금 대출 등 여러
가지 면에서 불리하기 때문이다. 따라서 잦은 유찰이 있기에 저가로 낙찰되는 경우가
많다. 특히 세입자가 많은 다가구 주택의 경우 많은 세입자로 인한 응찰자 수가 많지
않아 낙찰가가 더욱 낮아지는 경우가 많다. 심지어는 기존 세입자를 유지한 상태에서
도 임대수익률이 실세금리보다 훨씬 높으면서 실제 투입되는 자금이 많지 않은경우도
있다. 그러나 흙 속의 진주처럼 면밀히 분석하면 의외의 투자 성과를 거둘 수 있다.

b) 이러한 단점에도 불구하고 단독주택의 최대 장점은 활용도가 크다는 것이다. 단독주택
을 근린시설, 업무시설, 공장시설로 전환해도 불법건축물이 되지 않으며 합법적으로
증·개축할 수 있다. 임대수요가 있는 지역이면 다가구 주택을 지어 임대사업을 할 수
도 있다. 상가주택으로 용도변경 하여 1층을 소형 마트나 음식점 등으로 임대를 주는
것도 고려해 볼만하다.

c) 단독주택에 관심이 있으면 리모델링이나 신축을 함께 고려해볼만하다. 예컨대 대지면
적이 60평 이하인 작은 땅으로 4m 이하의 도로를 끼고 있는 경우라면 리모델링을 해
야 한다. 사선제한으로 건평을 많이 내기 어렵기 때문이다. 북쪽에 도로가 없을 때는
일조권 조항까지 적용하여 면적이 더욱 줄어든다. 단독주택을 원룸으로 개조하면 수익
성을 높일 수 있다.

역세권 소재 여부 및 대중교통수단 도로 사정과 주차 공간 등을 확인하여야 한다. 그리고 대지 모양, 경사도 및 축대 유무 및 초등학교. 관공서. 은행 등 편의시설의 여건 등도 고려해야 한다.

1) 대지 모양: 부정형보다 장방형이나 정방형이 좋다.

2) 타 건물 존재 여부: 대지 내에 타인 소유의 건물이 있는지 여부(법정지상권 성립 여부)를 확인한다.

3) 건물 방향: 동남향이 좋고 완경사가 좋다.

4) 도로의 조건: 폭 6m 이상, 또는 4m 이상인 도로가 두 면 이상 접(각지)하고 있어야 한다.

5) 북쪽에 도로가 접해 있는 토지의 장점: 일조권 시비가 없고 용적률을 최대한 활용함이 가능하다.

6) 경계 확인: 지적도를 통해 경계를 확인한다.

7) 대지 면적의 확인: 지역, 지구, 구역에 따른 최소 대지 면적을 확인한다.

8) 일조권 등 : 일조권침해 여부를 검토하고 상하수도 처리시설 등을 확인한다.

9) 소음, 유흥지역, 고압선, 공해, 혐오시설의 존재 여부 등도 고려한다.

10) 편의시설확인. 차량 출입. 주차시설을 고려한다.

🔍 참고: 단독주택을 선호하는 이유

1. 시세차익

단독주택은 그 위치. 도로 조건 또는 주변여건에 따라 시세가 천차만별이다. 따라서 일정한 시세형성이 어렵고, 감정가도 시세와 많은 차이가 있을 뿐만 아니라 그 평가액도 다양하므로 예상치 못한 시세차익을 거둘 수 있다는 것에 매력을 느껴 투자하는 사람들이 많다. 즉 향후 지역과 입지여건이 변할 경우는 가격상승의 여지가 높고 지역개발 여부에 따라서 효용가치가 급격히 높아질 수도 있기 때문이다.

2. 리모델링으로 인한 수익 창출

단독주택을 활용하거나 리모델링하여 원룸형 다가구나 다세대 · 상가주택으로 개발할 수 있고, 오래된 노후주택 밀집 지역의 경우 재개발지구로 지정되어 대단위 아파트 단지로 탈바꿈할 가능성도 있다. 특히 경매부동산 중에는 의외로 주거환경이 뛰어난 고급주택이 많다. 이들 지역 소재 부동산은 대체로 거래가 잘되므로 시세차익도 누릴 수 있을 뿐만 아니라 대개 소유자만 거주하고 있어 명도에도 별로 어려움이 없는 경우가 많다.

3. 임대수익

단독주택 중 권리관계가 복잡하거나 매수한 후 활용도가 떨어져 비교적 인기가 없는 다가구 주택은 싼값에 매수하여 시설교체나 개 · 보수 등을 통해서 안정적인 임대수익을 누린다.

다) 상가

(가) 상가주택은 환금성·수익성·안정성을 모두 갖추고 있고, 또한 테마형 부동산은 경기
회복 시 가격급등으로 높은 투자 수익을 올릴 수 있다는 등의 이유로 최적의 투자 대
상인 것으로도 여겨진다.

    a) 우선, 상가에 투자하려면 단지 내 상가에 관심을 가져볼 필요가 있다. 그것은 소
자본으로 가능하고, 상권이 안정적이어서 큰 부담없이 투자가 가능하기 때문이
다. 다만 안정적인 수입에 비해 장기적으로 유망한 상품은 아니므로 성급한 투자
는 금물이다.

    b) 대부분 상가 경매물건은 사업성이 없어 과다한 부채로 인해 압류된 물건이 많다. 유
찰 횟수가 잦을 뿐만 아니라 낙찰가와 낙찰률도 다른 종목에 비해 훨씬 떨어진다.

(나) 근린상가는 대단위 주거단지나 아파트 밀집 지역을 배후로 한 곳에 투자하는 게 안전
하다.

    a) 거주인구를 배후상권으로 하므로 상권이 안정적으로 형성될 여지가 높다. 특히 상
권이 완성되었을 때는 프리미엄을 기대할 수 있다.

    b) 근린상가는 투자하기 전에 세밀한 입지분석을 통해 상권 확보가 확실한 목 좋은
상가를 골라야 한다.

(다) 중심상가는 도심 한복판에 있는 상가를 말한다.

    a) 주위에 중대형 상가가 많아 장사가 잘되고 유동 인구가 많은 것이 특징이다. 그러
나 임대료가 비싸고 권리금이 높다. 즉 도심에 위치해 고가로 물건이 나오는 반
면, 수익성은 오히려 외곽의 상가보다 떨어질 수도 있다.

    b) 반면 쇼핑몰 내 미니점포와 리모델링 상가는 투자비는 적으면서 안정적이고 고정
적인 수익을 창출한다.

1. 업종 및 경쟁업종 유무와 월세 수입을 확인하고, 상권 형성과 유동인구도 확인하여야 한다.

2. 소비자의 구매 형태 확인은 필수이다(인근에 대형 할인점이 있다면 상권은 상대적으로 침체될 가능성이 있기 때문이다).

3. 이면도로변 상가는 피하는 게 좋다.

이면 도로변에 위치한 근린상가는 임대 수입도 적을뿐더러 사후 매매가 쉽지 않다. 자신이 직접 운영하지 않고 임대를 목적으로 한다면 이면도로변 상가는 신중하여야 한다. 특히 공부(건축물관리대장, 건물등기부등본, 토지대장, 토지등기부등본)와 실제 이용현황을 반드시 대조해야 한다.

4. 용도에 부합한 상가를 찾아야 한다.

예컨대 학원으로 쓸 경우는 학교 주변이나 주택지 주변이 좋다. 낙찰 받을 때 특정용도로 사용하고자 한다면 주변 지역 입지 여건이 그에 맞아야 한다.

5. 유흥주점이 입점한 근린상가는 피하는 게 좋다.

유흥주점이 입점해 있는 경우 피해를 입을 가능성이 높다. 보통 유흥주점의 경우 점포를 비워주는 대가로 낙찰자에게 권리금을 요구하기 일쑤다. 실제로 손해를 본 경우가 많다. 나이트클럽, 단란주점, 성인오락실, 사우나, 목욕탕 등이 입점한 근린상가도 역시 되도록 피하는 것이 좋다.

특별보충: 권리금의 보장 기간

권리금은 해당 점포의 인테리어비용 등 '유형재산'과 매출 규모 등 '무형재산'에 대해 새 임차인이 기존 임차인에게 주는 돈이다. 당연히 장사가 잘되는 점포일수록 권리금이 비싸다. 이른바, '자릿세'라고도 한다. 과거에는 관행으로 주고받았지만, 권리금 갈등이 끊이지 않자 정부는 2015년 권리금을 법제화했다. 한국감정원에 따르면 이같은 권리금은 2025년 말 기준 전국 점포 10곳 중 7곳에 형성돼 있을 정도로 보편적이다.

그런데 이러한 권리금은 임대차계약의 당사자인 임대인과는 무관하게 임차인끼리 주고 받는 구조여서 논란이 끊이지 않고 있다. 법제회 이전에는 말할 것도 없고 2015년 이후에도 마찬가지다. 서울시 상가임대차분쟁조정위원회에 따르면, 2024년 현재 서울에서 벌어진 상가임대차 분쟁원인 1위(30.9%)도 권리금이었다. 위원회 측은 "권리금 법제화 이후 임차인의 권리금 회수 기회가 보장되고 있지만, 권리금 자체가 모호한 개념인 데다 사례별로 구체적인 이해관계가 다 달라 갈등이 끊이지 않는다"고 한다. (이하 상세는 "상가건물임대차보호법" 해설에서 상세히 언급함.)

6. 재계약 여부를 확인해야 한다.

낙찰받기 전에 임차인을 만나 재계약 여부와 월 임대료 등을 조사해야 한다. 낙찰자 입장에서는 기존에 있던 임차인과 재계약을 체결하는 게 여러모로 유리하다. 특히 임대에 따른 비용을 그만큼 절감할 수 있다. 아울러 이미 임차인이 확보돼 있어 자금계획 수립에 한층 유리하다.

(라) 경매로 상가를 취득하고자 한다면 무엇보다 철저한 현장답사와 사업성 분석이 필요하다. 업종 선택을 잘못해 점포를 내놓는 경우도 다반사다. 상가는 상가건물임대차보호법(2002.11.1)의 적용을 받으므로 소액 보증금은 최우선변제권이 있고 선순위 주택임차인은 대항력이 있어 보증금을 인수해야 하는 경우가 있다. 따라서 권리분석에 주의를 요한다. 다만, 인테리어 비용(보조비용) 등 임차인이 부담한 비용은 법적으로 구속력이 없다는 점은 장점으로 작용한다.

(마) 아파트 상가나 중심상가가 처음부터 배후상권이 안정되어있는 것에 비하면 근린상가는 유동인구가 많아지는 시점부터 상권이 활성화된다.

    a) 단지 내 상가보다 상권 범위가 넓지만, 중심상가에 비해 분양가가 저렴한 편이다. 반면 단지 내 상가 상권은 고객수요가 한정적이고 목이 일정해 발전성이 떨어진다. 그러나 변화가 적으므로 안정성 확보 차원에서는 유리하다.

    b) 다만 가까운 곳에 이마트 등과 같은 대형 상권이 들어서게 되면 치명적인 손실을 볼 수 있다. 예컨대, 근린상가는 초보 투자가가 가장 선호하는 종목 중 하나이다. 유흥업종을 제외하고 다양한 업종의 유치가 항시 가능한 데다 유동 인구가 늘면 투자금 회수가 쉽다는 장점이 있기 때문이다.

(바) 결론적으로, 상가는 무엇보다 입지 여건을 우선적으로 고려해야 한다. 특히 건물의 가격보다 영업환경을 먼저 따져보아야 한다. 상가 투자를 위해서는 기본적으로 다음 사항을 확인하도록 한다.

    a) 임대료, 권리금, 상권 형성, 배후지의 규모, 발전 가능성 등을 파악한다.

    b) 아파트 단지는 1000여 가구 이상이 되어야 수익이 높다.

    c) 상권 활성화의 실패 여부를 확인한다.

    d) 수익성에 대해 정확히 파악하는 것이 중요하다.

    e) 25~30평 아파트 밀집지역은 구매력이 상대적으로 높다.

1. 각종 인허가 등 규제가 잘 정리되어 있는 토지를 매입하는 것이 당연히 좋다.

한국토지주택공사(LH)가 개발·공급하는 토지와 같이 각종 인허가 등 규제가 잘 정리되어 있는 토지가 상대적으로 유익하다. 다만, 상가주택이 들어설 수 있는 용지는 1·2종 주거용지나 신도시 단독주택 용지 내에 있는 점포 겸용 단독주택용지 등으로 제한된다. 따라서 토지를 매입하기 전에 지적공부를 열람하여 땅의 용도, 건축 가능 여부를 확인하는 것도 기본이다.

2. 주변 임대 여건을 사전에 조사(중개업소 등)한다.

역세권 등 인구 유입이 활발한 지역으로 예상된다면, 상권이 형성되기 전이라도 장기 임대가 가능한 업종을 파악하고, 그 것에 적합한 임차인을 찾는 것도 고려할 만하다. 또한, 기존 도심에서 낡은 단독주택 용지를 확보해 신축하거나 리모델링하는 것도 권할 만하다.

3. 주택 면적비율이 상가 면적비율보다 높아야 한다.

주택 면적이 상가 면적보다 작으면 1가구 1주택 비과세 혜택에서 제외된다. 또한, 상가부분에 대해 양도소득세를 내야 한다. 신축과 개축 여부에 따라 주차장 규제도 달라진다.

4. 1층 상가의 특성상 주차장 규제를 잘 활용해야 한다.

제한된 토지내에서 건축법상의 최소 주차대수의 구비는 쉽지 않다. 즉, 1층 대부분이 필로티(기둥)가 되는 경우가 많다. 필로티 면적의 비율이 높을수록 상가 임대가 어렵고 수익성이 낮다.

5. 시공전에 구체적인 자금계획과 견적서를 받아 검토해야 한다.

같은 면적의 건물이라도 건물의 형태나 각 층고, 사용하는 자재에 따라 공사비가 천차만별이다. 따라서 사용될 자재 등을 비롯하여 세부 항목의 견적서를 가지고 자금조달계획을 세워야 한다.

실제로 공사를 진행하는 과정에서 수정이 필요한 경우가 비일비재하고, 뜻하지 않게 시공기간이 길어지다 보면 대출 이자 등의 문제에 봉착하기도 한다.

6. 상가와 주거공간의 상관성을 잘 활용한다.

상가로 인해 주거공간이 침해당하거나, 프라이버시가 침해당하지 않아야 한다. 또한, 상가 역시 동선을 잘 활용하여 상호 독립된 공간으로 자리매김하여야 한다.

7. 에너지절감형 자재의 선택은 미래투자이다.

건축에 있어서 단재와 강화유리, 창호는 매우 중요한 역할을 한다. 특히, 단독주택의 경우 관리비 부담이 아파트에 비해 상대적으로 크다. 단열재와 강화유리, 창호만 잘 선정해도 에너지 효율을 높일수 있다.

라) 오피스텔

(가) 오피스텔 같은 수익형 부동산이 경매시장에 나오는 가장 큰 원인은 금융비용 대비 임대수익률이 낮기 때문이다. 즉 상권 형성이 저조하거나 공급 과잉 등의 이유로 적정 임대료는 받지 못하지만, 안고 있는 채무에 대한 금융비용이 과다한 탓이다.
낙찰받은 후 시세보다 훨씬 저렴하게 임대를 주겠다는 생각을 가지고 저가에 낙찰받는다면 중장기적으로 큰 이점이 되며, 수익률 회복과 함께 시세차익도 노려볼 만하다.
최근 일부 지역을 중심으로 오피스텔이 임대료 및 매매가가 오르면서 오피스텔 경매 참여도 점차 활발해지고 있는 것을 볼 수 있다.

(나) 오피스텔이 상가건물임대차보호법상의 상가로서 적용받기 위해서는, 동법 상의 주된 부분을 영업용으로 사용하고 사업자등록의 대상이 되는 건물로서의 요건을 충족하여야 한다.
동법에 의하면 임차인이 건물의 인도(점유)와 사업자등록을 신청한때에는 그 익일(다음날)부터 제3자에 대하여 대항력을 갖게 되며, 임대차계약서에 세무서장으로부터 확정일자를 받으면 경매나 공매 시 대지를 포함한 상가건물의 환가대금에서 후순위 권리자보다 우선변제를 받는다. 그러므로 주택임대차와 마찬가지로 임대차관계를 확인해야 한다.

🔍 참고: 오피스텔의 허와 실

2021년 3월 현재 현 정부의 부동산 대책으로 인해 상대적으로 오피스텔이 아파트를 대체하는 주거품으로 급부상하고 있지만, 특히, 주거용 오피스텔에 과도한 세금을 부과하는 등 현행법상의 규제도 만만치 않다.

1. 중개수수료의 불균형
부엌과 화장실 등 주거용 요건을 갖춘 오피스텔의 중개수수료율을 기준 0.9%에서 일반 주택 수준의 0.5%(매매거래 시)로 인하해 오피스텔과 주택 사이 형평성을 맞춘 것과도 맞지 않다.

2. 고율의 취득세(4.6%)
오피스텔은 '업무시설'로 분류된다. 따라서 주택법이 아닌 건축법의 적용받는다. 구입 시 매입 가격의 4.6%에 해당하는 취득세를 부과한다. 아파트 등 일반 주택은 면적과 가격에 따라 1내지 3%대 세율이 적용되는 것을 감안하면 상당히 높은 편이다(전용면적 85㎡ 이하 주택은 1.1%에 비하면 약 4배).

이것은 2010년부터 오피스텔 바닥 난방을 허용하는 등 정부도 오피스텔을 준 주택 개념으로 보는 것과 달리 세금을 부과하는 데는 건축법상 규정을 고수한 결과다.

그런데, 오피스텔은 실제 대부분이 업무용이 아닌 주거용으로 사용되고 있으며, 특히 최근에는 실거주 목적으로 구입하는 일이 많다. '주택이 아니다'라는 이유로 각종 혜택에서는 소외되면서도 정작 종합부동산세를 매길 때는 주택으로 보고 보유 주택에 포함시키는 것은 타당치 않다고 여겨진다.

3. 주거용 오피스텔의 취득세 면제

구입 후 60일 이내에 주택임대사업자로 등록하면 취득세를 전액 면제받을수 있다. 투자를 목적으로 오피스텔을 구입해 임대를 놓는 것을 감안한 조치이다. 다만, 임대사업을 하지 않고 실거주용으로 구입하는 수요자는 이 혜택을 볼 수 없다. 예컨대, 실제 오피스텔은 부엌과 화장실 등 기존의 주택과 동일한 생활시설을 갖춰 아파트에 비해 가격이 저렴한 것이 장점 중의 하나이다. 따라서 20·30대 사회초년생과 1인 가구를 위한 안정된 주거공간으로서 역할을 톡톡히 하고 있는 것이다. 그럼에도 불구하고 2025년 말 현재도 주거용 오피스텔은 주택 대책의 사각지대에 방치돼 왔다. 특히, 2013년 생애최초주택구입자에 대한 취득세 면제 대상에서 오피스텔만 제외했던 것이 대표적이다.

4. 업무용 오피스텔의 부가세 환급.

업무용 오피스텔은 취득 시 10%의 부가세를 환급받을 수 있다(토지를 제외한 건물의 10%). 반면 주거용 오피스텔은 이에 해당되지 않는다. 대다수인들이 오피스텔을 구입해 임대사업을 하면서도 실제로는 업무용으로 허위신고를 하고, 주거용으로 의심받는 것을 피하기 위해 임차인의 전입신고를 막는 것과도 무관치 않다.

🔍 참고: 주거전용 오피스텔 재산세 과세 대상 변동 신고

오피스텔을 건축물대장 용도인 업무시설이 아닌 주거전용으로 사용하고 있을 경우 주택분으로 재산세 과세 변동 신고를 하면, 재산세를 주택용으로 과세한다.(지방세법 제120조 제1항 제1호(과세대상 재산에 변동 사유 발생 시 신고 의무) 또한, 오피스텔을 새로이 취득한 경우는 전소유자의 주거용 신청 여부와 상관없이 새롭게 신고해야 한다. 다만, 시청 공동주택괴에 임대주택으로 등록했을 경우, 별도 신고하지 않아도 된다.

1. 신고 대상
   1) 대상자: 재산세 과세 기준일(매년 6월 1일) 현재 오피스텔 소유자
   2) 요건
      (1) 해당 오피스텔에 거주자(임차인 또는 소유자)가 주민등록 전입신고를 하고
      (2) 해당 오피스텔을 사업장으로 하는 사업자등록이 되어 있지 않으며
      (3) 오피스텔 전체를 주거용도로만 사용하고 있는 경우
2. 구비서류는 과세 대상 변동신고서 1부
3. 제출 방법은 FAX 신청, 우편 신청

 **참고: 오피스텔 1가구 2주택 포함 여부**

1. 오피스텔의 개념

주용도는 업무시설, 업무공간 50% 이상, 주거공간 50% 미만의 건축물을 의미한다.

2. 1가구 2주택 포함 여부

1) 원칙: 오피스텔은 기본적으로 업무시설이지만, 주거를 목적으로 사용하게 되면, 주택법의 적용을 받게되어, 1가구 2주택에 포함된다.

2) 예외

   (1) 다만, 임대사업자등록을 하게 되면, 1가구 주택에 포함되지 않는다. 그러나 일반임대사업자 또는 주택임대사업자 등록을 하여도 임차인이 "전입신고"를 하면, 1가구 2주택에 포함된다.

   (2) 임차인이 5년 이내에 소득신고를 하면, 소득공제혜택에 있어 거주 당시에 전입신고를 하지 않더라고 이후 소득신고를 하면 주택으로 간주되어 1가구 2주택이 되어 세금을 내야 한다.

3. 1가구 2주택 회피 방법

1) 일반임대사업자등록(부가세 감면) 또는 주택임대사업자등록(취득세 감면)의 차이

   오피스텔의 1가구 2주택 회피를 위해서는 주택임대사업자등록이 유리하다. 양자의 근본적인 차이점은 부가세 감면 여부와 취득세 감면 여부에 있다.

2) 주택임대사업자는 전입신고의 제한이 없다.

   양자의 또다른 차이점은 일반임대사업자의 경우 전입신고에 제한이 있지만, 주택임대사업자는 전입신고가 가능하다. 즉, 후자의 경우엔 임차인이 전입신고를 하여도 1가구 2주택에 포함되지 않는다. 따라서 필자로서는 주택임대사업자등록이 상대적으로 유리하다고 생각된다.

4. 양자의 의무임대기간 등

1) 주택임대사업자는 8년 또는 4년, 일반임대사업자는 10년의 의무임대기간이 있다. 이를 충족하지 못하면, 초기에 감면 혜택을 받았던 취득세와 부가세를 반환하여야 한다(충족하지 못한 년수로 계산하여 반환).

2) 연수가 오래된 오피스텔의 매매시 주의사항

   1가구 2주택과 관련하여 오래된 오피스텔 매매시엔 포괄적 양도양수에 주의를 요한다. 포괄적 양도양수 조건 자체가 일반임대사업자로 등록된 오피스텔을 매입하는 것이므로, 전입신고는 하지 않아야 1가구 2주택이 되지 않는다.

마) 토지

임야와 농지 2가지 경우가 있다.

토지는 경매를 통한 투자 대상 부동산으로서 단연 인기가 높다. 토지 중에서 임야, 특히

유망 전원주택이나 위락시설 또는 대규모 택지개발지구 인근 고속도로변 등 개발 잠재력이 큰 임야는 기대효과가 높다.

농지는 자경과 중과세의 대상 등 제한 규정으로 인해, 특히 농지취득자격증명을 발급받아 매각결정기일까지(당일 오전 10시 전) 이를 경매법원에 제출해야만 매각허가가 결정되는 등의 규제가 따르므로 그 임야에 비해 상대적으로 인기도는 떨어진다. 그래도 농지는 여전히 관심 대상이다.

다만, 최근(2021년 5월 기준) LH 사태 등으로 인해 부작용이 심하므로 농지의 취득은 신중하게 접근해야 한다고 생각된다.

(가) 임야

경매로 임야를 구입한 경우는 농지와 같은 농지취득자격증명원 제출 등의 의무 조건이 없고, 토지거래허가구역 내에 있어도 토지거래허가가 필요 없다. 또한, 평수의 제한이 없고 매입도 자유롭다. 특히 임야는 농지에 비해 상대적으로 규제가 완화되어 있으므로 일반인이 접근하기 쉽다. 물론 가격도 시세보다 훨씬 싼 게 대부분이다. 경매시장에서 임야의 인기가 높은 것은 바로 이 때문이다.

소액의 자금을 장기적으로 투자할 때 적합한 것이 임야이다. 즉 단기적인 차익을 거두기는 어렵지만, 중장기적으로 활용성을 따져 매입해야 한다. 수도권 인근의 중·소도시 주변이나 신흥 지방도로 주변의 개발 가능한 우량매물을 구입하면, 환금성과 수익성 양자 모두를 보장받을 수 있다.

참고: 임야의 입지조건

임야는 일반농지에 비해 현질변경이 쉽고 가공 되지 않은 상태이기 때문에 인지여건에 따라 주택, 펜션, 전원주택지, 수련원, 공장 부지, 수목원 등 다양한 사업개발이 가능하다는 장점이 있다. 다만 등고선이 20도를 넘지 말아야 한다.

1. 공법상의 제한 등을 반드시 확인해야 한다.
임야는 원하는 투자 또는 이용 목적에 부합해야 한다. 특히 공법상의 제한사항이 있는지와 용도지역이 무엇으로 되어 있는지를 반드시 확인해야 한다.

2. 준보전임지(산지)의 선택
임야는 보전임지보다 준보전임지가 개발 가능성이 좋다. 이때 경사도는 15도 이하가 좋다. 임야도를 통해 경계를 파악하고 분묘기지권을 확인해야 하며, 토지이용계획 확인원을 교부받아 행위제한 사항도 확인해야 한다.

3. 입목 본수의 확인

나무의 밀생 정도를 수치로 계산한 것을 입목본수라 하는데, 이러한 입목본수가 50% 이하여야 한다. 자생 소나무가 밀집한 산지는 개발불능 또는 제한적으로만 가능하다는 난점이 있기 때문이다.

4. 지표 등의 상태를 확인한다.

지표 상태를 확인하고 자연석 등을 확인하여야 한다. 토질과 자연석은 투자의 중요한 수단이 될 수 있기 때문이다. 예컨대 자연석이 많으므로 인하여 경매로 낙찰 받은 금액보다 개발행위를 통하여 수십 배의 수익을 올리는 경우가 많다.

5. 맹지 여부를 확인하여야 한다.

진입도로의 유무는 임야에 대한 투자에 있어서 중요한 요인이 된다. 만약 통행도로가 없다면 무조건 포기하기보다는 주위의 토지매입 가능성을 검토, 타진해보아야 한다. 물론 쉽지는 않다. 도로의 개설 비용이 만만치 않은 경우도 많다.

6. 연접개발에 주의해야 한다.

강원도, 제주도 전 지역과 경기도 화성, 김포, 광주, 평택, 용인시가 그 대상이다. 즉 농림지역이나 관리 지역의 임야는 폭 20미터 이상의 하천이나 도로, 공원 등이 존재하면 연접 제한의 적용을 받지 않는 예외도 있으나, 그 외에는 인접한 반경 230미터 이내에 사전에 산지전용이 있었고, 산지전용면적이 30,000평방미터 이상이었다면 향후 개발행위는 불가능하다.

🔍 참고: 임야의 형질변경

1. 개발 제한사항의 사전적 검토

경매로 임야를 취득 후 개발할 목적이라면, 입찰에 참여하기 전에 반드시 토지이용계획확인서 등을 통하여 개발 제한 사항이 있는지 확인해야 한다. 물론 임야의 경우 일반농지에 비해 형질변경이 쉬운 것이 장점이다. 그러나 서울이나 수도권 소재 임야 중에는 개발제한구역이나 군사시설보호구역 또는 상수원보호구역으로 묶여 형질변경이 되지 않는 곳이 많다. 또한 임야라도 보전산지는 형질변경이 거의 불가능하므로 유의해야 한다.
구체적으로는 임야가 개발 가능한 준보전산지라도 경사도 20도 이상에 해당하거나 해당 임야에 희귀한 나무가 자생하고 있는지 또는 숲이 울창하여 임상이 좋은 경우라면 형질변경이 어렵다.

2. 토지의 이용계획에 의한 제한

토지이용계획확인서는 용도지역을 비롯하여 그 땅과 관련된 여러 가지 정보를 한눈에 보여주고 있으므로 개별 필지 분석에 필수적인 정보원이다. 경매를 포함한 부동산투자의 실패 사례 중에는 유난히 부동산의 이용계획에 관한 제한사항을 정확하게 분석하지 못함으로 인한 경우가 많다. 즉 경매부동산 소재지역의 공법상 이용제한을 철저히 분석하지 않으면 낭패를 보게 된다. 이를테면 군사시설보호구역 내의 토지 역시 개발이 제한된다는 점 등을 들 수 있다. 결국 투자자로서 원하는 택지를 잘 고르기 위해서는 토지대장과 등기부등본 외에 그 토지의 활용도와 관계되는 자료를 가지고 있는 토지이용계획확인서를 확인하는 것이 가장 중요하다.

1. 개념

군사시설 보호구역은 통제보호구역과 제한보호구역으로 구분한다. 전자는 군사분계선에서 10km 이내의 토지(민통선 내에 있는 토지)를 말한다. 속초나 고성, 철원 등의 강원 북부나 파주 등 경기북부에서 토지 투자를 하거나 개발하고자 하는 경우는 군사시설보호구역에 대한 접근법을 이해해야 한다. 특히 토지를 개발하기 위해서는 적어도 제한보호구역(민통선 경계외곽)에 있어야 한다. 따라서 통제보호구역은 불가하다. 개발 가능여부는 토지이용계획확인서에서 확인할 수 있다. 즉 '군사' 항목에 아무런 항목이 없다면 군사시설보호구역과는 무관한 지역이다.

2. 군사시설보호구역에서 개발을 위한 단계적 접근방법

1) 군사시설보호구역 해제여부를 확인한다.

2) 위임지역 여부 확인

위임지역 해당 여부는 위임 고도와 마찬가지로 토지이용계획확인서에서 쉽게 확인할 수 있다. 위임지역이라 함은 군사에 관한 업무를 행정관청에 위임하여 놓은 지역을 말한다. 해당 토지가 설령 군사시설보호구역에 해당 되는 토지더라도 위임지역이라면 개발이나 건축에 문제가 없다. 위임지역은 통상 고도로 위임하고 있다. 이를테면, '위임고도 ○○m'로 위임하고 있다면, 해당 토지에서 위임된 고도 ○○m까지의 개발행위에 관하여는 군동의를 별도로 받을 필요가 없다는 것을 의미한다. 이런 위임지역 토지는 통상 토지에 비해 상대적으로 20% 내지 30% 정도 가격이 더 비싸다.

3) 조건부 매매

군사시설보호구역에서 즉시 공장이나 창고, 일반음식점, 숙박시설 등의 시설을 건축하고자 한다면, 조건부 매매를 활용할 수 있을 것이다. 즉 "군 동의가 있고 개발행위허가가 났을 때 허가가 유효한 조건으로 계약을한다"면 군사시설보호구역의 규제로 인하여 낭패를 볼 일은 없어진다.

3. "국토의 계획 및 이용에 관한 법률"과 용도지역

1) 국토의 계획 및 이용에 관한 법률

국토의 난개발을 막고 국토 전체를 균형적으로 개발하기 위한 필요조건을 충족시킬 수 있도록 하기 위해 제정된 것이 「국토의 계획 및 이용에 관한 법률」이다. 즉 본 법은 체계적인 국토개발을 위한 법률이라고 할 수 있다. 특히 국토의 계획 및 이용에 관한 법률은 전국의 토지를 용도지역, 용도지구, 용도구역의 세 가지로 구분해 국토의 이용·개발·보전을 위한 계획을 수립하고 집행하는 데 필요한 사항을 규정해 두고 있다.

2) 용도지역

용도지역은 전국의 토지를 대상으로 한 용도 중심의 수평적인 이용규제이므로, 중복되지 않도록 평면적으로 구분·지정된다. "국토의 계획 및 이용에 관한 법률"은 전 국토를 도시지역, 관리지역, 농림지역, 자연환경보전지역 등 4개의 용도지역으로 구분하고, 도시지역 및 관리지역을 더욱 세분하여 지정하고 있다.

좀 더 상세한 내용은 권리분석의 장(제10장 제1절)에서 상세히 설명하고 있다.

1. 토임(토지임야)이란 지적도에 나오는 임야를 말한다. 지번 표기도 [000임]로 된다. 물론 그 이상은 아무런 의미도 없다. 법률용어는 아니지만, 토지임야이기 때문에 대단히 좋다고 보기도 한다. 즉 토지 특성상 유리한 점이 많아 이미 지가에 그 장점은 반영되었다고 보아야 한다.

2. 통상 임야는 대축척도(3,000분의 1 또는 6,000분의 1)를 사용하고, 토지(전, 답, 대지 등)는 소축척도(1200분의 1 또는 500분의 1)를 쓴다. 따라서 대축척도를 쓴 것을 임야도라 하고, 소축척도를 쓴 도면을 지적도라고 한다. 또한 임야도에 나오는 임야는 [산000번지] 등으로 지번 표시되나, 지적도에 나오는 토지는 [000번지]로 지번 표시된다.

3. 토임은 대개 낮은 구릉지대 정도로서 주위가 농경지로 되어 있으므로 좋은 땅인 경우가 대부분이다. 또한 전답은 농지관리의 대상이 되나 토임은 농지관리의 대상도 아니고, 집단적인 조림 육림에는 부적합한 소규모의 땅일 경우가 많다. 따라서 산림관리목적상 주된 관심사가 아니다. 토지이용계획상으로는 대개 관리지역에 속할 가능성이 많다. 개발행위를 위한 절차는 일반 임야와 똑같다. 따라서 위에서 언급했듯이 토임이기 때문에 좋다는 말은 성립되지 않고, 오히려 관리지역 임야이므로 좋다고 말해야 한다. 관리지역 임야가 농지보다 좋은 이유는 농지취득자격증명을 발급받지 않아도 등기이전 할 수 있고, 비싼 농지보전부담금 대신에 싼 대체산림자원조성비를 납부할 수 있어서 좋고, 농지보다 임야의 공시지가가 낮으니 등기비용도 적고, 전용분담금 적어 좋다. 다만 단점이라고 한다면 임야의 개발행위를 위해서는 토목기사가 작성한 복구계획도 등을 반드시 첨부해야 하는 점 등이다.

산지관리법

1. 임야에 관한 법률개관

1) 적용법규

산림법과 산지관리법이 적용된다.

종전에는 양법이 모두 "산림법'으로 일원화되어 있었으나, 2002년 12월부터 "산지관리법"을 별도로 분리 제정하여(시행 2003년 10월 1일) 규제와 이용에 관한 것을 분리하고 용어도 종전의 "산림"에서 "산지"로 변경했다. 또한, 종전의 생산임지는 임업용임지로, 공익임지는 공익용임지로 용어를 변경하였다. 임야(또는 산림, 산지)의 구분과 소유 및 기본적인 관리에 관한 것은 산림법에서 규정하고, 임야의 개발, 행위 제한 등 규제에 관한 것은 산지관리법에서 규정한다. 특히 임야의 개발과 활용은 산지관리법, 동시행령과 시행규칙에 정한 바에 따라야 한다.

2) 기타

임야는 산지관리법 외에도 국토의 계획 및 이용에 관한 법률, 개발제한구역에 관한 법률 및 수도권정비계획법의 규제를 받으며, 기타 구체적으로 농어촌정비법, 자연공원법. 상수원보호에 관한 법률 등 관련법규의 범주 안에서 개발 및 이용이 허용된다.

3) 경매취득과 관련하여

이러한 관련 법규와 아울러 임야 소재 지자체의 조례와 고시 그리고 담당주무관서의 방침과 선례를 넓게 파악하여야 구체적인 인허가 가능성과 개발계획수립이 가능하다고 본다. 또한, 개발 및 공사 시행에 따른 주변인들의 민원 사항도 매우 중요하다(특히 집단 묘지, 장지 등의 설치와 야생동물 사육 등의 혐오 기피시설의 경우나 토사반출의 경우). 따라서 사전에 이에 대한 충분한 대책이 있어야 할 것임에 유념해야 한다.

2. 산지관리법상 산지(임야)의 구분과 행위 제한

1) 의의

산림자원의 조성, 임업경영 기반의 구축 등 임업 생산 기능의 증진과 재해 방지, 수원 보호, 자연생태계 보전, 자연경관 보전, 국민보건 휴양 증진 등의 공익 기능을 위하여 필요한 산지로서 산림청장이「산지관리법」에 따라 지정·고시한 산지를 말한다.

2) 산지의 분류 등

임야에는 농림지역인 보전산지와 관리 지역인 준보전산지가 있다. 즉 산지관리법은 산지를 합리적으로 보전하고 이용하기 위하여 전국의 산지를 보전산지와 준보전산지로 구분된다. 즉 이용에 관한 규제가 필요한 경우를 보전산지로 묶고 그 이외의 것은 준보전산지로 한다. 보전산지는 산지전용허가나 산지전용 신고를 하여야 한다. 그리고 준보전산지는 법규상 행위 제한에 대한 특별한 별도 규제는 없으나, 산지로서 그 용도를 변경하거나 형질을 변경하고자 할 때에는 보전산지와 마찬가지로 산지전용허가나 산지전용 신고를 하여야 한다.

결론적으로 준보전산지는 보전산지에 비해 특별한 경우를 제외하고는 산지전용에 대한 행위 제한을 비교적 적게 받아 주택, 공장 등의 개발 용도로 이용이 가능한 산지에 해당한다. 산지관리법은 산지의 구분에 따라 전국의 산지에 대하여 지형도면에 그 구분을 명시한 도면(산지 구분도)을 작성하여 고시하고 있다.

3) 보전산지의 분류

규제의 대상이 되는 보전산지는 다시 공익용 산지와 임업용 산지로 분류된다.

(1) 공익용산지

가) 임업 생산과 함께 재해 방지, 수원 보호, 자연생태계 보전, 자연경관 보전, 국민 보건 휴양 증진 등의 공익 기능을 위하여 필요한 산지로서 다음의 산지를 대상으로 산림청장이 지정하는 산지를 말한다.

- 자연휴양림의 산지, 사찰림의 산지, 산지전용·일시사용제한지역, 야생동·식물특별보호구역과 시·도야생동·식물보호구역 및 야생동·식물보호구역의 산지, 자연공원구역의 산지, 문화재보호구역의 산지, 상수원보호구역의 산지, 개발제한구역의 산지, 보전녹지지역의 산지, 생태·경관보전지역의 산지, 습지보호지역의 산지, 특정도서의 산지, 백두대간보호지역의 산지, 산림보호구역의 산지, 다른 법률에 따라 환경보전 등의 목적으로 보전하기 위한 지역 등으로 지정 또는 결정된 산지, 수질 및 수자원 보전을 위하여 필요한 산지, 도시 주변 또는 산업단지의 환경오염방지 등을 위하여 필요한 산지, 산림생태계·자연경관·해안경관·해안사구 또는 생활환경의 보호를 위하여 필요한 산지, 중앙행정기관의 장 또는 지방자치단체의 장이 공익용산지의 용도로 사용하고자 하는 산지를 말한다.

나) 백두대간 등 산줄기나 산림자원보전과 수자원 및 자연환경 생태 보존 등 공익을 목적으로 국가가 직접 보존하며 군사. 도로, 국민보건 휴양 증진 등 오로지 공공목적을 위한 것 외에는 그 개발이 엄격히 금지되고 있다. 따라서 일반인의 개발 대상에서 원칙적으로 제외되므로 개인의 전원주택 등의 신축은 불가능하다.

(2) 임업용 산지

가) 산림자원의 조성과 임업경영 기반의 구축 등 임업생산 기능의 증진을 위하여 필요한 산지로서 아래의 산지를 대상으로 산림청장이 지정하는 산지를 말한다.
- 채종림(採種林) 및 시험림의 산지, 보존국유림의 산지, 임업진흥권역의 산지, 형질이 우량한 천연림 또는 인공조림지로서 집단화되어 있는 산지, 토양이 비옥하여 입목(立木)의 생육에 적합한 산지, 보존국유림 외의 국유림으로서 산림이 집단화되어 있는 산지, 지방자치단체의 장이 산림경영 목적으로 사용하고자 하는 산지, 그 밖에 임업의 생산기반조성 및 임산물의 효율적 생산을 위한 산지이다.
나) 공익용 산지에 비해 규제가 완화되어 있다. 즉 공익목적뿐 아니라 산림보존의 합리적인 범위 내에서는 일반인의 개발과 이용이 부분적으로만 허용된다. 따라서 일반적으로 임업용산지와 준보전산지가 주로 개발대상이 된다.

3. 산지관리법상 임업용산지에서 가능한 행위(사업)

산지관리법 및 동 시행령 등에 규정된 개발가능행위는 다음과 같다. (편의상 법규상 제곱미터를 평으로, 3제곱 미터를 1평으로 환산함)

① 산림욕장, 산책로, 자연탐방로, 등산로 등의 산림공익시설(국가 지자체가 설치하는 경우)

② 기업부설연구소, 특정연구기관(관련법에 의함)

③ 10,000평 미만의 가축 방목행위(15년 이상 산지, 울타리 조건)

④ 10,000평 미만의 관상수 재배

⑤ 5,000평 미만의 사찰, 교회, 성당 등 종교시설(문광부 허가 종교단체에 한함)

⑥ 3.000평 미만의 산채, 약초, 야생화 등 농작물 재배

⑦ 3,000평 미만의 종합병원, 치과, 한방, 요양병원,

⑧ 3,000평 미만의 사회복지시설

⑨ 3,000평 미만의 청소년수련시설

⑩ 3,000평 미만의 근로자주택과 근로자를 위한 기숙사, 복지회관, 보육시설

⑪ 3,000평 미만의 직업능력개발 훈련시설(국가, 지자체, 공공단체에 한함)

⑫ 3,000평 미만의 양어장, 양식장, 낚시터, 버섯재배사, 온실, 임산물창고 집하장, 유기질비료 제조시설, 야생조수사육

⑬ 3,000평 미만의 농어촌 관광휴양단지 및 관광농원

⑭ 1,000평 미만의 누에사육시설, 농기계 수리 및 창고, 농축산물 창고, 집하 가공시설

⑮ 200평 미만의 농림어업인의 주택(자기소유산지에 한함)

⑯ 60평 미만의 농막, 농축산용관리사

⑰ 1년 이내의 물건 적치

4. 임업용산지와 건축행위

1) 자격대상

임업용 산지에서는 농업인, 임업인, 어업인에 한해 농가주택을 660㎡(창고포함) 내에서 지을 수 있다(임업인 자격: 1년에 90일 이상 임업에 종사, 임업으로 인한 연간 소득 120만 원 이상 등 증명이 필요함). 약초나 관상수, 과실수 등 재배가 얼마든지 가능하다. 다

만 허가를 받아 간벌(솎아베기)를 한 후 산림기술사의 자문을 받아 식재할 수 있다.

2) 벌목 등 가능 기준(활잡목 벌채, 굴취)

(1) 임지 내에 자생하는 소나무는 수종(약100여 종 이상) 및 수령(영급)에 따라 벌목과 굴취의 기준이 다르다. 즉 대부분 3 내지 4영급(30년~40년)이 넘어야 벌목이 가능하다. 임의적 굴 취는 절대적으로 허용되지 않는다. 또, 굴 취는 지자체 내규에 따라 달리 적용됨에 유의해야 한다. 활잡도 허가를 받아야 벌채를 할 수 있다. 간벌, 삭벌, 벌채, 굴취는 각기 다른 허가기준을 가지고 있으며, 산지 전용 허가가 아닌 간벌(솎아베기), 모두베기 등으로 허가기준이 다르다.

(2) 소나무의 반출을 위해서는 대형트럭(25t)이 진입이 가능한 폭 6m 이상의 도로가 필요하며, 이동 시 1개 차선을 넘으면 안 되므로 이러한 조건이 소나무의 가격에 영향을 미친다.

(3) 나무나 약초 등을 재배하는 임업인이 되면 자기 소유의 임업용 산지의 660㎡(200평) 이내 부지에 임업인 주택이 가능하며, 200㎡(약 60평) 미만의 산림관리사와 농막도 지을 수 있다. 특히 위에서도 언급했듯이 3,300㎡(약 1,000평) 미만의 임산물 생산 가공시설을 건축할 수도 있다. 특정 지역의 경우 일정한 지정약초에 대해서는 임산물 소득원의 생산가공을 지원하기도 한다. 이를테면, 밤, 감, 잣 등의 수실류와 표고, 송이 등의 버섯류와 더덕, 고사리 등의 산나물류와 삼지구엽초 등의 약초류 와 은행잎, 솔잎 등의 수엽류와 오미자, 산수유 등의 약용류 등이 임산물 소득원 지원대상 품목이다.

참고: 농림지역과 생산관리지역

1. 농림지역
농림업의 진흥과 산림의 보전을 위하여 필요한 지역으로 용도지역의 한 종류이다. 농림지역은 도시지역에 속하지 아니하는 「농지법」에 의한 농업진흥지역 또는 「산지관리법」에 의한 보전산지 등으로서 농업이나 임업의 진흥과 산림의 보전·육성이 필요한 지역에 지정되는 용도지역의 하나이다. 농림지역 중 농업진흥지역 및 보전산지, 초지 등으로 지정된 지역 등은 각각 「농지법」, 「산지관리법」, 「초지법」 등에 의해 추가적인 행위제한을 받게 된다. 가령 농업진흥지역의 농업진흥지구로 지정된 경우 일반적으로 농업 생산 또는 농지 개량과 직접적으로 관련되지 아니한 토지이용행위를 할 수 없도록 되어있다. 농림지역의 지정 또는 변경은 국토해양부장관, 시·도지사 또는 대도시 시장에 의해 도시관리계획으로 결정된다.

「국토의 계획 및 이용에 관한 법률」에 의한 제한

　1. 개발행위허가의 규모: 33,000㎡ 미만

　2. 건폐율: 20% 이하

　3. 용적율: 50% 이상 80% 이하

　4. 농림지역안에서 건축할 수 있는 건축물(국토의 계획 및 이용에 관한 법률 시행령 별표21)

2. 생산관리지역

용도지역 중 하나인 관리지역의 세분이며 농업·임업·어업생산 등을 위하여 관리가 필요하나, 주변의 용도지역과의 관계 등을 고려할 때 농림지역으로 지정하여 관리하기가 곤란한 지역으로, 농림지역이 생산 및 보전의 목적을 지니는데 반해 개발의 여지를 지니고있는 지역이다.

참고: 임야(임업용산지)에 주택 건축 방법

1. 구입산지의 선정

위에서도 언급했듯이 공익용산지와는 달리 임업용 산지에서는 농지에서와 마찬가지로 농업인이나 임업인은 일반조건하에 산지전용을 받아 농가주택을 지을 수 있다. 관리지역에 해당하는 준보전산지는 도시인도 산지전용을 통해 주택을 지을 수 있다. 준보전산지는 원래 도로. 주택. 공장 등을 위해 유보해 놓은 땅이기 때문이다. 따라서 도시인이 전원주택을 지으려면 준보전산지를 구입해야 한다.

2. 산지전용허가시 필요서류

1) 산지전용허가신청서와 사업계획서

2) 훼손된 임야의 실측도 및 벌채구역도

3) 산림의 소유권 또는 사용수익권을 증명할 수 있는 서류

3. 산지전용허가심사기준

산지전용허가의 신청을 받은 때에는 그 신청내용이 다음 각호의 기준에 적합한 경우에 한하여 산지전용허가를 한다. 다만, 준보전산지에 대하여는 1) 내지 4)까지의 기준은 이를 적용하지 아니한다.

1) 보전산지(공익용, 임업용)의 행위 제한 사항에 해당되지 않아야 한다.

2) 인근 산림의 경영·관리에 큰 지장을 주지 아니하여야 한다.

3) 집단적인 조림성 공지등 우량한 산림이 많이 포함되지 아니하여야 한다.

4) 희귀야생동, 식물의 보전 등 산림의 자연 생태적 기능 유지에 현저한 장애가 발생되지 아니하여야 한다.

5) 토사의 유출, 붕괴 등 재해 발생이 우려되지 아니하여야 하며, 산지의 경사도가 25도를 넘지 아니하여야 한다.

6) 산림의 수원함양 및 수질보전 기능을 크게 해치지 아니하여야 한다.

7) 보호할 가치가 있는 산림에 해당되지 아니해야 한다(산지의 형태 및 임목의 구성 등의 특성기준).

8) 사업계획 및 산지 전용면적이 적정하고 산지전용 방법이 자연경관 및 산림훼손을 최소화하여야 하며, 특히 산지전용 후의 복구에 지장을 줄 우려가 없어야 한다.

4. 대체산림자원조성비

임야는 대체산림자원조성비를 부담한다. 대체산림자원조성비는 임야를 대지로 변경하는 비용으로서, 다른 곳에 산림자원조성을 위한 비용이다. 그 기준은 전국이 동일하다. 즉 7년생 잣나무의 묘목 값에 식재 후 5년까지의 육림비를 합하여 그 비용을 정하여 매년 산림청장이 고시한다. 2025년 단가기준 3.3㎡ 당 (준보전산지의 경우약 8,190원, 보전산지의 경우 10,640원, 산지전용 일시 사용제한지역은 16,380원으로 농지조성비의 1/6 정도 된다. 이 비용은 20일 이상 90일 이내의 범위에서 납부하게 되는데 액수에 따라 50만 원 이하면 30일, 5,000만 원 이하면 60일, 5,000만 원 이상이면 90일 안에 납부해야 한다. 산지전용허가 후 대체산림자원조성비를 납부해야 허가증을 받고 공사에 착수하면 된다.

5. 산지전용허가 유효기간 등

산지전용허가를 받았으면 받은 날로부터 전용면적에 따라 보통 2년 내지 10년 이내에 공사에 착수하면 된다. 다만, 1년 이상 사업에 착수하지 않았을 때와 훼손된 산지의 복구비를 일정기간 내에 납부하지 않은 경우는 허가가 취소된다.

참고로 복구비는 경사도를 기준으로 사전부과 되는데 경사도 10도 미만은 ㎡ 당80,928원, 10-20도는 242,608원, 20-30도는 321,261원, 30도 이상은 418,455원으로 문제가 없으면 반환된다.

🔍 참고: 임야 구입시 사전 검토 사항

1. 대상 임야가 특별한 목적을 제외하곤 준보전산지이어야 한다.

2. 산지전용제한지역이 아니어야 한다.

3. 산림법상 보안림이나 사방지로 지정되어 있지 않고 또 과거 국고보조를 받아 조성한 조림지가 아니어야 한다. 과거의 홍수피해 여부도 조사해 보아야 한다.

4. 경사도가 25도를 넘지 않아야 개발허가가 허용됨이 원칙이다.

5. 나무의 수종과 밀도나 크기도 산지전용허가의 한 가지 기준이 된다.
따라서 자생상태를 확인해야 한다. 산에 있는 나무의 수종(나무종류)을 "입목구성"이라고 하며, 나무 평균 나이가 50년 이상이거나, 활엽수림이 50% 이하이어야 한다. 또 나무의 밀도와 크기를 "입목축적"이라고 하며, 임야 소재 시군의 평균치보다 50%를 넘게 울창하거나 나무가 크면 허가가 안 된다.

6. 연접개발금지 여부를 확인한다.
임야 500m 이내의 다른 산지에서 33,000㎡ 이상의 개발허가가 이미 있는 경우 연접개발로서 금지된다. 다만 그 개발허가는 2003년 10월 31일 이후 허가분에 한한다.

7. 임야 내에 분묘가 없거나 적어야 한다. 산림청의 산지전용제한지역으로 고시되어 있지 않아야 된다.

8. 진입로는 필수적이다.

따라서 임야는 국도나 지방도등 기존 도로에 붙은 것이 좋다.

9. 경사가 완만하고 조망권이 좋은 땅이나 산꼭대기 분지형 지형을 찾는다.

전원주택지나 개발 적지를 찾게 될 때 가장 먼저 고려하는 것이 배산임수형의 땅이다. 특히 임야는 강을 바라보고 있지 않더라도 주변에 계곡이나 개울을 끼고 있으면 그 가치가 더 높아진다. 강이나 호수에서 너무 가까우면 습기가 많고 안개가 자주 끼어 주거지로서 적합하지 않다.

10. 기타

건축법상 부지가 최소한 5m 이상의 도로와 접해야 하고, 도로에 접한 대지의 길이는 2m 이상이어야 한다. 또한, 연면적이 2000㎡ 이상이면 6m 이상의 도로에 접해야 하고, 도로에 접한 대지의 길이는 6m 이상이거나 4m 이상 2곳에 접해 건축허가를 받을 수 있다.

참고: 임야의 취득. 양도와 조세 관계

1. 사업용 토지와 비사업용토지의 구분

임야는 매수자가 나타나더라도 소유자는 세금을 고려해야 한다. 사업용 토지로 인정 받게 되면, 양도세 절감이 가능한데, 3년 이상 보유하면 연 2% 장기특별공제를 받을 수 있다. 반면 임야를 매각할 때 비사업용토지에 해당되면 양도소득세가 중과세된다. 이 경우 기본세율은 6% 내지 45%에 구간별로 10%포인트씩 세율이 중과세 된다.

2. 사업용 토지의 요건

임야에서 비사업용 토지라함은 부재지주의 토지를 뜻한다. 즉, 부재지주가 아니어야 사업용 토지가 된다.

1) 임야소재지와 동일한 시군구(기초지자체를 말한다) 또는 연접한 (경계가 닿아 있는) 시군구에 거주해야 한다.

2) 일정한 거주기간을 요한다.

　양도 시점에만 거주한 것으로는 부족하다. 구체적으로 양도일을 기준으로

　(1) 직전 5년간 3년 이상

　(2) 직전 3년간 2년 이상

　(3) 보유 기간 중 60% 이상 거주 중에서 한 가지 이상을 채워야 사업용 토지가 된다.

　(4) 이외에도 8년 이상 재촌한 직계존속이나 배우자에게 상속·증여를 받았거나 산림자원 조성 및 관리에 관한 법령 등에 의해 사용이 제한된 경우는 해당 기간 중 사업에 사용한 것으로 본다. 따라서 구체적 사안에 대해선 반드시 사업용토지 인정 여부를 사전에 확인하는 것이 좋다.

3. 사업용 토지와 비사업용토지의 비교

사업용 토지일 경우와 비사업용토지인 경우를 비교해보면, 예를 들어 양도차익이 5억 원, 보유기간이 2년이라고 가정할 경우, 사업용 토지의 경우는 약 1억9,000만 원인 세금이, 비사업용토지의 경우는 약 2억 5000만 원이 된다. 다만, 위에서 언급한대로 이때 다주택자에 대한 중과세와는 달리 보유기간이 3년 이상이면 연 2%의 장기보유특별공제를 받을 수 있다

(가) 농지

a) 농지는 단기적인 매매 차익을 목적으로 하는 경우는 상당히 어려울 수 있다.

농지취득증명원을 제출하지 않으면 낙찰 보증금을 몰수당한다. 따라서 농지에 투자하기 위해서는 미리 사전에 농지취득자격증명을 받을 수 있는지 확인하고 현장조사를 한다. 농지취득자격증명원 발급대상 농지는 전, 답, 과수원 등 법적 지목에 상관없이 농작물 을 경작하는 토지이다.

신규 영농을 목적으로 농지를 취득하기 위해서는 농지 면적이 1,000㎡ 이상이어야 한 다. 농지 전용을 목적으로 구입하는 경우는 준농림지이면서 농업진흥지역으로 고시되 지 않은 지역이어야 한다.

토지이용계획확인서를 교부받아 개발제한구역, 상수도, 공원, 군사시설 등 개발이 제 한되어 있는지 확인한다. 농지 전용은 농지보전부담금을, 임야는 대체산림자원조성비 를 부담하는 것을 고려해야 한다.

b) 임야뿐만 아니라 농지 역시 법정지상권 성립 여부에 대해 주의해야 한다.

c) 농지는 개발 가능성이 낮아 싼값에 거래되며, 도로에 인접한 농업진흥지역 외의 지목 상 전(밭)은 전용 허가만 받으면 소규모 근린시설로도 개발이 가능하다.

시·군 조례에 따라 전용 허가를 받아 음식점이나 숙박시설로 개발하면 상당한 수익을 올릴 수 있다. 이를테면 도시민을 위한 주말농장용 소규모 농지 개발, 과수원이나 펜션 을 지을 수도 있다.

건축을 하려면 도로에 접해 있거나 인접한 곳에 투자하는 게 유리하다. 다만 경우에 따 라선 지방자치단체의 토지활용계획에 따라 건축허가 조건이 까다로울 수 있으므로 투 자하기 전에 가능성부터 파악해야 한다.

d) 특히 토지거래허가구역 내에 있는 농지에는 관심이 높다.

토지거래허가구역 내의 농지는 시세차익이나 활용도 측면에서 투자가치가 높을 뿐만 아니라 법원경매를 통할 경우는 번거로운 토지거래허가제도 피할 수 있다는 장점이 있 다. 또한, 인기 있는 농지는 도시지역과 경계를 이루고 있거나 경계와 근접한 지역에 있는 농지이다.

이들 농지는 도시가 확장될 경우는 해당 지역이 자연히 도시지역으로 편입될 가능성이 높다. 한계 농지는 농업진흥지역 외 지역의 땅으로 평균 경사도 15도 이상, 단위면적 2만 제곱미터 미만인 농지를 말하는데 이들 농지는 전원주택이나 펜션사업이 가능한 땅이 될 수 있다.

농지취득자격증명원

1. 서론

가) 농지를 경매로 취득하기 위해서는 농지취득자격증명서가 필요하다. 농지취득자격증명은 매각결정기일까지 법원에 제출해야 하므로 최고가매수인으로 지정되면 바로 농지취득자격증명서를 신청해야 한다. 농지취득자격증명이 필요한가의 여부는 원칙적으로 토지의 현황을 중심으로 판단하는데, 토지의 현황이 농지가 아닌 경우에는 농지취득자격증명서가 불필요하지만, 토지가 불법으로 전용된 경우에는 등기부상의 지목인 농지로 감정평가하게 된다.

보충: 농지취득자격증명서의 의무 면제
상속에 의한 농지의 취득, 국가 또는 지방자치단체의 농지취득, 도시계획구역내의 농지, 농지에 저당권을 설정한 은행이 저당권의 행사로 2회 이상 유찰되어 매수인이 없는 경우의 2차 이후의 경매에 직접 참여하여 당해 농지를 취득한 경우, 개발제한구역내에서 개발행위허가 또는 토지형질변경허가를 얻어 취득한 농지에 대하여는 농지취득자격증명서의 제출이 면제된다.

나) 1000㎡(302.5평)가 넘는 농지의 경우는 기존의 농지를 가지고 있지 않은 자라도 농지취득자격증명서를 받을 수 있다. 개정 전 법률은 1000㎡ 미만의 농지의 경우에는 농지원부를 가지고 있는 자만이 기존의 농지와 경매로 취득하는 농지를 합해서 1000㎡가 넘는 경우에 한해서 농지취득자격증명을 발급받을 수 있었다. 즉 농지의 규모가 1,000㎡ 이하일 경우 최초로 농지를 취득하려는 비농민은 농지취득자격증명을 발급받을 수 없어 매각허가를 받지 못하였다. 그러나 2000년 4월 1일부터(농지법 시행령

개정)는 비농업인이 농지를 취득하여 농업경영을 하고자 할 경우는 취득하고자 하는 농지면적이 1,000㎡ 미만이라도 임차농지 등을 포함하여 농업경영에 이용하고자 하는 농지면적이 1,000㎡ 이상이면 농지취득자격증명원의 발급을 받을 수 있도록 법규가 완화되었다. 농지를 취득하는데 있어서 면적제한은 사실상 철폐된 셈이다. 농지취득자격증명을 받으려면 농업경영계획서와 농지취득자격증명신청서를 작성하여 시구읍면장에게 신청한다(군청에서는 발급받을 수 없다).

다) 고정식 온실, 버섯재배사, 비닐하우스, 그 밖의 농업 생산에 필요한 시설로서 농림부령이 정하는 시설이 설치되어 있거나, 설치하고자 하는 농지의 경우에는 330평방 미터(100평) 이상이면 농지취득증명이 가능하다(농지법 시행령 제10조 2항 5호).

라) 농지취득의 목적이 주말농장이나 체험학습에 있다면 1,000㎡ 미만에 한해 소유가 가능하다. 이때의 면적은 세대원 전부의 합산 면적을 의미한다. 주말농장이나 체험학습용으로 농지를 취득한 후 추가로 농지를 취득하고자 한다면 면적이 합산하여 1,000㎡를 넘어도 상관없다. 이때에는 일반 영농용도로 농지를 취득하면 된다. 다만 기존의 주말농장이나 영농체험을 목적으로 취득한 농지를 일반농지로 전환해야 한다. 따라서 농업경영계획서를 별도로 제출하여야 한다.

마) 최초의 농지취득 시 도시계획구역의 주거·상업·공업지역으로 지정된 농지와 녹지지역 중 도시계획시설 예정지로 결정된 농지는 농지취득자격증명서가 불필요하며 1,000㎡의 면적 제한도 적용되지 않는다. 대부분의 법원이 농지취득자격증명을 제출하지 아니한 낙찰자의 매수보증금을 몰수하므로 주의해야 한다.

2. 농지취득자격증명 발급 농지에 대한 해석상의 문제점

1) 농지의 개념

(1) 농지의 신개념 정립

농지취득자격증명 발급대상 농지에 대한 해석이 경매를 진행하는 법원과 실제 농지취득자격증명 발급 행정관서 간에 다르다는 점에 유의해야 한다. 예컨대 농지라 함은 논, 밭, 과수원 기타 그 법적 지목여하에 불구하고 실제의 토지현상이 농작물의 경작 또는 다년생 식물재배지로 이용되는 토지를 말한다.

(2) 양자의 상이 한 개념 기준

가) 법원의 입장

지목이 논, 밭, 과수원이기만 하면 실제 현황상으로는 잡종지나 공장용지로 이용되고 있을지라도 농지취득자격증명 제출 조건으로 허가 여부를 결정한다. 즉, 법원은 농지취득자격증명 강제주의를 취한다.

참고 판례: 부동산 강제경매 사건의 최고가매수신고인이 애당초 농지취득자격증명발급신청을 한 목적이 경락기일에서 경매법원에 이를 제출하기 위한 데에 있고 행정청이 적극적인 처분을 하지 않고 있는 사이 위 경락기일이 이미 도과하였다 하더라도, 위 사실만으로 위 신고인이 부동산을 취득할 가능성이 전혀 없게 되었다고 단정할 수는 없으므로 위 매각기일이 이미 도과함으로써 위 신고인이 농지취득자격증명을 발급받을 실익이 없게 되었거나 행정청의 부작위에 대한 위법확인을 구할 소의 이익이 없게 되었다고 볼 수는 없다. 또한 부작위 위법 여부의 판단 기준시는 사실심의 구두변론 종결 시이므로 행정청이 원심판결 선고 이후에 위 신고인의 위 신청에 대하여 거부처분을 함으로써 부작위 상태가 해소되었다 하더라도 달리 볼 것은 아니다.(대판 1994.4.9., 98두12437)

나) 행정관서(시·구·읍·면·동사무소)의 입장

법적 지목이 농지이더라도 위의 사례처럼 실제 현황상으로는 더 이상 경작이 불가능한 땅일 경우 농지취득자격증명원을 발급하지 않는다. 즉 경매법원에서 바라본 농지는 지적법상 농지면 무조건 농지취득자격증명을 제출해야 한다는 반면, 행정관서에서 바라본 농지는 현황상으로도 농지여야 한다는 점이다.

다) 농지가 불법으로 전용된 경우

최고가 매수인이 부득이한 사정으로 농지취득자격증명원을 발급받지 못하였다면, 이것은 매수인의 귀책사유에 의한 것이 아니므로 보증금을 반환받을 수 있다. 반면 농지의 불법 형질변경이나 불법전용이 있으면 당연히 소재지 관서는 위에서 언급한 것처럼 농지취득자격증명원의 신청을 반려할 것이다. 이 경우 보증금은 몰수당하게 된다. 그러나 개정된 농지취득자격증명발급심사요령(2008.8.24. 농림식품수산부예규 제231호)은 신청 대상 농지에 불법으로 형질을 변경한 부분이 있는 경우 농업경영계획서에 실현 가능한 사후원상복구 계획을 포함하거나 별도로 제출한 경우에는 조건부 농지취득자격증명의 발급이 가능하다(제8조 1항 8호 참조).

예: 대장상의 지목이 전, 답, 과수원으로 되어 있으나 실제로는 일부는 농지로 이용 중이라 하더라도, 나머지 일부가 공장진입로이고, 야적장이나 건부지로 농지 전용의 허가가 내려진 경우일지라도 해당 토지 안에 견고한 건물이 없고, 변경상태가 일시적이고 원상회복이 가능하다면 농지취득자격증명의 발급이 조건부로 가능하다고 하여야 할 것이다. 따라서 견고한 건물이 존재하던가 건축행위 등을 위한 터파기 공사 등으로 토지의 현상이 크게 변경되었다면 원상회복이 어렵다고 보아야 하고, 설령 원상회복이 가능하더라도 상당한 비용이 소요된다면 농지로서의 기능은 상실하였다고 보아야 하므로 더 이상 농지라고 보기는 어렵다고 보아야 한다.

(3) 주의사항

경우에 따라서는 지적법상으로 농지이면 당연히 농지취득자격증명을 제출해야 하며 현황상으로도 농지이면 또다시 농지취득자격증명을 제출해야 한다. 예를 들어 지적법상으로는 임야일지라도 개간해서 밭으로 이용 중이라면 이 역시 농지취득자격증명을 요구한다는 점이다. 입찰 전 현장 조사 시 법적 지목과 실제 현황이 일치하는지 확인해야 한다. 일치하지 않을 경우 농지담당자로부터 농지취득자격증명 발급 여부를 반드시 확인해야 한다.

2) 구체적 취득 면적

(1) 취득 제한 면적

위에서도 언급했듯이 농지는 거주 지역에 관계없이 취득이 가능하지만, 농지를 소유한 적이 없는 자가 처음으로 농지를 취득하고자 하는 경우는 최소면적 제한이 있다. 최소면적은 1,000㎡가 넘는 경우에 한해서 농지취득자격증명을 발급 받을 수 있다. 다만 주말·체험 영농 용도일 경우에는 1,000㎡ 미만일 경우에 한해 취득이 가능하다(농지법 제7조 3항). 여기서 기존농지와 합산해 1,000㎡만 넘으면 되는데 문제는 기존 농지다. 이미 보유하고 있는 농지가 단지 토지등기부 등본 상의 소유자로 등재만 돼서는 안 되고 농지원부 상에 등재돼 있어야 한다.

(2) 농지원부가 없는 경우

농지원부 발급 시 농지취득자격증명은 부동산 소재지 시·군·구·읍·면·동사무소에서 즉시 신청이 가능하지만, 반면 농지원부는 본인 주소지 읍·면·동사무소에 신청해야 한다. 따라서 낙찰 자 농지원부를 미리 만드는 것이 유리하다. 특별한 경우가 아니면 농지취득자격증명은 낙찰 후 7일 이내에 법원에 제출해야 매각 허가결정이 난다. 그러나 농지원부는 신청일로부터 최대 10일(관외 농지, 관내는 즉시, 농지원부는 농지의 소유 여부가 아닌 경작사실을 기준으로 작성)이 걸리므로 매각결정기일까지 농지원부를 만들고 이어 농지취득자격증명을 발급 받아 법원에 제출한다는 것은 현실적으로 불가능하다. 농지원부를 만들고 2년이 지나 신규로 농지를 취득할 때는 취득세나 양도소득세 감면 혜택이 있기 때문에 가능한 한 만드는 것이 좋다.

3) 제출 기간, 처분명령 등

(1) 제출 기간

농지취득자격증명원의 제출 기간은 매각기일로부터 1주일인 매각결정기일까지 제출해야 한다. 만일 기한 내 제출하지 않으면 대부분의 경매법원이 매각불허가 결정과 동시에 입찰보증금을 몰수한다. 따라서 농지의 불법전용 등으로 인하여 기한 내 농지취득자격증명원의 제출이 불가능한 경우에는 매각결정기일변경신청서를 소명자료와 함께 집행법원에 제출하여 기일을 벌고 차후에 일을 처리하여야 한다.

(2) 발급절차의 간소화

농지취득자격증명의 발급절차는 농업경영계획서가 첨부된 농지취득자격증명 신청서를 작

성하여 시·군·구·읍·면·동장에게 신청하면 된다. 농지관리위원의 확인 절차가 생략돼
처리기한이 단축됐으며 4일 이내에 자격증명을 발급해준다(주말·체험 영농용일 경우에
는 2일), 단 주말·체험 영농용도로 농지를 취득하는 경우에는 농업경영계획서는 제출하
지 않아도 된다.

(3) 취득자격

농지를 취득할 수 있는 사람은 농업인 또는 농업인이 되고자 하는자 및 농업법인이다. 일
반법인은 농지취득이 안 된다는 점을 유의해야 한다. 농업계, 야간, 방송통신 매체 학생
은 취득이 가능하나 초·중·고교 학생은 취득이 불가능하다. 토지거래허가구역 내의 경
매 대상 농지의 경우에는 농지취득자격증명서 제출로 토지거래허가를 받은 것으로 간주한
다. 즉 법원경매를 통하면 별도로 토지거래허가절차를 거치지 않아도 된다.

(4) 처분명령

농업경영계획서와 달리 정당한 사유 없이 농사를 짓지 않고 임대 또는 휴경하면 강제매각
처분명령을 받을 수도 있다. 처분명령을 받은 후 정당한 사유 없이 처분명령을 이행하지
아니한 자는 1년마다 매각될 때까지 공시지가의 100분의 20에 해당하는 이행강제금이
부과된다.

3. 농지취득자격증명 발급절차

(1) 관할법원에서 최고가 매수인(차순위)으로 선정
(2) 집행관실에서 최고가(차순위) 매수신고인 증명서를 발급 받는다(실제로는 경매법정에
    서 발급)
(3) 농지소재 시·구·읍·면·동사무소에서 농지취득자격증명 발급 신청
    (첨부서류): 농지취득자격증명신청서, 농업경영계획서(주말·체험 영농용도는 제외),
    농지의 임대차계약서 또는 사용대차 계약서(농지를 임차하거나 사용대차하여 농작물의
    경작 또는 다년생 식물의 재배에 이용하거나 이용할 계획임을 입증하고자 하는 경우)
(4) 농지취득자격증명 심사
    (최초 취득시 1,000㎡ 이상 단, 주말·체험 영농용 1,000㎡ 미만)

(5) 농지취득자격증명 발급

　　신청 후 4일 이내(농지법 시행령 제10조 1항, 2항: 주말·체험 영농용은 2일 이내)

(6) 집행법원에 제출(매각결정기일 이전까지: 당일 오전 10시까지)

(7) 매각허가 결정

보충: 농지취득자격증명서 미제출상태에서의 법원의 착오에 의한 매각허가결정의 효력
　　　농지취득자격증명서제출을 요한다는 특별매각조건이 있음에도 불구하고 농지취득
　　　자격증명서 미제출상태에서 법원의 착오에 의해 매각허가결정이 내려졌다면, 심지
　　　어 매수인이 매각잔금을 납부하고 소유권이전등기를 경료 하였다 하더라도 그것은
　　　매각허가결정의 효력요건을 구비하지 못한 것이 되므로(무효), 매수인은 소유권을
　　　취득할 수 없다.

4. 구체적 취득여부

1) 공매의 경우

금융기관에서 한국자산관리공사에 농지의 매각을 의뢰한 경우 3회차 까지는 토지거래허
가를 받아야 하고 4회 차부터 농지취득자격증명 발급 대상이다. 토지거래허가구역에서
허가대상 면적 미만인 경우에는 농지취득자격증명을 발급받아야 소유권 이전 등기가 가능
하다.

2) 수목 등의 처리

(1) 감정평가의 대상

경매대상 토지의 지상에 식재된 수목(주목, 향나무 등)과 과수(사과나무, 배나무, 포도나
무, 복숭아나무 등), 화훼(장미, 철쭉 등) 등의 귀속 주체가 쟁점 사항이다. 채무자 소유
의 미등기 수목은 토지의 구성부분으로서 토지의 일부로 간주된다. 따라서 특별한 사정이
없는한 수목의 가액을 감정평가에 포함하고, 경작대상 토지와 함께 일체로 낙찰자에게 이
전된다.

(2) 제3자의 소유인 경우

토지의 사용대차에기해 제3자가 수목을 식재한 경우는 사정이 다르다. 즉 토지의 사용대차권에 기해 그 토지상에 식재된 수목은 이를 식재한 사람에게 소유권이 있는 것이지 토지를 낙찰받은 사람의 소유는 아니라는 것이다. 이 경우 낙찰자는 토지상에 온전한 재산권 행사가 불가능하다는 점을 명심해야 한다. 지료 청구용으로 낙찰받은 경우외에 개발목적이라면 낭패를 볼 수 있기 때문이다. 입목법에 의해서 등기된 수목, 토지의 사용대차권에 기하여 그 토지상에 식재된 수목, 기타 명인방법에 의해서 공시된 수목을 제외한 일체의 수목의 집단은 토지의 구성부분으로서 낙찰자의 소유가 된다. 또한 농작물(벼·보리·야채·채소 등)도 수확기까지는 경작자의 소유이다.

5. 농지원부에 대하여

1) 농지원부란 무엇인가?

한정된 농지자원의 소유 및 이용실태를 파악하여 이를 효율적으로 이용·관리하기 위하여 행정기관에서 작성하는 공적장부를 말한다. 이것은 농사를 정말 짓고 있는지를 확인하는 증거가 된다((농지법 제51조). 따라서 농지원부는 농사를 짓고 있으면 등재가 가능함) 농지원부 취득 조건

(1) 자기 소유의 농지인 경우

농지소재지의 지번 및 면적 기타사항을 파악하고 본인의 주소지·읍·면·농사부소 산업남당계에 농지원부작성신청을 하면 된다.

(2) 타인의 농지를 임대하는 경우

타인의 농지를 임대하는 경우 노지인 경우는 1,000평방미터 이상, 시설물인 경우는 330평방미터 이상이면 가능하다. 다만 1996년 이전에 소유권이 이전 된 농지에 한함을 유념하여야 한다. 또한 90일 이상의 농업경영한 후에 농지원부작성이 가능하다. 그 신청 절차는 농지소유자와 작성한 농지임대차계약서 1부를 본인의 주소지 읍면동사무소 산업담당

계에 제출하면 된다.

2) 농지원부의 발급

국립농산물품질관리원에서 농업경영체등록확인서를 발급받으면 농업인이 될 수 있다. 또한, 관할 주소지 시군읍면동사무소에 신분증을 지참하여 농지원부의 교부 신청을 하면 된다(농가주. 세대원도 가능). 참고로 수수료는 1부당 1,000원이다. 특히 농지원부의 열람, 등본교부는 정당한 이해관계인 및 공공기관의 개인정보보호에 관한법률에서 허용한 경우에 한해 대리가 가능하다.

3) 농지원부(농업인)의 혜택

(1) 농업용 기계의 면세유의 구입가능

(2) 농촌자녀 대학장학금 우선 지원

(3) 각종 보조금 지원

(4) 농기계, 비닐하우스 등 시설구입자금 지원

(5) 농지 전용 또는 산지전용 시 농업인, 임업인 확인을 위한 근거자료(농가주택, 농업인 시설 등으로 농지를 전용하고자 하는 경우는 농지보전부담금이 전액 면제된다. 또한 농지원부에 등재한 후 2년이 경과하면 신규로 농지취득 때 취득세·등록세가 50% 감면된다.)

(6) 농촌지역거주자 연금(5년 이상 영농, 만 65세) 및 건강보험료 감면 지원

(7) 농지원부를 보유하면, 타지방의 농지를 매입하거나, 특히 토지거래허가구역 내에 소재하는 농업인의 경우 거주 지역 내의 농지 외에도 20km 이내에 소재하는 농지를 매입하는데 제한이 없다.

(8) 농지원부를 보유하고 8년 이상 재촌 및 자경이 입증되면 당해 농지 양도 시 양도소득세가 1년간 1억 원 한도(5년간 합산 2억 원)까지 감면되고, 그 이상의 금액에 대해서는 6~35%의 일반세율이 적용된다.

(보충 1) 기타 농지감면(대토·상속·증여)

* 대토의 경우엔 년간 1억원, 5년간 1억 원 감면 혜택을 볼 수 있다.

* 상속농지는 상속일로부터 3년 이내에 양도한 경우에 한하여 피상속인의 농사경력을

상속인이 감면 혜택을 볼 수 있다.

* 증여농지인 경우엔 상속농지와 달리, 본인이 증여를 받은 날로부터 8년 이상 또는 4년 이상 농사를 지어서 감면을 받아야 함에 유념하여야 한다.

(보충 2) 농지 양도세 100% 면제 혜택 요건 (근거: 조세특례제한법)

재촌: 농지소재지 시, 군, 구나 그에 연접한 시, 군, 구 또는 직선거리 30km 이내에 거주하여야 한다.

　　　양도 당시에 실제 농지 상태를 유지하고 있어야 한다.

자격: 농지소유자 본인이 직접경영(재료 등은 모두 본인의 명의로 구입해야 함에 유의)

소득: 근로소득 + 사업소득 합산 연간 소득 3,700만원 미만이어야 한다.

용도지역: 해당농지가 상업지역, 주거지역, 공업지역외의 지역에 있어야 한다. 즉, 관리지역, 농림지역, 녹지지역, 자연환경보전지역에 위치하여야 한다.

경작 기간: 8년간 계속적 또는 간헐적으로 경작하여야 한다.

(9) 여성영농인은 "생생카드" 사용이 가능하다.

(10) 대출시 등록세, 채권면제

(11) 단위농협 조합원 가입 가능.

(12) 지자체에서 시행하는 지원사업 신청 가능.

(13) 농업용 전기 사용 가능.

농지취득자격증명신청서			처리기간	접수*	. .제 호			
			4일	처리*	. .제 호			

농지 취득자 (신청인)	①성명 (명칭)		②주민등록번호 (법인등록번호)		⑥취득자의 구분			
	③주소	시구 동 도시군 읍면 리번지			농업인	신규 영농	법인등	
	④연락처		⑤전화번호					

취득 농지의 표 시	⑦소 재 지			⑧ 지번	⑨ 지목	⑩ 면적(㎡)	⑪농지구분		
	시군	구읍면	라동				진흥구역	보호구역	진흥지역 밖

⑫취 득 원 인

⑬취 득 목 적

농지관리 위원확인	확인사항	위원 ①	위원 ②
	1. 법제6조제1항 및 제2항 제2호 또는 제8호의 규정에 의한 취득요건 에 적합한지 여부		
	2. 농업경영계획서에 법 제8조제2항 각호 사항의 포함여부		
	3. 농업경영계획서의 내용이 실현가능하다고 인정되는지 여부(법제6조 제2항제8호의 규정에 의하여 농지를 취득하는 경우를 제외한다)		
	4. 소유농지의 전부를 타인에게 임대 또는 사용케 하거나 농작업의 전부를 위탁하여 경영하고 있는지 여부		

위원①		㉑ 위원②		㉑

확인방법 : 항목별로 확인결과를 1번은 적합·부적합, 2번은 포함·미포함, 3번은 인정·불인정, 4번은 직접경영·임대·사용대·위탁 중 하나를 기재합니다.

농지법 제8조제2항 및 동법시행령 제10조제1항의 규정에 의하여 위와 같이 농지취득자격증명의 발급을 신청합니다.

년 원 일

농지취득자(신청인) (서명 또는 인)

시장·구청장·읍장·면장 귀하

구비서류 : 1. 별지 제6호서식의 농업경영계획서 2. 법인등가부등본(법인의 경우에 한함) 3. 농지원부등본(농지의 소재지와 거주지가 다른 경우로서 전산정보처리조직에 의하여 농지원 부를 확인할 수 없는 경우에 한함) 4. 별지 제2호서식의 농지취득인정서(법제6조제2항제2호의 규정에 해당하는 경우에 한함)	수수료
	농지법시행령제75조의 규정에의함

농 업 경 영 계 획 서

취득대상 농지에 관한사항	①소 재 지			② 지번	③ 지목	④ 면적 (㎡)	⑤ 영농 거리	⑥ 주재배 예정작목	⑦영농착수시기
	시·군	구·읍·면	리·동						
	계								

농업경영 노동력의 확보방안	⑧취득자 및 세대원의 농업경영능력					
	취득자와 관계	성별	연령	직업	영농경력(년)	향후 영농 여부
	⑨취득농지의 농업경영에 필요한 노동력확보방안					
	자기노동력		일부고용	일부위탁		전부위탁(임대)

농업기계· 장비의 확보방안	⑩농업기계·장비의 보유현황					
	기계·장비명	규격	보유현황	기계·장비명	규격	보유현황
	⑪농업기계장비의 보유계획					
	기계·장비명	규격	보유현황	기계·장비명	규격	보유계획
				"		

⑫연고자에 관한 사항	연고자성명		관계	

농지법 제8조제2항의 규정에 의하여 위와 같이 본인이 취득하고자 하는 농지에 대한
농업경영계획서를 작성·제출합니다.

년   월   일

제출자(서명 또는 인)

⑬소유농지의 이용현황

소 재 지				지번	지목	면적(㎡)	주재배 작목	자경여부
사도	사군	읍면	라동					

⑭농지전용허가·협의 또는 신고를 한 농지를 취득하는 경우 전용목적사업의 착수시기 등

전용목적사업의 착수시기	년월일
착수전의 농업경영 계획	□ 직접경영 □ 임대 □ 휴경
특기사항	

※ 기재상 주의 사항

⑤란은 거주지로부터 농지소재지까지 일상적인 통행에 이용하는 도로에 따라 측정한 거리를 씁니다.

⑥란은 그 농지에 주로 재배식재하고자 하는 작목을 씁니다.

⑦란은 취득농지의 실제 경작 예정시기를 씁니다.

⑧란은 같은 세대의 세대원 중 영농한 경력이 있는 세대원과 앞으로 영농하고자 하는 세대원에 대하여 영
　농경력과 앞으로 영농 여부를 개인별로 씁니다.

⑨란은 취득하고자 하는 농지의 농업경영에 필요한 노동력을 확보하는 방안을 다음 구분에 의하여 해당되
　는 란에 표시합니다.

가. 같은 세대의 세대원의 노동력만으로 영농하고자 하는 경우에는 자기노동력란에 ○표

나. 자기노동력만으로 부족하여 농작업의 일부를 고용 인력에 의하고자 하는 경우에는 일부고용란에 ○표

다. 자기노동력만으로 부족하여 농작업의 일부를 남에게 위탁하고자 하는 경우에는 일부위탁란에 위탁하고
　　자 하는 작업의 종류와 그 비율을 씁니다.(예; 모내기(10%), 약제 살포(20%) 등)

라. 자기노동력에 의하지 아니하고 농작업의 전부를 남에게 맡기거나 임대하고자 하는 경우에는 전부위탁
　　(임대)란에 ○표

⑩란과 ⑪란은 농업경영에 필요한 농업기계와 장비의 보유현황과 앞으로의 보유계획을 씁니다.

⑫란은 취득농지의 소재지에 거주하고 있는 연고자의 성명 및 관계를 씁니다.

⑬란은 현재소유농지에서의 영농상황을 씁니다.

* 농지전용허가·협의 또는 신고를 한 농지를 취득하는 경우에는 ⑤란 내지 ⑬란은 기재를 생략할 수 있습니
　다.

제 호□증명

농 지 취 득 자 격

<table>
<tr><td rowspan="3">농지
취득자
(신청인)</td><td colspan="2">①성명
(명칭)</td><td></td><td colspan="2">②주민등록번호
(법인등록번호)</td><td></td></tr>
<tr><td>③주소</td><td colspan="5">시구 동
도·시·군읍·면리번지</td></tr>
<tr><td colspan="2">④연락처</td><td></td><td colspan="2">⑤전화번호</td><td></td></tr>
<tr><td rowspan="5">취득
농지의
표시</td><td colspan="2">⑥소재지</td><td colspan="2">⑦지번</td><td>⑧지목</td><td>⑨면적(㎡)</td></tr>
<tr><td colspan="2"></td><td colspan="2"></td><td></td><td></td></tr>
<tr><td colspan="2"></td><td colspan="2"></td><td></td><td></td></tr>
<tr><td colspan="2">계</td><td colspan="2"></td><td></td><td></td></tr>
</table>

⑩증명발급 또는 신청서 반려	
⑪신청서반려이유	
⑫취득 목적	

귀하의 농지취득자격증명신청에 대하여 농지법 제8조 및 동법시행령 제10조 제2항의 규정에 의하여 위와 같이 농지취득자격□증명을 발급합니다.

□증명을 반려합니다.

년   월   일

시장·구청장·읍장·면장 ㉽

〈유의사항〉

○귀하께서 당해 농지의 취득과 관련하여 허위 기타 부정한 방법에 의하여 이 증명서를 발급받은 사실이 판명되면 농지법 제61조의 규정에 따라 3년 이하의 징역이나 1천만 원이하의 벌금에 처해질 수 있습니다.

○귀하께서 취득한 당해 농지를 취득목적대로 이용하지 아니할 경우에는 농지법 제11조 제1항 및 제65조의 규정에 따라 당해 농지의 처분명령 및 이행강제금이 부과될 수 있습니다.

농지원부 등재 신청서

농지원부 등재신청 내역 (※본 란은 신청인이 작성함)					농지관리위원확인 (※본 란은 농지관리위원이 확인 기재함)			경작자	
농지 소재지	지번	지목	공부상 (또는 임차) 면적(㎡)	소유자 성명	경작 면적(㎡)	경작 기간	주재배 작물명	주소	성명
						-			
						-			
						-			
						-			
						-			
						-			
						-			
						-			
						-			
						-			
						-			
농지소재지 농지관리위원 확인									

위와 같이 농업을 경영하고 있으므로 농지원부에 등재를
신청하오니 등재하여 주시기 바랍니다.

20 년 월 일

[농지원부 등재 신청자]

○ 주소 :

○ 성명 :   (인)

○ 주민등록번호   (전화번호:)

귀하

※ 신청서 작성방법

· ·

1. 신청인은 본인이 직접 경작하고 잇는 농지만 기재(휴경지는 제외)
2. 임차 농지일 경우에는 임대차계약서(대부 계약서)를 첨부

   (농지소재지가 3개 마을 이상일 경우에는 별지로 작성하여야 합니다)

	임야	농지
농지취득자격증명원의 제출여부	제출 불필요	제출 요함
면적의 제한여부	전용 시 최소면적 제한 (660평방미터 이상 전용가능)	1. 경영목적: 1000평방미터 이상 2. 체험, 주말농장: 1000평방미터 이하 3. 특용작물, 버섯재배사 온실: 300평방미터 이상
부담금 (임야는 2025년 고시기준) (신림청고시 재2025-9호)	대체산림자원조성비(m²) 보전산지: 3m² 약 8,190원 준보전산지: m² 약 10,640원 산지전용재한지역 m²: 16,380원	농지전용부담금 개별공시지가 × 30 × 전용면적 (최대 1m²당 약 50,000원)
세액감면여부	양도세 등 감면 혜택 없음 부재지주: 양도세중과세부과(60%)	자경과 대토 시 양도세 감면
공법상의 규제 등	공법상규제강화 경향	공법상규제완화 경향

[임야부담금 예시]

예) 전용면적 660㎡(200평) / 공시지가: 30,000원/㎡의 경우

   8,190 + (30,000 × 0.001) = 8,220/㎡

   660㎡ × 8,220원 = 542만 원

유의:

농지는 최대 16만 5천 원까지 납부할 수 있다. 그리고 임야는 3.3m²당 약 1만 원을 납부하면 된다. 수도권 농지는 공시지가가 높기때문에 상한선인 16만 5천 원에 근접하는 경우가 많다. 또한 전용면적 2,000m²(600평)만 되어도 납부할 전용부담금이 1억 원이 된다는 점에 유의해야 한다.

보충: [개발부담금부과기준]

농지·임야 등을 대지로 변경할 때 부과하는 부담금을 말한다. 즉, 개발이익에 대해서 약 1/4정도 세금을 부과한다.

1. 개발부담금의 산출공식은 다음과 같다.

[(부과종료시점의 공시지가 - 부과개시시점의 공시지가) - 개발비용 - 정상지개 상승분 × 25%

2. 개발 면적에 대해 부과

1) 도시지역외 지역(울릉도): 1,650m²(약 500py) 이상

2) 기타 도시지역: 990m²(약 300py) 이상

3) 도시지역내 개발제한지역: 1,650m²(약 500py) 이상

4) 특별시, 광역시, 도시지역: 660m²(약 200py) 이상

1. 농지전용 부담금: 해당 농지의 공시지가 30%.

2. 계산: (농지 면적 ㎡ × 개별공시지가) × 30%

3. 수수료: 전용면적이 3,500㎡ 이하인 경우는 5천 원

   (전용면적이 3,500㎡를 초과 한 경우에는 350㎡마다 300원 씩 가산된다)

4. 지역개발공채: 20,000원 내지 55,000원

5. 면허세: 3,000원 내지 30,000원

6. 민원실 서류 신청비: 20,000원

7. 토목설계비용: 평당 1만 원 내외

8. 경계측량비용: 100만 원 내지 150만 원

9. 전용대행 수수료: 건당 200만 원 내지 400 만 원

10. 토목 공사비: 15톤 덤프트럭 1대 1회 사용 5만 원 내지 7만 원 정도

가) 전원주택용 농가 주택

전원주택에 대한 인기가 높아지면서 최근 농가 주택이 각 광을 받고 있다. 지역에 따라, 물건에 따라 다르지만 보통 시세보다 30% 내지 50% 정도 싸게 농가주택을 낙찰받을 수 있다. 전원주택용 농가주택은 주택을 포함한 대지를 매입해야 한다. 대지와 건물이 함께 있어서 건물이 미등기인 경우나 대지와 건물 소유주가 다른 경우가 다반사다. 그러므로 법정지상권성립 여부 등의 확인을 위해 반드시 현장 방문을 해야 한다.

나) 공장

법원경매 시장에서 공장 물건이 새로운 재테크 수단으로 부상하고 있다. 예전에는 공장의 경우 제조업을 영위하는 실수요자들만의 관심대상이었으나 지금은 투자 수익을 목적으로 한 투자자들도 많은 관심을 갖고있다. 그것은 공장을 매수하여 리모델링한 후 물류센터나 음식점 등 다른 용도로 바꾸어 활용할 경우 큰 투자 수익을 누릴 수 있기 때문이다.

확인 사항은 대체로 다음과 같다.

(가) 체납된 세금과 공과금 미납 여부

(나) 폐기물 처리비용과 수리 비용

(다) 임차인 유무

(라) 임금 체불 여부

(마) 기계시설의 저당 목록과 감정평가서의 기계류 목록의 대조

(바) 업종별 인가 조건, 사업 면허 여부

(사) 기계류의 소유관계와 파손 정도

다) 주택재개발, 재정비촉진지구 내 경매물건

(가) 경매에 의하면 통상 시세보다 저렴하게 취득할 수 있고, 또한 재개발을 통한 투자수익도 같이 기대할 수 있다.

(나) 특히 재개발이나 재정비촉진지구로 지정되기 전에는 경매로 나오는 물건이 많으면서 낙찰가도 낮다가 대상 지역에 포함된 이후부터는 낙찰가가 높아지면서 경매물건 자체가 급속히 감소하는 추세다.

(다) 또한, 경매로 나오더라도 매각기일 전 매매가 되거나 채무 문제가 해결되어 도중에 경매를 취하하는 경우가 많다.

(라) 심지어 낙찰되더라도 1차에서 감정가 이상으로 낙찰되는 사례가 많으므로 감정가를 투자 판단의 기준으로 삼아서는 안 되고 재개발, 재정비촉진지구 사업의 진척도, 현지 형성된 시세 등과 비교할 때 차익이 있는지를 두고 판단하는 것이 좋다.

참고: 개발제한구역 내 토지에 대한 권리분석

1. 개발제한구역은 전 지역이 토지거래허가구역으로 묶여 있어 일반매매로 매수 할 경우 사전에 지방자치단체의 허가를 얻어야 한다. 그러나 경매를 통해 매수할 경우 토지거래계약 특례조항에 의거 매각과 동시에 허가 받은 것으로 보므로 매수절차를 간소화할 수 있다는 장점이 있다. 그 결과 대체로 개발제한구역 내 소재 토지는 경매 등의 투자자들에게 인기가 높다.

2. 가장 중요한 것은 개발제한구역 내 토지에 대한 투자는 해제 가능성이 높은 곳을 고르는 것이다. 해제가 유망한 곳이라도 진입도로가 없는 맹지이거나 너무 외진 곳이거나 개발이 불가능한 땅은 피해야 한다. 따라서 택지개발지구에 인접한 개발제한구역 내 토지를 선택하면 무난하다.

3. 다만, 개발제한구역은 해제되더라도 보전 가치가 높아 '보전녹지구역'으로 지정될 가능성이 큰 지역은 향후 건물의 신·증축에 제한을 받기 때문에 투자를 자제하는 것이 바람직하고, 당해 토지가 개발제한구역뿐만 아니라 상수원보호구역·군사시설보호구역·문화재보호구역으로 동시에 묶여 있는 지역도 역시 그러하다.

4. 개발제한구역 내의 농지를 매수하고자 할 때 유의해야 할 것이 있다. 매수하고자 하는 토지가 개발제한구역 내 농지일 경우, 토지거래허가제의 적용은 받지 않는다 해도 해당 토지가 농지인 이상 농지취득자격증명을 발급받아 매각결정기일까지 경매법원에 제출해야만 매각허가가 난다는 것을 간과해서는 안 된다.

참고: 경매에 있어서 재개발 재건축 특성과 관련한 주의해야 할 점

재개발·재건축 기타 개발 관련 물건은 등기부상의 권리관계뿐만이 아닌 개발 관련법에 대한 전문가의 의견을 참고하지 않으면 낭패를 볼 수도 있음을 주지해야 한다. 예컨대, 건물이 철거된 재개발지분은 권리분석의 실수로 자주 재경매에 나오곤 한다. 특히 그 원인은 조합원 권리와 관련한 하자에서 발생 되곤 한다. 즉 재개발조합원은 사업동의용 인감증명의 제출 시 토지와 건물의 각각에 대해 제출하게 된다. 특히 건물이 철거된 재개발지분은 종전 건물보유자인 채무자 또는 소유자가 건물분에 대한 조합원 권리를 포기할 가능성이 없기 때문에 추후 공동조합원이 되고 만다. 아파트 등기 시에는 종전 토지분과 건물분의 재개발 감정평가액 비율로 지분등기가 됨을 잊지 말아야 한다. 결국, 낙찰자는 종전소유자인 채무자 또는 소유자의 지분을 추가로 매입하지 않는 한 재산권행사에 제약을 받게 됨을 주의해야 한다. 그런데 위와는 달리 건물이 멸실 되지 않은 조합원 권리라고 하여 반드시 안전하다고는 볼 수 없다. 즉, 사업시행인가 이후 매입하고자 할 때는 종전의 소유자가 그 지분(토지 또는 건물) 외에 타 지분을 소유하고 있었는지 여부를 반드시 확인해야 한다. 그것은 만약 두 개 이상의 지분을 하나의 조합원권리로 신고한 경우라면 사업시행인가 후 분리하여 매입해도 공동조합원이 되기 때문이다.

도 로

1. 서론

지적제도가 완비되어 있지 않은 우리나라는 상대적으로 맹지가 많다. 맹지는 차량 진입이 어렵고 건물의 축조도 제한(인·허가 불가능)된다.

토지에 도로 존재 여부 및 연결 도로 등을 알아보기 위해서는 지적을 보면 될 것이다.

특히 지적도와 도로의 특성을 통해 전체적인 지형을 이해함으로써 보다 정확한 토지의 특징 등을 파악하게 되고 투자 여부의 가늠자로 삼을 수 있을 것이다.

예컨대, 지적도를 보면, 도로를 따라 광대 1면, 중로 1면, 소로 1면 등의 용어들을 보게 된다. 이것은 토지에 접하는 도로의 모양에 따른 구분인데, 동시에 "토지이용계획확인원"을 살펴보면 "접함", "저촉"이 함께 병기되어 있다.

그린벨트나 도로, 공원용지 등의 계획에서 자신의 토지가 해당 지역과 "접함", "저촉", "수용" 되는 경우가 있다.

여기서 저촉이란 해당 계획에 대상 토지의 일부가 포함된 경우로서, 포함되어 있는 부분은 수용되기 마련이다. 반면 접함은 대상 토지가 해당 계획의 경계에 붙어 있는 토지로 계획이 침범하지 않아 우선적으로 지가상승 확률이 높은 땅이라 할 수 있다.

접하는 도로의 수에 따라 1면, 2면, 3면 등으로 분류된다.

2. 도로의 폭에 따른 가치 판정

1) 도로의 분류와 폭

도로는 넓이에 따라 세로, 소로, 중로, (광)대도로 분류된다. 세로는 폭 8m 미만의 도로로써 자동차 통행이 가능한지에 따라, 가능하면 세로(가)로 표기하고, 불가능하여 경운기 통행이 가능하면 세로(불)로 표기한다.

여기서의 폭(도로 넓이)은 차도와 인도를 포함한 개념이다.

구분	세부분류	내용
광로	1류	폭 70m 이상인 도로
	2류	폭 50m 이상 70m 미만인 도로
	3류	폭 40m 이상 50m 미만인 도로
대로	1류	폭 35m 이상 40m 미만인 도로
	2류	폭 30m 이상 35m 미만인 도로
	3류	폭 25m 이상 30m 미만인 도로
중로	1류	폭 20m 이상 25m 미만인 도로
	2류	폭 15m 이상 20m 미만인 도로
	3류	폭 12m 이상 15m 미만인 도로
소로(세로)	1류	폭 10m 이상 12m 미만인 도로
	2류	폭 8m 이상 10m 미만인 도로
	3류	폭 8m 미만인 도로

2) 각지

도로에서는 각지에 대하여 알아둘 필요가 있다. 가로와 세로가 동시에 접하는 땅을 "각지"라고 한다. 가로와 세로 양쪽에 접하는 '각지'가 활용도 측면이나 접근성에서 뛰어남을 알 수 있다.

(가) 광대세각은 광대로에 접하고 세로(가)에 1면 이상 접한 각지
(나) 광대소각은 광대로에 접하면서 소로 이상의 도로에 1면 이상 접한 각지
(다) 중로각지는 중로에 접하고 세로(가)에 접한 각지
(라) 소로 각지는 소로에 접하고 세로(가)에 1면 이상 접한 각지를 말한다.

3) 도로의 폭과 관련하여

도로의 폭은 유념할 필요가 있다. 즉 도로의 폭이 너무 넓으면 유동 인구가 많고 통행이 편리하다는 장점도 있지만, 그냥 지나칠 수 있는 땅이 될 수도 있다.

(가) 공장용지나 물류 부지 등의 차량 이동이 빈번한 지역들은 도로의 폭이 넓은 것이 상대적으로 유리하다.

(나) 상업시설 지역은 도로 폭이 8차선 이상의 도로보다 오히려 4차로나 6차로가 좋다. 이렇듯 도로의 폭과 도로에 접하는 방식에 따라 땅의 가치가 달라지기도 한다.

3. 세장비(가장형, 세장형)

도로에 접하는 방향의 땅 길이와 그렇지 않은 땅길이의 비율을 '세장비'라고 한다. 도로 쪽이 길면 세장비가 작다고 하고, 도로 쪽이 짧으면 세장비가 크다고 한다. 단독주택지이나 다가구 주택지로서 땅이 필요하면 세장비가 큰 것(세장형 토지)이 좋고, 상업지라면 작은 것(가장형)이 좋다.

🔍 **참고: IC(인터체인지, 나들목), TG(톨게이트), JC(분기점)의 구분**

1. IC(인터체인지, 나들목)

 고속도로와 일반도로를 연계하는 출입구이다. 일반적으로 TG와 함께 위치한다.

2. TG(톨게이트)

 고속도로의 요금을 정산하는 시설

3. JC(분기점)의 구분

 두 개 이상의 고속도로가 만나는 지점. 따라서 한 고속도로에서 다른 고속도로로 갈아탈 수 있다.

🔍 **참고: 도로의 종류와 투자가치의 기준**

1. 도로의 분류

1) 관리 주체별 분류

 도로는 종류에 따라 그 가치가 천차만별로 나타난다. 도로는 관리 주체별로 분류하면 고속도로, 일반국도, 지방노, 시·군·구노 등으로 분류된다.

 (가) 고속도로는 자동차 교통망의 중추 부분을 이루는 중요도시를 연결하는 자동차 전용의 고속교통이 이용하는 도로로서 최대시속은 110km이다(서해안고속도로, 중부고속도로 등).

 (나) 일반국도는 중요도시, 중요한 비행장, 지정항만, 관광지 등을 연결하는 도로로서 국가기간 도로망을 이루는 도로이며 최대시속은 90km이다.

 (다) 지방도는 도내의 주요 도시를 연결하며 지방의 간선 도로망을 구성하는 도로로서 최대시속은 60km까지 주행할 수 있다.

2) 일반국도와 지방도

(1) 국도

 국가가 관리하는 도로로서 주요 도시와 지역을 연결하는 중요한 교통망이다. 그런데, 투자자들이 관심을 갖

4. "도로에 접함"의 가치

1) 진입도로의 소유권 확인(토지사용승낙서)

일반적으로 "도로에 접한 땅에 투자해야지, 도로에 접하지 않은 맹지에는 투자에 유의해야 한다"고 한다. 그러나 때로는 도로에 접한 땅이, 맹지보다 오히려 투자가에게 독이 되어 큰 손실을 가져올 수도 있다.

예컨대, 토지개발이나 건축행위를 위해서는 해당 토지가 접한 도로의 소유주에게서 토지사용승낙서를 발급받아야 한다.

본건 토지에 접한 도로가 국가나 지방자치단체의 소유라면 토지사용승낙서에 문제가 없겠지만, 개인 소유의 도로라면 토지사용승낙서를 받지 못할 수도 있을 뿐만 아니라, 소유자가 과다한 비용이라도 요구한다면 낭패를 볼 수도 있다.

따라서 투자대상 본건 토지가 도로에 접했는지 여부 외에 반드시 누구 소유의 도로에 접해 있는지를 확인해야 한다. 이런 것은 온라인 등기부등본 약식조회를 통해 별도의 비용 없이 즉시 확인이 가능하다.

2) 접도구역과 완충녹지

토지가 도로와 접해 있더라도, 도로를 이용하지 못하는 땅도 있음에 유의해야 한다. 예컨대 '접도구역'과 '완충녹지'가 그것이다.

(1) 접도구역

건물 신축이나 증축이 금지되어 상대적으로 땅값이 하락한다.
도로의 폭은 조금씩 다르다. 즉 경부고속도로와 중부고속도로는 30m, 기타 고속도로는
25m, 국도나 지방도로는 5m내에서는 건축행위가 제한된다.

(2) 완충녹지(시설녹지)

경관 보호와 소음방지, 안전도 향상 등을 목적으로 지정한 녹지 역시 도로를 이용하지 못
한다.
완충녹지는 택지개발지구의 진입로나 경계에 주로 지정하는 데 역시 개인적으로 활용하지
못하며, 사고도 빈번하게 발생하므로 주의해야 한다.
또한, 가드레일도 요주의 대상이다. 즉 현장을 가보면 가드레일로 도로와 경계를 구분 짓
는 곳이 있으므로, 이 경우 우회도로나 타당성이 발생 되지 않는 한 가드레일로 인해 도로
접근성이 떨어지므로 투자손실로 이어질 수 있다.
다음으로는 비탈길을 따라 도로 바깥쪽에 있는 땅 역시, 사고 위험성이 있어 활용도가 떨
어진다고 볼 수 있다. 그러므로 위에서 설명했듯이 도로에 접근한다고 하여 무조건적으로
좋은 땅은 아니다.

5. 새로난 도로의 가치의 양면성

고속도로, 자동차 우회 전용도로가 옆으로 새로 나거나 굴곡이 심한 도로가 직선으로 펴
짐으로 인해 기존의 구(舊)도로변은 이동인구가 급속히 감소하는 것을 볼 수 있다.
더구나, 터미널 부지의 이동으로 인해 기존 상권으로 접근하는 도로들이 외관상으로도 확
연하게 차이가 나는 것을 느끼게 된다. 즉 구(舊)도로에 인접해 호황을 누리던 편의점, 주
유소나, 휴게실, 음식점 등은 통행 차량의 감소로 권리금도 받지 못하는 경우가 비일비재
하다.
이처럼 길이 뚫려 사람과 차량의 통행이 잦아지면서 도로변과 땅값이 오르는 것이 일반적
이지만 꼭 그런 것은 아니다. 최악의 경우 매매도 되지 않는 쓸모없는, 애물단지의 땅이

될 수도 있다. 더구나 현지 사정에 밝지 못한 투자자들은 묻지 마식 투자를 했다면 어디에도 하소연할 수 없을 것이다.

6. 결어

우리나라 사람이라면 초보 투자자라도 거의 예외 없이 도로의 중요성은 잘 알고 있다. 그러나 도로의 존재 여부만 확인해야 하는 것이 아니라 도로를 통해 땅의 가치를 예측하고 개발 가능성을 타진해야 하므로 초보 투자자에게는 어려운 일이다.

현장답사를 통해 표시된 도로를 보면서 방향을 확인하고 개발의 축을 이해하고자 하는 자세를 길러야 할 것이다. 그러한 투자자는 땅 재테크에 성공할 수 있음은 자명한 사실이다. 이렇듯 도로의 깊은 속성을 이해해야 한다.

🔍 참고 1: 건축법 적용대상으로서의 건축법상의 도로(진입도로)

1. 요건
1) 도로법 또는 사도법에 의하여 개설된 도로이어야 한다.
2) 건축허가권자가 허가 시 지정 공고한 도로이어야 한다.
3) 폭 4m 이상으로, 사람과 차량이 통행할 수 있어야 한다.
4) 지목이 '도로'이고, 지적도(임야도)에 표시되는 지적도상 도로이어야 한다.
5) 실제로 사용 중인 현황도로이어야 한다.

2. 원칙과 예외
1) 원칙
　건물(주택)을 축조함을 목적으로 하는 경우는 보행 및 자동차 통행을 위해 폭 4m의 도로에 2m이상 접함을 요한다.
2) 예외
　가) 관리지역, 농림지역, 자연환경보전지역 내의 동 또는 읍지역과 500인 미만의 섬 지역에서의 건축물의 건축 및 이에 수반하는 토지형질변경을 목적으로 하는 경우에는 이러한 폭 4m의 조건이 완화된다.
　　(가) 막다른 도로의 길이가 10m 미만인 경우: 폭 2m인 경우에도 허용된다.
　　(나) 막다른 도로의 길이가 10~35m인 경우: 폭 3m인 경우에도 건축법상 도로로 인정된다.
　　(다) 막다른 도로의 길이가 35m 이상인 경우: 폭 6m(다만, 읍, 면 지역은 4m)이어야 한다.
　나) 반대로 연면적의 합계가 2,000m² 이상인 건축물의 대지는 너비 6m 이상의 도로에 4m 이상 접해야 한다는 점에 유의해야 한다.

3. 주의할 점

위에서 언급한 것과 같이 도로로서의 요건을 갖추면 건축허가를 받을 수 있다. 그런데 이러한 제반 요건을 갖추었다 하더라도, 현재 현황이 대지 안으로 출입할 수 있는 사실상의 도로가 없다면 건축허가를 받을 수 없음에 주의해야 한다.

반대로 현황 도로가 없이도 아직 개설되지 않은 도시계획상 예정 도로를 이용하게 되면 건축허가가 가능하게 된다. 뿐만 아니라 대지에 접한 도로가 사람의 통행이 불가능한 도로, 이른바 자동차전용도로(고속도로, 고가도로)인 경우는 건축법상의 도로로 볼 수 없다. 따라서 이러한 자동차 전용도로에만 접한 토지의 경우에는 건축허가가 나지 않는다.

🗂 참고 2: 맹지에 진입도로를 내는 방법

맹지에 진입도로를 내는 방법에는 다음과 같은 여러 가지 방법이 있다.

가장 많이 쓰는 방법으로는 도로부지를 별도 매입하거나 공유지분으로 매입하는 방식과 진입로를 낼 부분의 지주로부터 토지사용 승낙을 받는 방법이다.

가) 도로법에 의한 진입도로 개설 혹은 도로 지정 고시

나) 사도법에 의한 사도개설

다) 인접 토지 매입(단독 또는 공유지분)에 의한 사설도로 개설

라) 진입 토지에 대한 도로사용승낙서를 받아 도로로 사용

  도로개설을 위한 토지사용승낙서는 따로 법적인 양식은 없으나, 사용하는 토지의 지번, 지목, 면적, 현황, 사용 목적을 명기하고, 사용하는 자의 주소 성명과 토지소유자의 인감을 날인한 다음 주민등록초본, 등기부등본, 토지(임야)대장과 인감증명서를 첨부하고, 사용대차나 임대차 형식으로 사용하면 된다.

  문제는 땅의 주인이 변경되는 경우 다시 계약을 맺어야 한다는 사실이다. 예를 들어, 진입도로로 쓰는 땅이 매매되어 소유자가 변경된 경우 또는 토지사용승낙을 해준 지주가 사망하여 그 상속인으로 소유권이 이전되는 경우는 종전의 사용승낙을 계속 주장할 수 없다.

  결국, 새로운 땅 주인으로부터 다시 사용승낙을 받아야 한다는 점을 알면 간과하지 말아야 한다.

  따라서 공유지분으로 도로를 확보하더거나 별도로 도로지분만큼 매입하여 두는 것이 필지 분할이나 합병 등의 방식만큼이나 좋다.

마) 구거의 하천(구거) 점용허가에 의한 도로개설

  해당 토지와 도로 사이의 구거에, 구거(하천)점용허가를 받아 자비로 복개 하거나 다리를 놓아 관계관청에 기부체납하고, 도로로 인정받아 사용하는 방식이다. 농어촌정비법상 농업기반시설로 관리청(지자체나 한국농촌공사)의 점용허가를 받아야 하는데, 실무상 불가능하지는 않다.

바) 민법상 주위토지통행권의 설정

  토지의 용도에 필요한 범위 내에서 토지 출입에 필요한 경우 또는 다른 방법을 이용하기에는 과도한 비용이 들 것으로 예상되는 경우는 도로와 토지(맹지)의 중간에 있는 토지의 일부를 통행에 쓸 수 있도록 요구할 수 있는 것을 민법상 주위토지통행권이라 한다.

🔍 보충 1: 임도와 농로를 이용한 건축허가 여부

1. 임도
1) 의의
임도는 산림의 효율적인 개발, 이용의 고도화, 임업의 기계화 등 임업의 생산기반정비를 촉진하기 위하여 산림청장이 산림소유자의 동의를 받아 개설한 도로를 말한다(산지 관련법 참조).
2) 건축허가 여부
임도는 수목의 산림경영과 수목의 반출 등 필요한 공적 역할을 하므로 임도를 건축허가시에 필요한 진입도로로 인정 또는 사용할 수는 없다. 따라서 임도를 이용하여 건물을 신축할 수는 없다.

2. 농로(농도)
1) 의의
경운기 등이 다니는 시골의 논밭 사이의 길 혹은 시골 밭두렁 등을 가로 지르는 길로서 도로가 아니고 개인소유의 농지 혹은 한국농촌공사의 농업기반 시설이다.
2) 건축허가 여부
비록 경운기나 사람이 다니는 현황도로라 할지라도 농로는 건축법상의 도로가 아니므로 건축허가를 받기 어렵다는 것이 일반적이다.

🔍 보충 2: 관습상도로, 현황도로, 사실상의 통로를 이용한 주택건축 여부

한마디로 답하기는 어렵다. 결론부터 말하자면, 현황도로, 관습상 도로, 사실상의 통로 등을 건축법상의 도로로 사용할 수 있는가는 토지의 이용현황과 토지여건에 따라 조례 등의 해석이 다를 수가 있으므로, 도로 사용 여부 확인은 필수적이라 하겠다.
즉 지방자치단체마다 제각기 다른 조례를 근거로 하기 때문이다. 경우에 따라서는 주민이 20년 이상 사실상의 통로로 쓰는 경우 "관습 도로"에는 이해관계인의 동의를 얻지 아니하고도 도로로 인정받을 수 있다는 지방자치단체가 있는가 하면, 지적법상 도로가 아니더라도 현황 도로를 이용하여 건축허가가 난 사례가 있을 시엔 그 현황 도로를 진입로로 보아 신축건물의 허가도 가능하다는 지방자치단체도 있다. 또한, 현황 도로를 통과하여 사

나. 입찰 물건의 분석 및 평가

가) 원하는 응찰가격의 상한선을 미리 정하라.

(가) 경매에 참여하기 전에 낙찰받고자 하는 물건의 응찰가를 사전에 결정해야 한다.
　　초보자는 자칫 경매법정의 분위기에 휩쓸려 적정가격 이상으로 써 손해를 볼 수도 있다. 따라서 인근 부동산 시세와 비교하여 적정한 수익이 보장되는 선에서 결정해야 한다.

(나) 특히 자금 마련 계획도 사전에 철저히 준비해야 한다.
　　저자 역시 주위에서 사전에 자금계획을 세우지 않아 낭패를 보는 분들을 많이 보았다. 매수인(낙찰자)으로 선정되면 입찰보증금 10%를 계약금으로 대체하고 낙찰 허가일로부터 약 1개월 이내에 나머지 잔액 90%를 법원 은행에 납부한다. 따라서 잔금을 기간 내에 내지 못하면 보증금을 몰수당한다.

나) 권리분석을 철저히 하라.

경매 물건에 대한 채권 채무 관계 분석은 필수 사항이다.
해당 물건의 등기부등본을 열람하여 매각(낙찰)이 되더라도 말소되지 않는 권리가 있는지 철저히 분석하여야 한다.

다) 매수(낙찰) 후 소유권 확보에 만전을 기하라.

(가) 낙찰허가 후 일주일 동안 세입자 등 이해관계인이 항고할 수 있으므로 찰 받은 즉시 항고할 만한 이해관계인에게 입찰 결과에 대한 동의를 받아두는 게 좋다.

(나) 세입자가 대위변제를 하였다면 낙찰을 포기하는 것이 좋다.

세입자의 전세금을 낙찰자가 인수해야 하는 등 추가 부담이 생길 가능성이 높다.

대위변제를 이유로 낙찰자가 낙찰을 포기하면 보증금을 돌려받을 수 있어 손해도 줄일 수 있다.

1) 등기부등본의 기본 구성

부동산관리, 투자 등 부동산재테크에 관심이 있는 분이라면 최소한 부동산등기부를 보는 방법을 알아야만 한다.

(1) 등기부등본의 기재사항

🔍 참고: 등기부등본 기재사항의 체크

표제부기재(확인사항)	갑구기재(확인사항)	을구기재(확인사항)
· 소재지지번	· 시공회사(보존등기권자)	· 근저당권 설정등기
· 전유부분의 건물의 표시(동·호수)	· 가압류·압류·참가압류등기	· 전세권설정등기
· 면적(평방미터), 공유지분	· 점유권이전금지가처분등기	· 임차권설정등기
· 대지권의 표시면적	· 처분금지가처분등기	· 공장저당권설정등기
(대지권의 등기여부 확인)	· 담보가등기	· 근저당권변경등기
· 건축법상의 층별 용도	· 소유권이전청구권가등기	· 지상권설정등기
· 보존등기일(준공일자 판단기준)	· 경매개시결정등기	· 지역권설정등기
· 구조(철근콘크리트조, 평슬라브,	· 소유권말소예고등기	· 근저당권말소예고등기
경량철골슬라브벽식구조. 조적조 등)	· 소유권에 관한 사항	· 광업재단저당권 설정등기
분할등기 등	· 환매권등기	· 권리질권등기
	· 경정등기	
	· 말소회복등기	
	· 멸실회복등기	
	· 표시변경등기	
	· 입목등기	
	· 가등기에 대한 가처분 등기	

(2) 현행 부동산등기의 안전성 문제

(가) 우리나라 등기제도는 등기부에 공신력을 인정하지 않고 있다.

    따라서 부동산매매의 경우 소유권 이전에 관한 사항을 매수인 명의로 등기하더라도 등기 후에 그 부동산의 진정한 소유자가 나타나서 반환을 요청하면 진정한 권리자에게 반환하는 수밖에 없다.

(나) 예컨대, 갑이 토지소유자 을의 인감을 도용하여 자기 앞으로 토지의 소유권을 이전한 후에 이러한 사실을 전혀 모르는 병(선의)에게 팔았는데, 후에 진정한 소유자 을이 나타나 토지소유권의 반환을 요구할 경우 병은 보호받을 수 없다.
즉, 선의의 제3자인 병은 그 권리가 보호되지 않고, 진정한 소유자 을만이 권리를 보호해 주는 것이다. 이것이 현행 부동산등기부의 특징이다.

(다) 따라서 등기하면 변동된 권리 자체는 추정이 될 뿐이고(등기의 추정적 효력), 만약 이러한 권리를 뒤집을 수 있는 진정한 사실이 나타나면 기존의 권리는 소멸하게 된다.

(3) 부동산등기부의 구성

가. 표제부

부동산의 외관을 표시하는 곳이다. 아파트는『아파트』로, 근린생활시설은『근린생활시설』로 표시된다. 또한 부동산의 크기를 표시하는 곳이다. 면적이 얼마인지, 층수가 몇 층인지를 표시한다. 또한 부동산의 소재지와 번지, 지목, 구조 등이 표시된다.

나. 갑구

갑구에는 소유권과 관련된 사항이 기재가 된다.
예컨대 소유권보존등기, 소유권이전등기, 가등기, 압류등기, 가압류등기, 가처분등기, 환매등기, 경매기입등기 등이 기재된다.

다. 을구

을구에는 소유권 이외의 권리들이 표시된다.
예컨대 근저당권, 지상권, 지역권, 전세권 등이 기재가 된다.

2) 민사집행법(2002. 7. 1)상 변경된 법률용어 정리

구 민사소송법	민사집행법
경매기일	매각기일
신경매기일	새매각기일
경락대금	매각대금
경락허부	매각허부
경락기일	매각결정기일
일괄경매	일괄매각
경매물건명세서	매각물건명세서

구 민사소송법	민사집행법
경매가격	매각가격
경락허가	매각허가
경락인	매수인
최저경매가격	최저매각가격
경락조서	매각결정기일조서
경매조서	매각기일조서
차순위입찰신고인	차순위매수신고인

3) 경매의 기초적 법률용어

(1) 가등기

가. 의의

가등기란 매수한 부동산의 이중매매나 불측의 강제집행으로 발생하는 소유권 이전의 방해를 사전에 막아 그 권리변동의 효력이 발생하는 등기에 대하여 장차 일어날 본등기의 순위를 확보하기 위한 예비등기를 말한다.

이러한 가등기가 행해진 후에 이에 기한 본등기가 실행되면 그 본등기의 순위는 가등기의 순위에 의하게 된다.

가등기는 소유권 외에도 지상권, 지역권, 전세권, 저당권, 임차권 등에도 가능하다.

나. 담보가등기

가) 사회적 기능

가등기 담보는 등록세 기타 비용이 저렴하고 담보목적물의 소유권 명의가 채무자에게 남아 있으므로 근저당권과 같은 후순위 담보권의 설정이 가능하며, 저당권의 요건의 엄격성, 실행 절차의 번잡성 등을 피할 수 있는 장점이 있다. 예컨대, A가 2017년 12월 10일 B로부터 1억 원을 차용하면서 2018년 12월 10일까지 변제하지 않는 경우 A의 주택

소유권을 양도하겠다고 약속을 하고 이를 가등기 해주는 것처럼, 채무자가 채권(특히 금전채권)을 담보하기 위하여, 채무불이행 시에는 자기 또는 제3자 소유의 물건에 대한 소유권을 이전해주기로 예약하고, 그 소유권이전청구권을 보전하기 위한 가등기를 해두는 담보방법이다. "가등기담보 등에 대한 법률"에 의해 규정된다.

나) 우선변제적 효력

채권자는 경매를 신청하여 자기의 채권을 만족할 수도 있고, 다른 채권자가 경매를 신청한 경우 그 경매 절차에 참가하여 자기채권의 우선변제를 받을 수도 있다. 이 경우에 경매에 관하여는 가등기 담보권을 저당권으로 본다는 규정이 있다. 따라서 담보가등기가 행하여진 때를 기준으로 하여 우선순위가 결정되게 된다. 특히 주의할 것은 가등기권자도 반드시 경매법원에 배당요구를 신청해야 한다는 것이다. 배당신청을 하지 않으면 우선변제를 받지 못하게 된다.

다. 청구권보전가등기

가) 의의

소유권, 지상권, 지역권, 전세권, 저당권, 권리질권, 임차권의 설정, 이전, 변경 또는 소멸의 청구권을 보전하고자 하는 경우 본등기의 순위확보를 위해 사전에 해두는 등기를 말한다. 이는 부동산등기법이 규율한다.

나) 효력

가등기에 기한 본등기를 하면 본등기의 순위는 가등기의 순위에 의하므로, 가등기와 본등기의 사이에 있는 각종 처분의 등기는 본등기 시 그 권리 등기가 존속하고 있는 한 모두 가등기의 순위보전적 효력에 의하여 그 효력이 부인된다.

(2) 가압류·압류

가. 의의

(가) 가압류는 현금 또는 현금으로 환가 할 수 있는 유가증권 등에 대하여 장래 채권확보를 위하여 사전적 예비적인 단계에서 취하는 보전처분의 일종이다.

금전채권이나 금전채권으로 바꿀 수 있는 청구권을 위하여 소를 제기하고 강제집행을 실행코자 할 때 소송기간 동안 채무자가 자기 재산을 도피, 은닉하지 못하도록 묶어 두는 보전 수단이다. (구체적으로는 소송 후 경매로 실행된다).

(나) 금전채권의 경우 채무자의 재산에 대하여 강제집행을 하려면 집행권원이 있어야 한다. 집행권원이 있는 경우에는 강제경매신청을 바로 할 수 있지만, 집행권원이 없는 경우에는 소송을 제기하여 집행권원을 받아야 한다. 이런 문제를 막고자 채무자의 재산을 강제집행 할 때까지 보전하고자 하는 보전처분이 압류(가압류)이다. 이러한 보전처분은 신속히 진행된다(1~3일 소요).

나. 압류와 가압류의 차이

가) 압류

체납된 국세처럼 이자가 붙지 않아 받을 금액이 확정된 채권에 대한 것이다.

나) 가압류

시간이 지남에 따라 원금에 대한 이자가 늘어나 채권액이 얼마가 될지 확정되어 있지 않은 일반채권자에 대한 압류를 말한다.

(3) 매각의 종류

가. 새매각

지정된 입찰기일에 경매를 실시했으나, 다음의 이유 등으로 인해 매수인이 결정되지 않아 다시 새로운 기일을 정하여 실시하는 경매를 말한다.
(가) 경매 기일에 최고가액 응찰자가 없는 경우
(나) 최고가액 응찰자에게 집행관이 매각을 허가했으나 매각 기일에 이해관계인의 이의에

의하여 매각 불허가 결정된 경우

(다) 매각허가결정이 항고로 취소된 경우

(라) 경매목적물 훼손에 의한 매각 불허. 취소의 경우

나. 재매각

(가) 낙찰자가 결정되어 최고 가격 매수인으로 선정되었으나 특별한 사정(낙찰대금 미납 등)으로 경매를 포기함으로써 다시 경매되는 것을 재매각이라 한다.

즉, 재매각은 유찰이 아니며 최저매각가격과 기타 제반 조건이 이전의 경매와 동일하다. 그러므로 최저 매각가격이 낮아지지 않는다. 다만 차순위매수신고인이 있으면 법원은 재매각을 하지 아니하고 그에게 매각허가를 하게 된다.

(나) 보통 재매각인 경우는 법원에서 직권으로 매각조건을 변경하며 재매각 부동산의 응찰에는 매수하고자 하는 신고가격의 20%를 보증금으로 내도록 하고 있다.

전 매수인은 매수보증금으로 낸 금액을 반환청구 할 수 없다. 이때 전 매수인이 낸 보증금은 배당금액에 산입되어 채권자에게 배당된다.

다. 일괄 매각

법원은 수 개의 부동산의 위치, 형태, 이용관계 등을 고려하여 이를 동일인에게 일괄매수 시키는 것이 합리적이라고 인정 한때에는 일괄 매각을 할 수 있다.

(가) 아파트와 같은 공동주택: 대지와 건물을 일괄 매각함이 원칙이다.

(나) 공장광업재단저당법에 의해 담보 대상이 된 공장과 그 공장 내의 기계 등은 하나로 보아 대지와 건물 또는 기계를 일괄매각한다.

라. 개별매각

(가) 두 개 이상의 부동산에 대한 경매가 진행될 때 응찰자의 요구가 있거나 경매 진행상 유리하다고 법원이 판단하면 부동산을 나누어서 매각하게 된다.

예컨대, 한사람이 아파트와 주택으로 하나의 저당권을 설정 후 경매되는 경우 두 부동산을 한꺼번에 살 사람이 없어 처음에는 유찰되기가 쉬운데 이때 이것을 나누어 경매하는 것을 분할매각이라 한다.

(나) 이러한 분할 또는 일괄매각은 법원의 자유재량에 의한다.

(4) 각하 · 기각

각하는 각종 신청 때 절차나 형식이 부적법 한 경우 법원이 이를 처리하지 않는 조치를 말한다. 반면 기각은 신청의 내용이 이유 없다고 인정되면 법원이 신청 자체를 받아들이지 않는 조치를 말한다.

(5) 국세청기준시가

국세청이 투기 우려 지역의 아파트나 연립주택에 한정해 양도세 및 상속, 증여세를 과세하는데 기준으로 삼기 위해 결정 고시하는 부동산 가액으로 토지와 건물을 구분하지 않고 하나로 묶어 책정한다.

(6) 국세청과세시가표준액

정부가 취득세 등 지방세의 부과를 위하여 평가 기준으로 삼고 있는 가액이다. 미리 정해진 365등급의 토지등급표에 등급별로 가격 차이가 명시되어 있으며 각 필지에 대한 등급은 매년 수정된다. 토지등급은 토지대장을 발급받으면 확인할 수 있다.

(7) 당해세

당해세라 함은 경매나 공매의 목적이 되는 부동산 자체에 부과된 조세와 가산금을 의미하는데, 이는 당해 부동산을 소유하고 있다는 사실에 근거하여 부과하는 국세, 지방세 및 그 가산금을 말한다.
토지초과이득세, 재평가세, 재산세, 상속세, 도시계획세, 증여세 등이 이에 해당 된다.
당해세가 법정기일 조세채권과 담보물권 등의 채권보다 우선적으로 배분되는 것은 조세채권이 국가 재정수입의 확보 수단이라는 점 때문이다.

(8) 대위변제

이해관계가 있는 제3자가 채무자 대신 채무를 변제할 때 채권자가 채무자에 대하여 가지고 있던 권리(채권자대위권, 채권자취소권, 손해배상청구권, 이행청구권 등)를 변제자에게 이전하는 것을 대위변제라고 한다.

즉, 제3자가 채무자의 채무를 대신 변제하면 채권자가 채무자에게 가지고 있던 권리가 제3자인 변제자에게 이전된다.

참고: 대위변제의 사례

순위	등기부내역			최종배당결과
1	갑	2021. 1.15	근저당권	8000만 원	말소
2	을	2023. 6.12	임차권	1억 8000만 원	인수
3	병	2023. 8. 23	근저당권	8000만 원	말소

해설: 위 물건의 경우 2순위의 임차인은 1순위의 갑 저당권자보다 늦고 소액임차인도 아니므로 보호 받을 수 없어 3순위로서 피해를 보게 될 수밖에 없다. 이때 임차권이 1번 저당권 8,000만 원을 대위변제하여 저당권을 말소시키면 1순위로 되어 1억 8,000만 원을 낙찰자에게 인수시키는 권리를 확보하게 된다. 또한, 매수인은 이러한 경우, 선순위 저당권이 말소된 것을 알게 되었을 때 즉시 이의신청(매각불허가신청)을 제기하여 매각불허가결정을 받을 수 있게 되어 경매가 취하될 수 있다(최고가 매수인이 된 뒤라도 대금납부 전까지는 계속 등기부상 선순위 저당권이 말소되었는지의 여부를 확인하여야 한다).

참고: 실무상 대위변제가 가능한 시기

1) 대위변제는 입찰 전, 후 상관없이 잔금이 지불되기 전이면 가능하다. 따라서 대위변제의 가능성이 있는 물건은 사전에 탐지하여야 하며, 낙찰 받았을 시엔 매각대금을 납부하기 전 등기부등본을 열람해 보아야 한다. 그러나 매각기일부터 매각허부결정기일 사이(약7일)에 대위변제가 신청되이 낙찰지의 부담이 증가하는 경우에는 법원에서 매각불허가결정을 한다. 이때 매수인이 반드시 소유권을 이전받기를 원한다면 매수인은 집행법원에 대금감액청구를 할 수 있다. 이 경우 집행법원은 감액결정을 할 수 있다(근거: 위험부담 및 매도인의 하자담보책임규정).
2) 법원의 매각허가결정 뒤에도 대위변제는 가능하지만 매수인은 매각허가결정 취소신청 또는 매각허가에 대한 즉시항고를 통해서 구제될 수 있다. 매각허가결정 전에 대위변제가 이루어진 경우에는 법원에 통지하여야 한다. 만일 법원에 알리지 않았음으로써 매각허가 결정이 내려졌다면 차제에 소송을 통해서 채무인수 여부를 가리게 된다.
3) 대위변제는 임차인과 관련해서만 발생되는 것이 아님에 주의하여야 한다. 즉 말소기준등기 다음의 소유권이전등기청구권 보전가등기 또는 처분금지가처분등기가 되어 있는 경우에도 대위변제는 가능하다.
4) 배당이 완료된 후 매도인의 담보책임에 관한 규정(제578조)의 유추적용으로 채무자에게 계약해제 또는 대금감액을 청구할 수 있다. 다만 채무자가 무자력인 경우에는 채권자를 상대로 대금반환청구를 할 수 있다.

(9) 법정매각조건과 특별매각조건

가. 법정매각조건

법정매각조건이란 낙찰자가 경매목적 부동산의 소유권이전을 하는 데 있어서 지켜야 할 조건 즉, 법률이 정한 매각조건을 말하는데, 다음과 같은 조건이 이에 해당된다.

(가) 잉여가 없는 경우 매각불허가
(나) 용익권과 담보권의 소멸, 인수(소제주의 / 인수주의)
(다) 매수신청인의 의무
(라) 최저입찰가격 미만의 매각불허
(마) 낙찰자의 소유권 취득
(바) 낙찰자의 인도청구시기
(사) 낙찰자의 대금지급의무 및 그 지급시기
(아) 소유권이전등기 시기, 등기 및 말소비용

나. 특별매각조건

법률이 매각조건의 변경을 허용하여 이해관계인 간의 합의나 법원의 직권에 의해 변경한 매각조건으로 경매가 실시되는 것을 말한다.
예) 재매각의 경우 법원은 직권으로 입찰보증금을 20%로 매수신청 하도록 한다.
예) 토지와 건물이 별도 입찰이어서 건물을 낙찰받아도 대지권이 없다.

(10) 경매보증보험증권

(가) 경매보증보험증권은 경매입찰에 참가하고자 하는 사람이 현금에 대신하여 쉽게 법원경매에 참가할 수 있도록 하는 보증보험상품의 일종이다.
　　다만, 2021년 이후 보증 사고가 빈번했던 관계로 2025년 현재 실무적으로는 이용되지 않고 있는 실정이다.
(나) 특히 경매보증보험증권은 경매입찰에 참가하고자 하는 자면 금융거래불량자 또는 자회사 채무자 등이 아닌 한 별도의 자격 없이 누구나 청약이 가능하다.

(다) 다만, 시장의 불안정한 경제 상황과 사회문제화된 전세 사기 등으로 인해 최근 2-3
년(2023년 초 부터)전부터 실제 서울보증보험 등은 청약을 허가하지 않고 있는 실정
이다.

(11) 매각기일. 매각허가기일

가) 매각 기일

경매집행법원이 경매목적물(부동산 등)에 대한 입찰을 실시하는 기일을 말한다. 특히 처
음 시작되는 매각기일을 첫 매각기일이라고도 한다.

나) 매각허가기일

입찰이 실시되어 최고가 매수 신고인이 있을 때 법원이 출석한 이해관계인의 진술을 듣고
입찰절차의 적법여부를 심사하여 낙찰 허가 또는 불허가의 결정을 선고하는 기일을 매각
허가기일이라고 한다. 통상 매각기일과 매각허가기일은 7일 정도의 간격이 있다.

(12) 경매의 취하, 취소, 정지

가) 취하

경매를 신청한 권리자가 경매신청행위 그 자체를 철회하는 것으로 경매에 붙여진 후 최고
가 매수인이 결정된 경우는 최고가매수신고인의 동의가 있어야 취하할 수 있다.
경매취하로 인하여 경매진행상의 압류의 효력이 소멸한다.

나) 취소

경매개시결정 이후 이미 실행된 경매 절차의 전부 또는 일부의 효력을 상실시키는 것을 말
한다.

다) 정지

이미 실행된 경매의 절차 부분은 그대로 둔 채 장래의 절차만을 일시적으로 정지하는 것을 말한다.

(13) 과잉 매각

(가) 채무자가 채무에 비해 과다한 담보 설정을 한 경우, 담보 설정 당시 한 채무자의 여러 개의 부동산을 일괄매각 하지 않고, 일부 부동산만 매각하여도 매각대금으로 모든 채권자의 채권액과 집행비용을 변제하기에 충분한 경우가 있을 수 있다. 이런 경우를 과잉매각이라고 한다.

(나) 과잉매각에 해당하면 집행법원은 다른 부동산의 매각을 허가하여서는 아니 된다. 다만, 토지와 건물의 일괄매각의 경우에는 그러하지 아니하다.

(다) 과잉 매각의 경우에는, 채무자가 그 부동산 가운데 매각할 것을 지정할 수 있다. 물론 채무자가 일괄매각을 원할 경우에는 과잉매각이 되지 아니함은 물론이다.

(14) 이중경매(압류의 경합)

강제경매 또는 담보권 등의 실행을 위한 경매 절차의 개시를 결정한 부동산에 대하여 다시 경매의 신청이 있는 때를 말한다.
이때 집행법원은 다시 경매개시결정(이중개시결정)을 한다. 물론 먼저 개시한 집행 절차에 따라 경매가 진행된다.

(15) 항고 보증금

(가) 매각허가결정에 대하여 항고를 하고자 하는 경우 보증금으로 매각대금의 10%에 해당하는 금전 또는 법원이 인정한 유가증권을 공탁하여야 한다. 이것이 항고 보증금이다. 만약 이를 제공하지 아니한 때에는 원심법원은 항고장을 각하하게 된다.

(나) 채무자나 소유자가 한 항고가 기각된 때에는 보증으로 제공한 금전이나 유가증권을 전액 몰수하여 배당할 금액에 포함하여 배당하게 되며, 그 이외의 사람이 제기한 항고(세입자. 매수인. 채권자 등)가 기각된 때에는, 보증으로 제공된 금액의 범위 내에

서, 항고를 한 날 부터 항고기각 결정이 확정된 날까지의 매각대금에 대한 일정 금액
(이자)을 돌려받을 수 없다. (민사동법'동조'제7항)

(16) 즉시항고

일정한 불변기간 내에(7일) 제기하여야 하는 항고를 말한다. 즉 재판의 성질상 신속히 확
정시킬 필요가 있는 결정에 대하여 인정되는 상소 방법을 말한다.
이는 특히 이의 제기 기간을 정하지 않고 원결정의 취소를 구하는 실익이 있는 한 어느 때
도 제기할 수 있는 보통 항고와는 다르다.

참고: 항고

1. 의의
항고는 판결 이외의 재판인 소송절차에 관한 신청을 기각한 결정이나 명령에 대한 불복방법이다. 즉, 항고는 하
급심법원의 결정 또는 재판장의 명령에 대하여 법률에 특히 규정이 있는 경우에 불복당사자가 자기에게 유리하
게 취소 또는 변경을 구하기 위하여 상급법원에 하는 신청이다.
항고장에는 항고인 및 법정대리인, 원결정 또는 명령의 표시, 불복의 취지를 기재하고 인지를 첨부하여야 한다.
항고는 당사자 대립의 구조를 가지는 것이 아니므로 상대방을 반드시 표시할 필요는 없으나 실무상 이해관계인
이 있는 경우에는 이를 상대방으로 표시한다.
항고장은 원심법원에 제출하여야 하고, 항고가 제기되면 원심법원은 스스로 항고의 적부를 심사하여 항고가 이
유 있다고 인정하면 그 재판을 경정하게 된다(민소법 제445조, 제446조).

2. 종류
(1) 보통 항고
　즉시항고에 대한 개념으로 항고기간이 정하여진 바가 없고 원재판이 고지된 후 그 취소를 구할 이익이 있는
　한 언제든지 그 취소변경을 구할 수 있는 항고를 말한다.
　민사소송법상 즉시항고라고 규정된 이외의 모든 항고가 이에 해당되며 보통항고는 집행정지의 효력이 없다.
(2) 즉시항고
　보통 항고와는 달리 재판이 고지된 날로부터 1주일의 기간 내에 제기하여야 하며 이 기간을 경과하면 원재판
　은 확정된다(동법 제444조).
　일반 민사소송에 있어서는 즉시항고를 하면 집행정지의 효력이 있으나 강제집행절차에서는 강제집행의 신속
　성을 요구하므로 집행정지의 효력이 없다.
(3) 특별항고
　불복을 신청할 수 없는 결정이나 명령에 대하여 재판에 영향을 미친 헌법위반이 있거나, 재판의 전제가 된 명

(17) 변경과 연기

가) 변경

변경은 경매 절차 진행 도중 새로운 사항의 추가 또는 매각조건의 변경 등으로 인하여 권리관계가 변동되어 법원이 지정된 입찰기일에 경매를 진행 시킬 수 없을 때 담당 재판부 직권으로 입찰기일을 변경시키는 것을 말한다.

나) 연기

연기는 채무자, 소유자 또는 이해관계인의 신청에 의하여 경매신청 채권자의 동의하에 지정된 입찰기일을 다음 기일로 미루는 것을 말한다.
1개월 후에 입찰기일이 다시 지정되며, 실무에선 변경과 연기를 합쳐 '변연'이라고도 한다.

(18) "제시 외" 건물의 구체적 예

가. 압류재산

체납처분에 의하여 압류된 토지 위에 있는 건물로서 토지와 함께 압류의 목적물로 되지 않은 건물로 미등기 건물과 등기된 건물이 있다.
이들은 체납자의 소유가 아니라고 추측될 뿐 구체적인 소유관계 및 압류된 토지와의 관계(지상권, 철거 가능 여부)는 현지 조사, 등기부열람 등을 통하여 조사해야 한다.

나. 비업무용 재산

(가) 저당권의 목적인 토지 위에 있는 건물 중 토지와 공동담보로 명시 되지 않은 건물로
　　서 미등기인 건물과 등기된 건물이 있다.
(나) 이들은 경매과정에서 주된 건물의 종물 또는 부합물로 인정되어 낙찰자가 당연히 소
　　유권을 취득한 경우와 독립 건물로 인정되어 타인 소유로 남아 있는 경우가 있을 수
　　있다. 따라서 매각허가결정정본에 의해 제시 외 건물로 평가되어 낙찰자가 소유권을
　　취득하였느냐 여부를 판단한 필요가 있다.

(19) 완충지역

자연생태계 보전지역에 연속되는 같은 보전지역 밖의 일정한 지역으로서 당해 지역 밖의
자연환경에 대한 자연적 파괴 또는 인위적인 훼손이 같은 보전지역에 미치는 환경상의 영
향을 완화 시키거나 같은 보전지역에 서식하는 생물의 이동, 같은 보전지역의 확장 등에
대비한 예비 공간.

(20) 공시송달

법원 서기관 또는 서기가 송달 한 서류를 보관해 두고 송달을 받을 자가 나타나면 언제든
지 그것을 그 자에게 교부한다는 사실을 법원의 게시장에 게시 함으로써 행하는 송달 방법
을 말한다.

제2절 부동산 경매 절차

1. 경매 참여 전 준비절차

1) 경매정보 수집

기일입찰의 매각 공고는 앞에서도 언급했듯이 일반인들이 쉽게 접할 수 있다는 장점에도
불구하고 여러 일간지에 분산 공고돼 전체적인 물건 내용을 파악하기 힘들다. 따라서 경

매컨설팅업체에서 제공하는 경매정보지를 구독하면 전국의 민사지법 경매계에서 진행되는 모든 물건을 파악할 수 있다.

2) 자료열람

입찰에 관련된 서류(매각물건명세서·감정평가서·임대차조사서 등)를 열람, 신문 또는 정보지 내용과 같은지 파악한다.
기일입찰의 경우, 법원의 민사집행과 경매계로 가면 입찰에 관련된 서류를 경매개시 1주일 전부터 열람할 수 있다. 물론 현장답사를 대비하여 물건의 약도를 지참하고, 물건을 촬영한 사진을 주의 깊게 파악하는 것이 좋다.

3) 현장답사

(가) 토지, 건물 등기부등본을 지참하여 물건이 서류상 내용과 일치하는지 해당 물건소재지를 직접 방문하여 살펴본다.
(나) 임대차 관계의 확인은 임차인의 이해와 협조를 얻어 주민등록상 전입일자, 확정일자 인부 여부, 임대차금액, 실거주 여부를 파악한다.
(다) 상가의 경우는 세무서를 방문하여 사업자등록일자 등을 열람해 본다. 또한, 토지, 건물, 건축물관리대장, 임야대장(각 시·군·구청 발급)등에서 과표액, 지목 건축 현황 등도 확인한다.
(라) 물건의 면적은 대지의 경우 정밀지도를 지참, 무단점거 토지는 없는지, 토지의 일부가 도로에 편입되지는 않았는지, 주변 땅과의 경계는 명확한지 등을 주의 깊게 살펴야 한다.

4) 경매 참가

(가) 기일입찰의 경우 경매 참여시 최저가액의 10%에 해당하는 입찰보증금(단 재입찰의 경우 등을 원인으로 하여 입찰공고문에 '보증금 2할'이라고 기재된 물건은 20%)과 도장, 주민등록증을 지참해야 한다.
(나) 입찰표는 응찰하고자 하는 물건마다 1장의 용지를 사용해야 하며 일단 제출된 입찰표는 취소 및 변경이 불가능하다.

입찰 봉투를 입찰함에 넣고(투찰) 난 후 집행관이 입찰 시작을 선언한 후 1시간이 경과 하면 입찰을 마감하고 곧바로 개찰, 최저경매가 이상을 쓴 사람 중에서 최고가 응찰자가 낙찰자가 된다.

(다) 입찰표를 받아 응찰하고자 하는 물건의 사건번호, 물건번호, 입찰자의 성명, 주소, 입찰가액 보증금액을 기재하고 날인 해야 한다.

금액을 써넣은 후엔 수정할 수 없으므로 수정을 원할 때는 반드시 새 용지를 사용해야 하며, 금액기재란 밑에 있는 보증금 반환란은 입찰에서 떨어진 사람이 보증금을 돌려받을 때 영수증 대신 기재하는 것으로 미리 써넣으면 안 된다.

2. 도해를 통해 본 경매 일반절차

경매신청 및 경매개시 결정	법원은 경매개시결정을 하여 (채권자의 신청) 목적부동산을 압류하고 관할 등기소에 경매개시결정의 기입등기를 촉탁한다. 등기관은 등기부에 기입등기를 하여야 한다. 그 후 경매개시결정 정본은 채무자에게 송달하게 된다.
배당요구 종기결정 · 공고	민사집행법은 구 민소법과 달리 법원이 정한 배당요구의 종기까지만 배당요구를 할 수 있도록 하고 있다. 배당요구의 종기는 경매개시결정에 따른 압류의 효력이 생긴 때부터 1주일 내에 결정하되, 종기는 첫 매각기일 이전의 날로 정하게 된다.
매각 준비 단계	환가의 준비절차로서 부동산은 현황과 점유관계, 차임 또는 보증금액수, 기타 등에 관하여 조사를 명하고, 감정평가기관에 부동산을 평가의뢰 하여 최저매각가격(최저입찰가격)을 정한다.
매각결정기일의 지정, 공고 · 통지	기일입찰방법과 일정기간의 입찰기간을 정하여 입찰을 실시하는 기간입찰방법 중 하나를 택하여 매각기일 등을 지정, 통지, 공고한다.
매각 실시	1) 기일입찰의 경우: 집행관이 집행보조기관으로서 미리 지정된 기일, 상소에서 매각을 실시하여 최고가매수신고인 및 차순위매수신고인을 정한다. 2) 기간입찰의 경우: 매각기일에 입찰기간 동안 접수된 입찰봉투를 개봉하여 최고가매수신고인과 차순위매수신고인을 정하기만 할 뿐 직접 입찰을 실시하지는 않는다.
매각허부의 결정절차	법원은 매각결정기일에 이해관계인의 의견을 들은 후 매각허부결정을 한다. 매각허부의 결정에 대하여 이해관계인은 즉시항고 할 수 있다.
매각대금의 납부	매각허가결정이 확정되었을 때에는 법원은 대금지급기한을 정하여 매수인에게 매각대금의 납부를 명한다. 매각허가결정이 확정되면 법원은 대금지급기한을 지정한다. 매수인은 지정기간 내에 언제든지 대금을 납부할 수 있다.

<table>
<tr><td>배당절차</td><td>매수인의 대금완납으로 법원은 배당기일을 정하여 이해관계인과 배당을 요구한 채권자에게 통지하여 배당을 하게 된다.</td></tr>
<tr><td>소유권이전등기 등의 촉탁,
부동산 인도명령</td><td>매수인은 매각허가결정이 선고된 후에는 매각부동산의 관리명령을 신청할 수 있다. 또한 대금 완납 후에는 인도명령을 신청할 수 있다. 매수인이 대금을 완납하면 부동산의 소유권을 취득하므로, 집행법원은 매수인으로부터 필요서류의 제출이 있게 되면 매수인을 위하여 소유권이전등기, 매수인이 인수하지 아니하는 부동산상의 부담의 말소등기를 등기관에게 촉탁하게 된다.</td></tr>
</table>

1) 경매의 신청

경매신청에는 강제경매신청과 임의경매신청이 있다. 강제경매신청을 하려면 강제경매신청서를 작성한 다음, 첨부 서류와 함께 집행법원에 제출하여야 한다.

채권자가 경매 비용을 예납하고 경매신청서를 작성하여 제출하면 된다. 만약에 경매신청이 기각되었을 경우 채권자는 즉시항고가 가능하다.

(1) 강제경매신청 시 첨부 서류

(가) 집행력 있는 정본(집행권원 있는 집행력 있는 정본)

(나) 강제 집행개시의 요건이 구비된것을 증명하는 서류

    a) 집행권원의 송달증명서

    b) 필요한 경우 집행문 및 증명서의 송달증명서, 반대의무의 이행 또는 제공을 증명하는 서면, 집행불능 증명서

(다) 부동산등기부등본이나 이를 대신할 수 있는 서류

    채무자의 소유로 등기되지 아니한 부동산에 대하여는 즉시 집행권원으로 등기할 수 있다는 것을 증명 할 서류, 다만 그 부동산이 미등기건물인 경우는 그 건물이 채무자의 소유임을 증명할 서류, 그 건물의 지번, 구조. 면적을 증명할 서류 및 그 건물에 관한 건축허가 또는 건축신고를 증명할 서류

(라) 부동산 목록

(마) 등록세와 교육세를 납부한 영수필통지서 1통 및 영수필확인서 1통

(바) 경매 수수료 예납

    경매 절차에 있어서 필요한 송달료, 감정료, 현황 조사료, 신문 공고료, 집행관 수수

료 등의 비용에 대한 대략의 계산액을 예납하여야 한다.

(사) 관할법원

강제경매신청의 관할법원은 경매대상 부동산의 소재지의 관할법원이다.

2) 경매의 개시결정

(가) 임의경매 신청의 경우

임의경매 신청이 접수된 경우는 집행법원은 임의경매에 필요한 요건에 관하여 심사를 하여, 신청이 적합하다고 인정되는 경우 임의경매개시결정을 한다.

(나) 강제경매신청의 경우

강제경매신청이 접수되면 집행법원은 신청서의 기재 및 첨부 서류에 의하여 강제집행의 요건, 집행개시요건 및 강제경매에 특히 필요한 요건(부동산이 채무자의 소유일 것, 압류금지 부동산이 아니어야 함) 등에 관하여 형식적 심사를 하여, 신청이 적합하다고 인정되면 강제 경매개시결정을 한다.

3) 경매신청 기입등기의 촉탁

법원은 경매개시결정 내용을 등기부 상에 "강제경매신청" 또는 "임의경매신청"이라고 등기를 한다. 집행법원이 경매개시결정을 한 경우에는 그 사유를 등기부에 기입 할 것을 등기관에게 직권으로 촉탁해야 하며, 등기관은 위 촉탁에 의해 경매개시결정의 기입등기를 하게 된다.

4) 경매개시결정문의 송달

경매개시결정은 채무자에게 송달되어야 효력이 생기므로 집행법원은 경매개시결정정본을 채무자에게 송달하여야 한다. 임의경매에 있어서는 채무자와 소유자가 상이한 경우에는 소유자에 대하여도 경매개시결정정본을 송달하여야 한다. 채무자나 소유자 등은 이에 대하여 이의신청을 할 수 있다.

5) 집행관에 대한 현황조사명령

법원은 지체없이 집행관에게 현황조사 명령을 하는데, 이 명령을 받은 집행관은 14일 이내에 사건의 표시, 부동산의 표시, 조사의 일시, 장소, 및 방법, 민사집행법의 규정에 따라 부동산의 현황, 점유 관계, 차임 또는 보증금의 액수 및 기타 법원이 명한 사항 등에 대하여 조사 할 내용을 현황조사서에 기재한 후 법원에 제출한다.

6) 최저경매가격의 결정

집행법원은 등기관에게서 기입등기의 통지를 받은 후 3일이 내에 평가명령을 발하여 감정인에게 경매부동산을 평가하게 하고, 그 평가액을 참작하여 최저매각가격을 정한다. 최저매각가격은 매각을 허가하는 최저의 가격으로 그 액에 미달하는 응찰에 대하여는 매각이 허가되지 아니한다.

7) 경매의 준비(통지 및 최고)

(1) 가등기권리자에 대한 최고

부동산등기부상의 가등기가 '담보가등기'인지 매매예약의 '청구권보전가등기'인지는 그 등기형식만으로는 구분이 되지 않는다.

가. 담보가등기일 경우

등기된 가등기가 담보가등기이면 목적 부동산이 경매 진행될 경우는 가등기를 저당권(가등기담보법 제13조)으로 본다. 따라서 담보가등기는 경매 절차상 이해관계인에 해당되므로 법원은 낙찰기일까지 채권계산서를 제출하도록 최고하여 가등기권자가 배당에 참여할 수 있도록 하여야 한다.

나. 청구권보전가등기일 경우

담보가등기가 아닌 경우는 법원은 그 가등기의 내용을 신고하도록 최고 한다. 청구권보전

가등기권자는 이해관계인의 범주에 속하지 않는다.

(2) 임차인에 대한 통지

가. 대항력 등을 갖춘 임차인

경매신청등기 이전에 임차인이 대항력(주민등록 전입과 거주)을 갖추었다면, 그 다음 날부터 제3자에 대하여 대항할 수 있고, 확정일자까지 받아 놓았다면 후순위권리자에 우선해서 배당받을 수 있는 권리가 있어 이들에 대하여도 법원은 낙찰기일까지 배당요구를 하게끔 통지할 수 있지만, 이 규정은 강제 규정이 아니다.

나. 통지 시기

경매주택의 임차인 유무는 집행관의 현황조사보고서에 기재되기 때문에 집행관이 현황조사보고서를 제출한 시기 이후에 법원은 임차인에게 통지해야 한다.

권리신고 및 배당요구신청서(주택임대차)

사건번호 2025타경　　호　　**부동산강제(임의)경매**

채 권 자

채 무 자

소 유 자

임차인은 이 사건 매각절차에서 임차보증금을 변제받기 위하여 아래와 같이 권리신고 및 배당요구신청을 합니다.

1	임차부분	전부(방　칸), 일부(　층 방　칸) (※건물 일부를 임차한 경우 뒷면에 임차부분을 특정한 내부구조도를 그려 주시기 바랍니다)
2	임차보증금	보증금　　　원에 월세　　　원
3	점유(임대차)기간	2024 .　.　.부터 2024 .　.　.까지
4	전입일자 (주민등록전입일)	2024 .　.　.
5	확정일자 유무	유(2024.　.　.), 무
6	임차권·전세권등기	유(2024.　.　.), 무
7	계약일	2024.　.　.
8	계약당사자	임대인(소유자)　　　　임차인
9	입주한 날 (주택인도일)	2024.　.　.

아　　래

첨부서류

1. 임대차계약서 사본 1통
2. 주민등록표등(초)본 1통

2025 .　.　.

권리신고 겸 배당요구신청인　　　　(날인 또는 서명)

　　　　　　　　(주소 :　　　　　　　　　　　　　)

　　　　　　　　(연락처 :　　　　　　　　　　　　　)

　　　　　　　　지방법원　　　　**귀중**

※ 임차인은 기명날인에 갈음하여 서명을 하여도 되며, 연락처는 언제든지 연락가능한 전화번호나 휴대전화 번호 등(팩스, 이메일 주소 등 포함)을 기재하시기 바랍니다.

권리신고 및 배당요구신청서(상가임대차)

사건번호   2025 타경   호   **부동산강제(임의)경매**

채 권 자

채 무 자

소 유 자

정   부
수입인지
500원

  임차인은 이 사건 매각절차에서 임차보증금을 변제받기 위하여 아래와 같이 권리신고 및 배당요구신청을 합니다.

1	임차부분	전부, 일부(층 전부), 일부(층 중 ㎡) (※건물 일부를 임차한 경우 뒷면에 임차부분을 특정한 내부구조도를 그려 주시기 바랍니다)
2	임차보증금	보증금 원에 월세 원
3	점유(임대차)기간	2024 . . .부터 2024 . . .까지
4	사업자등록신청일	2024. . .
5	확정일자 유무	유(2024. . .), 무
6	임차권·전세권등기	유(2024. . .), 무
7	계약일	2024. . .
8	계약당사자	임대인(소유자) 임차인
9	건물의 인도일	2024. . .

아   래

첨부서류

1. 임대차계약서 사본 1통
2. 등록사항 등의 현황서 등본 1통
3. 건물도면의 등본 1통 (건물 일부를 임차한 경우)

2025 . . .

        권리신고 겸 배당요구신청인   (날인 또는 서명)

                (주소 :   )

                (연락처 :   )

                        지방법원   **귀중**

※ 임차인은 기명날인에 갈음하여 서명을 하여도 되며, 연락처는 언제든지 연락가능한 전화번호나 휴대전화 번호 등(팩스, 이메일 주소 등 포함)을 기재하시기 바랍니다.

(3) 공유자에 대한 통지

가. 다른 공유자에게 통지(공유자우선매수청구권)

수명의 공동소유로 된 부동산의 일부 지분이 경매 진행될 경우, 경매법원은 채권자의 채권을 위하여 채무자의 지분이 경매신청 되었다는 사실을 등기부에 기입 된 다른 공유자에게 통지하여야 한다.

이는 다른 공유자에 대한 우선매수의 기회를 부여하기 위한 것이며, 만약 다른 공유자에게 통보함이 없이 경매로 매각되었다면 매각 불허가의 사유가 된다.

🔍 참고 서식: 다른 공유자에 대한 우선매수통지서

서울중앙지방법원
통 지 서

공유자 안 ○ ○ 귀하

사 건   2023타경 00000호   부동산강제경매

채권자   김 ○ ○

채무자   이 ○ ○

귀하가 위 채무자 이 ○ ○와 공유하고 있는 별지 목록 기재 건물 및 대지에 대한 위 채무자의 지분에 관하여 위 채권자로부터 강제경매신청이 있는 바, 귀하는 민사집행법 제140조에 의하여 위 사건의 경매기일까지 위 채무자의 지분을 우선 매수할 수 있으므로 이에 신고할 수 있음을 알려드립니다.

2023년 12월 13일

법원사무관 김 ○ ○   인

나. 특칙(집합건물의 경우 제외)

아파트나 연립주택의 대지공유지분의 경우 다른 지분권자에게는 통지를 하지 아니한다.

(4) 공과주관 공문서에 대한 최고(민사집행법)

경매개시결정 후 조세 기타 공과를 주관하는 공공기관에 대하여 목적부동산에 관한 채권의 유무와 한도를 일정한 기간 내에 통지하여 줄 것을 최고 한다.
이것은 우선채권인 조세채권의 유무, 금액을 통지받아 잔여액이 있을 가망이 있는지(잉여)를 확인함과 동시에, 주관 공공기관에 조세 등에 대한 교부청구의 기회를 주기 위함이다.

(5) 근저당권자에 대한 최고(민사집행법)

경매개시결정일로부터 3일 이내에 근저당권자에게 낙찰기일까지 원금, 이자, 비용 등을 기재한 채권계산서를 제출할 것을 경매법원은 최고 한다.

참고: 채권계산서 불제출의 효과

1) 채권계산서가 제출되지 않아도 배당요구가 금지되는 것은 아니다.
2) 법원은 경매신청서, 배당요구 신청서, 등기부등본 기타 집행기록에 첨부 되어 있는 서류와 증빙에 의하여 채권을 계산한다. 채권자는 배당요구종기일 이후에 위 채권을 보충할 수 없다. 판례에 의하면 근저당권자는 채권최고액, 가압류채권자는 가압류 금액, 압류등기의 경우는 압류금액이 배당된다. 또한 경매신청 채권자가 아닌 근저당권자는 매각대금 완납 시까지 발생한 채권이라면 배당요구종기일 이전에 제출한 채권계산서상의 피담보채권액을 배당요구종기일 이후에 증액할 수 있다.
3) 채권계산서를 제출한 채권자는 배당요구종기일 이후라도 그 계산서에 오기를 발견한 때에는 보정할 수 있다 (다만 보정의 명목으로 새로운 배당요구는 불가능함에 유의).
4) 임의경매와 강제 경매에 있어서의 차이점
(1) 임의경매의 경우(판례에 의함)
경매신청채권자가 경매신청서에 채권의 일부만을 청구한 때에는 그 경매 절차에서는 청구금액의 확장이 허용되지 않으므로 배당요구종기일까지 이중경매를 신청해야 확장할 수 있다. 피담보채권의 일부가 변제기가 도래하지 않은 경우에도 동일하다. 또한 청구금액의 한도에서는 배당요구종기일 까지 다른 채권을 청구채권에 추가하거나 교환할 수 있으나, 경매신청 이후에 발생한 채권으로는 변경할 수 없다.
(2) 강제경매의 경우
신청채권자가 배당요구종기일 까지 배당요구를 통하여 청구채권 금액을 확장할 수 있다는 점에서 임의경매의 경우와 다르다.

(6) 이해관계인이 아닌 자에 대한 통지 여부

경매 절차상 이행관계인이 아닌 다음의 사람에게는 통지를 해주지 않는다.
(가) 주택임차인이 아닌 일반임차인
(나) 경매기입등기전의 가압류권자
(다) 처분금지가처분권자

8) 매각 공고와 매각결정기일의 지정

(가) 집행법원은 공과 주관 공무소에 대한 통지, 현황조사, 최저매각 가격결정 등의 절차
    가 끝나고 경매 절차를 취소할 사유가 없는 경우에는 입찰 명령을 하고, 직권으로 매
    각기일을 지정하고 공고한다.
    최초의 매각기일은 공고일로부터 14일 이상의 간격을 두고 하게 된다. 또한, 법원은
    매각기일을 지정함과 동시에 직권으로 매각결정기일을 정하여 공고한다.
    매각결정기일은 통상 매각기일로부터 7일 후로 정하게 된다.

(나) 매각결정기일과 매각 기일의 지정은 원칙적으로 입찰 때마다 하여야 하나, 3회 내지
    4회 정도의 기일을 일괄하여 지정할 수도 있다.

(다) 매각기일 및 매각결정기일을 지정하면 법원은 이를 공고하여야 한다.
    a) 부동산의 표시
    b) 부동산의 점유자, 점유의 권원, 점유사용 할 수 있는 기간
    c) 차임, 보증금의 약정 및 그 액수, 강제집행으로 매각한다는 취지와 그 매각 방법
    d) 매각 기일의 일시, 장소와 매각 기일을 집행할 집행관의 성명 및 기간입찰의 방법
        으로 매각할 경우는 입찰 기간, 장소
    e) 최저매각가격
    f) 매각물건명세서. 현황조사보고서 및 감정평가서의 사본을 매각기일 전에 법원에
        비치하여 누구든지 볼 수 있도록 제공한다는 취지
    g) 등기부에 기입할 필요가 없는 부동산에 대한 권리를 가진 사람은 채권을 신고하여야
        한다는 취지
    h) 이해관계인이 매각 기일에 출석할 수 있다는 취지

i) 일괄 매각의 결정을 한 경우 그 취지

j) 입찰자의 자격을 제한한 때에는 그 제한의 내용 등을 기재하게 된다.

(라) 3회 내지 4회의 매각 기일 및 매각결정기일을 일괄하여 지정하는 경우는 법원 게시판에 게시하는 공고도 일괄하여 할 수 있으나, 일간신문에의 게재만큼은 매 입찰기일마다한다.

(마) 매각 기일의 공고는 공고사항을 기재한 서면을 법원의 게시판에 게시하는 방법으로 하고, 최초의 매각 기일에 관한 공고는 그 요지를 신문에 게재하며, 법원이 필요하다고 인정하는 때에는 그 후의 매각 기일에도 공고를 신문에 게재할 수 있다.

참고로 현행 입찰 실무에서는 모든 매각 기일의 공고를 일간신문에 게재하고 있다. 법원이 매각 기일과 매각결정기일을 지정하면 이를 이해관계인에게 통지한다. 통지는 집행기록에 표시된 이해관계인의 주소에 등기우편으로 발송하여야 할 수 있으며, 발송한 때 송달된 것으로 간주 된다.

9) 입찰실시

가) 입찰 개시선언 및 개찰, 최고가 입찰자 결정 … 집행관

나) 입찰표의 기재 및 입찰함에 입찰 봉투 투입 … 입찰자

다) 매수인의 매각대금 미납과 차순위매수신고인이 없을 경우 … 재경매(보증금 20%)

라) 매각 기일에서의 입찰절차는 집행관이 주재한다.

집행관은 매각 기일에 입찰을 개시하기에 앞서 집행기록을 입찰참가자에게 열람하게 하고, 특별매각조건이 있으면 이를 고지한다. 기록의 열람과 입찰 사항 등의 고지 후 집행관이 입찰표의 제출을 최고하고 입찰 마감 시각과 개찰 시각을 고지함으로써 입찰이 시작된다.

마) 입찰자는 권리능력과 행위능력이 필요하다.

미성년자 등 행위능력자는 법정대리인에 의하여만 입찰에 참여할 수 있다. 또한, 입찰 부동산이 일정한 자격을 가진 자만이 취득할 수 있는 경우는 그 자격이 있어야 한다.

10) 매각허가결정

(가) 매각기일에 최고입찰자가 있을 경우, 이해관계인에게 최고입찰자의 낙찰에 대한 의견 진술을 하게 하여 매각허가 여부를 결정하는데, 통상 입찰기일 후 7일 이내에 매각허부기일이 지정된다.

(나) 이해관계인이 매각 허가 또는 불허가의 결정으로 손해를 입은 경우는 즉시항고를 할 수 있고, 또 매각 허가의 이유가 없거나 허가 결정에 기재한 이외의 조건으로 허가할 것임을 주장하는 매수인 또는 매각 허가를 주장하는 입찰자도 즉시항고를 할 수 있다. 그런데 즉시항고에는 집행정지의 효력이 없다(대금납부, 배당기일 등을 지정, 실시 불가).

(다) 매각허가결정에 대하여 항고를 하고자 한다면 보증금으로 매각대금의 10분의 1에 해당하는 금전 또는 법원이 인정한 유가증권을 공탁하여야 한다(반면 민사집행법 제121조의 매각허가결정에 대한 이의신청이나 매각불허가결정에 대한 항고는 보증금의 공탁이 필요없다).

(라) 법원은 이의신청이 정당하다고 인정한 때에는 직권으로 매각을 허가하지 아니한다. 다만, 최고가매수인이 부동산을 매수할 능력이나 자격이 없는 때 또는 부동산을 매수할 자격이 없는 사람이 최고가매수인신고인을 내세워 매수 신고를 한 때에는 능력 또는 자격의 흠이 제거되지 아니한 때에 한하여 매각이 불허된다.

(마) 채무자와 소유자의 공탁금은 몰수되지만, 기타 다른 항고자의 경우에는 그러하지 아니하다. 즉 항고일로부터 항고기각 결정이 확정될 때까지의 매각대금에 대한 대법원 규칙상의 이율에 의한 금액을 제외한 잔액은 반환받을 수 있다(민사집행법 제130조 6항, 7항).

> 🔍 **참고: 법원의 매각허가결정 여부에 참고 되는 사항**
>
> 1. 채무자 및 소유자에 대한 경매개시결정 송달 여부
> 2. 매각기일의 통지가 적법하게 되었는지 여부
> 3. 지목이 농지(전, 답, 과수원 등)인 경우 농지취득자격증명원을 제출했는지 여부
> 4. 선순위가등기에 기한 본등기가 경료되었는지 여부
> 5. 매각물건명세서와 실질적인 부동산 상황이 같은 것인지 여부
> 6. 선순위 채권과 관련하여 경매신청채권자에게 배당금이 돌아갈 수 있는지 여부
> 7. 최저매각가격 저감의 적법성과 그 준수 여부

8. 채무자, 전 매수인, 집행관의 친족, 미성년자 등 입찰 자격이 없는 사람이 입찰에 참여한 것은 아닌지 여부 물
　상보증인은 입찰할 수 있으며, 외국인은 건물의 입찰에는 제한이 없으나 토지의 거래허가가 필요한 경우에는
　매각허가 전에 허가서를 제출하고, 신고만 필요한 경우에는 소유권이전등기시에 신고필증을 제출해야 한다
　(외국인토지법 제4조).
9. 입찰표의 기재 및 최고가매수인 결정의 적법성 여부와 최고가매수인의 인적사항
10. 매각 절차가 정지 중이거나 적법하게 취하되지는 않았는지 여부
11. 학교의 기본재산인지 여부

 참고 서식: 항고장

항고장

사건 : 2020 타경 00000 호   부동산임의(강제)경매

채 권 자 :

채 무 자 :

항 고 인 :

위 항고인은 서울중앙지방법원 2020 타경 00000 호 부동산임의(강제)경매사건에 관하여 귀원에서 년 월
일 결정한 낙찰(불)허가 결정에 대하여 불복하여 항고합니다.

항 고 취 지

항 고 이 유

2021 . . .

항고인 (인)

법원 경매계　귀중

(바) 항고가 기각(또는 취하)되면 공탁금은 배당금에 합산된다.

11) 대금납부와 소유권이전 촉탁등기

법원은 매각허가결정이 확정된 후 1개월 이내에 대금납부기일을 지정하며, 낙찰자는 대금납부와 동시에 소유권이전 촉탁등기 신청을 하면 된다.

(1) 대금납부

가) 매각허가결정의 통지

매각허가결정의 통지가 확정되면 법원은 대금의 지급기한을 정하고, 이를 매수인과 차순위매수신고인에게 통지하여야 한다.

집행법원이 대금 지급기한을 지정 함으로써, 매수인이 그 기한에 이르기까지 언제라도 매각대금이 마련되면 이를 지급하고 그 소유권을 취득하게 하고, 부수적으로 매수인 지위의 안정을 통하여 적정가격에 의한 매각을 유도하는 효과를 거둘 수 있도록 한다는 취지로 대금납부기한제도를 도입하게 된 것이다.

나) 대금지급기한

법원은 매각허가결정이 확정되면 즉시 직권으로 대금 지급기한을 지정하게 되며, 매수인은 대금 지급기한 내에 매각대금을 납부하여야 한다.

다) 대금납부의 절차

대금은 지정된 기한 내에 법원에서 발급한 납부명령서와 함께 은행에 납부하면 된다. 납부 금액은 매각대금에서 입찰보증금으로 제공한 금액을 제외한 금액이다. 다만 매수인은 배당표의 실시에 관계되는 채권자들이 승낙하면 매각대금의 한도에서 매각대금의 납부에 대신하여 채무를 인수할 수 있다. 또한, 배당받을 채권자가 동시에 매수인인 경우는 매수인은 자기가 수령 할 배당액과 매각대금을 배당액에서 상계할 수 있다. 매각대금 액이 배당액보다 클 경우는 상계한 잔액을 현금으로 납부하여야 한다. 이 경우 현재의 실무로는 낙찰자는 미리 법원에 상계신청서를 제출해야 한다.

1. 납부 방식과 절차

이의신청 등이 없으면 법원은 매각허가결정 후 1개월 이내의 날로 대금납부기일을 정해 매수인에게 소환장을 보낸다. 매각대금의 납부는 분할납부할 수 없다. 그 절차는 아래와 같으나 실제로는 법원에서 우편으로 발송해 주는 것이 관행으로 되어 있다.

1) 담당 경매계를 방문하여 '법원보관금납부명령서'를 받는다.

2) 납부명령서를 보관금 접수계에 접수하고 '법원보관금 납부서'를 받는다.

3) 납부서를 대금과 함께 법원 내 지정 은행에 내고 '법원보관금 영수증'을 받는다(이때부터 민법 제187조, 민사 집행법 제135조에 의거 등기 없이도 소유권을 취득한다).

4) 매각대금완납증명원을(2부 작성) 은행에서 받은 영수증과 함께 경매계에 제출하면 경매계장은 '위 사실을 증명합니다'라는 도장을 찍어 1부 내주는데, 이것이 '매각대금 완납증명서'이다.

2. 대금납부와 소유권의 취득

1) 대금납부와 차순위매수신고인의 지위

구 민사소송법과는 달리 대금납부기일 이전에 대금을 납부해도 납부 순간 소유권을 취득한다(민법 제186조의 예외로서 등기를 요하지 아니하는 부동산물권변동, 민법 제187조 참조). 대금납부기일 이후에 대금을 지불하면 재매각비용과 통상적으로 연 12%의 지연이자를 부담하게 된다. 만일 대금을 납부하지 않으면 대금납부기일로 부터 3일 이내에 차순위매수신고인에게 매각허가결정기일을 통지하고 낙찰, 즉시항고, 대금납부의 과정을 거친다. 차순위매수신고인도 대금을 납부하지 않으면 그들 중 먼저 납부하는 사람이 소유권을 취득하며, 차순위매수신고인이 없는 경우는 재매각을 실시한다. 재매각기일이 지정되었다 하더라도 낙찰자가 재매각기일 3일 전까지 대금을 납부 하면 매수인은 소유권을 취득하며, 재매각절차는 취소되고, 이 취소결정에 대해서는 집행에 관한 이의를 제기할 수 있다.

2) 대금납부의 기한

한편 실무상으로는 위 3일 전 이후라도 재매각 실시 이전이면 대금납부가 허용된다. 재매각기일에 매수신고가 없어 신기일이 지정된 경우에도 신기일 3일 전까지는 대금납부 할 수 있다. 재매각기일 3일 전까지도 대금을 납부하지 못하면 매수보증금은 재매각의 배당액에 합산된다. 만일 재매각이 취소되거나 취하되면 매수부증금은 반환받을 수 있지만, 이중경매의 경우에는 후행사건마저 취소되거나 취하되어야 반환받을 수 있다.

3. 채무인수신청과 상계신청 (특수한 대금납부의 방법)

1) 임차인과 채권자의 권리

특수한 대금납부의 방법으로는 채무인수신청이나 상계신청 등을 들 수 있다. 즉 이들을 통해서도 대금납부를 할 수 있다. 채무인수신청이나 상계신청이 있으면 대금납부기일은 배당기일과 같은 날로 잡힌다. 다만 매수인이 인수한 채무액이나 매수인이 배당받을 금액에 대하여 이의가 제기된 때에는 채무인수신청이나 상계신청이 불가능하다(민사집행법 제143조 제3항). 한편 종전 매수인이 재매각기일 후에 대금을 납부하는 경우에는 채무인수신청 또는 상계신청이 불가능하다(판례의 입장).

참고 서식: 상계신청서

상 계 신 청 서

사건번호 :　2024 타경 000 호 부동산 경매신청 사건

채권자 :

채무자 :

소유자 :

낙찰인 :

위 당사자 간 귀원타경호 부동산 경매사건에 관하여 2024. 12. 14 대금지급기일로 지정되었는바, 낙찰인이 이건 부동산의 임차인으로서 지급 받을 배당금과 낙찰인이 지급할 낙찰대금을 상계하여 주시기 바랍니다.

첨부서류 :

1. 임대차계약서 사본 1부
2. 주민등록등본 1부

2024 . 11 . 26 .

위 신청인　　　　　인
주소

서울중앙지방법원 귀중

채 무 인 수 신 청

사건 2024타경 0000호 부동산강제경매

신청인(매수인)　　이선경
채 권 자　　　　　김수익
채 무 자　　　　　이한심

위 부동산강제경매사건에 관하여 신청인은 본 건 부동산을 경락받아 대금을 납부하고자 하는 바, 경락대금의 범위에서 선순위 저당권자가 가지고 있는 채무자에 대한 다음의 채권을 채무자가 부담하고 있는 동일한 조건으로, 채권자의 동의를 받아 동 채무를 인수하고자 하오니 허가하여 주시기 바랍니다.

다 음

1. 제1번 근저당권
　　금　　　원 및 2023 .　 .　.부터 2023 .　 .　. 까지 년 12%의 비율에의한 지연손해금
2. 위 동의할 채권자
　　1번 근저당권자 ○ ○ ○
　　　　　　주소 서울시 종로구 역삼로 20번지 00 호

2024.　　.　　.

위 신청인(경락인) 이 선 경 ㊞

서울중앙지방법원 경매계 귀중

라) 대금납부의 효과

매수인은 매각대금을 완납 한때에 경매의 목적인 권리를 확정적으로 취득한다.
이에 따라 차순위매수신고인은 매수인이 대금을 납부하면 매수의 책임을 면하고 즉시 보증금을 반환받을 수 있다.

마) 대금 미납부에 대한 법원의 조치

(가) "차순위매수신고인"을 정하여 놓은경우에 매수인이 대금 지급기일에 대금납부가 없으면 차순위매수신고인에 대한 매각 허부를 결정하게 된다. 차순위매수신고인에 대하여 매각허가결정이 내려진 때에는 종전 입찰보증금의 반환을 청구하지 못하며, 위 보증금은 배당금 총액에 편입된다(2012.1.1 공고된 물건부터 공매의 경우에도 동일함).

(나) 재매각(재입찰)
    a) 재매각은 매각허가결정의 확정 후 집행법원이 지정한 대금 지급기한 내에 매수인(차순위매수신고인이 매각 허가를 받은 경우를 포함)이 낙찰 대금납부 의무를 완전히 이행하지 아니하고 차순위입찰신고인이 없는 경우에 법원이 직권으로 다시 실시하는 입찰을 말한다.
    b) 재매각의 경우엔 전의 매수인이 최고가매수인으로 호창 받았던 매각기일 당시의 최저매각가격 기타 매각조건이 재매각 절차에도 그대로 적용된다. 따라서 최저매각가격을 저감 하지 않는다.
    c) 재매각기일에서의 절차는 모두 일반의 매각기일에서의 절차와 마찬가지로 실시한다. 다만 재매각에서는 전의 매수인은 입찰에 참가하지 못한다.
    주의할 것은 매수인이 재매각기일의 3일 이전까지 매각대금, 지연이자와 재매각 절차의 비용을 납부 한 때에는 재입찰 절차를 취소하게 된다.

(2) 소유권이전등기 및 기입등기의 말소 촉탁

가) 매수인이 매각허가결정이 선고된 후

(가) 매수인이 매각허가결정이 선고된 후에는 매각부동산의 관리명령을 신청할 수 있고 대금 완납 후에는 인도명령을 신청할 수 있다.

(나) 또한, 매수인이 대금을 완납하면 매각부동산의 소유권을 취득하므로, 집행법원은 매수인으로부터 소유권 이전에 필요한 서류의 제출이 있게 되면 매수인을 위하여 소유권이전등기 및 매수인이 인수하지 아니하는 부동산 상의 부담의 말소등기를 등기관에 촉탁 하게 된다.

나) 소유권이전등기 등의 촉탁

(가) 매수인이 대금을 완납하면 매각부동산의 소유권을 취득하므로, 집행법원은 매수인 명의의 소유권이전등기, 매수인이 인수하지 아니하는 부동산 상의 부담의 말소등기를 등기관에게 촉탁 하게 된다.

(나) 다만, 그 등기와 말소의 비용은 매수인의 부담이므로, 매수인으로부터 주민등록표등본, 등록세영수필통지서 및 영수필확인서, 국민주택채권매입필증 등 첨부서류가 제출되었을 때 집행법원은 비로소 소유권이전등기 등을 촉탁하게 된다.
이때 납부하게 되는 등록세, 취득세 등은 낙찰가액이 과표가 되므로(통상 낙찰가액의 6-7% 정도) 일반매매에 비하여 2-3배 더 많이 납부하게 되나 매매 시 양도차익에서 공제 받게 된다.

12) 배당요구 접수

가) 다음의 권리자들은 낙찰기일까지 채권계산서를 제출하여야 한다.

(가) 우선변제권이 있는 채권자
(나) 집행력 있는 정본을 가진 채권자
(다) 경매신청등기후의 가압류신청채권자

나) 배당표의 작성 및 배당

낙찰자의 대금납부가 있으면 2주 이내에 배당기일을 지정하여 경매물건의 채권자에 대하여 배당을 한다.

13) 인도명령 또는 명도소송

소유자나 채무자 또는 경매신청기입등기일 이후에 점유한 자는 인도명령신청 방식으로, 경매신청기입등기일 이전에 점유하였으나 낙찰자에게 대항할 수 없는 자는 명도소송 방식에 의해 명도집행을 하여야 한다.

(1) 매각부동산 인도명령

(가) 법원은 매수인이 대금을 낸 뒤 6월 이내에 신청하면 채무자, 소유자 또는 부동산 점유자에 대하여 부동산을 매수인에게 인도하도록 명할 수 있다.
다만, 점유자가 매수인에게 대항할 수 있는 권원에 의하여 점유하고 있는 것으로 인정되는 경우는 그러하지 아니 하다고 규정하여 인도명령의 상대방을 확대하여 신속하고 간소한 절차를 거쳐 부동산을 인도받을 수 있도록 하였다.

(나) 매수인이 매각대금 전액을 납부 한 후에는 점유자가 매수인에게 대항할 수 있는 권원에 의하여 점유하고 있는 것으로 인정되는 경우를 제외한 모든 점유자에 대하여 직접 자기에게 매각부동산을 인도할 것을 구할 수 있으나, 채무자가 임의로 인도하지 아니 한때에는 대금 완납 후 6월 이내에 집행법원에 인도명령을 신청하여 인도명령 결정을 받은 후 이 집행문에 의한 인도 집행을 집행관에게 위임하여 인도명령 상대방의 점유권을 강제로 풀고 매수인이 인도받을 수 있다.

(다) 구 민사소송법과 현행 민사집행법의 차이점
구법과 달리 현행 민사집행법은 인도명령의 상대방은 점유자가 매수인에게 대항할 수 있는 권원에 의하여 점유하고 있는 것으로 인정되는 경우를 제외한 모든 점유자에 대하여(채무자, 채무자의 일반승계인, 소유자, 압류의 효력발생 후에 점유를 개시한 제3자, 무단점유자, 위장전입자, 가장임차인 등 포함) 인도명령을 발할 수 있게 하여 매수인이 간이 신속한 절차에 의하여 매각부동산을 인도받을 수 있도록 하였다.

(2) 명도소송 및 강제집행

(가) 인도명령의 상대방이 아닌 사람 즉, 점유자가 매수인에게 대항할 수 있는 권원에 의하여 점유하고 있는 것으로 인정되는 경우의 점유자에 대하여는 그 부담을 인수하거나 명도소송 절차를 밟아야 부동산의 명도를 받을 수 있다.

(나) 실무상의 예로는 대항력 있는 임차인, 최선순위 전세권자, 최선순위 가등기권리자, 최선순위 가처분 권리자 등이 있는 경우이며 그 소송 기간을 기약할 수 없는 상태가 되기 때문에 입찰 참가 희망자들은 사전에 철저한 권리분석이 선행되어야 할 것이다.

3. 입찰절차

1) 입찰 참여 방법

(1) 입찰 당일 준비할 서류

가) 본인이 직접 참여하는 경우

(가) 주민등록증 또는 본인임을 증명할 수 있는 신분증(예: 운전면허증, 여권 등)
(나) 도장
(다) 입찰보증금(10% 또는 재입찰의 경우 20%)
　　 자기앞수표 및 현금, 은행 등의 지급보증서. 다만 기간입찰의 경우는 현금이 아닌 법
　　 원의 은행 계좌에 입금한 입금증명서 또는 지급보증위탁계약체결증명서와 입찰표를
　　 집행관에게 제출하거나 등기우편으로 우송하여야 한다.

나) 대리인이 참여하는 경우

(가) 본인의 인감증명서 1통
(나) 위임장(반드시 본인의 인감이 날인된 것), 법정대리인은 가족관계증명서
(다) 보증금 수령인의 도장
(라) 입찰보증금 10% 내지 20%

다) 법인의 경우

(가) 법인등기부등본
(나) 대표자의 위임장
(다) 법인인감증명서
(라) 보증금 수령인 도장

라) 공동입찰인 경우

(가) 공동입찰허가권은 폐지되었으므로 특별한 제한이 없다.

　　다만, 공동으로 입찰하는 경우엔 입찰표에 각자의 지분을 분명하게 표시하여야 한다.

참고 서식: 공동입찰자 목록

번호	성명	주소		지분	상호관계
		주민등록번호	전화번호		
	㉮				
	㉮				
	㉮				
	㉮				
	㉮				
※ 공동입찰의 허가를 받고자 할 때는 공동입찰자간의 상호관계를 소명할 수 있는 자료(주민등록등본, 등기부등본 등)를 이 목록 뒤에 첨부하시기 바랍니다.					

(나) 입찰표 작성 및 제출

　　입찰표의 잘못 기재로 낙찰받지 못하는 경우가 있으니 입찰표 작성에 신중을 기해야 하고, 입찰하고자 하는 물건에 대하여 사건번호, 물건번호(물건번호가 있는 경우에만 기재한다)

(다) 입찰자의 인적사항, 입찰금액, 입찰보증금액의 기재

a) 입찰표의 기재

입찰표

서울중앙지방법원   지원 집행관 귀하   년   월   일

사건 번호		타경 호					물건 번호	※ 물건번호가 있는 경우에만 기재

입 찰 자	본인	성 명						㉑
		주민등록번호	-		전화번호		-	
		주 소						
	대리인	성 명		㉑	본인과의관계			
		주민등록번호	-		전화번호		-	
		주 소						

입찰 가액	천억	백억	십억	억	천만	백만	십만	만	천	백	십	일	원	보증 금액	백억	십억	억	천만	백만	십만	만	천	백	십	일	원

보증금을 반환받았습니다.

입찰자   ㉑

주의사항

1. 입찰표는 물건마다 별도의 용지를 사용하십시오. 다만, 일괄입찰 시에는 1매의 용지를 사용하십시오.
2. 한 사건에서 입찰물건이 여러 개 있고 그 물건들이 개별적으로 입찰에 부쳐진 경우에는 사건번호 외에 물건번호를 기재하십시오.
3. 입찰자가 법인인 경우에는 본인의 성명란에 법인의 명칭과 대표자의 지위 및 성명을, 주민등록번호 란에는 법인의 등록번호를 각 기재하고, 대표자의 자격을 증명하는 문서(법인의 등기부 등·초본)를 제출하여야 합니다.
4. 주소는 주민등록상의 주소를, 법인은 등기부상의 본점소재지를 기재하시고, 신분확인 상 필요하오니 주민등록증을 꼭 지참하십시오.
5. **금액의 기재는 수정할 수 없으므로, 수정을 요하는 때에는 새 용지를 사용하십시오.**
6. 대리인이 입찰하는 때에는 입찰자란에 본인 및 대리인의 인적사항을 모두 기재하는 외에 본인의 위임장과 인감증명을 제출하십시오.
7. 위임장, 인감증명 및 자격증명서는 이 입찰표에 첨부하십시오.
8. 일단 제출된 입찰표는 취소, 변경이나 교환이 불가능합니다.
9. 공동으로 입찰하는 경우에는 허가받은 공동입찰허가원을 입찰표와 함께 제출하되, 입찰표의 본인란에는 "별첨 공동입찰자목록 기재와 같음"이라고 기재한 다음, 입찰표와 공동입찰허가원 사이에는 공동입찰자 전원이 간인하십시오.
10. 대리인의 경우에는 날인란에 입찰자 본인의 성명, 대리관계 및 대리인의 성명을 모두 기재하고 날인하십시오.
11. 입찰자 본인 또는 대리인 누구나 입찰보증금을 반환받을 수 있습니다.

입찰하고자 하는 물건에 대하여 사건번호, 물건번호(물건번호가 있는 경우에만 기재한다), 입찰자의 인적사항, 입찰금액, 입찰보증금액(입찰금액의 10%, 재매각의 경우 20%)을 기재하여야 한다.

입찰표를 잘못 기재하여 낙찰받지 못하는 경우가 있으니 입찰표 작성에 신중을 기해야 한다.

b) 사건번호

각 경매물건 마다 고유의 번호가 있다. 따라서 해당 경매물건의 사건 진행 번호를 기재하면 된다.

c) 물건번호

하나의 사건번호에 둘 이상의 물건이 경매진행 되는 경우가 있다. 이는 둘 이상의 물건이 공동 담보된 경우 등으로서 경매사건 번호 이외에 경매물건을 특정 짓기 위해서 부여하는 번호이다. 입찰공고(입찰기일 당일 입찰 법정에 부칙 시켜 놓음)에 물건번호가 표시되어 있다면 사건번호 이외에 입찰하고자 하는 물건번호를 반드시 기재하여야 한다. 물론 입찰공고에 물건번호가 없다면 기재할 필요가 없다.

d) 인적 사항기재

(a) 본인이 입찰할 경우

본인의 성명과 주민등록번호 그리고 전화번호 및 주민등록상 주소를 기재한 후 도장을 날인하면 된다.

(b) 대리입찰의 경우

입찰표상의 본인 및 대리인 란에 인적 사항을 모두 기재하고 대리인의 도장을 대리인 인적 사항에 날인 하면 된다. 즉 본인 란에는 도장을 날인 할 필요가 없다. 필요한 서류는 위에서 언급하였다.

(c) 법인입찰의 경우

본인 란의 성명에 법인명과 대표자 이름을, 주민등록번호란은 법인등록번호를 기재하면 되며, 법인의 직원이 대리입찰의 경우는 본인 란에 법인 관련 한 내용을 기재하고, 대리인 란에 입찰 참여하는 직원의 인적 사항을 기재하며, 직원의 도장만 날인하면 된다.

(d) 입찰가액 및 보증금액

입찰자 본인을 대신하여 입찰에 참여하는 자는 특별매각조건(보증금 20%)이 없는 한 최저경매가(입찰가가 아님)의 10%를 기재한다. 위에서도 언급했듯이 간혹 특별매각조건이 있어 보증금이 20% 내지 30% 인데, 이를 확인하지 않고 10%만 기재하거나 집어넣었다가 무효 처리가 되어 낭패를 보는 경우가 종종 있으므로 주의하여야 한다.

e) 보증금반환 란

입찰가액과 보증금액란 밑에 보증금반환 란이 있다.

이는 입찰에서 떨어져 집행관으로부터 보증금을 반환받을 때 사용하는 부분이다. 따라서 미리 기재하여서는 안 되고, 공란으로 비워 두었다가 보증금을 반환받을 때 기재한다. 입찰의 취소·변경 또는 교환은 금지된다.

(2) 입찰 봉투 작성

입찰 봉투에는 흰색 편지 봉투와 황색 봉투의 두 종류가 있다.

가. 입찰보증금봉투(흰색봉투)

가) 입찰보증금 봉투에 입찰가액의 10%(재경매의 경우엔 20%)에 해당하는 현금이나 자기앞수표를 넣어야 하며, 입찰보증금 봉투 앞면에는 사건번호, 물건번호(물건번호가 있는 경우에 한함) 그리고 제출자(대리입찰의 경우엔 대리인이 제출자가 됨)의 성명을 기재한 후 날인하면 된다.

나) 또한, 입찰보증금 봉투 뒷면에는 도장 날인 하는 곳이 3곳 있는데, 여기에 제출자의 도장을 날인 하면 되고, 참고로 입찰보증금은 원활한 경매 진행을 위해 현금보다는 자기앞수표를 사용하는 것이 좋다.

나. 입찰 봉투(황색 봉투)

황색 봉투에는 입찰표 및 흰색 봉투를 넣은 후 앞부분이 속으로 들어가게 하여 반으로 접은 후 스테플러로 찍어야 한다. 입찰 봉투의 앞면에는 사건번호, 물건번호, 제출자 성명을 기재하여야 한다.

다. 입찰함에의 투입

제출할 때는 신분증 확인을 하고, 제출과 동시에 입찰자용 수취증에 집행관이 번호를 찍고 날인 한 후 돌려주는데 위 수취증은 보증금을 반환받을 때 제출하여야 하므로 잘 보관하여야 한다. 주의할 점은 집행관의 확인을 받지 않고 입찰자용 수취증을 미리 떼어내면 안 된다.

(3) 입찰에서의 몇 가지 주의해야 할 점

가. 도착에서 열람까지

가) 경매법원의 개정 시간보다 30분 내지 1시간 정도 일찍 도착하자. 각 경매법원은 통상 오전 10시부터 입장할 수 있는데 오전 9시부터 법원 직원들이 출근하므로 조금 일찍이 도착하여 여유 있는 시간 속에서 게시판 기록을 점검하고 새로운 사실이 있는 경우엔 당일 민사과에 가서 컴퓨터 기록이나 편철 장부를 한 번 더 살펴보고 입찰에 참여한다.

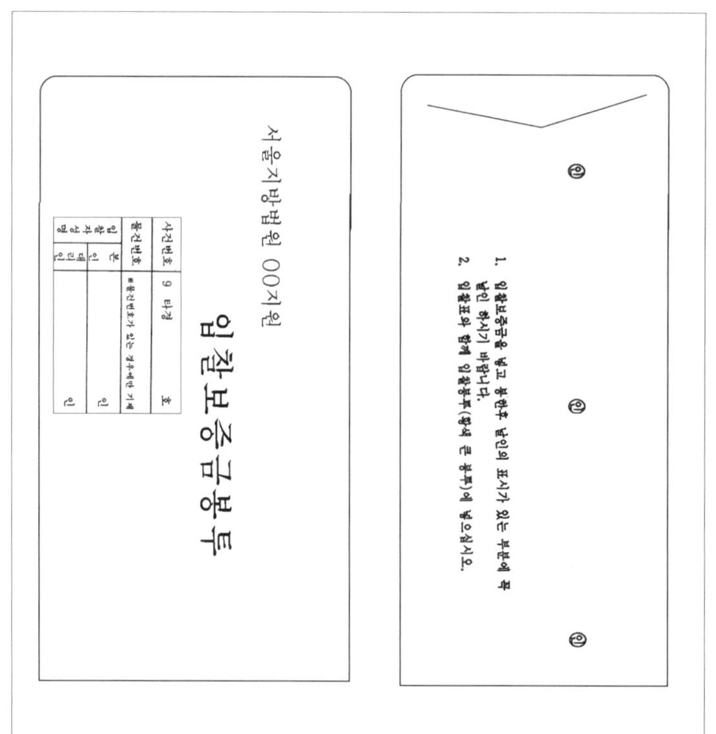

나) 샤프 펜이나 연필을 지참하자.

입찰 당일에 사건기록에 대한 원본이 사건번호별로 비치되어 있는데 경매개시 선언과 동시에 이를 열람할 수 있다. 이 경우 「경매기록 열람신청서」는 만년필이나 볼펜으로 작성하였어도 원본 열람 시에는 연필만을 소지하고 열람할 수 있고 볼펜이나 만년필을 소지할 수 없음에 유의해야 한다. 따라서 연필로 열람신청하고 기록도 연필로 하는 것이 편리하다.

다) 경매법원의 공고란을 통해 경매가 제외된 물건 인지를 파악하자.

경매가 제외된 것도 모른 채 사전에 철저히 분석하여 당일에 입찰법정에 들어섰는데, 경매기록 열람 신청서를 작성하여 제출하고 열람 차례를 기다려 막상 열람 원본을 집행관이 찾아보니 없는 경우 "해당 기록이 없습니다. 저기 제외된 사건을 보세요." 하는 경우가 있다. '채무자 변제', '연기', '경매철회' 등의 원인 사항이 기재되어 있다. 따라서 경매법원에 입정하면 양쪽 벽면에 공고란을 살펴서 줄이 그어졌는지를 살펴보고 열람을 신청해야 할 것이다.

라) 안내석의 표지에 주의하자.

입찰법원은 매우 붐빈다. 이 경우 경매기록 열람신청을 원하는 경우 대개 왼쪽은 전년도 열람기록 줄이고 오른쪽은 당해 연도 줄이므로 줄을 잘못서서 연도를 잘못 써서 다시 줄을 서게 되면 순번이 너무 늦어 서두르게 되는 경우가 있으므로 유의해야 한다. 따라서 「20023타경000」은 앞 안내석의 표지를 잘 보고 왼쪽에, 「2024타경000은 오른 쪽에 서서 서두르지 않도록 한다.

마) 열람기록은 2개에 응찰하려면 2장을 같이 해야 한다.

집행관이 열람순서를 정해주므로 그에 따라 차례로 볼 수 있는 시간적 여유가 있다. 좋은 물건에는 상대적으로 열람인이 많다. 사람이 많은 것을 나중에 볼 수 있는 시간적 여유를 두고 열람하는 것이 좋겠다.

바) 열람기록에 대하여

(가) 열람이 시작되면 집행관이 열람기록 장소를 지정해주는 경우가 많다. 열람 시 특이한 사항이 포착되면 메모하여 둔다. 경매기록의 사본은 사전(입찰일 7일전)에 법원경매계에서 볼 수 있다. 다만 원본은 입찰 당일 오전 10시경부터 약 40분 내지 1시간 정도 열람할 수 있을 뿐이다. 이 경우 경매신청자의 채권액에 대하여 그동안 일부 변제된 경우는 그 금액을 원본을 통하여 알 수 있고, 경매신청자가 받아야 할 남은 채권액도 알 수 있다.

(나) 또한, 선순위임차인이나 대위변제, 배당철회, 체불임금 여부, 송달상황 기타 상황을 파악할 수 있다. 특히 해당 물건에 주소를 두고 전입을 한 임차인 등의 주민등록 등본이 첨부되어 있으므로 유의하여 살필 필요가 있다. 따라서 해당 장을 꼼꼼히 따져서 연필로 기록하여 차분히 살펴본다. 이미 사본에서 검토된 상황은 제외할 것은 제외하고 필요한 장만 살펴보고 적는다.

사) 대항력이 있는 임차인의 배당요구 여부 검토.

민사집행법 제84조는 구법과는 달리 배당요구의 종기를 매각기일 이전으로 앞당기고 전세권·주택임차권의 소멸 여부를 매각기일 이전에 확정하여 응찰자가 안정된 상태에서 경매에 참여할 수 있도록 하였다.

나. 입찰표 작성 시 주의사항

가) 가능한 한 입찰표 작성대는 피하라.

입찰법원에는 입찰자 등으로 붐비며 작성대 주위에도 사람이 많아 불안한 심리가 작용할 수 있고 또 다른 경쟁자에게 정보가 샐 염려가 있으므로 밖으로 나오거나 나만의 안전한 장소에서 적은 다음 도장을 찍고 봉하여 투찰하는 것이 좋을 것이다.

나) 경매법원 분위기에 휩쓸리지 말라.

경매장 분위기에 휩쓸려 필요 이상 고액으로 응찰하면 경매로 인한 장점을 충분히 누릴 수 없게 된다. 따라서 분위기에 휩쓸리지 말고 시세차익도 신중히 고려하여 입찰에 참여하여야 한다.

다) 잘못 써서 수정을 하면 무효이다.

수정을 요할 때에는 새 용지를 사용하여야 한다. 즉 입찰표는 해당되는 부분에 적기만 하면 되고 고쳐 쓰는 것이 허용되지 않는다.

만약 적는 중에 잘못 쓴 경우에는 안내석의 입찰대로 나아가 하나 더 입찰표를 교부 받아 수정 없이 적어 제출하여야 한다. 따라서 입찰표는 계약서와 같이 두 줄을 긋고 도장을 날인하거나 내용증명처럼 수정자를 적는 것이 허용되지 않는다.

라) 견본을 미리 하나 적어두자.

입찰표는 자칫 하나만 잘못 적어도 입찰이 무효가 되어 그동안의 노력이 무산되는 경우가 종종 있다. 그러므로 미리 하나의 견본을 적는 것도 좋겠다.

마) 입찰금액과 보증금액이 바뀌지 않도록 한다.

입찰표의 왼쪽에는 입찰가액 오른쪽에는 보증금액이 있으므로 제자리에 각각 쓰고 바꿔서 적지 않도록 한다.

바) 두 개의 물건은 두 개의 입찰표에 기록한다.

(가) 입찰표는 물건마다 별도의 용지를 사용하여야 한다. 한 사람이 수대상물을 성하여 입찰을 신청하고 안 되면(유찰 시) 다른 물건에 입찰 신청을 하려고 대개는 다른 물건을 분석하여 준비해 오는 경우가 보통이다.

(나) 또한, 어떤 입찰인은 여유자금이 있어서 여러 개의 물건을 파악하여 처음부터 여러 개의 물건을 사려고 하기도 한다.

(다) 이처럼 여러 개의 물건에 대하여 입찰을 신청하려면 입찰표 한 장에 2개를 기재하면 안 되고, 한 장에 하나의 물건을 기재하고 필요하면 안내석에서 하나 더 받아 작성하

여야 한다. 한 사건에 입찰 물건이 여러 개 있고, 그 물건들이 개별적으로 입찰에 부쳐진 경우에는 사건번호 외에 물건번호를 기재하여야 한다.

사) 낙찰받은 금액의 단위를 세어보자.

초보자들은 숫자에 너무 익숙하여 예컨대, "9500만 원"으로 하여 "0000"의 숫자를 생략하고 습관대로 쓰는 경우가 있는데 이 경우 보호받을 수 없다.
따라서 숫자는 생략하지 말고 95000000 모두를 기재한다. 또한, 입찰표의 가액 위의 단위문자 "백억 십억 억" 등의 문자를 잘 보고 기재하면 된다. 따라서 평소의 습관대로 숫자를 약식으로 쓰는 경우라면 주의를 요한다.

아) 입찰보증금은 단돈 1원이라도 모자라게 내면 안 된다.

기일입찰에서 매수신청의 보증금은 최저경매가격의 10%로 한다(민사집행법 제63조 1항). 다만 실무에서는 흔치는 않지만, 예전처럼 입찰가액의 10%로 하는 곳도 있고, 최저경매가격의 10%로 하는 곳도 있어서 그 해당 물건의 공고사항을 잘 살펴보아야 한다. 따라서 최저경매가의 10%로 공고되면 예전처럼 입찰가의 10%가 아니므로 그에 맞춰서 최저가의 10분의 1을 내야 한다. 물론 최저가액의 10%를 넘어서 제출하였다 하여도 유효하다. 그러므로 공고사항에 유념해야 한다.

자) 물건번호와 사건번호를 혼동하여서는 안 된다.

(가) 입찰표의 오른쪽에는 물건번호가, 왼쪽에는 사건번호가 기재되어 있으며 물건번호란에는 "※물건번호가 있는 경우에만 기재"라고 되어 있다.
　　이 경우 대부분의 입찰에서는 물건번호는 있는 경우가 아니면 쓰지 않고 사건번호(예: 2024타경1234)만 쓴다.
(나) 물건번호는 하나의 사건번호에 여러 개의 물건번호가 있다. 이 경우 물건번호를 기재하여야 하고 각각의 물건이 따로 입찰이 진행되기 때문에 물건이 여러 개이면 각각의 물건번호별로 입찰표를 따로 작성하여야 한다.

차) 낙찰가와 보증금의 비율을 제대로 기입하자.

낙찰가(입찰가액)의 보증금은 입찰 참여시 가장 중요하다.

경매물건에 대하여 최저가를 초과하거나 최저가로 입찰 신청을 하여야 하는데 자신이 낙찰받고자 하는 최저가액의 보증금 10% 또는 재경매의 경우 보증금 20%를 내야 하는데 이를 잘못 알고 1%나 2%를 내면 인정되지 않는다.

따라서 최저경매가가 90,000,000원이면 보증금은 9,000,000이 된다(개정 전에는 응찰가의 10%이었다). 다만 위에서도 언급했듯이 입찰로 낙찰받고자 하는 경우 입찰가액이 83,000,000원이면 10%인 8,300,000원이 보증금이 되는 경우도 있으니, 공고를 세심히 살펴야 한다.

카) 위임자와 수임자를 명백히 하라.

이것은 대리인의 경우에 종종 일어난다. 즉 대리입찰의 경우 입찰자란에 본인 및 대리인의 인적사항을 모두 기재하는 외에 본인의 위임장과 인감증명을 제출해야 한다.

이때 위임자는 본인과 동일인으로 입찰표의 본인란(위쪽)에 기재하고 수임인(대리인)은 입찰표 대리인(아래쪽)란에 기입하여야 한다. 혼동하여 기재하면 안 된다.

타) 준비물은 하나도 빠짐없이 꼼꼼히 잘 챙기자.

도장이나 주민등록증은 평소에 지참하여 다니지 않고 흔히 편한 곳에 두는 경우가 많은데, 이를 잘 준비하여 입찰장에서 당황하지 않도록 하자.

또한, 입찰보증금을 받으려면 입찰수취증이 있어야 하는데, 기다리는 농안 부심코 지내다가 나중에 이를 발견하고 찾느라고 고생하지 않도록 한다. 이 경우에는 본인이라는 인수증을 써야 하는 불편 및 모욕적인 시선은 감수해야 한다.

파) 지루한 낙찰 시간은 인내심으로 보낸다.

경매법정이 좁은 것에 비해 응찰자가 많은 경우나 당일 입찰물건이 많아 시간이 많이 소요될 것 같으면 경매법정을 나와서 사적인 업무 등을 보는 사람들이 없지 않다. 다소 기다리면서 경매장의 분위기도 익히고 다음에 낙찰받을 것을 고려하여 한 번 더 차분히 정리하는 것도 중요할 것이다.

하) 기타

(가) 입찰은 시간이 제일 중요하다.

대개 오전 10시에 시작하여 11시 내지 11시 10분 정도에 끝이 난다. 따라서 그 안에 모든 것을 마무리 해야 하는데 다른 물건이나 낙찰받고자 하는 물건에 너무 신경을 쓰다 보니 정작 중요한 입찰표 작성에 소홀하거나 투찰을 못하거나 적합한 시기를 놓치는 경우가 있어서 주의해야 한다.

(나) 입찰가는 이성적으로 정하라.

낙찰을 받으려는 물건에 대하여 너무 많은 기대를 하다 보니 일시적으로 이성을 잃는 경우가 많다. 따라서 경기상황과 지역에 따라 다소 차이는 있지만, 상한가는 초심의 마음으로 정하여야 한다.

- 아파트 80 내지 95% 이하
- 단독주택 60 내지 75% 이하
- 연립·빌라·다세대 65 내지 75% 이하로 결정하는 것이 좋다.

(다) 주소는 주민등록상의 주소이다.

주소는 주민등록상의 주소를, 법인은 등기부상의 본점 소재지를 기재하여야 한다.
또한, 신분 확인을 위해 주민등록증을 지참하여야 한다.

2) 입찰 봉투의 투찰에서 매각결정까지

(1) 투찰

가) 입찰표를 각각 물건마다 하나씩 작성하여 줄을 서서 넣으면 되는데, 시간이 넘어도 서 있는 줄은 받아준다.
나) 다만, 입찰 봉투를 입찰함에 투입하기에 앞서 집행관에게 제출하여 입찰 봉투에 일련 번호를 부여받고, 입찰자용 수취증의 절취선에 집행관의 날인을 받아 입찰 봉투로부

터 입찰자용 수취증을 떼어내 잘 보관해야 한다.

다) 그 이유는 만약 입찰에서 떨어졌을 경우는 보증금을 반환받을 때에 집행관에게 주어야 하기 때문이다. 다만 주의할 점은 집행관의 확인을 받지 않고 입찰자용 수취증을 미리 떼어내면 안 된다는 점이다.

(2) 최고가 입찰자 결정

가) 입찰 봉투를 입찰함에 넣고 난 후 집행관이 입찰 시작을 선언한 후 1시간 정도 경과하면 입찰을 마감하고 곧장 개찰하여 최저경매가 이상을 쓴 사람 중에서 최고가 응찰자를 낙찰자로 결정하게 된다.

나) 이 경우 응찰자의 호명 순서는 사건번호가 빠른 순서로 부르고, 그 사건번호별로 응찰자 전원을 불러 앞으로 나오게 하고 개표하여 최고가 입찰인의 이름·주소를 발표하여 선별한다. 낙찰자는 그 자리에서 보증금 대신 영수증을 받아 가면 된다.

참고 서식: 경매보증금영수증

경매보증금영수증

2025년　월　일

납부금액		사건번호	2024 타경 ****	물건	
매수인성명		대리인			

위 금액을 경매보증금으로 영수합니다.

지방법원지원 집행관

3) 차순위매수신고인 결정

(1) 의의

차순위매수신고는 최고 입찰자 이외의 입찰자가 할 수 있는 신고이며, 최고 입찰자에 대한 낙찰이 불허되거나, 낙찰이 허가되더라도 최고 입찰자가 낙찰대금을 납부하지 아니한 경우 다시 입찰 없이 차순위 신고인에게 낙찰을 허가하는 것을 "차순위입찰신고"라 한다. 재입찰로 인한 절차의 지연을 방지하고 법원의 업무 부담을 줄이기 위해 차순위매수신고인 제도를 둔 것이다.

(2) 신고 방법

(가) 예컨대, 최고가매수신고 가격이 1억 원일 경우 입찰보증금 1000만 원을 제한 9,000만 원보다 높은 가격 즉, 9,000만 1원 이상 1억 원 미만으로 매수신고한 자는 차순위 입찰 신고를 할 수 있다.

(나) 차순위입찰 신고는 당해 경매사건에 대하여 입찰 법정에서 집행관에게 차순위입찰신고의 의사가 있음을 구두 상으로 하면 된다.

(다) 2인 이상인 때에는 입찰가격이 높은 자를 차순위매수신고인으로 정하고, 입찰가격이 같을 때에는 추첨에 의하여 차순위매수신고인을 정한다.

(3) 차순위매수신고인의 지위

(가) 차순위매수신고인의 입찰보증금은 최고 입찰자가 낙찰대금을 완납할 때까지 반환요청을 할 수 없으며, 최고 입찰자가 낙찰대금을 납부하지 않은 경우, 재경매 절차를 밟지 않고 차수위매수신고인을 낙찰자로 결정한 후 대금납부를 명한다.

(나) 차순위매수신고인 역시 대금 미납으로 재경매기일이 지정되면 재경매기일 3일 전까지 최고입찰자나 차순위 신고인 중 먼저 지연이자 및 재경매 절차 비용 그리고 낙찰대금을 완납하면 경매물건의 소유권을 취득하게 된다.

(다) 그러나 차순위 신고인조차도 낙찰대금을 납부하지 않아 재경매 절차가 진행되면 차순위매수신고인의 입찰보증금은 배당재단에 귀속되고 재경매 절차에 참여할 수 없게 된다.

4) 입찰표 기재 미비 판단과 처리기준

입찰표 기재의 불비에 대한 유·무효 판단기준으로서 대법원은 (1997년 10월 29일 송민 93-2 제10조의 2에서) 처리 기준을 밝혔다. 그 내용은 다음과 같다.

(1) 개찰에서 포함되는 경우

(가) 입찰연월일의 기재가 없거나 오기가 있는 경우는 입찰 봉투의 기재에 의하여 당해 입찰기일의 입찰임을 알 수 있으면 개찰에 포함한다.

(나) 사건번호의 기재가 없는 경우에는 입찰 봉투, 보증금 봉투, 위임장, 공동입찰가원 등 첨부 서류의 기재에 의해 사건번호를 특정할 수 있으면 개찰에 포함한다.

(다) 물건번호의 기재가 없는 경우에는 개찰에서 제외한다.
다만 물건의 지번, 건물의 호수 등을 기재하거나 입찰 봉투에 기재되어 입찰목적물을 특정할 수 있으면 개찰에 포함한다.

(라) 입찰자 본인 또는 대리인의 성명 기재가 없는 경우에는 개찰에서 제외한다.
다만, 고무인, 인장 등이 선명하여 용이한 판독할 수 있거나 대리인의 성명만 기재되어 있으나 위임장, 인감증명서에 본인의 기재가 있는 경우에는 개찰에 포함한다.

(마) 입찰자 본인과 대리인의 주소, 성명이 병기되어 있지만(이름 아래 날인이 있는 경우 포함) 위임장이 첨부되지 않은 경우는 본인의 입찰로 개찰로 포함한다.

(바) 입찰자 본인의 주소, 성명은 기재되고 위임장은 첨부되었지만, 대리인의 주소, 성명의 기재가 없는 경우에는 본인의 입찰로 개찰에 포함한다.

(사) 위임장이 첨부되고 대리인의 주소, 성명이 기재되어 있으나 입찰자 본인의 주소, 성명의 기재가 없는 경우에는 위임장 기재로 보아 본인의 주소, 성명을 특정할 수 있으면 개찰에 포함한다.

(아) 입찰자가 법인으로서 대표자의 성명 기재가 없는 경우(날인만 있는 경우도 포함)에는

개찰에서 제외한다. 다만 고무인, 인장 등이 선명하여 용이하게 판독할 수 있는 경우
에는 개찰에 포함한다.

(자) 입찰가액의 기재가 불명료한 경우(예: 5와8, 7과9, 0과6)에는 개찰에서 제외한다.
다만 보증금액의 기재가 명확하고 그에 따라 입찰가액을 특정할 수 있을 때는 개찰에
포함한다.

(차) 보증금의 기재가 없거나 보증금의 기재가 정하여진 보증금과 다른 경우에는 보증금
봉투에 의하여 정하여진 보증금 이상의 보증제공이 확인되는 경우에는 개찰에 포함
한다.

(2) 개찰에서 제외되는 경우

(가) 입찰가액의 기재를 정정한 경우에는 정정인 날인 여부를 불문하고 개찰에서 제외한다.
(나) 입찰자 본인 또는 대리인의 주소나 성명이 위임장 기재와 다른 경우에는 개찰에서 제
외한다.

(3) 기타 입찰 무효 사유

(가) 동일 사건의 입찰자이면서 다른 입찰자의 대리인이 된 경우.
(나) 동일 물건에 관하여 이해관계가 다른 2인 이상의 대리인이 된 경우.
(다) 자격증명 서면을 제출하지 않은 경우.
(라) 한 장의 입찰표에 수 개의 사건번호나 물건번호를 기재한 경우.
(마) 채무자가 응찰하거나 재경매사건에서 전(前) 낙찰자가 응찰한 경우.
(바) 입찰가격이 최저 입찰가격 미만인 경우.
(사) 사건번호를 입찰표에는 맞게 기재하였으나 입찰 봉투에 틀리게 기재하였을 경우 단
독입찰이면 정정하여 개찰에 포함하나 경쟁 입찰이면 개찰에서 제외.

5) 유찰과 낙찰

(1) 유찰된 물건

일단 유찰된 물건은 다시 다음 기일에 20% 내지 10% 또는 30%까지 감액되어 신경매로
나오게 된다.

(2) 유찰과 2회 입찰(2002.7.1.부터)

(가) 제1회 기일에 응찰하지 아니하였던 사람도 매각 기일의 마감이 취소되어 즉시 다시
　　행하는 2회 입찰절차를 노려볼 만하다.

(나) 이 경우 사전에 응찰하려던 물건을 1, 2, 3, 4 ⋯ 순서로 미리 파악해 두고 있다가
　　응찰자가 없어서 당일 또 행하는 절차에서 응찰한다면 유리할 것이다.
　　이 경우 원부 열람만으로 판단하는 경우가 대부분일 것이므로 순발력과 함께 종합적
　　으 로 판단하는 법률 지식이 없으면 응찰하지 않는 것이 좋다.

(3) 낙찰자 유의사항

입찰에서 최고가매수신고인이 되었을 때는 다음 사항을 유의해야 한다.

가. 수용예정지구인 경우

(가) 때로는 경매부동산이 도시계획 등에 의하여 도로 나 주택단지조성을 위해 장차 수용
　　될 것임에도 토지이용계획확인원 등의 공부상에 나타나지 않는 경우가 있다. 그러므
　　로 현지 거주 주민이나 관계 공무원 등과의 면담을 통해 이를 다시 한번 확인해볼 필
　　요가 있다.

(나) 수용예정지구임이 확실하다면 매각허가기일 전까지 매각불허가신청서를 경매법원에
　　제출하여 낙찰을 불허가 받든지 매각허가결정일로부터 1주일 이내에 항고(재항고는
　　기각통지서 받은 날로부터 1주일 이내)를 제기하여 매각허가결정이 취소될 수 있도

록 조치하여야 한다. 민사집행법은 매수인의 항고 시 항고 이유서 제출 및 보증공탁
을 하도록 하여 항고의 남용을 방지하고 있다(동법 제15조. 제130조).

나. 경매기록에 없는 임차인이 있는 경우

(가) 경매부동산이 주거용 건물인 경우는 낙찰 후 입찰보증금 납부 영수증을 지참, 물건소
재지 동사무소를 방문하여 주민등록부상 기재 내용을 확인한다.

(나) 이때 법원 경매기록에 나타나지 아니한 대항력 있는 임차인이 있으면 즉시 해당 주택
을 찾아가서 입주자를 만나 보아 임차보증금액이 크거나 확인이 불가능한 경우는 경
매법원에 매각을 불허가해 달라는 취지의 의견서를 제출하는 등의 조치를 취하여야
한다.

다. 소액임차인이 배당종기일 까지 배당신청을 하지 아니한 경우

주택임대차보호법이나 상가건물임대차보호법상 임차권의 대항력이 있음에도 불구하고,
배당신청 종기일까지 배당요구 신청을 하지 않은 소액임차인이 있는 경우에는 정확한 권
리분석이 필요하며, 대항력이 없다고 판단되면 인도명령신청과 동시에 유치권부존재확인
의 소를 별도로 제기하면 된다.

라. 해당 물건이 농지인 경우

(가) 매각허가결정기일 전까지 농지 소재지 관공서에서 농지취득자격증명을 교부 받아 경
매법원에 제출하여야만 매각허가를 받을 수 있다. 통상 매각기일까지는 일주일 정도
의 여유가 있을 뿐이다.

(나) 최고가매수신고인은 부득이한 사유, 즉 관공서 등의 사정으로 인하여 농지취득자격
증명을 매각허가결정기일까지 법원에 제출하지 못할 수도 있다. 따라서 미리 매각허
가결정 기일 연기신청서를 경매법원에 제출하여 필요한 시간을 확보할 수 있도록 조
치를 강구 해 둘 필요가 있다. 또한, 경매농지를 매수하고자 할 때에는 농지취득자격
증명을 발급받을 수 있는지를 사전에 확인하여야 한다.

(4) 매각허가결정

(가) 입찰 당일 최고가매수인으로 결정되면 1주일 정도의 유예기간(이의신청기간)을 거쳐 경매법원은 매각 허가를 결정하여 발표한다. 이 경우 이해관계인은 낙찰에 대하여 의견을 진술할 수 있다.

(나) 위에서 언급했듯이 농지를 취득하고자 입찰을 신청하였다면 이 기간 내에 농지취득자격증명원을 제출해야 한다. 매각 허가는 결정으로 하고 별도로 송달하지 않기에 직접 확인하거나 전화로 확인하여야 한다.

(다) 일반적으로는 확인이 없어도 매각허가결정이 나면 입찰 시 기재한 주소지로 매각 잔금 납부통지서가 발송되어 온다.

4. 매각 허가 및 대금납부

1) 매각허부 결정

(1) 매각허부결정

법원은 지정된 매각기일에 입찰 법정에서 최고가매수신고인에 대한 매각허가 여부를 결정한다. 매각허가 여부의 결정은 입찰 법정에서 선고만 할 뿐 이해관계인에게 통보하지 않으며 매각이 불허되면 매각 절차를 다시 진행한다.

(2) 매각불허가결정사유

채무자가 최고가매수신고인이거나 입찰절차상 하자가 있는 경우, 그리고 농지는 매각기일까지 농지취득자격증명원을 법원에 제출하지 않는 경우 매각불허가결정이 난다.

2) 매각허부결정에 대한 항고

(1) 항고기간

항고는 매각허가결정 또는 매각불허가 결정을 고지한 날로부터 1주 이내에 제기하여야 하는데, 매각허부의 결정은 이해관계인이 낙찰기일에 출석하였는지를 묻지 않고 이를 선고한때에 고지의 효력이 발행하므로 위 1주일의 기간은 일률적으로 정하여진다.

(2) 항고인의 자격

이해관계인은 매각 허가 또는 불허가의 결정으로 손해를 받은 경우는 그 결정에 대하여 즉시 항고를 할 수 있다. 매각 허가의 이유가 없거나 결정에 기재한 이외의 조건으로 허가할 것임을 주장하는 낙찰자 또는 매각 허가를 주장하는 매수신고인도 항고를 할 수 있다.

(3) 항고의 방법

가. 항고장의 접수

항고장은 매각허부의 결정을 선고한 경매법원(통상 경매계장을 경유하도록 한다)에 제출하여야 한다.
항고장에는 항고인, 원결정의 표시, 그 결정에 대하여 즉시 항고를 한다는 취지를 기재하고 법원을 표시한 후 항고인이 기명날인하여야 하며, 항고장에 항고 이유를 반드시 기재할 필요는 없다 (항고 이유는 추후 제출 가능).

나. 항고보증금 공탁

(가) 채무자, 소유자, 매수인이 매각허부 결정에 대하여 불복하여 항고시에는 보증으로 낙찰대금의 10분 1에 해당하는 현금 또는 법원이 인정한 유가증권을 공탁하여야 한다.

(나) 만약 항고가 기각 된 경우는 항고인은 보증으로 제공한 금전이나 유가증권의 반환을

청구하지 못하며, 그 보증금은 후에 배당할 금액에 산입하여 배당한다.

(다) 항고가 이유 있다고 받아들여져 매각허가결정이 취소되거나, 추후 경매신청이 취하되었을 경우, 또는 기타의 사유로 경매 절차가 취소된 때에는 항고인이 공탁한 보증금은 반환받을 수 있다.

(라) 항고에 대하여는 재항고 할 수 있다.

3) 대금납부

(1) 대금납부

매각허가결정 후 1주일이 지나도록 이해관계인들의 즉시 항고가 없으면 확정이 되는데, 매각허가결정이 확정되면 대금지급 기한이 정해진다. 즉 매각 일로부터 보름 후쯤이면 법원에서 매수인에게 내용증명(낙찰대금납입 소환장)이 온다. 특히, 매각허가 후 일주일 동안 세입자 등 이해관계인이 항고할 수 있으므로 낙찰받은 즉시 항고할 만한 이해관계인에게 입찰 결과에 대한 동의를 받아두는 게 좋다.

금액이 많지 않은 선순위채권을 세입자가 대신 변제하고 대항력을 확보했다면 낙찰을 포기하는 것이 좋다. 세입자의 전세금을 낙찰자가 갚아줘야 하는 등 추가 부담이 발생하는 경우가 많다. 대위변제를 이유로 낙찰자가 낙찰을 포기 한때는 계약금을 돌려받을 수 있어 손해도 줄일 수 있다.

(2) 매수인의 채권상계신청

매수인이 동시에 채권자인 경우는 자기가 매각대금으로부터 배당받을 금액과 납부 할 금액의 상계를 신청할 수 있다. 채권상계 신청은 낙찰 후 법원에 곧바로 하면 된다.

(3) 매각대금 미납 시

(가) 낙찰자가 지정된 대금납부기일에 대금을 납부하지 않으면 차순위신고인이 있는 경우에

는 그 신고인에게 낙찰을 허가하고, 차순위신고인이 없을 경우는 재매각을실시한다.

다만, 재매각기일 3일 전까지 종전 낙찰자가 낙찰대금 및 지연이자 연 12%, 재경매 절차비용을 납부하면 종전 낙찰자는 소유권을 취득하며 재매각절차는 진행되지 않는다.

(나) 재매각기일 3일 전의 의미

예컨대, 재매각기일이 3월 11일인 경우 재매각기일의 전일인 3월 10일부터 역산하여 3일이 되는 날인 3월 8일이 되어 3월 8일까지 낙찰대금과 지연이자 등을 납부하면 재매각 절차는 취소된다(대결 1992.6.9., 91마500).

🔍 참고: 재매각 명령취소에 대한 이의

"민사소송법 제648조 제4항에 의하면 경락인이 재경매기일의 3일 이전까지 매입대금, 지연이자와 절차비용을 지급한 때에는 재경매절차를 취소하여야 한다"고 규정하고 있고, 여기서 "재경매기일의 3일 이전까지"라 함은 재경매기일의 전일로부터 소급하여 3일이 되는 날의 전일까지를 의미하는 것이 아니라, 재경매기일의 전일로부터 소급하여 3일이 되는 날(따라서 3일째 날이 포함된다)까지를 의미한다고 할 것이다.

(4) 대금지급기일 전에 한 대금납부의 효력

(가) 구민소법에서는 대금납부는 법원이 지정한 대금지급기일에 납부하여야 하며, 법원이 대금지급기일로 지정한 기일 이외의 날에 납부하거나 또는 그 이전에 공탁하여도 이는 대금납부의 효력이 발생되지 않는다(대결 1964.8.25, 64마 467: 동 1966.6.28 66다 833)고 하였고, 다만 이전에 납부한 것이 무효로 되는 것은 아니고 대금지급기일의 경과와 더불어 그 대금납부의 효력이 발생한다(대판 1970. 3. 31. 70다32)고 하였다.

(나) 그러나 이 같은 제도는 채무자 등이 대금지급기일 전에 채무를 변제하고 집행취소문서를 제출하는 등에 의하여 경매 절차가 취소되는 경우 매수인은 그 소유권을 취득하지 못하게 되니 어려움이 많았다.

(다) 민사집행법 제142조는 가능한 한 빨리 매각대금의 지급과 해당 물건의 소유권을 취득하고자 하는 매수인을위해 집행법원으로 하여금 대금 지급기일이 아닌 2일 이상으로 제시되는 대금 지급기한을 지정하게 하였다.

따라서 매수인이 대금 지급기한 내에 언제라도 매각대금이 마련되면 집행법원에 매각대금을 지급하고 소유권을 취득할 수 있도록 하였다.

이 경우 낙찰자가 재매각 3일 전까지 대금을 납부하지 못하면 입찰보증금은 몰수된다. 반면 낙찰자가 돈을 가지고 법원으로 가서 납부하면 소유권을 취득하게 된다.

(라) 낙찰자가 잔금을 완납하면 소유권을 행사할 수 있고 채무자 등은 경매를 취소할 수 없다. 즉 소유권을 취득할 수 있는 시기는 "잔금완납 시"이지 "등기 시"가 아니다. 따라서 잔금을 완납한 매수인은 이때부터는 경락받은 부동산에 소유자·세입자 등에 대하여 명도 또는 인도청구를 할 수 있다.

(5) 대금 완납의 효력

낙찰자가 대금을 완납하면 다음과 같은 효력이 발생 된다.

(가) 등기 없이도 소유권 취득을 하지만, 부동산을 처분하려면 등기하여야 한다.
(나) 이해관계인은 경매신청의 취하와 경매개시결정에 대한 이의신청을 할 수 없다.
(다) 차순위매수신고인은 최고입찰자의 대금 완납으로 인해, 대금납부의 의무를 면하게 되고, 입찰보증금의 반환을 청구할 수 있게 된다.
(라) 경매신청등기일 이후에 점유를 시작한 자나 채무자 또는 소유자에 대한 인도명령신청은 대금납부일로부터 6개월 이내에 신청하여야 하며, 이 기간을 경과 하면 명도소송을 제기하여야 한다.
(마) 낙찰자가 부담하지 않는 부동산상의 권리들은 말소 촉탁 대상이 되어 소멸된다.

5. 소유권이전 신청 및 촉탁 신청

1) 잔금 완납 후 등기촉탁

매각대금을 완납한 매수인은 등록세·취득세 등의 세금을 납부한 영수증과 주민등록등본, 토지, 가옥대장, 등기부등본을 첨부한 소유권이전등기 촉탁신청서를 법원에 제출하면 법원은 부동산 소재지 관할 등기소에 등기촉탁을 하게 된다.

2) 세금납부고지서 발급절차

가) 낙찰대금 완납 증명원 사본을 해당 구청(부동산소재지)에 제출하여 등록세, 취득세, 교육세 등의 납부고지서를 발급받는다.

이때 등기부등본상의 각종 경매개시 등기에서부터 각종 권리들을 말소하기 위한 등록세와 교육세 고지서도 함께 받는다.

나) 민원실에서 토지대장과 건축물관리대장 및 공시지가확인원을 발급받고, 등기소에 가서 등기부등본 1통, 매수인 주소지 동사무소에서 주민등록등본 1통을 발급받아 1장씩 복사해 두고, 등기촉탁신청 서류들을 작성하여 KB국민은행에서 국민주택 채권을 매입하고 세금을 낸 후 법원에 제출하면 된다.

제3절 법원경매정보지 보는 법

흔히들 법원경매를 통해 부동산을 취득하기 위한 시발점은 경매정보를 수집하는데서 부터라고 한다.

법원경매는 경매개시 15일 전 각 일간지 신문에 게재되는 "법원경매부동산 매각공고"에 처음 나타나게 된다. 그런데 이 매각 공고는 일반인들이 손쉽게 정보를 접할 수 있다는 장점에도 불구하고 수십여종이나 되는 중앙, 지방 일간지 외에도 한국경제, 매일경제 등 경제지에까지 매각 공고가 분산되어 게재되므로 전체적인 공고내용의 파악을 위해서는 모든 신문을 구독해야만 하는 어려움이 있다. 따라서 이러한 난점을 해결을 위해서 선택하는 것이 전문 경매정보지이다.

법원경매는 각 법원과 지원의 경매계별로 행해진다. 따라서 경매정보지도 경매 일자를 기준으로 하여 법원경매 계별로 묶어서 만들게 된다.

현재 국내에서 발행되고 있는 정보지는 정보의 신속성과 정확성을 고려하여 선택하면 도움이 된다. 물론 경매정보지도 각 지방마다 구입해야 하므로 전국적인 정보를 얻기 위해서는 비용면에서도 상당한 부담이 될 수 있다.

예컨대 '서울중앙법원 경매 1계 입찰목록'은 경매와 관계된 모든 행정업무를 서울중앙지방법원 경매1계에서 업무 담당하게 된다는 의미이다. 또한 '입찰 일자 2025년 4월 21일

10시'는 입찰시각을, '낙찰 일자 2025년 4월 28일 14시'는 경매 절차에 하자가 없음을 결정하는 일자를 뜻한다.

[표준정보지 형식 예]

사건번호 경매일-결과	소 재 지	종별	내용 및 면적(단위: 평방) 임차인관계(단위: 원)	최저가액감정가액(최초가액) 등기부내역(단위: 원)
2024타경*** 국민은행 장○○ 박○○	서울시 영등포구 신길동 000 현대아파트 105동 0000호[여의대방로 43나길 25] (준공 2018.11.3)	아파트 12층	76.7(23.2평)	665,600,000원 (60%) 1,040,000,000원 한국감정 배당종기일: 2024.6.20
2024.8.31 유찰 2024.10.2 유찰 2024.11.4 낙찰 (430,000,000)	[감정평가서 정리] * 주변 대단위 아파트 단지 * 부정형토지 등고평탄 　북하향 완경사 * 버스정류장 인근 소재 * 개별도시가스보일러에 의 　한 난방 * 차량출입 자유로움 * 2종 일반주거지역 * 과밀억제권역(세부사항. 　서울시청 도시계획과 문의)		이○○ 600,000,000원 전입 2020.3.13 확정 2020.3.20 배당 2021.12.3 2회 방문하였으나 방문 시마다 폐문, 부재여서 출입문에 경매 현황조사 및 배당요구 신청서 안 내문을 부착 해 둠.	저당권 국민은행 압구정 　2018.11.20 　240,000,000원 .... 저당권 미래상호저축 2020.6.3 압구정 520,000,000원 .... 가압류 신용보증기금 2021.9.1부평 320,000,000원 .... 임의 2024.2.15 국민은행 압구정 청구액 230,500,000원

1) 사건번호

사건번호는 당해 경매부동산을 구별하는 일련번호의 성격을 가진다. 채권자가 경매를 신청하면 경매집행법원은 접수된 순서대로 사건번호를 부여한다. 경매가 진행되는 동안에 사건번호가 그 부동산의 이름처럼 사용된다.

예: 사건번호가 '2024타경12345'이면

- '2024'은 채권자가 경매 신청한 연도
- '타경'은 경매사건의 표기
- '12345'는 사건의 일련번호

2) 채권자/ 채무자

채권-채무라는 차례로 '경매채권자-채무자-부동산 소유자'를 표시한다.

예를 들어 '국민은행, 장○○, 박○○, 2억 4000만 원'으로 기재되어 있으면, 경매를 신청한 채권자는 국민은행이며 채무자(소유자)는 장○○이고, 경우에 따라서는 제3자가 담보를 제공한 경우는 당해 경매목적부동산의 소유자(물상보증인)는 박○○이고, 채권금액은 2억 원이라는 뜻이다.

즉, 국민은행은 박○○의 소유의 부동산을 담보로 담보여력이 없는 채무자 장○○에게 2억 원을 차용해주었고, 채무자인 장○○가 채무불이행을 원인으로 근저당권을 설정한 박○○의 부동산을 임의경매 신청한 사건임을 뜻한다.

또한, '채권-채무'란에 두 사람만 기재되어 있는 경우는 앞사람이 경매를 신청한 채권자, 뒷사람이 채무자 겸 소유자임을 뜻한다.

즉, 예를 들어 '국민은행, 장○○, 2억 4,000만 원'으로 기재되어 있으면 국민은행은 장○○에게 돈을 빌려주었으며, 장○○가 변제하지 아니하자 담보로 잡은 그의 부동산을 경매신청한 사건이다.

3) 소재지

부동산 등기부 상에 기재되어 있는 부동산의 주소를 말한다. 다만, 경매 정보지는 감정평가서를 정리하여 단순히 등기부상의 주소뿐만 아니라 경매부동산의 인근 현황까지도 알려주는 것이 특징이다. 즉, 이를테면 위의 정보지 분석의 도표처럼 "서울시 영등포구 신길동 897-1 삼환아파트 105동 ○○호 [영등포구 여의대방로 43나길 25]" 등 자세히 기재되어 있다.

4) 종별

주택, 아파트, 다세대, 전, 임야, 대지, 공장, 근린 등 경매부동산의 용도를 신문 공고보다 세분화하여 정보를 제공해 준다.

5) 면적

경매부동산의 토지와 건물의 면적을 나타낸다. 단위는 평방미터(㎡)이며, 토지와 건물의 면적을 각각 구분하여 표시한다. 하단에는 건물의 준공년도(보존등기일)가 기재되어 있다.

6) 임대차 관계

임차인 성명, 임대차 금액, 입주일, 확정일자, 배당 여부 등 부동산의 임대차 관계를 알려준다. 주의할 것은 임대차란이 공란으로 되어있다(통상 "미상"으로 표기)고 해서 임차인이 없다고 100% 믿어서는 안 된다는 점이다.
이러한 경우엔 소유자가 점유하고 있는지 또는 기타의 사유가 있는지를 확인해야 한다.
경매정보지는 응찰자에게 현황조사, 권리분석 등에 소요되는 시간과 비용을 줄여 주는 매우 유익한 정보이지만 어디까지나 참고자료일 뿐임을 직시하여야 한다.

7) 감정평가액

집행법원은 감정인으로 하여금 부동산을 평가하게 하고 그 평가액을 참작하여 최저매각가격을 정한다.

(가) 감정인의 평가액을 그대로 최저매각가격으로 정하여야 하는 것은 아니지만 실무에서는 대부분 감정인의 평가액을 그대로 최저매각가격으로 정하고 있다.
(나) 감정평가서에는 최소한 감정가격의 결정을 뒷받침하고 응찰자의 이해를 도울 수 있도록 감정가격을 산출한 근거를 밝히고 평가 현황, 위치도, 지적도, 사진 등을 첨부한다.
(다) 감정평가서는 첫 매각기일 1주일 전부터 매각물건명세서에 첨부하여 부동산현황 조사보고서와 함께 일반인의 열람이 가능하도록 비치하게 되어 있다.
(라) 경매 정보지에는 감정을 실시한 감정법인의 이름과 감정가액이 함께 기재된다. 경매 정보지에 따라서는 감정평가액을 '최초경매가'라고 쓰기도 한다.

8) 최저경매가

(가) 집행법원은 등기공무원이 압류등기를 실행하고 기입등기의 통지를 받은 후에는 감정인에게 경매부동산을 평가하게 하고(감정평가는 평가를 의뢰받은 평가원이 의뢰받은 날로부터 7일 이내에 작성하여 경매법원에 제출) 그 평가액을 참작하여 최저경매가격을 정한다.

(나) 최저경매가격은 경매에 있어 매각을 허가하는 최저의 가격으로 그 액에 미달하는 매수신고에 대하여는 매각을 허가하지 아니하므로 첫 매각기일에서의 최소 부동산 경매 가격이다.

(다) 입찰자는 이 금액 이상을 써넣어야 낙찰을 받을 수 있으며, 입찰자가 여러 명일 때는 최고가를 기재한 사람이 낙찰자로 선정된다.

최초 경매가는 감정평가액에서 출발하며 1회 유찰시 20%씩 감액된다(2025년 4월 현재 서울 전 지역은 20%씩 감액). 법원에 따라서는 30% 감액되는 곳도 있다.

9) 경매 결과

(가) 경매 결과는 경매부동산의 최초 경매일부터 진행되어온 정보를 상세히 알려준다.

예컨대 2024. 8. 31 유찰', '2024. 10. 2 연기', '2025. 1. 13 분할' 등으로 표시한다.

(나) '유찰'은 낙찰자가 없어 다음 기일에 경매가 계속된다는 뜻이다.

'연기'는 경매가 진행될 예정이었으나 채권·채무자의 사정으로 인해 다음 기일에 경매가 진행된다는 뜻이다.

'분할'은 하나의 경매사건에 해당하는 여러 건의 부동산이 각각 경매되는 경우 일부만 낙찰되고 나머지는 다음 기일에 경매가 계속 진행됨을 의미한다.

10) 등기부상의 권리관계 (등기부내역 정리)

(가) 말소기준을 정하는 잣대가 되는 것으로 응찰자에겐 아주 중요한 부분이다.

원칙적으로 최선순위의 저당권을 기준으로 최선순위저당권보다 빠른 권리는 인수인(낙찰자)이 부담하고(인수주의), 그보다 후순위의 권리는 자동으로 소멸된다(소제주의).

기본적으로 최선순위의 저당일자보다 임대차 날짜가 빠르면(임차권의 대항력이 있는 경우) 임차보증금을 매수인(낙찰자)이 후에 별도로 부담해야 한다.

(나) 경매에 응찰하고자 한다면 등기부상의 권리관계를 분석하는 법을 완전히 익혀야 하며, 불명확하거나 의심이 가는 권리관계가 있는 경우에는 신중을 기해야 한다.

또한, 가등기, 가처분, 대위변제, 지상권 등 복잡한 권리분석에 주의해야 한다. 물론 명확한 권리분석은 수익을 창출한다.

1. 민법이 규정하는 물권

민법이 성문법으로서 인정하는 물권은 점유권·소유권·지상권·지역권·전세권·유치권·질권·저당권 등 8종이다.

(1) 점유권과 본권

가) 점유권

점유권은 물권을 지배할 수 있는 법률상의 권원의 유무와 관계없이 물건에 대한 사실상 지배관계에 기초해 성립되는 물권이며 사실상의 지배외에는 점유권을 성립시킬 근거가 없다.

나) 본권

물건에 대한 사실상의 지배유무를 묻지 않고 물건의 지배를 적법하게 하는 물권, 즉 물건을 지배하는 근거가 되는 물권을 가리킨다. 점유권과 본권은 동일물 위에 중복해서 존재할 수 있다.

(2) 소유권과 제한물권

가) 소유권

물권에 대한 완전한 지배력을 가지며, 목적물이 제공하는 모든 이익을 향수 할 수 있는 권리이다.

나) 제한물권

특정된 방향 또는 특정된 목적을 위하여 물건을 지배함으로써 이익을 향수 할 수 있는 권리로써 단지 소유권을 제한함으로써 그 위에 성립할 수 있고 스스로도 그 내용에 있어서 제한을 받게 되는 물권이다.

(3) 용익물권과 담보물권

가) 용익물권(사용권·이용권)

일정한 목적범위 내에서 타인의 물건을 사용·수익할 것을 내용으로 하는 제한물권이다. 용익물권에는 건물 기타 공작물이나 수목을 소유하기 위하여 타인의 토지를 이용하는 지상권, 타인의 토지를 자기 토지의 편익에 이용하는 지역권, 전세금을 지급하고 타인의 부동산을 점유하여 그 부동산의 용도에 좇아 사용·수익하는 전세권이 있다.

나) 담보물권(가치권)

채권담보의 수단으로서 물건의 교환가치를 파악할 것을 내용으로 하는 제한물권이다. 민법상으로는 유치권·질권·저당권이 이에 해당한다.

(4) 동산물권과 부동산물권

가) 동산물권

동산에 설정되는 물권을 가리킨다. 점유권·소유권·유치권·질권이 동산물권에 해당한다.

나) 부동산물권

부동산에 저당되는 물권을 가리킨다. 점유권. 소유권. 지상권. 지역권. 전세권. 유치권. 저당권은 부동산 물권이다.

2. 관습법상의 물권

1) 분묘기지권

타인의 토지 위에 분묘를 설치하는 때에는 일정한 요건 아래 관습법상 지상권에 유사한 물권인 분묘기지권이 성립한다고 본다.

2) 관습법상 법정지상권

가) 동일한 소유권에 속하는 대지와 건물이 매매 등으로 인하여 각각 소유자가 다르게 되는 경우에 토지소유자는 건물소유자를 위해서 관습법상의 지상권이 설정된 것으로 본다.

나) 관습법상 법정지상권을 인정하는 이유는 토지와 건물이 별개의 독립한 부동산으로 되어있는 우리나라에서는, 건물의 이용을 위해서는 반드시 토지의 이용이 확보되어야 하기 때문이다.

3. 명인방법

(가) 명인방법은 경매에 있어서 중요한 역할을 한다. 특히 경매에 있어서는 입목에 관한 법률에 의하여 등기된 수목과 명인방법에 의해 인정된 수목은 토지와 별개의 물권 으로서의 객체가 되므로 경매에 있어서는 철저한 확인이 요구된다.

(나) 명인방법은 관습법에 의하여 인정되는 공시방법이기 때문에 공시방법으로서 적당한 범위에 한정되어야 한다.

제2절 지상권

1. 개념

지상권이라 함은 타인의 토지에 건물 기타의 공작물이나 수목을 소유하기 위하여 그 토지를 사용할 수 있는 용익물권이다(제279조).

2. 지상권의 취득

1) 법률행위로 인한 지상권의 취득

지상권 취득의 가장 중요한 원인은 지상권 설정계약이다. 따라서 지상권 설정을 목적으로
하는 물권적 합의와 등기에 의해서 지상권을 취득하게 된다.

2) 법률의 규정에 의한 지상권의 취득

(1) 상속·판결·취득시효 등

지상권은 다른 부동산물권의 경우와 같이 상속·판결·경매·공용징수·취득시효 기타 법
률의 규정에의한 물권변동 원인으로 취득될 수 있다.
이 가운데 취득시효로 인한 지상권의 취득은 등기함으로써 효력이 생기지만(제245조),
그 밖의 원인으로 인한 취득은 등기 없이 그 효력이 생긴다(제187조).

(2) 법정지상권

가) 법률의 규정에 의한 법정지상권의 취득

지상권은 다른 부동산물권의 일반적인 경우와는 달리 특유한 법률의 규정에 의하여 당연
히 성립되는 경우가 있다. 이것이 법정지상권이다. 등기를 필요로 하지 않는다.

나) 성립 예

(가) 동일소유자에게 속하는 토지와 건물 가운데 건물에 대해서만 전세권을 설정한 후에
　　토지소유자가 변경된 경우(제305조)이다.
(나) 동일소유자에게 속하는 토지와 건물 가운데 토지 또는 건물의 한쪽에 대해서만 저당
　　권을 설정한 후에 그 토지 또는 건물이 매매됨으로써 토지와 건물의 소유자가 각각

다르게 된 경우(제366조)이다.

양쪽에 다 저당권이 설정된 경우이건, 어느 한쪽에만 저당권이 설정된 경우이건, 저당권의 실행으로 저당물이 경매됨으로써, 토지와 건물의 소유자가 각각 다르게 된 때에는 법정지상권이 인정된다.

다) 특별법에 의한 법정지상권의 취득

(가) 입목에관한법률

토지와 입목이 동일 소유자에게 속하는 경우, 토지와 입목, 또는 입목만이 저당권의 목적이 되어 경매 기타의 사유로 인하여 토지와 입목의 소유자가 각각 다르게 된 때에는 토지소유자는 입목소유자에 대하여 지상권을 설정한 것으로 본다(동법 제6조 1항).

🔍 참고: 입목에관한법률에 등기된 입목의 종류 30

잣나무	젓나무	낙엽송	리기다소나무	골솔	편백
삼나무	비자나무	소나무	참나무류	포플러류	밤나무
대나무	리기데다	오동나무	호두나무	황철나무	서나무
박달나무	구상나무	솔송나무	오리나무	붉나무	아카시아
황백나무	단풍나무	기문비나무	피나무	사시나무	자작나무

🔍 참고: 경매에 있어서 미등기 입목의 처리방법

수목은 토지의 구성 부분이다. 따라서 특별한 사유가 없는 한 수목의 가액을 감정평가에 반영하여 토지와 함께 일괄매각하므로 매수인은 수목에 대하여도 소유권을 취득한다. 그런데 만약 감정평가에 수목의 감정평가가 되지 않은 경우는 "제시 외"로 표기되므로 주의를 요한다. 특히 타인 소유의 수목인 경우가 많으므로 면밀히 검토하여야 한다. 다만 소유자의 것으로 감정평가에서 단순히 누락이 되었을 땐 매각불허가 사유가 되기도 한다. 다만 금액이 경미한 경우에는 거의 받아들여지지 않고 매각허가 결정이 내려진다. 그러나 입목에관한법률에 의해 등기된 수목, 기타 명인방법에 의해 공시된 수목은 독립된 별개의 물건으로서 토지를 낙찰받은 자는 수목의 소유권을 취득하지 못한다.

(나) 가등기담보등에관한법률

토지 및 지상 건물이 동일한 소유자에 속하는 경우에 토지와 건물 또는 어느 한쪽에만 가등기담보권, 양도담보권, 매도담보권이 설정된 후 이들 담보권의 실행(이른바 귀속청산)으로 토지와 건물소유자가 각각 다르게 된 때에는 건물의 소유를 목적으로 그 토지 위에 지상권이 설정된 것으로 본다(동법 제10조 본문).

3. 존속기간

1) 설정행위로써 기간을 정하는 경우

(1) 최단기간

(가) 민법은 지상물의 종류와 구조 등에 따라서 다음과 같이 최단기간을 규정함으로써 그 이하로는 단축하지 못하도록 하고 있다(제280조 1항).
    a) 석조·석회조·연와조 또는 이와 유사한 견고한 건물이나 수목의 소유를 목적으로 하는 경우는 30년(동조 동항 제1호).
    b) 위에서와 같은 건물 이외의 건물의 소유를 목적으로 하는 경우는 15년(동항 제2호).
    c) 건물 이외의 공작물의 소유를 목적으로 하는 경우는 5년(동조 동항 제3호).

(나) 만약 설정행위에 의하여 위와 같은 기간보다 단축된 기간을 정한 경우에는 그 존속기간을 위에서와 같은 기간까지 연장한다(제280조 2항).

(2) 최장기간

민법은 지상권의 존속기간에 대하여 최단기간만을 규정하고 있을 뿐이며, 최장기간에 대하여는 아무런 언급이 없다. 영구무한의 지상권설정계약도 가능하다.

2) 설정행위로써 기간을 정하지 아니한 경우

가) 지상물의 종류와 구조에 따라서 제280조에서 정하는 최단존속 기간을 그 지상권의 존속기간으로 한다(제281조 1항).

나) 지상권 설정 당시에 공작물의 종류와 구조를 정하지 않았던 경우에는 그 지상권의 존속기간을 15년으로 한다(제281조 2항).

다) 제281조 2항은 「공작물」이라고만 함으로써 「수목」을 포함하지 않으므로 지상물이 수목인 경우는 그 존속기간은 언제나 30년으로 해석할 수밖에 없다.

3) 설정계약의 갱신

(1) 지상권자의 갱신청구권

가) 지상권의 존속기간이 만료 한 경우에 당사자가 갱신계약을 체결하지 않는 경우에도 일정한 요건이 존재하면 지상권자는 일방적으로 계약 갱신을 청구할 수 있다(제283조).

나) 지상권자의 갱신청구권은 지상권이 존속기간의 만료로 인하여 소멸되는 당시에 건물 기타의 공작물이나 수목이 현존하고 있는 경우에 발생한다(제283조 1항).

다) 지상권자의 갱신청구가 있어도 지상권 설정자는 이에 응하여야 하는 것은 아니다.

라) 갱신을 거절한 경우는 지상권자는 지상물의 매수를 청구할 수 있다(제283조 2항). 이 지상권자의 지상물매수청구권은 형성권(당사자의 의사표시에 의해 즉시 효력이 발생한다)이다.

참고: 비닐하우스가 지상물매수청구권의 대상이 되는지

1. 임대차, 전세권, 지상권의 기간이 만료되면 지상물매수청구권의 문제가 발생한다. 예컨대, 채무불이행을 이유로 임대인이 임대차계약을 해지하였을 경우에는 지상물매수청구를 할 수 없다. 반면 임대차계약을 위반하지 않고, 계약을 성실하게 지켜온 임차인 에게는 임대차계약 종료시에 계약갱신청구권을 부여하고, 임대인이 굳이 위 요구를 벗어나 자신의 의도대로 토지를 사용하고자 할 때에는 계약 목적 토지 위에 임차인이 설치한 건물 등 지상물을 매입하게 강제함으로써 비로소 위와 같은 제한으로부터 벗어날 수 있게 하는 지상물매수청구권을 둔 것이다(대판(전원)1997. 2. 14.93다42634). 이러한 토지임차인의 지상물매수청구권을 인정하기 위해서는 그 지상물의 설치가 임차목적에 위배되지 않아야 할 것이며, 그 가치를 보존할 경제적 가치가 동시에 인정될 것이 요청된다.

2. 판례는, "임차인이 화초의 판매용지로 임차한 토지에 설치한 비닐하우스가 하훼판매를 위하여 필요한 시설물

마) 지상권자의 갱신청구권이 생기는 것은 지상권이 소멸하는 때이다.

(2) 갱신의 내용

제280조가 규정하는 최단기간 보다 장기로 하는 것은 무방하지만, 그것 보다 단축하지는 못한다(제284조).
계약갱신에 있어서 존속기간 기타에 관하여 특별히 약정한 바가 없으면 갱신된 계약의 내용은 전계약과 동일한 것으로 추정한다.

4) 존속기간의 강행규정성

지상권의 존속기간과 갱신에 관한 제280조, 제281조, 제284조는 강행규정이며, 이들 규정에 위반하여 지상권자에게 불리한 약정을 하여도 그것은 무효이다(제289조).

4. 효력

1) 지상권자의 토지사용권

(1) 토지사용권의 내용

지상권자의 토지사용권은 지상권의 목적에 의하여 제한을 받게 되므로 그 범위를 넘어서 사용할 수 없으며, 또 토지에 대하여 영구적인 손해를 일으킬 변경을 가할 수 없다. 지상권의 목적은 등기하여야 한다(부등법 제136조).

(2) 상린관계 규정의 준용

인접토지와의 이용을 조절할 것을 목적으로 하는 상린관계의 규정(제216조-제244조)은 당연히 지상권자와 다른 인접소유자와의 사이 또는 지상권자와 다른 지상권자와의 사이에 준용된다(제290조). 그러나 경계 선상에 설치된 경계표·담·구거에 관한 공유추정의 규정(제239조)은 지상권이 설정된 후에 설치된 것에 한해서만 준용되는 것으로 해석하여야 한다.

(3) 지상권자의 점유권과 물권적 청구권

지상권은 토지를 사용하는 권리이므로 그 내용을 실현하기 위해서는 토지를 점유할 필요가 있다. 지상권은 물권이고 점유할 권리를 수반하므로 그 내용의 실현이 방해당하는 때에는 물권적 청구권이 생긴다(제290조).

2) 지상권자의 투하 자본의 회수

(1) 지상권의 양도·임대·담보제공

(가) 지상권자는 지상권을 양도하거나 또는 지상권의 존속기간 내에서 그 토지를 임대할 수 있다(제282조).

이에 관한 제282조의 규정은 지상권자에게 불리한 약정을 금지하는 이른바 편면적 강행규정이다. 따라서 양도 또는 임대를 금지하는 특약을 하더라도 그 특약은 무효이다.

(나) 지상권 위에 저당권을 설정함으로써(제371조 1항) 지상권을 담보로 제공할 수 있다.

(2) 지상권소멸시의 법률관계

가. 지상권자의 지상물수거권

지상권이 소멸한 때에는 지상권자는 건물 기타 공작물이나 수목을 수거하여 토지를 원상회복하여야 한다(제285조 1항).

나. 지상권설정자의 지상물매수청구권

(가) 토지소유자가 상당한 가액을 제공하여 지상권의 매수를 청구하는 경우는 지상권자는
정당한 이유 없이 그것을 거절할 수 없다(제285조 2항). 토지 소유자는 제283조 1
항에 의한 지상권자의 계약갱신청구가 있더라도, 이를 거절하고 지상물의 매수를 청
구할 수도 있다.
(나) 지상물의 매수청구권은 형성권이다. 그러나 지상권자는 정당한 이유가 있는 경우에
는 이를 거절할 수 있다(제285조 2항).

다. 지상권자의 지상물매수청구권(강행규정)

지상권자가 제283조 1항의 규정에 의한 지상권설정의 경신청구를 하였는데도 불구하고
지상권설정자가 그것을 거절한 경우에만 인정된다(제283조 2항).

라. 지상권자의 비용상환청구권

토지임대차의 경우에 관해서는 임차인에게 필요비와 유익비의 상환청구권을 명문으로 인
정하고 있으나(제626조) 지상권의 경우에 관해서는 명문의 규정이 없다.
예컨대, 지상권자가 유익비를 지출한 때에는 지상권소멸 시에 토지소유자의 선택에 따라
지상권자가 그 토지를 위하여 지출한 금액이나 또는 현존하는 증가액을 상환케 할 수 있으
며, 법원은 토지소유자의 청구에 의하여 상당한 상환기간을 허여할 수 있다(제626조 2항).

3) 지료관계

(1) 지료의 결정

가) 지료의 지급은 지상권의 요소가 아니다. 따라서 지상권은 유상뿐만 아니라 무상으로
도 설정할 수 있다.
(가) 당사자가 지료 지급을 약정한 경우는 지상권자는 지료지급의무를 부담한다. 법
정지상권의 경우에는 당연히 지료지급의무가 생긴다(제305조 1항, 제366조 단
서). 지료에 관한 약정이 없는 경우, 협의가 되지 않으면 법원이 결정한다.

(나) 특히, 임대료의 추산방법에 관하여는 아래의 토지사용료평가기준을 참조 하기 바란다.(신설 2003.2.14.)

참고: 한국감정평가협회의 보상평가지침

[기대이율적용기준율표(제49조 4항관련): 토지사용료의 평가]

토지용도		실제이용상황(%)		
		최유효 이용	임시적 이용	나지
상업용지	업무, 판매시설 등	7-10	3-6	3-4
	근린생활시설(근린주택포함)	5-8	2-5	2-3
주거용지	아파트, 연립, 다세대주택(공동주택)	4-7	2-4	1-2
	다중주택, 다가구주택(단독주택)	3-6	2-3	1-2
	일반단독주택	3-5	1-3	1-3
공업용지	아파트형공장	4-7	2-4	1-2
	기타공장	3-5	1-3	1-2
농지	경작여건이 좋고 수익성이 있는 순수농경지	3-4		
	도시근교 및 기타 농경지	2 이내		
임지	조림지, 유실수단지, 죽림지	1.5 이내		
	자연임지	10이내		

(해설)

1. 본 도표는 토지용도 및 실제 이용 상황에 따른 일반적인 기대 이율외 범위를 정한 것이다. 따라서 실제 적용시점에서는 당해 토지의 상황, 지역 여건 등을 고려하여 그 율을 증·감 조정할 수 있다.

2. 실제적 이용 상황에서 "임시적 이용"은 최유효이용과 유사한 용도로 이용되고 있으나, 다만 현재의 이용방법이 임시적인 것을 말한다.

3. 토지용도는 당해토지의 최유효 이용을 기준으로 분류된 것이다. 따라서 당해 토지가 최유효이용, 기타 다른 용도로 이용되고 있는 경우로서 가격시점 당시의 이용 상황이 임시적인 것이 아니라면, 가격시점 당시의 현실적인 이용상황을 기준으로 토지용도를 분류하되, 최유효 이용률을 적용하면 된다.

나) 지료는 정기금 또는 일시금으로 할 수 있다. 또한 전세금과는 달리 반드시 금전으로 하여야 하는 것은 아니다.

(2) 지료지급의무

가) 등기

지료액 또는 그 지급 시기 등 지료에 관한 약정은 이를 등기하여야만 제3자에게 대항할 수 있다(부등법 제136조).

나) 지상권의 이전

지상권의 이전이 있으면 장래의 지료채무도 그에 따라 이전한다. 지료의 등기가 있으면, 그 지료체납의 효과도 신 지상권자에게 승계된다.

다) 지료 등기 여부

토지소유권 이전등기가 있으면 지료 등기가 없어도 지료 채권은 이에 수반하여 이전한다. 따라서 신소유자는 지상권자로부터 지료를 징수할 수 있다.

(3) 지료 체납의 효과

지상권자가 2년 이상의 지료를 지급하지 않은 경우는 지상권설정자는 지상권의 소멸을 청구할 수 있다(제287조).

(4) 강행규정

지료증감청구권에 관한 제286조와 지료 체납에 관한 제287조는 편면적 강행규정이며, 이에 위반하여 지상권자에게 불리한 약정을 하더라도 그 약정은 무효이다(제289조).

5. 소멸

1) 소멸사유

 지상권의 소멸 원인 중에는 물권(또는 용익물권) 일반에 걸쳐 공통되는 사유와 지상권에만 특유한 사유가 있다. 즉 토지의 멸실·존속기간의 만료·소멸시효(제162조 2항)·혼동(제191조)·토지의 수용(토지수용법 제67조 1항)·지상권에 우선하는 저당권의 실행으로 인한 경매 등은 전자에 속하고, 지상권설정자의 소멸청구(제287조)·지상권의 포기(제153조 2항 단서. 제371조 2항). 지상권 소멸에 대한 약정 사유의 발생 등은 후자에 속한다.

2) 지상권설정자의 소멸청구

(1) 정기의 지료를 지급하여야 할 지상권자가 2년 이상의 지료를 지급하지 않으면 지상권설정자는 지상권의 소멸을 청구할 수 있다(제287조).

(2) 지상권이 저당권의 목적으로 되어 있는 경우(제356조 이하) 또는 그 토지 위에 있는 건물이나 수목이 저당권의 목적으로 되어 있는 경우에는 지상권설정자의 소멸청구는 저당권자에게 그것을 통지한 후 상당한 기간이 경과함으로써 비로소 그 효력이 생긴다(제288조).

6. 관습법상의 지상권

1) 관습법상 법정지상권

(1) 의의

관습법상의 법정지상권은 동일인의 소유에 속한 토지와 건물이 각각 그 소유자를 달리하게 된 경우에 민법 기타 특별법이 정한 법정지상권의 요건을 구비 하지 아니한 때에도 그 건물을 철거한다는 특약이 없는 한 건물소유자에게 그 건물 소유를 위하여 법률상 당연히 인정되는 지상권을 의미한다.

(2) 성립요건

가) 토지와 건물이 동일한 소유자에게 속하고 있어야 한다.

그러므로 타인의 토지 위에 그 토지소유자의 승낙을 얻어 지은 건물을 매수·취득한 자는 법정지상권을 취득할 수 없다. 토지소유자의 명의수탁자가 그 토지상에 신축한 건물은 명의신탁 시에 관습법상의 법정지상권이 성립되지 아니한다.

[판례 정리]

1. 토지공유자의 1인이 다른 공유자의 지분 과반수의 동의를 얻어 건물을 건축한 후 토지와 건물의 소유자가 달라진 경우는 법정지상권이 성립하지 않는다. 또한 채권담보를 위하여 나대지상에 가등기가 경료 되고, 그 뒤 대지 소유자가 그 지상에 건물을 신축한 후 그 가등기에 기한 본등기가 경료되어 대지와 건물의 소유자가 달라진 경우에도 관습상 법정지상권을 인정하면 애초에 대지에 채권
담보를 위하여 가등기를 경료한 사람의 이익을 크게 해하게 되어 특별한 사정이 없는한 건물을 위한 관습상 법정지상권이 성립할 수 없다.

2. 토지 소유자가 아닌 타인이 건물을 신축한 경우는, 그 타인의 신축건물을 위해서 관습법상의 법정지상권은 인정되지 않는다. 또한, 토지소유자가 건축한 건물이라고 하더라도 그 건물이 미등기 무허가 건물인 경우는 그 미등기건물을 매수하였다고 하더라도 매수인은 그 건물의 소유권을 취득할 수 없으므로 관습법상의 법정지상권은 인정되지 않는다.

3. 건물 부지의 공유자들이 그 대지를 분할하여 그 건물 부지를 공유자 중의 한 사람의 단독소유로 귀속된 경우에는 그 건물소유자는 그 건물을 위하여 관습법상의 법정지상권을 취득한다.

나) 토지와 건물 중의 어느 한쪽이 매매·증여·국세징수법에 의한 공매 등으로 처분된 결과로서 그 소유자가 각각 다르게 된 경우이어야 한다.

[판례 정리]

1. 토지와 건물의 소유자가 각각 다르게 된 원인으로서는 매매, 증여, 공유물 분할, 강제경매, 국세체납처분에 의한 공매 등이다. 등기부상 소유자가 동일 한지는 경매개시결정기입등기 당시를 기준으로 하는 것이 아니라 매각 당시를 기준으로 한다.

2. 관습법상의 법정지상권인정의 예외적인 사례로서 토지와 건물이 동일 소유자의 소유였는데 환지처분 등으로 인하여 토지만이 건물소유자를 포함한 3인의 공동소유로 된 경우 건물소유자 이외의 다른 두 사람의 토지 공유자의 공유지분에 있어서는 법정지상권이 인정되지 않는다고 하고 있다(대판 2001.5.8, 2001다 4101 참조). 그런데 이러한 매매 등 관습법상의 법정지상권 취득의 원인행위가 있었다고 해서 곧 관습법상의 법정지상권이 성립하는 것은 아니며 그것을 원인으로 해서 소유권을 취득한 때 즉 소유권이전등기를 하였을 때 비로소 관습법상의 법정지상권을 취득하게 된다.

3. 토지의 소유자가 건물을 건축할 당시 이미 토지를 타인에 매도하여 소유권을 이전하여 의무를 부담하고 있다면 토지의 매수인이 그 건축행위를 승낙하지 않는 이상 그 건물은 장차 철거되어야 하는 운명에 처하게 되고 토지의 소유자가 철거를 예상하면서도 건물을 건축 한 경우에는 그 건물을 위한 관습상의 법정지상권은 생기지 않는다.

4. 구조물이 비닐하우스인 경우는 비닐하우스 내에서 농작물이나 특용작물을 재배 중이면 법정지상권이 성립한다. 다만 수확을 마치면 법정지상권은 당연히 소멸한다. 또한, 컨테이너인 경우에는 토지상용승낙서를 제출하여 정식 허가를 관할관청으로부터의 취득 여부 및 용도(주거용, 공사용, 관리 사용인지 여부), 사용기간 등에 따라 달라진다.

다) 당사자 사이에 건물을 철거한다는 특약이 없어야 한다.

[판례 정리]

동일인에게 속하였던 대지와 지상 건물 중 건물만을 양도하면서, 따로 건물을 위해 대지에 대한 임대차계약을 체결한 경우는 그 대지에는 관습법상의 법정지상권을 포기한 것으로 보고 있다. 건물을 철거하기로 하는 합의가 있다고 하는 특별한 사정의 존재에 관한 주장·입증책임은 그 사정의 존재를 주장하는 쪽에 있다. 매수인의 의사에 따라서 건물만이 매도된 경우에도 건물을 위한 관습상의 법정지상권이 인정된다.

라) 민법 제187조에 의하여 등기를 필요로 하지 아니한다.

그러나 그것을 제3자에게 처분하고자 하는 경우는 제187조 단서에 의하여 등기를 하여야 할 것은 물론이다.

(3) 내용

가) 관습법상의 법정지상권에 대하여는 다른 특별한 사정이 없는 한 민법의 지상권에 관한 규정(제279조~제290조)을 준용하여야 한다.

(가) 관습법상의 법정지상권은 존속기간을 약정하지 않은 지상권으로 보며, 민법 제 280조, 제281조에 의하여 그 존속기간이 결정된다.

(나) 법정지상권자가 2년분 이상의 지료를 지급하지 아니하면 관습법상의 법정지상권 도 민법 제287조에 따른 지상권 소멸청구의 의사표시에 의하여 소멸한다.

나) 법정지상권에 의한 토지사용권의 범위는 객관적인 여러 가지 사정을 종합하여 그 건물 의 유지 및 사용에 일반적으로 필요한 범위에 미친다.

[판례 정리]

1. 지상 건물이 창고인 경우는 그 본래의 용도인 창고로 사용하는 데 일반적으로 필요한 그 둘레의 기지에까지 관습법상의 법정지상권이 미친다. 또한, 지상 건물이 법정지상권이 성립한 이후에 증축되더라도 그 건물이 관 습법상의 법정지상권이 성립하여 법정지상권자에게 점유·사용할 권한이 있는 토지 위에 있는 이상 이를 철 거할 의무는 없다.

2. 관습법상의 법정지상권이 성립된 건물이 지상권 등기가 경료되기 전에 양도된 경우에 건물양수인과 대지소 유자간의 법률관계는 어떻게 처리해야 하는지 문제이다. 예컨대 특별한 사정이 없는 한 건물과 함께 장차 취 득하게 될 법정지상권도 함께 양도하기로 한 경우라고 볼 수 있는 결과, 건물양수인은 채권자대위의 법리에 따라서 양도인 및 그로부터 그 토지를 매수한 대지소유자에 대하여 차례로 지상권 설정등기 및 그 이전등기절 차의 이행을 구할 수 있고, 법정지상권을 취득할 지위에 있는 건물양수인에 대하여 대지소유자가 건물의 철거 를 구함은 지상권의 부담을 용인하고 지상권설정 등기절차를 이행할 의무가 있는 자가 그 권리자를 상대로 한 것이어서 신의성실의 원칙상 허용될 수 없다.

3. 법정지상권자가 토지소유자에게 지급할 지료는 당사자 간의 협의로 결정하고, 협의가 안 되면 법원에 청구하 여 법원이 결정하도록 하여야 할 것이다. 그리고 지료액의 정도는, 아무런 제한 없이, 다른 사람의 토지를 사 용함으로써 얻는 이익에 상당하는 대가이어야 할 것이다. 그리고 토지소유자는 법원이 상당한 지료를 결정할 것을 전제로 하여, 바로 급부를 구하는 청구를 할 수 있다.

🔍 참고: 공유지분경매와 법정지상권의 문제

1. 원칙

공유지분경매는 어떤 부동산이 2인 이상의 공유물일 경우 그 공유자의 지분이 경매로 나온 경우를 말한다. 예컨 대 어느 토지가 갑, 을, 병, 정 각 4인의 공유물이고 그 지분이 동일하게 각각 4분의 1씩이라고 가정하였을 경우, 갑이 을, 병, 정의 동의하에 그 지상에 건물을 신축하였다면 그 건물은 갑의 소유가 된다. 이 경우 갑의 토지지분 (4분의1) 근저당권자의 경매신청으로 갑의 토지 지분 4분의 1이 경매 나온다면 갑의 건물을 위한 법정지상권이 성립하는지 문제 된다. 판례는 다른 공유자의 이익을 침해한다는 이유로 법정지상권의 성립을 부정하고 있다.

2. 예외

(1) 토지가 공유물이 아니라 '건물이 공유물'인 경우는 역시 해석상의 문제가 있다. 즉 갑의 단독소유 토지에 갑, 을, 병, 정의 공유건물이 있고, 갑의 토지에 설정된 저당권이 실행된 경우 또는 갑의 건물 지분에 설정된 저당권이 실행된 경우에는 법정지상권이 성립할 수 있다. 이 경우에는 이익을 해 할 다른 토지 공유자가 없기 때문이다.

(2) 갑과 을이 각 1/2씩의 지분을 가진 대지와 단독주택을 갑 또는 을 1인을 주채무자로 하여 병인 채권자에게 토지와 건물에 공동담보를 설정하여 주었고, 그 후 단독주택의 건물을 용도 변경하여 단독주택을 철거하고 그 자리에 10세대의 다세대주택을 신축하였으며, 나아가 채무불이행으로 채권자 병이 임의경매를 신청하였으며, 매수인인 정이 그중의 한 호실(105호)의 대지 지분 전부와 전유부분 중 주채무자인 갑 또는 을의 1/2 지분만을 취득하였다면, 주채무자 이외의 자인 갑 또는 을의 건물에 대한 지분은 법정지상권이 성립하지 않는다. 따라서 매수인 정은 주채무자 이외의 1인인 을 또는 갑의 대지지분에 대하여 구분소유권에 대한 매도청구권을 행사하여 공동소유가 아닌 온전한 집합건물을 취득할 수 있다(대판(전원) 2003.12.18,98다43601참조).

🔍 참고: 공유지분 경매에서의 법정지상권 대처방안

1. 원칙

어떤 토지가 수인의 공유물일 경우 그 공유자의 지분이 매각으로 나오는 것이 공유지분경매이다. 예컨대 어느 토지가 갑·을·병·정 각 4인의 공유물이고 그 지분이 동일하게 1/4씩 일 경우, 갑이 을·병·정의 동의하에 그 지상에 건물을 건축했다면 그 건물은 '갑'의 소유가 된다. 이때 '갑'의 토지 지분 1/4이 경매로 나오게 되면 '갑'의 건물을 위한 법정지상권이 성립하는지 문제가 발생한다. 판례는 타 공유자의 이익을 침해하므로 법정지상권의 성립을 부정한다.

2. 예외

1) 공유물이 건물인 경우의 법정지상권

　　예컨대 '갑'의 단독소유 토지에 '갑·을'의 공유건물이 있고, '갑'의 토지에 설정된 저당권이 실행된 경우 '갑'의 건물 지분에 설정된 저당권이 실행된 경우는 법정지상권이 성립한다.

2) 상호명의신탁에서의 법정지상권

　　예컨대 토지를 갑·을·병·정 4인 간에 지역을 특정하여 매입하고 다만 등기만을 4인 공유로 등기한 경우이다. 이런 경우에는 그 특정부분은 각인의 단독 소유나 마찬가지이므로 위의 예에서 '갑'의 특정 소유부분 위에 '갑'이 건물을 건축한 경우라면 법정지상권이 성립한다.

3. 대처방안

법정지상권의 성립 여부가 명백하지 않다면 입찰을 포기하는 것이 바람직하다. 다만 어떤 토지의 최저매각가격이 시가에 비해 충분히 떨어진 경우라면 입찰에 참여해도 될 것이다. 즉 법정지상권이 성립되는 물건의 경우에는 일반인들이 입찰을 꺼리므로 가격이 지나치게 떨어져 낙찰을 받으면 설령 소유권 행사에 제한은 있더라도 지상 건물의 소유자로부터 토지사용료인 지료를 청구할 수도 있고, 그런 물건만을 낙찰 받아 수익을 올리는 것도 좋은 방법이다.

[경매물건]북부2계 2021-102829[4] 대지

물건소재지	서울 노원구 상계동 74-157				
경매구분	임의경매	채권자	김종철		
용 도	대지	채무/소유자	이명래/김순옥외 1	매각기일	25.03.18(화) 10:00
감 정 가	179,180,000 (21.04.14)	청구액	511,254,794	다음예정	25.04.22 (91,740,000)
최 저 가	114,675,000(64%)	토지면적	전체183㎡ 중 지분31㎡(9.4평)	경매개시일	21.04.09
입찰보증금	11,467,500(10%)	건물면적	0㎡(0.0.평)	배당종기일	21.06.21
주의사항	· 지분매각 · 법정지상권 · 토지만입찰				

소재지/감정요약	물건번호/면적(㎡)	감정가/최저가/과정	임차조사	등기권리
서울 노원구 상계동 71-157 감정평가서 요약 - 병합 2021-102843 감정평가서(삼우감 정 2021.4.14.) 을추진중에 있음 - 차량접근불가 - 1~1.5m 세로 접함 - 토지이용 계획 확인 서 발급 불가 지역임 2021.04.14. L.H감정 감정지가: 5,780,000	물건번호: 4번 (총 물건수 6건) 대지31,0/183 (9.38평) 179,180,000 현: 주택건부지 (토지31/183 상계3 주역지역 주택조합 추진 위원회 지분)	감정가 179,180,000 · 토지 179,180,000(100%) (평당 19,102,345) 최저가 114,675,000(64%) 경매진행과정 ① 179,180,000 2025-01-07 유찰 ② 143,344,000 2025-03-18 진행 ③ 114,675,000 2025-03-18 진행 ④ 91,740,000 2025-04-22 예정	법원임차조사 김영진 전입2016.05.19. 배당2016.05.11. (보)3,000,000 점유기간 2016.5.19.- 2021.5.11.	근저당 엔알자산대부 2019.09.17. 200,000,000 임의 엔알자산대부 2021.04.08. 2021타경102843 압류 국민건강보험 공단 노원지사 2021.04.27. 강제 김종철 2022.05.02. 2022타경1565 채권총액 200,000,000원 열람일자: 2024.12.18

참고

1. 소유자 미상의 건물이 소재함, 매각에서 제외, 지분매각임, 공유자우선 매수신고 제한 있음

2. 지상건물로인한 법정지상권 등 저해요인 감안한 감정가액은 125,426,000원임, 법정지상권성립 불분명

1. 건물만의 경매
1) 입찰 참여 여부의 기준

무엇보다도 지상 건물에 대해 법정지상권이 성립하는 경우에만 입찰에 참여해야 한다. 즉 건물이 철거의 대상이 되어 토지 소유자가 건물의 철거를 요구하면 자기 비용으로 철거해야 하기 때문에 큰 손실을 볼 수 있기 때문이다. 특히 토지를 임차해 건물을 신축한 경우 건물주가 지료를 2기 이상 연체한 경우는 철거 대상이 된다는 점에 유의해야 한다. 따라서 입찰 전 철저한 탐문조사를 통해 건물주가 지료를 연체한 사실여부를 확인해야 한다. 또한 토지소유자가 건물주를 상대로 '건물철거 및 토지인도 청구권'이라는 가처분을 신청한 경우는 건물이 철거의 대상이 될 수 있음을 특히 유념해야 한다.

2) 임차인의 대항력 여부

이때 임차인의 전입일자가 말소기준등기일보다 빠른 경우 대항력이 있어 배당과정에서의 부족한 금액은 매수인이 인수해야 한다.

2. 토지만의 경매
1) 개발 목적인 경우

법정지상권이 성립하지 않는 경우에만 참여해야 한다. 이용·개발 목적으로 토지를 낙찰했는데 그 지상 건물에 대해 법정지상권이 성립된다면 토지 낙찰자는 석회조, 연와조 등 기타 견고한 건물의 경우에는 최소한 30년이라는 장기간 동안 건물철거를 요구할 수 없게 된다. 기간이 만료되어도 법정지상권자는 다시 지상권설정 계약을 요구할 수도 있으며, 만일 이를 토지 소유자가 받아들이지 않으면 토지 소유자는 그 지상건물을 매수해야 한다(지상물매수청구권).

그러나 개발 목적이 아니라면 법정지상권이 성립하는 토지를 낙찰했을 경우 꼭 실패한 경매투자라고 할 수는 없다. 즉 일반적으로 법정지상권이 성립하는 물건은 여타 물건에 비해 유찰 횟수가 잦아 저가에 매입할 수 있기 때문이다. 만약 시세의 반값에 낙찰 받아 건물소유자한테 지료를 받는다면 지상권 존속기간 동안 고정수입을 올릴 수도 있다. 지료는 시가의 약 7% 정도를 생각하면 된다. 이때 지상권자가 지료를 2기 동안 연체하면 건물에 대해 경매를 신청할 수 있으므로 후에 건물도 낙찰받아 완전한 재산권 행사도 가능하다.

2) 임차인의 대항력

법정지상권이 성립하는 경우 토지의 낙찰자는 건물을 철거할 권리가 없다. 즉 임차인은 대항력이 있다. 토지와 건물의 소유자가 동일한 경우 대항력요건과 확정일자를 갖춘 임차인은 그 대지에 관한 낙찰대금 중에서 후순위 권리자보다 우선변제를 받을 수 있고, 소액임차인은 그 대지에 관한 낙찰대금 중에서 소액보증금을 담보물권자보다 우선하여 변제 받을 수 있다.

(해설)

동소 지상에 입찰 외 건물이 소재하고 있어서 법정지상권 성립 여부가 문제 될 수 있다. 예컨대 법정지상권이 성립하기는 쉽지 않은 것으로 판단된다. 즉 판례에 의하면 공유지분 상에 소재하는 건물소유자에게 법정지상권을 인정할 경우에 다른 공유자의 권리행사를 제한할 수 있다.

(1) 법정지상권 성립 부정

사안	쟁점	요지	근거
저당권설정 당시에 토지와 건물의 소유자가 다른 경우	저당권설정 당시에 토지와 건물이 각각 다른 자의 소유에 속하는 경우에도, 법정지상권 성립 여부	소유자의 동일성은 법정지상권의 성립요건이므로, 법정지상권이 생기지 않는다. 이 경우는 이미 용익권이 설정되어 있다.	대판1995.5.23, 93다47318
저당권설정 후의 건물을 신축한 경우	지상건물이 없는 토지에 근저당권설정 당시 근저당권자가 건물의 건축에 동의한 경우 법정지상권성립 여부	건물이 없는 토지에 저당권이 설정될 당시 근저당권자가 토지소유자에 의한 건물의 건축에 동의하였다고 하더라도 그러한 사정은 주관적이고 공시할 수도 없어 토지 매수인(낙찰자)이 알 수 없기 때문에 법정지상권이 성립하지 않는다.	대판 2003.9.5, 2003다26051
토지매도 후 철거를 예상하면서 건물을 신축한 경우	토지의 소유자가 건물을 건축할 당시 이미 토지를 타에 매도하여 소유권을 이전하여 줄 의무를 부담하고 있는 경우에, 그 건물을 위한 관습상의 법정지상권이 성립 여부	토지의 매수인이 그 건축행위를 승낙하지 않은 이상 건물이 장차 철거될 것임을 예상하면서 건축한 것이므로, 그 건물을 위한 관습상의 법정지상권은 생기지 않는다.	대판 1994.12.22, 94다41072, 41089
토지의 사용 승낙을 받고 건물을 신축한 경우	토지의 소유자로부터 토지사용승낙을 받아 건물을 신축하고 그에 대한 경작료를 납부한 경우에, 건물의 소유자는 관습상의 법정지상권 취득 여부	관습상의 법정지상권은 토지와 건물이 같은 소유자에 속하였다가 매매 기타 원인으로 그 소유자가 다르게 된 때에 성립하는 것이므로, 이 경우에는 관습상의 법정지상권이 성립할 여지가 없고, 따라서 그에 기한 건물의 매수청구권도 발생하지 아니 힌디.	대판 1990.10.30, 90다카26003
건물의 양도와 법정지상권의 소멸 여부	법정지상권자가 지상권설정 등기 없이 건물을 양도하면 법정지상권 소멸여부	법정지상권을 취득한 건물소유자가 건물을 양도한 경우, 그 건물을 철거하기로 하는 합의가 있었다는 등 특별한 사정이 없는 한 건물과 함께 지상권도 양도하기로 하는 채권계약이 있는 것으로 보아 지상권자는 건물의 양수인에 대하여 지상권설정등기를 한 후 이의 양도등기절차를 이행하여 줄 의무를 부담하므로 지상권설정등기 없이 전전양도 되었다면 법정지상권이 소멸한다고 볼 수 있다.	대판 1981.9.8 80다2873

항목	주요 내용	판결요지	판례
동일인의 소유에 속하는 토지 및 지상건물에 공동저당권 설정 후 구건물이 철거되고 신축건물이 완공된 경우	토지와 함께 공동저당된 구건물철거와 신축건물의 완공시 법정지상권 성립 여부	동일인의 소유에 속하는 토지와 그 지상건물에 공동저당권이 설정된 후, 구건물이 철거되고 신축건물이 완공된 경우 신축건물의 소유자와 토지의 소유자가 동일하고 토지의 저당권과 동일한 순위의 공동저당권을 설정해 주는 등 특별한 사정이 없는 한 저당물의 경매로 토지와 신축건물의 소유자가 달라졌다 할지라도 그 신축건물을 위한 법정지상권은 성립하지 않는다.	대판(전원) 2003.12.18, 98다43601
미등기건물의 법정지상권 성립 여부	토지.건물을 매매로 취득한 후미등기인 건물의 소유권을 이전받기 전 토지에 저당권이 설정된 경우 법정지상권 성립 여부	미등기 건물을 그 대지와 함께 매수한 사람이 그 대지에 관하여만 소유권이전등기를 넘겨받은 상태에서, 대지에 저당권을 설정한 후 그 저당권의 실행으로 대지가 경매되어 타인의 소유로 된 경우 그 저당권설정당시에 이미 대지와 건물의 소유자를 달리하고 있었으므로 법정지상권이 성립되지 않는다.	대판(전원) 2002.6.20, 2002다9660
법정지상권을 취득한자가 임대차계약을 체결한 경우	대지에 대한 관습상의 법정지상권을 취득한 자가, 대지소유자와 동대지에 대하여 임대차계약을 체결한 경우에, 관습상의 법정지상권의 포기 여부	관습상의 법정지상권자와 대지소유자가 임대차계약을 체결하였다면 특별한 사정이 없는 한 관습상의 법정지상권은 포기하였다고 볼 것이다.	대판 1992.10.27, 92다3984

(2) 법정지상권 성립 긍정

항목	주요 내용	판결요지	판례
건물철거의 특약이 없는 경우	토지와 건물이 동일한 소유자에 속하였다가 토지 또는 건물이 매매 기타의 원인으로 인하여 양자의 소유자가 다르게 된 때에, 토지의 소유자는 그 건물의 철거 여부	당사자 간에 그 건물을 철거한다는 조건이 없는 이상 건물소유자는 토지소유자에 대하여 그 건물을 위한 관습상의 법정지상권을 취득하므로, 토지소유자는 건물의 철거를 청구할 수 없다.	대판1984.9.11, 83다카
낙찰 전에 건물이 제3자에게 양도된 경우	저당설정 당시에 같은 소유자의 건물이 존재하였으나, 토지가 낙찰되기 전에 건물이 제3자에게 양도된 경우에, 건물을 양수한 제3자가 법정지상권을 취득하는지 여부	법정지상권은 건물이 철거되는 것 같은 사회경제적 손실을 방지하려는 '공익상 이유'에 근거하고, 또 저당권자 또는 저당 설정자에게 '불측의 손해'가 생기지 않으므로 법정지상권의 취득을 인정 한다	대판 1999.11.23.99다2245

법정지상권 성립 후에 토지가 양도된 경우	법정지상권이 있는 토지의 소유권이 이전된 경우에, 법정지상권을 취득한 자는 토지의 전득자에게 법정지상권 성립 여부	건물의 매수인(경락인)은 법률규정에 의하여 지상권설정 등기 없이 법정지상권을 취득하기 때문에 토지의 전득자에게 법정지상권을 주장할 수 있다. 법정지상권자는 토지소유자에 대한 지상권등기를 청구할 수 있다.	대판 1989.5.9 88,15338
저당설정 없는 토지와 건물이 매각으로 소유자가 다르게 된 경우	토지나 건물이 어느 쪽에도 저당권이 설정되지 않은 경우에, 강제경매로 토지·건물의 소유자가 다르게 되면 법정지상권 성립 여부	민법 제366조의 법정지상권은 성립하지 않으나, 토지와 건물이 동일인의 소유에 속하고 있다가 건물을 철거한다는 특약이 없는 매매 기타 원인(경락의 경우포함)으로 소유자가 다르게 된 때에는 관습상의 법정지상권이 성립한다.	대판1997.1. 21,96다 40080
법정지상권 있는 건물이 매각된 경우	법정지상권을 취득한 자로부터 경매에 의하여 건물의 소유권을 이전 받은 경락인이 그 법정지상권 취득 여부	건물소유를 위하여 관습법상 법정지상권을 취득한 자로부터 경매에 의하여 그 건물의 소유권을 이전받은 경락인은, 경락 후 건물을 철거한다는 등의 매각조건하에서 경매되는 경우 등 특별한 사정이 없는 한 건물의 경락취득과 함께 위 지상권도 당연히 취득한다.	대판1996.4. 26,95다 52864
지료의 결정 없이 지료를 연체한 경우	법정지상권자에 대한 지료가 결정된 바 없어도 지료지급을 2년 이상 연체하면, 토지소유자는 지상권소멸청구권 여부	법정지상권에 관한 지료가 결정된 바 없다면, 지상권자가 지료를 지급하지 아니하였다고 하더라도 지료지급을 지체한 것으로는 볼 수 없으므로, 2년 이상 지료를 지급하지 아니하였음을 이유로 하는 토지소유자의 지상권소멸청구는 그 이유가 없다.	대판2001.3. 13,99다 17142

2) 분묘기지권

(1) 의의

분묘기지권은 관습에 의하여 인정된 물권으로서 판례에 의하면 그것은 「지상권에 유사한 일종의 물권」이라고 한다.

(2) 성립요건

가. 판례가 인정하는 분묘기지권 성립 유형

(가) 소유자의 승낙을 얻어 그 소유지 내에 분묘를 설치한 경우

(나) 타인 소유의 토지에 승낙 없이 분묘를 설치하고 20년간 평온·공연하게 그 분묘의 기
지를 점유함으로써 분묘기지권을 시효로 취득한 경우

(다) 자기 소유의 토지에 분묘를 설치한 자가 그 분묘기지에 대한 소유권을 유보하거나 또
는 분묘도 함께 이전한다는 특약을 함이 없이 토지를 매매 등으로 처분한 경우

나. 등기 여부

분묘기지권은 관습법으로 당연히 발생하고 부동산물권변동의 일반원칙(제186조)에 따르
는 등기를 요하지 않는다. 판례는 분묘가 평장으로서 외부에 인식할 수 없는 경우에는 분
묘기지권의 취득을 부인하고 있다.

(3) 내용

(가) 분묘기지권은 「지상권에 유사한 물권」이다.

따라서 그것은 일종의 제한물권으로서 분묘를 소유하기 위해서 타인의 토지를 제한된
범위 내에서 사용할 수 있는 권리이다. 그러나 민법이 규정하는 지상권과는 다르다.

(나) 토지소유자로서도 분묘기지권이 미치는 범위에서는 어떤 공작물도 설치할 수 없을
것은 물론이다. 분묘기지권이 미치는 범위는 분묘를 수호하고 봉사하는데 필요한 범
위 내이다.

(다) 판례는 지상권에서 지료의 지급은 그 요소가 아니어서 지료에 관한 약정이 없는 이상
지료의 지급을 구할 수 없는 점에 비추어 보면 분묘기지권을 시효 취득하는 경우도
지료를 지급할 필요가 없다고 본다.

(라) 분묘가 멸실 된 경우라 하더라도 유골이 존재하여 분묘의 원상회복이 가능하면 일시
적인 멸실에 해당하여 분묘기지권은 소멸하지 않고 여전히 존속한다고 할 것이다(대
판 2007. 6. 28. 2005다44114 참조). 예컨대 토지소유자가 임의로 분묘를 개장
하여 유골을 꺼낸 후 이를 화장하여 납골당에 안치한 경우를 예로 들 수 있다.

(4) 효과

(가) 분묘기지권이 성립하면 그 범위는 분묘의 설치 목적을 달성하기 위해서 필요한 범위
에 미친다. 또한, 과거의 판례와는 달리 현행 "장사 등에 관한 법률" 제19조에 의하

면 최장 60년을 넘을 수 없게 되었다.

(나) 지료는 무상이다(판례). 분묘기지권이 불성립하는 경우에는 토지소유자는 일정 기간 공고 후 매장자 기타 연고자에게 이장을 명할 수 있는데, 연고자가 나타나지 않으면 시·도지사의 허가를 받아 일정 기간 공고 후 개장할 수 있다.

🔍 참고: 무연고분묘에 대한 처리방법

1. 실정법의 개관

1) 일반

(1) 분묘기지권의 의의 및 범위

가) 의의

분묘기지권이란 분묘를 수호·봉제사하는 목적달성에 필요한 범위 내에서 타인의 토지를 사용할 수 있는 권리를 말한다. 분묘기지권이 성립하게 되는 경우 분묘의 수호 봉제사에 필요한 범위 내에서 분묘기지 주위의 공지를 포함한 지역까지 미치게 되고, 그 존속기간은 당사자 사이에 약정이 있을 경우에는 그에 따르나 그렇지 않을 경우 권리자가 그 분묘의 수호와 봉사를 계속하는 동안 존속하게 된다.

나) 범위

(가) 분묘기지권은 분묘가 직접 설치된 기지에 한하는 것이 아니고 분묘의 수호와 제사를 지내기 위해 필요한 주위의 빈 땅까지도 일정부분 그 효력이 미치며 그 확실한 범위는 각각의 구체적인 경우에 따라 개별적으로 정해야 한다는 점을 주의해야 한다. 그러나 "사성이 조성되어 있다하여 반드시 그 사성 부분까지 분묘기지권의 효력이 미치는 것은 아니다."(대판2001.8.21. 2001다28367)

(나) 공설묘지, 가족묘지, 종중·문종묘지 또는 법인묘지 안의 분묘 1기 및 당해 분묘의 상석, 비석 등 시설물의 설치구역 면적은 10㎡(합장은 15㎡)를 초과하여서는 아니 되고, 개인 묘지는 30㎡를 초과하여서는 아니 된다(장사등에관한법률 제16조). 분묘기지권의 효력이 미치는 범위 내 일지라도 기존의 분묘 외에 새로운 분묘를 신설한 권능은 포함되지 않는다. 예컨대 "부부 중 일방이 먼저 사망하여 이미 그 분묘가 설치되고 그 분묘기지권이 미치는 범위 내에서 그 후에 사망한 다른 일방의 합장을 위하여 쌍분 형태의 분묘를 설치하는 것은 허용되지 않는다"(대판1997.5.23, 95다29086).

(2) 매장 및 묘지 등에 관한 법률의 개정(장사 등에 관한 법률, 2001.1.12)의 주요골자

가) 종전에는 개인묘지, 사설 화장장 또는 사설 납골시설을 설치하는 경우 허가를 받도록 하였으나 앞으로는 신고하도록 함(제13조 제2항, 제14조).

나) 공설묘지, 법인묘지, 종중·문중, 가족묘지 등 집단화된 묘지에 분묘를 설치하는 경우에는 분묘 1기당 점유면적이 10제곱미터(약 3평)를 초과할 수 없도록 하고, 개인묘지를 설치하는 경우에는 당해 묘지면적이 30제곱미터(약 9평)를 초과할 수 없도록 함(제16조제1항 및 제2항).

다) 토지소유자 또는 묘지 연고자의 승낙 없이 타인의 토지 또는 묘지에 설치된 분묘의 연고자는 그 분묘의 보존을 위한 권리를 주장할 수 없도록 함(제23조 제3항).

라) 공설묘지, 법인묘지, 종중·문중묘지, 가족묘지, 개인묘지에 설치된 분묘의 경우에는 그 설치기간을 최대 15년으로 제한하되, 최대 15년씩 3회까지 설치기간을 연장할 수 있도록 하고, 그 기간이 종료된 분묘는 의무적으로 이를 화장 또는 납골하도록 함(제17조 및 제18조).

마) 보건복지가족부 장관 또는 시·도지사는 역사적·문화적으로 보존가치가 있거나 국민의 애국정신 함양에 이바지하는 분묘 및 묘지에 대한 특례를 인정할 수 있도록 함 (제29조).

바) 가정의례에 관한 법률이 폐지됨에 따라 동법에서 규정하고 있던 장례식장 영업에 관한 사항을 이 법에서 정함(제25조).

(3) 엄격한 법적규제

본 법에 의해 묘지 면적이 법의 규제를 받고 있는 점, 타인의 토지에 동의 없이 매장한 연고권이 법의 보호를 받을 수 없다는 점, 매장 허용 기간이 최장 60년을 초과할 수 없는 점, 또한 과거에 불법으로 조성한 각종 묘지가 시정 조치를 받게 된 점 등이 그 제한의 골자라 하겠다. 즉 남의 땅에 묘지를 조성한 경우 토지주가 개장 절차를 밟은 후 약 3개월의 법정 기간이 지나면, 지주가 임의로 처리할 수가 있다. 한편 보건복지여성가족부와 시민 단체 등이 새로 제정된 '건전가정의례의 정착 및 지원에 관한 법률'을 근간으로 가정의례의 간소화 및 장례문화 개선을 지속적으로 추진하고 있다.

가) 상, 장례 절차의 대폭 간소화

가정에서의 과소비와 복잡한 절차의 개선, 영안실의 독점적 횡포 근절.

나) 수의 등 장례용품 가격의 폭리와 부조리 근절

고가 수의의 사용 자제, 용품업자의 가격 폭리 방지, 저렴하고 실용적인 상, 장례용품의 개발 보급 장려

다) 국토의 효율적 운용을 위한 화장 장려운동

화장 시설의 대폭 증설, 화장 서약 운동 참여 권유 등

2) 민법제214조에 의한 경우

민법 제214조에서 규정한 소유물방해제거청구권을 행사하여 분묘를 이장 및 토지인도청구소송을 통하여 해결하는 방법이 있다. 그러나 위의 소송을 제기하기 위해서는 상대방 당사자가 특정되어야 하므로 그 대상 분묘를 관리하는 후손을 알 수 없는 경우에는 소송을 유지하는데 상당한 어려움에 봉착하게 된다. 따라서 위 소송은 상대방을 알 수 있는 경우에 적합한 해결방법이다.

3) '장사등에관한법률'에 의한 경우

(1) 동법 제10조, 제11조의 규정

보건복지가족부장관·시도지사 또는 시장·군수·구청장은 묘지의 수급계획의 수립 또는 무연고묘지의 정리 등을 위하여 필요하다고 인정하는 때에는 일정한 기간 및 지역을 정하여 분묘에 대한 일제조사를 할 수 있고, 관할 구역 안에 소재하는 시체로서 연고자가 없거나 연고자를 알 수 없는 시체에 대하여는 일정 기간 이를 매장하거나 화장하여 납골하여야 한다고 규정하고 있다.

(2) 동법 제23조의 규정

토지 소유자의 승낙 없이 토지에 설치한 분묘, 묘지 설치자 또는 연고자의 승낙 없이 당해 묘지에 설치한

분묘에 대하여는 당해 분묘를 관할하는 시장·군수·구청장의 허가를 받아 분묘에 매장된 시체 또는 유골을 개장할 수 있도록 규정하고 있고 토지소유자, 묘지설치자 또는 연고자는 개장을 하고자 할 경우 미리 3개월 이상의 기간을 정하여 그 뜻을 당해 분묘의 설치자 또는 연고자에게 통보하여야 하며, 분묘의 연고자를 알 수 없는 경우에는 중앙일간신문을 포함한 둘 이상의 일간신문에 2회 이상 공고를 하여야 한다.

(3) 개장허가증의 교부신청 요건

토지소유자가 개장을 하고자 하는 경우 기존분묘의 사진, 분묘의 연고자를 알지 못하는 사유, 묘지 또는 토지가 개장허가 신청인의 소유임을 증명하는 서류 및 부동산등기법 등 관계법령에 의하여 해당 토지 등의 사용에 관하여 당해 분묘연고자의 권리가 없음을 증명하는 서류를 첨부하여 시장, 군수, 구청장에게 허가를 신청하여야 하며 개장허가증을 교부받아야 한다.

4) 분묘기지권이 성립하지 않는 경우(장사 등에 관한 법률과 동법 시행령)

(1) 수도법 규정에 의한 상수원보호구역(수도법 제5조 제1항)

(2) 문화재보호법 규정에 의한 문화재보호구역(문화재보호법 제8조 및 제55조)

(3) 국토의계획및이용에관한법률 규정에 의한 주거지역·상업지역 및 공업지역(위 법률 제36조 제1항제1호)

(4) 농지법 규정에 의해 지정된 농업진흥지역(농지법 제30조)

(5) 산림법규정에 의해 지정 고시된 채종림, 보안림, 보존국유림(산림법 제49조)

(6) 군사시설보호법 규정에 의하여 설정된 군사시설보호구역(군사시설보호법 제4조) 등지는 분묘설치 금지구역이므로 분묘기지권이 성립되지 않는다.

보충: 묘지 및 자연장지의 설치

1. 묘지의 종류

1) 공설묘지: 시·도지사 또는 시장·군수·구청장이 운영하는 묘지

2) 사설묘지

① 법인묘지: 법인이 불특정 다수인의 분묘를 동일한 구역 안에 설치하는 묘지

재단법인으로 설립, 면적은 10만 평방미터 이상으로 당해 묘지를 관할하는 시장·군수·구청장의 허가

② 종중 또는 문중묘지 : 종중 또는 문중 구성원의 분묘를 동일한 구역 안에 설치하는 묘지

면적은 1천 평방미터 이하로서, 당해 묘지를 관할하는 시장·군수·구청장의 허가

③ 가족묘지: 민법상 친족관계에 있던 자의 분묘를 동일한 구역 안에 설치하는 묘지

면적은 100평방미터 이하로서, 당해 묘지를 관할하는 시장·군수·구청장의 허가

④ 개인묘지: 1기의 분묘 또는 당해 분묘에 매장된 자와 배우자관계에 있던 자의 분묘를 동일한 구역 안에 설치하는 묘지이며, 면적은 30평방미터 이내(합장포함). 묘지를 설치한 후 30일 이내에 당해 묘지를 관할하는 시장·군수·구청장에게 신고

3) 자연장지

① 법인자연장지: 법인이 불특정 다수인의 유골을 같은 구역 안에 자연장 할 수 있는 구역

재단법인으로 설립, 면적은 10만 평방미터 이상. 당해 자연장지를 관할하는 시장·군수·구청장의 허가

② 종교자연장지: 종교단체가 불특정 다수인의 유골을 같은 구역 안에 자연장 할 수 있는 구역

　　면적은 3만 평방미터 이하. 당해 자연장지를 관할하는 시장·군수·구청장의 허가

③ 종중 또는 문중자연장지: 종중이나 문중 구성원의 유골을 같은 구역 안에 자연장 할 수 있는 구역

　　면적은 2천 평방미터 이하. 당해 자연장지를 관할하는 시장·군수·구청장의 허가

④ 개인·가족 자연장지: 1구의 유골을 자연장 하거나 민법에 따라 친족관계였던 저의 유골을 같은 구역 안에
　자연장 할 수 있는 구역

　　면적은 100평방미터 미만. 설치한 후 30일 이내에 당해 자연장지를 관할하는 시장·군수·구청장에게 신고

2. 분묘 설치 시 주의사항

(1) 분묘 1기당 점유면적: 공설묘지, 가족묘지, 종중·문중묘지 또는 법인묘지안의 분묘 1기 및 당해 분묘의 상석,
　비석 등 시설물의 설치구역 면적은 10평방미터(합장의 경우에는 15평방미터)를 초과하여서는 아니 된다.

(2) 묘지는 도로·철도·하천 또는 그 예정지역으로부터 300미터 이상, 20호 이상의 인가가 밀집한 지역, 학교
　기타 공중이 수시 집합하는 시설 또는 장소로부터 500미터 이상 떨어진 곳에 설치하여야 한다.

3. 묘지의 사전매매 등의 금지

공설묘지, 사설묘지 등을 설치 또는 관리하는 자는 매장할 자가 사망하기 전에 문묘의 매매, 양도, 임대, 사용
계약을 할 수 없다. 다만 다음의 경우에는 예외이다. 위반 시 1년 이하의 징역 또는 500만 원 이하의 벌금

(1) 70세 이상인자

(2) 질병 등으로 6월 이내 사망이 예측되는 자(진단서 첨부)

(3) 합장(매장된 배우자에 한함)

(4) 장기이식을 위한 뇌사자의 묘지로 사용하고자 하는 경우

(5) 각 지방자치단체 조례가 정하는 경우

2. 무연고묘지와 유연고묘지의 분류

1) 유연고 묘지 (주인 있는 산소)

(1) 현지를 답사 하여 묘지의 사진촬영을 한다.

(2) 연고자가 확인 되면 문서로 개장에 관한 사항을 3개월 이상의 기간을 정하여 서면으로 통보한다(동법 제
　23조 제1항, 제2항). 여기서 연 고자라 함은 시체 또는 유골의 배우자, 자녀, 부모, 자녀를 제외한 직계비
　속·부모를 제외한 직계존속·형제자매 등의 관계에 있는 자를 말한다.

(3) 연고자를 만나 분묘기지권 여부 등을 확인하고 이장(개장)비용, 기타 비용 등을 협상한다. 참고로 특히 임야
　(현재 또는 과거)에 승낙 없이 분묘를 쓴 경우에는 연고자는 분묘기지권을 주장할 수 없다(법 제23조 제3항)

(4) 협상결과에 따라 연고자에 의해 적당한 시기에 분묘를 개장하면 된다.

2) 무연고 묘지 (주인 없는 산소)

분묘를 관리하는 자가 있으면 무연고 묘로 볼 수가 없다. 다만 관리인이 묘지만 벌초, 관리할 뿐 후손이나
연고자를 찾을 수가 없다면 무연고로 볼 수 있다. 분묘기지권은 평온. 공연 하게 20년을 점유하게 되면 물
권으로서의 점유권이 생긴다. 무연고 분묘일지라도 연고자가 아닌 이상 함부로 훼손 할 수 없으며 위반 시

형사처벌까지 감수해야 한다. 장사등에관한법률 제16조 및 동법시행규칙 제6조, 제7조에 의거하면 절차는 다음과 같다.

(1) 개장코자하는 분묘 소재지의 분묘 기수 파악하고 현지답사와 사진촬영 후에 묘지의 주인(연고자)을 찾는다.

(2) 묘지와 그 근처, 산 입구 등에 주인을 찾는 게시판을 설치하고 탐문작업등의 연고자 수색 노력을 한다. 상당기간 이러한 노력에도 불구하고 주인이 나타나지 않거나 확인할 수 없다면 개장예정일로부터 3월전에 2 이상의 일간신문(중앙일간신문을 포함)에 2회 이상 게재하되 1개월 이상의 간격을 두어야 한다. 개장신고서에는 기존 분묘의 사진과 신문 공고문을 첨부하여 개장신고를 한다.

　가) 묘지 또는 분묘의 위치 및 장소,

　나) 개장사유, 개장 후 안치장소 및 기간,

　다) 공설묘지 또는 사설묘지 설치자의 성명 주소 및 연락방법

　라) 그 밖의 개장에 필요한 사항의 내용을 2회 이상 공고(공고기간은 2개월 이상)하고,

(3) 관련 증빙서류 등을 구비하여 관할 지자체장(시장, 군구, 구청장)에게 개장허가 신청을 내고 동 개장허가증을 받아 납골당에의 안치 등 개장절차를 밟는다(동법 시행규칙 제14조).

3. 무연고묘지 개장의 절차

1) 순서

(1) 분묘조사→분묘배치도 작성→관계서류 준비

　(분묘배치도는 임야도와 토지실측도 필요로 한다.)

(2) 신청서 및 구비서류의 제출

　가) 신청서 1부

　나) 분묘 위치도(사진 첨부)

　다) 공고(안)

2) 행정처리절차

　신청서작성 (민원인) → 민원접수 (시청민원실) → 검토, 조사, 협의

　(처리담당실과) → 결재 → 민원통제 → 결과통보

제3절 공유(지분경매와 공유자우선매수청구권)

1. 공동소유의 개념

공동소유라함은 하나의 물건을 2인 이상의 다수인이 공동으로 소유하는 것을 말한다. 공동소유는 물건 그 자체를 분할하여 소유하는 것이 아니고, 권리를 분할하여 소유하는 것이다. 이것이 구분소유권과의 차이점이기도 하다.

민법은 다수의 소유자들 사이의 결합 관계에 따라 공유·합유·총유를 규정하고 있다. 법원경매의 대상은 공유이다.

2. 공유의 의의

공유라 함은 물건이 지분에 의하여 수인의 소유로 귀속되고 있는 공동소유의 형태를 말한다(제262조 1항).

3. 공유의 내부관계

(1) 발생 원인

당사자의 의사에 의하여 발생하는 경우는 당사자 간의 계약으로 정해지고 법률의 규정에 의해 발생한 경우는 법률의 규정으로 정하여진다(제254조 단서).

공유자 중의 1인이 그 지분을 포기 또는 상속인 없이 사망한 경우는 그 지분은 다른 공유자에게 각각 그 지분의 비율로 귀속된다(제267조).

(2) 지분의 내용

가) 공유물의 사용과 수익

(가) 공유자는 공유물 전부를 지분의 비율로 사용·수익할 수 있다(제263조). 지분비율에 따르지 않는 사용·수익을 하기 위해서는, 다른 공유자의 동의가 있어야 한다. 만약 동의 없이 지분의 범위를 초과하여 사용·수익하는 경우에는 부당이득 또는 불법행위

의 문제가 발생할 수 있다.

(나) 공유물의 사용·수익 방법에 관하여 구체적으로 협의가 되지 않는 때에는 공유자의 지분의 과반수로서 정하여야 한다(제265조 본문).

공유자 사이의 특별한 약정이 없는 한 공유자는 그 공유의 일부분이라고 하더라도 자의적·배타적으로 사용·수익할 수 없고, 나머지 지분권자는 공유물 보존행위로서 그 배타적 사용의 배제를 구할 수 있다. 공유자의 지분의 과반수로 정한 공유물의 사용·수익방법에 불복하는 공유자는 공유물의 분할 청구를 할 수밖에 없다.

나) 공유물의 처분과 변경

공유자는 다른 공유자의 동의 없이 공유물을 처분하거나 변경하지 못한다(제264조). 변경이란 건물의 건축·토지의 개간·동산의 가공 등과 같이 목적물이 멸실 되지 않는 범위 내에서 목적물의 성질을 바꾸는 것이다.

다) 공유물의 관리와 보존

공유물의 관리에 관한 사항은 공유자의 지분의 과반수로서 결정한다(제265조 본문). 그러나 보존행위만은 각자가 할 수 있다(제265조 단서).

라) 공유물에 대한 부담

공유물의 관리비용 기타의 의무는 공유자 각자가 그 지분의 비용에 따라서 부담하여야 한다(제266조 1항). 이러한 의무의 수행을 공유자가 1년 이상 지체한 때에는 다른 공유자는 상당한 담보를 제공하고 그 자의 지분을 매수할 수 있다(제266조 2항).

(3) 지분의 처분

(가) 공유자는 그의 지분을 처분할 수 있다(제263조). 그러나 구분건물 소유자는 그가 소유하는 전유부분과 분리하여, 공용부분에 대한 지분 및 대지사용권에 대한 지분을 처분할 수 없다(집합건물법 제22조).

(나) 지분이 양도 된 경우에는 종래 다른 공유자와의 사이에 존재한 공유관계는 그대로 양

도인에게 승계되기 때문에 양수인은 양도인이 받고 있었던 것과 같은 제약된 지분을 그대로 취득하게 된다.

(다) 지분양도금지의 특약은 당사자 간에 있어서만 유효하다.

(4) 지분의 대내적 주장

(가) 지분은 대외적으로 뿐만 아니라 대내적으로도 소유권의 일반의 성질과 같다.

(나) 다른 공유자에 대하여 지분의 확인을 구하고자 하는 경우에는, 단독으로 자기의 지분을 부인하거나, 또는 다투는 자만을 상대방으로 하여 소를 제기할 수 있다.

(다) 공유자의 1인이 다른 공유자에 대하여 그의 지분등기를 청구하는 경우에는 지분확인청구와 같이 단독으로 자기의 지분권을 다투는 자만을 상대로 소를 제기할 수 있다.

(라) 다른 공유자가 자기 지분의 비율에 따른 공유물의 사용을 방해하는 경우는, 그 자에 대하여 지분의 비율에 따르는 물권적 청구권을 행사할 수 있다.

4. 공유의 외부관계

(가) 지분은 대내적으로나 대외적으로 보통의 소유권과 동일한 효력이 있다.

(나) 제3자가 공유물에 대하여 침해하는 때에는, 각 공유자는 그 지분에 의거하여 단독으로 그 반환청구 또는 방해제거청구를 할 수 있다(판례).

(다) 공유관계 확인의 소는 공유자 전원이 공동으로 하여야 한다.

5. 공유물의 분할

공유관계는 여러 가지의 원인으로 소멸한다. 중요한 소멸 원인으로서는 공유물의 멸실, 제3자에 대한 양도, 공용 징수, 지분의 집중 및 공유물의 분할 등이 있다.

(1) 공유물 분할의 자유와 금지

(가) 공유에는 분할의 자유가 인정되고 있다.

(나) 5년을 넘지 않는 기간 내에서 불분할계약을 체결할 수 있다(제268조 1항 단서). 불분할기간 중에도 공유자 전원의 동의가 있으면 분할 할 수 있다.

(다) 다만 제3자에게 대항하기 위해서는 등기의 말소가 필요하고 불분할기간 중이라도 공유자 1인이 파산선고를 받은 경우에는 분할이 가능하다.

(2) 공유물 분할의 방법

(가) 각 공유자는 언제든지 공유물의 분할을 청구할 수 있다(제286조 1항 본문). 공유물의 분할은 일부의 공유자만으로는 할 수 없고 언제나 공유자 전원이 분할절차에 참여하여야 한다.

(나) 공유물의 분할은 우선 협의에 의하여 이를 행한다(제268조 1항). 협의에는 공유자 전원이 참여하여야 하고, 협의가 성립되는 경우는 분할 방법에 아무런 제한이 없다.

(다) 분할의 방법에 관하여 협의가 성립되지 않는 경우는 공유자는 법원에 대하여 공유물의 분할을 청구할 수 있다(제269조 1항). 재판상의 분할에도 공유자 전원이 참여하여야 한다.

판례: 법원은 현물분할 방식을 원칙으로 한다. 그러나 현물로 분할할 수 없거나 분할로 인하여 그 가액이 현저히 감소 될 우려가 있는 때에는 공유물을 경매하여 그 대금을 분할 한다(대판 2009.9.10.2009다 40219). 다만, 건축허가나 신고 없이 건축된 미등기 건물에 대하여는 경매에 의한 공유물분할이 허용되지 않는다(대판 2013..9.13.2011다69190).

(3) 공유물분할의 효과

가) 공유자 간의 담보책임

각 공유자는 다른 공유자가 분할로 인하여 취득한 물건에 관하여 지분의 비율로 매도인과 같은 담보책임을 진다(제270조).

나) 효과의 불소급

분할은 지분의 교환 또는 매매의 실질을 가지는 까닭에 분할의 효과는 소급하지 않다. 그러나 공동상속 재산의 공유에 있어서는 분할의 소급효가 인정된다(제1015조).

다) 지분 상의 담보물권

(가) 현물분할의 경우

현물분할로 인하여 수개의 물건으로 나누어지더라도 공유지분 위의 담보물권은 분할된 각개의 물건 위에 그 지분의 비율에 따라서 존속한다(통설).

(나) 대금분할 또는 가격배상의 경우

공유목적물이 제3자 또는 다른 공유자에게 귀속하고, 그 지분을 가진 자가 대금 또는 가액을 취득하는 경우는 담보물권의 물상대위의 규정(제342조, 제370조)에 의거 담보물권자는 그 대금이나 가액 위에 자기의 권리를 행사할 수 있다.

라) 공유물 위의 제한물권

공유물 위에 존재하는 용익물권은 공유물을 분할한 후에도 분할된 각 부분 위에 존속하게 된다. 그리고 공유물의 일부에 대해서만 존재한 용익물권은 그 부분 위에서만 계속 존속하게 된다(제293조 2항).

제4절 전세권

1. 개념

1) 의의

가) 전세권은 전세금을 지급하고 타인의 부동산을 점유하여 그 부동산을 용도에 좇아 사용·수익하며, 그 부동산 전부에 대하여 후순위권리자 기타 채권자보다 전세금에 관한 우선변제권이 인정되는 특수한 용익물권을 말한다(제303조 1항).

나) 전세권은 기본적으로는 용익물권이지만, 담보물권으로서 성질도 갖고 있다.

2) 종류

(1) 채권적 전세권

전세금을 지급하고 타인의 부동산을 이용하지만, 등기를하지 않은 경우로서, 이는 전세권이라기보다는 부동산 임차권에 불과하다. 특히 주택임대차보호법에서는 주택의 채권적 전세권을 주택임차권으로서 보호를 한다(주택임대차보호법 제12조).

(2) 물권적 전세권

전세금을 지급한 것뿐만이 아니라 등기부등본의 을구 란에 전세권설정등기를 한 전세권을 말한다. 통상 전세권은 이 물권적 전세권을 의미한다.

(3) 전세금

전세권자가 전세권 설정자에게 교부하고(제303조 1항), 전세권이 소멸하는 경우는 그 반환을 받게 되는 금전을 가리킨다(제317조, 제318조).

2. 취득과 법정갱신

1) 일반적 취득사유

전세권은 전세권 설정계약과 등기에 의하여 설정·취득하게 된다(제186조). 그리고 전세권은 물권이므로 전세권을 양도하거나 상속에 의해서도 취득될 수 있다.

2) 설정계약에 의한 취득

(가) 전세권 설정에 관한 합의와 전세금의 지급을 성립요건으로 하고 등기를 전세권 설정계약의 효력 발생 요건이다. 전세권의 객체인 부동산은 1필의 토지 또는 1동의 건물의 일부라도 상관없다.
(나) 목적물의 인도는 전세권의 성립요건이 아니므로 전세권설정과 동시에 목적물을 인도

하지 아니한 경우라고 하더라도 장차 전세권자에 의한 목적물의 사용·수익을 완전히
배제한 경우가 아니라면 그 전세권은 효력이 있다.

3) 전세권 등기

(1) 신청서 기재 사항(부동산등기법 제139조 1항)

(가) 필요적 기재 사항
    (a) 전세금 또는 전전세금
    (b) 전세권이나 전전세권의 설정범위

(나) 임의적 기재 사항
    (a) 존속기간
    (b) 위약금이나 배상금
    (c) 처분 제한(양도·담보제공·전전세·임대의 금지 특약)

(2) 첨부서면

전세권의 목적이 부동산의 일부인 때에는 그 도면을 첨부해야 한다(부등법 제139조 2항).

(3) 전세권의 말소등기에 관한 특칙

전세권은 말소에 관한 판결이 없이도 신청서에 전세계약서와 전세금반환증서를 첨부한 때
에는 등기권리자만으로도 전세권에 관한 말소를 신청할 수 있다(동법 제167조 3항).

4) 전세권의 법정갱신

(1) 의의

민법 제312조 4항은「건물의 전세권설정자가 전세 기간 만료 전 6월부터 1월까지 사이에
전세권자에 대하여 갱신 거절의 통지 또는 조건을 변경하지 않으면 갱신하지 아니 한다는

뜻의 통지를 아니 한 경우에는 그 기간이 만료한 때에 전전세권과 동일한 조건으로 다시 전세권을 설정한 것으로 본다.

이 경우의 존속기간은 그 정함이 없는 것으로 본다」고 규정한다. 이것이 전세권의 법정갱신이다. 전세권의 법정갱신은 등기를 필요로 하지 아니 한다.

(2) 성립

(가) 법정갱신은 합의갱신이 없는 경우에 한하여 적용될 수 있다.

(나) 법정갱신은 전세권의 목적이 「건물」인 경우에 한해서만 인정된다.

(다) 법정갱신은 전세권설정자가 전세권자에 대하여 일정 기간 사이에 갱신 거절 또는 조건변경이 부여된 갱신의 통지를 하지 않는 경우에만 인정된다.

(3) 효과

법정갱신으로 인하여 인정되는 전세권은 전전세권의 내용과 동일한 것으로 본다(제312조 4항 전단).

법정갱신으로 인한 전세권의 존속기간에 관해서만은 그 정함이 없는 것으로 본다(제312조 4항 후단).

3. 존속기간

1) 민법의 규정

(가) 전세권의 존속기간에 관해서는 당사자가 설정행위로써 임의로 정할 수 있는 것이 원칙이다(제312조). 그러나 민법은 그 정함이 없는 경우에 관하여 별도의 규정을 두고 있다(제313조). 또한 법정갱신(제230조)으로 인한 전세권의 보존기간에 관해서도 그 정함이 없는 경우로서 보게 된다(제312조 3항).

(나) 그런데 당사자가 설정행위로써 보존기간을 정한 경우에는 일정한 제한이 있고 그것은 토지 전세권과 건물 전세권에 있어서 다르다. 즉 건물 전세권에 관해서는 최장기간과 최단기간의 제한이 있다(제312조).

(다) 전세권의 존속기간은 등기하여야 제3자에게 대항할 수 있다(부등법 제139조).

2) 설정행위로써 존속기간을 정하는 경우

(1) 토지 전세권

(가) 토지 전세권의 존속기간은 10년을 넘지 못하며 당사자에 의하여 약정된 기간이 10
년을 넘는 경우에도 10년으로 단축된다(제312조 1항). 토지 전세권은 최장기간에만
제한을 두고 최단기간에 관해서는 제한을 두지 않고 있다.
(나) 토지 전세권의 존속기간이 만료하면 설정계약을 갱신할 수 있다. 그러나 그 경우에도
존속기간은 갱신한 날로부터 10년을 넘지 못한다(제312조 3항).

(2) 건물전세권

가) 건물 전세권의 존속기간도 역시 당사자가 임의로 정할 수 있는 것이 원칙이다.

건물 전세권의 최장기간은 10년으로서 약정기간이 10년을 넘는 경우에는 10년으로 단축
되며(제312조 1항), 등기하여야 제3자에게 대항할 수 있으며, 등기하지 않으면 존속기
간의 약정이 없는 전세권으로 다루어진다.
계약갱신의 경우에는 다시 10년을 넘지 못하는 점(제312조 3항) 등에 있어서 토지전세권
의 경우와 다를 것이 없다.

나) 건물 전세권의 최단기간은 1년이다.

건물 전세권에 있어서는 법정갱신이 인정된다. 다만 법정갱신에 의한 전세권의 존속기간
은 이를 정하지 않은 것으로 본다(제312조 4항).
이 법정갱신은 등기하지 않더라도 제3자에게 대항할 수 있다. 건물전세권의 경우에도 역
시 묵시의 갱신은 인정되지 않는다.

설정행위로써 기간을 정하는 경우				존속기간을 정하지 아니한 경우 법정경신에 의한 경우
토지전세권		건물전세권		
최장기간	최단기간	최장기간	최단기간	
10년	제한 무	10년	1년	**소멸통고가 있은 후 6개월이 경과하면 전세권이 소멸**

3) 설정행위로써 존속기간을 정하지 않은 경우

각 당사자는 언제든지 상대방에 대하여 전세권의 소멸을 통고할 수 있고 상대방이 이 통고를 받은 날로부터 6개월이 경과하면 전세권은 소멸한다(제313조).

4. 효력

1) 전세권의 효력이 미치는 범위

(1) 서설

건물 전세권의 효력은 그 토지 위에 지상권 또는 임차권에 미친다(제304조).
전세권의 목적인 건물의 소유자와 대지의 소유자가 다르게 되는 경우에는 지상권의 성립을 인정하고 있다(제305조).

(2) 건물 전세권의 지상권·임차권에 대한 효력

(가) 타인의 토지 위에 건물을 소유하는 자가 그 건물에 전세권을 설정한 경우에는 전세권의 효력은 건물의 소유를 목적으로 하는 지상권 또는 임차권에도 미친다(제304조 1항).
(나) 이 경우 전세권설정자는 전세권자의 동의 없이 그 지상권 또는 전세권을 소멸하게 하는 행위를 하지 못한다(제304조 2항).

(3) 법정지상권

대지와 건물이 동일한 소유자에 속한 경우에 있어서 그중 건물 만에 대하여 전세권을 설정한 때에는 그 대지 소유권의 특별승계인은 전세권설정자에 대하여 지상권을 설정한 것으로 본다(제305조 1항 본문).

2) 전세권자의 권리·의무

(1) 점유권과 사용·수익권

전세권은 목적 부동산을 점유하여 그 부동산의 용도에 좇아 사용·수익할 권리이다(제303조 1항).

전세권자가 설정계약 또는 부동산의 성질에 의하여 정해진 용도에 따라서 사용·수익하지 않는 경우에는 전세권설정자는 전세권의 소멸을 청구할 수 있다(제311조 1항).

(2) 현상유지·수선의무

전세권자는 목적물의 현상을 유지하고 그 통상의 관리에 속한 수선을 하여야 한다(제309조).

전세권자가 현상유지의무를 위반하는 경우는 그 의무반환을 이유로 하여 전세권의 소멸을 청구하고 원상회복 또는 손해배상을 청구할 수 있다(제311조).

전세권자가 필요비를 지출하였다 하더라도 필요비상환청구권을 행사할 수 없다.

3) 전세금증감청구권

(가) 전세권의 전세금증감청구권에 관해서는 아무런 규정도 없었다.

(나) 증감청구권의 적용

전세금증감청구에 대하여 상대방이 불응할 때는 법원에 제소할 수밖에 없다. 전세 금액의 변경이 있는 경우에는 기존의 전세권 등기에 대하여 변경등기를 하여야 한다. 변경등기가 없는 동안은 종전의 전세금액만으로써 제3자에게 대항할 수 있다(부등법 제129조).

(다) 전세금증액의 제한

전세권 설정계약이 있은 날 또는 전세권의 금액이 있은 날로부터 1년 이내는 증액청구를 하지 못하며 증액청구의 비율은 전세금의 5%를 초과하지 못한다(제312조의 2 단서의 시행에 관한 규정).

서부7계 2024-52433 상가

물건소재지	서을 은평구 대조동 240 팜스퀘어 지하2층 비-055호 (03397)서울 은평구 불광로 20				
경매구분	임의경매	채권자	에프더블유 2312유동화전문		
용 도	상가	채무/소유자	김남순외2	매각기일	25.02.04(화)10:00
감 정 가	94,000,000(24.03.20)	청구액	52,800,000	다음예정	25.03.11(38,502,000)
최 저 가	45,128,000(51%)	토지면적	3.5㎡(1.1평)	경매개시일	24.03.11
입찰보증금	4,812,800(10%)	건물면적	10㎡(2.9평)	배당종기일	24.05.21
주의사항	· 토지별도등기. 선순위전세권 · 소멸되지 않는 권리: 건물 을구 순위번호 6번 전세권설정등기(2008.4.30. 제30399호), 토지 을구 20번 구분지상권설정등기(2005.8.17. 제 47061호)는 각 말소되지 않고 매수인이 인수함				

소재지/감정요약	물건번호/면적(㎡)	감정가/최저가/과정	임차조사	등기권리
(03397) 서울 은평구 대조동 240 팜스퀘어 지하 2층 비-055호(불광로 20) 감정평가서요약 - 철콘조철콘평 슬라브 　지붕 - 판매 및 영업시설, 문화 　및 집회 시설, 제1, 2종 근 　린 생활시설, 업무 시설 - 불광역 서측 인근 - 주위전통시장, 오피스 　텔, 대로변 근린상사 등 　혼재 - 차량접근 가능 - 노선버스(정), 지하철역 　인근소재 - 제반교통사정 양호 - 부정형등고평탄지 - 북서측 27m대로 접하 　며, 북동측 10m, 동측 　7m, 남서측 6m 후면도 　로 접함 - 대로 3류(폭25m~30m) 　(접합) - 건축선	물건번호: 단독물건 대지 3.5/7008.6 (1.06평) ₩37,600,000 건물 · 건물 9.6(2.90평) ₩56,400,000 오픈상가 · 전용 9.59㎡(3평) · 공용 2.45㎡(9평) - 총 16층 - 승인: 2005.08.03. - 보존: 2005.08.17	감정가 94,000,000 · 대지 37,600,000 　　　　　(40%) (평당 35,471,698) · 건물 56,400,000 　　　　　(60%) 최저가 48,128,000 　　　　　(51%) 경매진행과정 ① 94,000,000 2024-10-15유찰 ② 20%↓75,200,000 2024-11-19 유찰 ③ 20%↓60,160,000 2024-12-24 유찰 ④ 20%↓481,288,000 2025-02-04 진행	법원임차조사 이랜드월드 확정 2008.06.30. (보)16,269,455 점포/전부 점유기간 2017.04.15.-	전세권 이랜드월드 2008.04.30. 16,269,455 존속기간: 2017.04.15. 근저당 우리은행 불광동 2010.05.31. 52,800,000 임의 에프더블유2312 유동화전문 2024.03.11. *청구액: 52,800,000원 소유권 김남순외2 2024.05.08. 전소유자: 박수희 압류 동화성세무서장 2024.07.04. 압류 동화성세부서장 2024.07.04. 압류

| - 도시 지역
- 일반 상업지역
- 지구단위 계획구역
- 과밀억제권역 | | | | 안양세무서장
2024.07.08.
채권총액
69,069,455원
열람일자
2024.09.26 |

권리분석 및 배당

참고사항
- 오픈상가 - 감정평가서에 의하면 본건을 포함한 지하 2층 전체가 바닥경계표지 또는 벽체구분없이 일괄하여 NC백화점 식품관으로 이용되고 있음(감정평가서 참조)

(해설) 두 개가 특별매각조건이 있다.

1. 선순위 전세권

매각물건명세서를 보면,'소멸되지 않는 권리:건물 을구 순위번호 6번 전세권설정등기(접수 2008년4월30일)는 말소되지 않고 매수인에게 인수된다'라는 특별매각조건이 있다.

즉, 선순위 전세권자인 이랜드월드가 배당요구를 하지 아니하여 매수인이 인수해야 한다. 더구나 낙찰후 전세금 16,269,455원을 인수해야 하고 만약 전세권자와 협의하지 못하는 경우 잔여 존속기간(법정갱신기간 포함)도 보장해주어야 한다.

2. 선순위 지상권

역시 특별매각조건이 있는 물건이다. 즉 매각물건명세서를 보면, '소멸되지 않는 권리: 토지 을구 20번 구분지상권설정등기(2005.8.17.제 47061호)는 각 말소되지 않고 매수인이 인수한다'고 되어있다. 그러나 염려할 부분은 아니다. 즉 토지 별도등기 목적이 "지하 연결통로 소유를 위한 구분지상권(건축물 기타 공작물을 소유하기 위하여 지하 또는 지상공간에 상하의 범위를 정하여 설정하는 지상권)"이다. 이것은 특별법에 의하여 설치한 공공시설에 불과하므로, 매각대상 부동산의 소유권을 취득하여 '사용수익처분' 하는데 영향을 끼치는 별도등기는 아니다.

5. 소멸

1) 전세권의 소멸사유

가) 전세권은 물권의 일반적 소멸 원인에 의하여 소멸한다. 즉 존속기간의 만료·소멸시효(제162조 2항)·혼동(제192조)·토지 수용(토지수용법 제67조 1항)·전세권에 우선하는 저당권의 실행으로 인한 경매 등을 들 수 있다.

나) 그밖에 전세권설정자의 소멸청구(민법 제311조)·전세권의 소멸통고(동법 제313조)·목적 부동산의 멸실(동법 제314조)·전세권의 포기(동법 제371조 2항) 등의 특유한 소멸원인에 의하여 소멸되기도 한다.

2) 효과

(1) 동시이행

전세권이 소멸하면 전세권설정자의 전세금반환과 전세권자의 목적물 인도 및 전세권 설정등기의 말소등기에 필요한 서류교부는 서로 동시이행 관계에 있다.

참고: 건물에 대한 전세권자가 대지의 낙찰대금에서의 우선변제권 행사 여부

건물일부에 대하여 전세권이 설정되어 있는 경우에도 전세권자는 그 건물 전부에 대하여 후순위 권리자 기타 채권자보다 전세금의 우선변제를 받을 권리가 있으나 건물에 대한 전세권자는 대지의 매각대금에 대해서는 배당을 받을 수 없다. 그러나 구분건물(아파트나 연립 등)의 경우는 단독주택과 달리 대지부분에 대해서도 배당을 받을 수 있다. '구분건물은 공유지분에 대해서는 전세권등기를 할 수 없다는 이유로 대지권등기가 경료된 구분에 대하여는 건물만 전세권 등기를 하고 있으나, 구분건물의 전유 부분에만 설정된 저당권의 효력은 대지사용권의 분리처분이 가능하도록 규약으로 정하는 등의 특별한 사정이 없는 한 그 전유부분의 소유자가 사후에라도 대지사용권을 취득한 경우에는 그 대지사용권에도 미치므로 위 저당권자는 전체 경락대금 중 대지사용권에 대한 부분에 대하여도 후순위채권자에 우선하여 변제 받을 수 있다'는 판례(대판 1995.8.22. 94다12722)에 따라 건물만에 대한 전세권설정등기도 대지권에 대하여 효력이 미친다고 보고 배당을 해준다.

전세권설정서의 등기필증에 있는 접수인은 확정일자에 해당한다. 즉'등기필증에 찍힌 등기관의 접수인은 첨부된 등기원인계약서에 대하여 확정일자에 해당한다고 할 것이므로, 위와 같은 전세권설정계약서가 첨부된 등기필증에 등기관의 접수인이 찍혀 있다면 그 원래의 임대차에 관한 계약증서에 확정일자가 있는 것으로 보아야 할 것이고, 이 경우 원래의 임대차는 대지 및 건물 전부에 관한 것이나 사정에 의하여 전세권설정계약서는 건물에 관하여만 작성되고 전세권등기도 건물에 관하여만 마쳤다고 하더라도 전세금액이 임대차보증 금액과 동일한 금액으로 기재된 이상 대지 및 건물 전부에 관한 임대차의 계약증서에 확정일자가 있는 것으로 봄이 상당하다.'(대판2002.11.8, 2001다51725)

(2) 경매청구권

전세권설정자가 전세권의 반환을 지체하는 때에는 전세권자는 민사집행법에 의하여 전세권의 목적물의 경매를 청구할 수 있는 경매청구권이 있다(제318조).
다만, 토지와 건물이 동일인에게 귀속하고 있으나 건물에 관하여만 전세권이 설정된 경우에 전세권자는 건물과 토지를 일괄하여 경매신청할 수 없다.

(3) 부속물수거권·부속물매수청구권

(가) 전세권이 소멸하면 전세권자는 그 목적부동산을 원상회복하여야 하고 지상물 기타 목적부동산에 부속시킨 물건을 수거하여야 할 의무를 부담한다(제316조 1항 본문). 다만 전세권설정자가 그 부속 물건의 매수를 청구한 때에는 전세권자는 정당한 이유 없이 거절하지 못한다(제316조 1항 단서).
(나) 전세권자는 부속물을 전세권설정자의 동의를 얻어 부속 시킨 경우 부속물을 전세권설정자로부터 매수한 경우에는 전세권설정자에 대하여 부속물매수청구권을 가진다(제316조 2항).

(4) 유익비상환청구권

(가) 전세권자는 필요비의 상환을 청구할 수 없지만, 목적물의 개량을 위하여 지출한 금액 기타 유익비에 대하여는 그 가액의 증가가 현존한 경우에 한하여 전세권설정자의 선택에 따라서 그 지출액이나 증가액의 상환을 청구할 수 있다(제310조 1항).

(나) 전세권자가 유익비상환을 청구하는 때에는 법원은 전세권설정자의 청구에 의하여 상
　　당한 상환기간을 허여할 수 있다(제310조 2항).

1. 개념

유치권이라 함은 타인의 물건 또는 유가증권을 점유한 자가 그 물건이나 유가증권에 관하
여 생긴 채권을 가지는 경우에 그 채권을 변제받을 때까지 그 물건이나 유가증권을 유치할
수 있는 권리이다(제320조 1항).

2. 법적 성격

(가) 유치권은 목적물(동산. 부동산. 유가증권)을 점유할 수 있는 독립된 물권이다.
　　유치권의 경우 점유를 잃으면 유치권은 소멸한다(제328조).
(나) 유치권은 담보물권의 일종이다.

3. 성립요건

1) 유치권의 목적물

동산, 부동산 및 유가증권이다(제320조 1항). 그러나 부동산유치권의 경우에는 등기를
요하지 아니하며, 유가증권을 목적으로 할 때에는 배서를 요하지 않는다.

2) 피담보채권과 목적물과의 견련관계

피담보채권은 유치권의 목적물에 관하여 생긴 것이어야 한다(제320조 1항). 이것이 유치
권의 성립요건 중에서 가장 중요하고 또한 문제가 되는 것이다.

가. 채권이 목적물 자체로부터 발생할 경우

(가) 물건을 위하여 지출된 보존비 또는 유익비 등의 상환청구권, 물건의 하자로 말미암아 생긴 손해의 배상청구권 또는 유가증권의 유상수치로 인하여 생긴 보수청구권 등이 이에 속한다.

(나) 임대인과 임차인 사이에 건물명도시 권리금을 반환하기로 하는 약정이 있다고 하더라도 그 권리금반환청구권은 건물에 관하여 생긴 채권이라고 할 수 없으므로 권리금반환청구권을 가지고 건물에 대한 유치권을 행사할 수 없다.

(다) 건물의 임대차에 있어서 임차인이 임대인에게 교부한 보증금의 반환청구권은 그 임차물건에 관하여 생긴 채권이라고는 볼 수 없기 때문에 임차보증금반환청구권에 기하여 임차물에 대한 유치권을 행사할 수 없다.

나. 채권이 목적물의 반환청구권과 동일한 법률관계 또는 생활관계로부터 발생한 경우

(가) 물건 또는 유가증권의 매매계약이 취소된 경우에, 부당이득에 의한 매매대금의 반환청구권과 목적물의 반환의무는 매매계약의 취소라는 동일한 법률관계에서 생긴 것이므로, 서로 견련관계를 가지고 있으며, 대금반환 청구권자는 그의 채권을 위하여 목적물 위에 유치권을 취득한다.

(나) 수급인의 공사잔금채권이나 그 지연손해금청구권과 도급인의 건물인도청구권은 모두 건물신축도급계약이라는 동일한 법률관계로부터 생기므로 수급인의 손해배상채권도 역시 건물에 관하여 생긴 채권에 해당하며, 물건과 원채권 사이에 견련관계가 있는 때에는 그 손해배상채권과 그 물건과의 사이에도 견련관계가 있다.

3) 피담보채권이 변제기에 있을 것(제320조 1항)

특히 주의할 점은 피담보채권의 변제기의 도래는 다른 담보물권에 있어서는 그 담보물권의 실행을 위한 요건일 뿐인 데 반하여 유치권에 있어서는 그 성립요건이라는 점이다.

4) 유치권자가 타인의 물건 또는 유가증권을 점유할 것(제320조 1항)

가) 유치권자의 점유는 계속되어야 하며 점유를 상실하면 유치권도 소멸한다(제328조).

유치권이 타물권인 점에 비추어 볼 때 수급인의 재료와 노력으로 건축되고 독립한 건물에 해당되는 기성부분은 수급인의 소유에 해당하여 수급인은 공사대금을 지급받을 때까지 그 기성부분에 대하여 유치권을 가질 수 없다 (대판 1993. 3. 26, 91다14116). 또한 A로부터 건물을 증여받은 B가 소유권이전등기를 경료 받은 제3자에게 저당권을 설정하게 하고, 그 후 제3자가 그 건물을 경락받은 경우에 B는 경매신청 전에 가옥을 수리하기 위하여 비용을 지출한 때에도 자기 소유의 건물에 지출한 수리비로는 유치권을 행사할 수 없다(대판 1959. 5. 14, 4291 민상 302). 다만 A 명의로 등기되어 있는 부동산에 B가 가등기를 하고, 그 이후 A가 부동산에 유익비를 투입한 후에 B가 가등기에 기하여 본등기를 하면 A는 결과적으로 타인의 물건에 대하여 비용을 들인 경우가 되어 A의 유익비상환청구권에 기한 유치권이 인정된다(대판 1976. 10. 26, 76다2079).

나) 유치권자의 점유는 직접점유이건 간접점유이건 묻지 않는다.

타인의 물건 또는 유가증권이라 할 때 타인은 채무자 외에 제3자도 포함된다.

5) 점유가 불법행위로 인하여 취득된 것이 아닐 것(제320조 2항)

점유의 취득이 점유의 침탈이나 사기·강박에 의한 경우 외에도 채무자에게 대항할 수 있는 점유의 권원 없이 또한 이를 알거나 과실로 알지 못하고 점유를 시작한 경우도 포함된다.

🔍 참고: 유치권이 성립하지 않는 경우

1. 건물 자체로부터 발생한 채권이 아닌 경우

(1) 임차보증금

세입자 중 임차권의 대항력이 없는 자는 소액보증금 외에 도 잔여금에 대하여는 낙찰자가 인수해야 되는 것이 아니므로 임차보증금은 원칙상 유치권의 대상이 아니다.

(2) 상가권리금

'임대인과 임차인 사이에 건물명도 시 권리금을 반환하기로 하는 약정이 있었다 하더라도 그와 같은 권리금반환청구권은 건물에 관하여 생긴 채권이라 할 수 없으므로 그와 같은 채권을 가지고 건물에 대한 유치권을 주장할 수 없다.' (대판 1994.10.14, 93다62119)

(3) 건물의 부속물 설치비

'방과 부엌 복도의 칸막이와 다다미 등은 건물의 부속물로 보아야 할 것이고 부속물 설치에 소요된 공사비 채권은 건물에 관하여 생긴 채권이 아니므로 이에 기하여 건물을 유치할 수 없다.' (대판1973.5.31, 72나2595)

2. 채권이 건물 자체로부터 발생한 것이 아니고 유치권을 주장하는 자의 편익을 위해 지출한 경우

(1) 음식점을 경영하기 위한 간판설치

4. 유치권의 종류

1) 공사대금

건축주(소유자)와 도급계약을 체결하고 건물을 신축·증축·개축하거나 크게 수선하고 그 공사대금을 변제받지 못한 경우에 발생한다.

공사한 자는 대금을 변제받을 때까지 그 건물을 점유하여 낙찰자를 상대로 유치권을 행사할 수 있다.

🔍 참고: 대수선

유치권이 성립하기 위해서는 반드시 압류의 효력발생 전(경매개시결정기입등기 전)에 유치물을 점유하여야 한다. 다만 직접점유 외에도 대법원은 1996년부터 간접점유에 대하여도 유치권을 인정하고 있음에 유의하여야 한다(대판1993.4.23, 93다289 참조). 이하에서 점유의 유형을 구체적으로 제시한다.

1. 전형적인 점유 방법으로서의 잠금장치

　　신축건물 또는 대수선을 한 건물에 대하여 유치권자가 현관 등에 잠금장치를 하고, 현수막이나 락카 등으로 "유치권 행사 중"임을 알리는 방법이다. 유치권자 본인이 직접점유하거나 직원이나 가족 등의 점유보조자를 통하여 점유하는 경우가 일반적이다. 이 경우 열쇠를 소지하여야 한다.

2. 경비업체 또는 용역업체를 통한 점유

　　경비업체 또는 용역업체와 계약을 체결하므로 인해 유치권자 대신 이러한 업체들이 점유하는 경우이다. 경비 또는 용역업체의 직원이 상주하는 것이 일반적이나 무인경비시스템을 설치하여 유치물을 점유, 관리하기도 한다.

3. 보전처분(점유방해금지가처분)을 통한 유치물의 관리

　　보전처분을 통한 물권적 청구권을 행사하는 방법이다. 즉 유치권자의 유치물을 채무자 등이 방해하거나 방해할 우려가 있는 경우 유치권자가 물권적 청구권에 기한 방해제거청구권 또는 방해예방청구권의 보전을 목적으로 사전에 가처분(점유방해금지가처분)을 구하는 것이다.

　　참고: 가처분의 주문

　　"채무자는 실력으로서 별지 목록 기재 건물에 출입하거나 기타채권자의 위 건물에 대한 점유사용을 방해해서는 아니 된다. 집행관은 위 취지를 적당한 방법으로 공시하여야 한다"

4. 기타

1) 긴축주의 직접시공과 부도

(1) 도급계약의 경우

　　일반적으로 건축업자와 건축주가 건축에 대한 도급계약을 하지만, 경우에 따라서는 건축주가 직접 각 건축시 공자들과 계약을 하는 경우도 있다. 이 경우 건축주가 예상치 못했던 일로 부도가 난 경우 각 시공자는(전기, 보일러 시설 등의 난방, 벽돌, 미장공사 등) 공동점유에 의한 유치권을 행사하는 경우 유치권이 성립된다. 또한 공정별로 분할하여 공사를 한 하수급인도 유치권행사의 대상에 포함한다. 그러나 하수급인이라 하더라도 설계비, 조경공사나 포장공사, 주방시설(싱크대 등), 신발장이나 자재납품, 가구 등의 납품, 단순노무자의 인건비 등에 대하여는 유치권이 성립하지 않는다.

(2) 공사 중단된 정착물

　　공사 중단된 건물에 대하여는 나누어 생각하여야 한다. 즉 공사 중단된 건물에 있어서는 공사진척도(독립한

건물로 볼 수 있는 지 여부)가 가장 중요한 요소 중의 하나이다. 예컨대 터파기공사(이 경우에도 주목적이 터파기라면 유치권 성립 됨)나 골조 공사만 되어 있던가 토목공사만 되어 있다면 유치권은 성립하지 않는다. 물론 건물의 외관을 갖추었다면 유치권은 성립한다.

2) 점유매개관계와 유치권의 성립요건으로서의 점유

임차인에 의한 점유의 경우에는 직접점유자와 간접점유자 사이에 점유권의 특성인 점유매개관계가 존재하여야 한다. 또한 간접점유자는 직접점유자에 대한 반환청구권을 행사할 수 있어야 한다. 그런데 유치권자가 채무자를 직접점유자로 하여 유치물을 간접점유하고 있다면, 이것은 유치권의 성립요건으로서의 점유에 해당하지 아니하므로 유치권은 성립하지 아니 한다.

3) 부동산의 일부의 점유와 목적물의 양도, 양수로 인한 점유

유치권은 건물 전부에 대하여 행사하여야 하는 것은 아니고 건물 일부만 점유하여도 유치권의 성립에는 문제가 없다. 또한 유치물은 양도 양수가 가능하므로 유치물을 양수하여 유치하는 자에게도 유치권은 당연히 성립한다.

4) 일시적인 점유의 상실과 유치권의 성립 여부

물권의 소멸 원인의 하나로서 유치권 역시 포기할 수 있다. 즉 유치권자가 유치권의 존재를 알지 못한 경우와는 달리, 유치권자가 유치물의 존재를 안 상태에서 조건 없이 채무자 등에게 반환하였다면 유치권은 소멸한다. 반면 유치물의 존재를 알고 있는 경우라도 유치권자가 상대방과 협의에 의해, 조건부로 유치권을 일시적으로 풀어주었으나 합의한 약속을 이행하지 아니함을 원인으로 하여 유치목적물을 재점유한 경우는 유치권은 소멸하지 아니한다. 즉 점유권의 상실이 있었다고 볼 수 없기 때문이다.

2) 필요비와 유익비 등 지출 비용

(가) 임차인, 점유자, 제3취득자가 목적 부동산의 현상 유지나 가치 증가를 위해 지출한 비용은 변제받지 못했을 때도 있다. 경매 절차 중 필요비, 유익비 등 비용상환청구권에 대한 배당요구를 하지 못한 경우에는 낙찰자를 상대로 유치권을 행사할 수 있다.

(나) 부동산 소유자와 무관하게 임차인이 본인의 영업이익을 위해 내부 수리를 한 경우에는 유치권이 성립하지 않는다. 가령, 임차인이 사업상 필요하여 설치한 인테리어나 주방설비에 대해서는 유치권을 주장하지 못한다. 단, 임대인의 동의를 받아 내부수리를 하면 유치권이 인정되는 경우가 있다.

유치권 권리신고서

사건　　2020 타경 0000 부동산강제경매

채 권 자　　길 0 0

채 무 자　　호 0 0

소 유 자　　호 0 0

권리신고인　　안 0 0

　(제3취득자 겸 유치권자)서울 서초구 반포동 577-22 덕성빌라 0동 000호

　(권리신고 금액)금 34, 579,000 원정

권리신고인은 이 사건 부동산에 대한 제3취득자로서 본건 목적물에 대하여 별첨 공사내역서 등과 같이 금 34,579,000원에 이르는 공사를 완료하였고, 그 가액의 증가가 현존하고 있기에 유익비상환청구권을 근거로 유치권을 행사하고 있는 바, 위 금원을 변제받을 때까지 이 사건 유치목적물을 점유·사용할 수 있도록 하기 위하여 그 권리를 신고합니다.

첨부서류

1. 공사계약서1통
2. 공사내역서1통

2020. 3. 5

서울중앙지방법원 경매계　　　귀중

5. 유치권자의 권리

1) 목적물의 유치

가) 유치권자는 자신의 채권을 변제를 받을때까지 목적물을 유치할 수 있다. 이것이 유치권의 중심적 효력이다.

나) 민사집행법상의 문제

(가) 유치권의 목적이 된 부동산에 대한 경매의 경우 매수인은 유치권자에게 그 유치권으로
　　 담보하는 채권을 변제할 책임이 있다고 규정한다. 다만 여기서 "변제할 책임이 있다"
　　 는 의미는 부담을 승계한다는 취지로서 인적 채무까지 승계한다는 것은 아니며, 유치
　　 권자는 매수인(경락인)에 대해 그 피담보채권의 변제가 있을 때까지 유치목적물인 부
　　 동산의 인도를 거절할 수 있을 뿐이고 그 피담보채권의 변제를 청구할 수는 없다.
(나) 유치권의 목적이 된 동산에 대한 경매의 경우에는 유치권자가 그 목적물을 제출하거
　　 나 압류를 승낙한 때에 비로소 개시된다.

🔍 참고: 유치권자의 권리행사 범위

유치권자의 점유하에 있는 유치물의 소유자가 바뀌더라도 유치권자의 점유는 유치물에 대한 보존행위로서 하
는 것이므로 적법하고, 그 소유자변동 후 유치권자가 유치물에 관하여 새로이 유익비를 지급하여 그 가격의 증
가가 현존하는 경우에는 이 유익비에 대하여도 가치권을 행사할 수 있다. 이것은 유치권자가 유치물에 대한 보
존행위로서 목적물을 사용하는 것은 적법한 행위이므로 불법점유로 인한 손해배상책임이 없기 때문이다.

다) 재판상의 문제

목적물 인도청구의 소에 대해 피고(점유자)가 유치권을 주장할지는 그의 자유이다. 피고가
이를 주장하지 않는 때에는 법원은 유치권을 이유로 원고의 청구를 배척하지는 못한다. 또
한, 피고가 유치권을 주장하는 경우는 원고패소판결이 내려져야 함이 원칙이겠으나, 채무
의 변제와 상환으로 물건을 인도하라는 뜻의 판결(원고의 일부승소판결)을 한다(판례).

2) 경매권과 간이변제충당권

(1) 경매권

(가) 유치권자는 채권의 변제를 받기 위하여 유치물을 경매할 수 있다(제322조 1항).
(나) 유치권에 의한 경매는 담보권실행을 위한 경매의 예에 따라 실시한다(민사집행법 제
　　 274조 1항). 따라서 부동산 유치권의 경우는 담보권의 존재를 증명하는 서류를 첨부
　　 하여야 한다(동법 제254조 1항).
(다) 유치권자는 목적물에 대해 우선변제권이 없으므로 「환가를 위한 경매」로서의 성질을
　　 가진다. 민사집행법(제274조 1항)에서 질권이나 저당권에 기한 「담보권실행경매」와

「유치권에 의한 경매」를 나누는 것도 그러한 이유에서이다.

유치권에 의한 경매신청

신청인 양 ○ ○
(유치권자)경기도 산본시 산본동 000번지 현대아파트 000동 1321호
(전화)
상대방   한 ○ ○
서울시 관악구 봉천동 000번지

1. 경매신청권의 표시

가. 청구채권
서울중앙지방법원 2023차 0000호 공사대금 사건의 집행력 있는 지급명령정본에 의한 금 340,000,000원 및 이에 대한 2023. 9. 11부터 다 갚는 날까지 연 20%의 비율에 의한 지연손해금과 독촉절차비용 679,000원에 대한 유치권

나. 유치권
서울중앙지방법원 원주지원 2023 .6.11 선고 2023가합 0000호 공사대금청구소송의 확정판결에 의한 신청인의 별지 목록 기재 부동산에 대한 유치권

1. 경매할 부동산의 표시별지 목록 기재와 같음.

신청취지

별지 목록 기재의 부동산에 대한 경매절차를 개시하고 신청인을 위하여 이를 압류한다.라는 재판을 구합니다.

신청이유

1.
2.
3.

첨부서류

1. 공사계약서 1통
1. 집행력 있는 지급명령 정본 1통
1. 판결정본 2통
1. 부동산등기부등본 1통
1. 부동산 목록 30통

2024. 6. 11.
위 신청인 양 ○ ○ ㉑

서울중앙지방법원 귀중

(2) 간이변제충당권

정당한 이유가 있는 때에는 유치권자는 감정인의 평가에 의하여 유치물로 직접 변제를 충당할 것을 법원에 청구할 수 있고, 이 경우에는 유치권자는 미리 채무자에게 통지하여야 한다(제322조 2항).

가) 요건

(가) 정당한 이유가 있어야 한다.
(나) 법원에 청구하여야 한다.
(다) 목적물의 환가는 감정인의 평가에 의하여야 한다.
(라) 법원에 청구하기전 미리 채무자에게 그 뜻을 통지하여야 한다(제322조 2항).

나) 효과

법원이 간이변제충당을 허가하는 결정을 하면 유치권자는 유치물의 소유권을 취득한다. 유치권자는 그 소유권 취득과 동시에, 평가액의 한도에서 변제를 받은 것이 되고 채권은 소멸한다.

(3) 우선변제권

가) 간이변제충당의 경우에는 당연히 우선변제권이 있다.
나) 경매의 경우

질권과 저당권의 경우와는 달리 유치권에 관해서는 우선변제권이 없다. 다만 앞에서도 언급했듯이 민사집행법에 의하여 경락인은 유치권자의 채권을 변제하지 않는 이상 목적물을 수취하지 못하기 때문에 실제로는 우선변제를 받는 것과 동일한 결과가 된다.

3) 과실 수취권

유치권자는 유치물의 과실을 수취하여 다른 채권보다 먼저 그 채권의 변제에 충당할 수 있다(제323조 2항 본문). 과실에는 천연과실, 법정과실 모두가 포함된다.

4) 유치물사용권

가) 유치권자는 보존에 필요한 범위 내에서 유치물을 사용할 수 있다(제324조 2항 단서).
판례는 유치권자가 유치물에 대한 보존행위로서, 목적물을 행사하는 것은 적법행위로
써 불법행위가 되지 않는다고 하고(대판 1972. 1. 31, 71다2414), 건물임차인이
건물에 관한 유익비상환청구권에 기하여 취득하는 유치권은 임차건물의 유지사용에
필요한 범위 내에서 임차대지부분의 이용에도 그 효력이 미친다고 한다(대판 1980.
10. 14, 79다1170).

나) 건물의 점유자가 그 건물의 점유 중 그 건물에 지출한 비용을 상환받기 위하여 유치권
을 행사하는 경우

건물임대차계약의 해제 후 임차인이 비용상환청구권에 의하여 유치권을 행사하는 경
우와 같이 건물의 점유자가 그 건물의 점유 중 그 건물에 지출한 비용을 상환받기 위
하여 유치권을 행사하는 경우는 계속 그 건물을 점유사용 하더라도 불법행위가 되지
는 않으나, 그 점유사용으로 인한 실질적 이익은 이로 인하여 건물소유자에게 손해가
있는 한 이를 상환하여야 한다(판례).

5) 비용상환청구권

(가) 유치권자가 유치물에 관하여 필요비를 지출한 경우는 소유자에게 그 상환을 청구할
수 있다(제325조 1항).
(나) 유치권자가 유치물에 관하여 유익비를 지출한 경우는 그 가액의 증가가 현존하는 때
에 한하여 소유자의 선택에 좇아서 그 지출한 금액 또는 증가액의 상환을 청구할 수
있다(제325조 2항 본문). 그러나 법원은 소유자의 청구로 상당한 상환기간을 허여할
수 있다(제325조 2항 단서). 상환기간이 허여되면 유치권자는 유익비에 관하여 유치
권을 행사할 수 없다.

6) 유치권자의 권리행사 방법과 효력

(1) 유치권의 효력

첫 매각기일 이전까지 권리 신고를 함으로써 이해관계인이 되어 채권자로서 즉시항고 할 수 있다. 그러나 첫 매각기일 이전까지 권리 신고를 하지 않으면 이해관계인이 되지 못해 항고 하더라도 기각된다.

유치권은 매수인(경락인)이나 승계인에게 주장할 수 있을 뿐 배당을 받을 수 없다.

유치권은 원인채권에 대한 확정판결, 공증증서 또는 지급명령 등 명백한 증거가 필요하다. 또한, 이러한 증거서류에 의해 유치권자는 유치권으로 직접 경매신청을 할 수도 있다. 유치권자는 채무자(소유자)의 동의를 받아 목적 부동산을 사용, 수익하여(임대·전대) 그 수익금을 채권에 충당할 수 있다.

(2) 첫 매각기일 이전까지 법원에 권리 신고한 경우

(가) 정당한 유치권이 있으면 권리 신고를 하지 않아도 매수자(낙찰자)에게 대항할 수 있다. 그러나 권리 신고를 하지 않으면 경매 절차의 이해관계인이 되지 못한다.

　　권리 신고를 한 경우에 법원에서 정당한 권원에 의해 채권이 성립되어 유치권의 성립 요건에 해당되면, 매각(입찰)물건명세서에 "유치권 있음" 또는 "유치권 성립 여지 있음"이라고 표기한다.

(나) 매각(입찰)물건명세서에 유치권이 표기되었다 하더라도 매각(입찰)물건명세서는 실제적 권리까지 확정하는 효력이 없으므로 매수자(낙찰자)는 후일 유치권의 부존재가 입증되면 유치권자의 채권액을 부담할 필요가 없다.

---

1. 유치권의 대책

유치권은 우선변제권이 없으므로 매각대금에서 배당되지 않고 매수인이 인수해야 한다. 그러므로 입찰자는 집행관의 현황조사서와 감정평가서를 통해 유치권의 성립유무와 피담보채권금액을 반드시 확인해야 한다. 만일 유치권자의 채권액이 확인되지 않거나 또는 그 채권액을 부담하고서는 수익성이 없다고 판단되면 입찰을 포기해야 한다. 다만 매수인은 채무자가 아니라 단지 목적물의 제3취득자이므로, 매수인은 채무자의 채무를 변제한 후 채무자에게 구상권을 행사할 수 있다. 또한 판례에 의하면 유치권자는 피담보채권의 변제를 받을 때까지 인도를 거절할 수 있을 뿐 직접 매수인에 대해 피담보채권액의 변제를 청구할 수 없다.

허위 유치권은 다음과 같은 사항을 중심으로 해결하여야 할 것이다.

2. 유치권 해소 시 주의사항

1) 유치권자가 무리한 금액을 요구할 때에 현명하게 대처

입찰자의 입장에서는 아무리 많이 들어도 건축비로 1억 원 이상은 소요되지 않았을 것으로 예상하고 입찰하였는데 유치권자가 3억 원을 요구한다면 입증자료를 요구하는 등으로 협상으로 해결한다. 다만 전혀 협상이 불가능하다고 생각되면 법원에 명도소송을 제기하여 지혜롭게 대처한다.

2) 피담보채권금액과 부동산 명도의 동시이행

피담보채권금액의 변제는 반드시 부동산의 명도와 동시이행 하여야 한다. 즉 장래에 명도하겠다는 각서를 받고서 미리 피담보채권금액을 변제하면 역시 가장 어려운 명도의 문제로 고통당할 소지가 있다.

3) 진정한 유치권자에게 피담보채권 금액을 변제

유치권자가 법인인 경우는 법인의 대표이사에게 변제해야 한다. 즉 물건을 점유하고 있는 직원 등에게 변제하면 후에 이중변제의 위험이 따른다.

---

6. 유치권자의 의무

1) 의무의 내용

(가) 유치권자는 선량한 관리자의 주의로써 유치물을 점유하여야 한다(제324조 1항).

(나) 유치권자는 채무자의 승낙 없이 유치물의 사용·대여 또는 담보제공을 하지 못한다(제324조 2항 본문). 다만 유치물의 보존에 필요한 사용만은 유치권자가 소유자의 승낙 없이 할 수 있다(제324조 2항).

2) 의무위반의 효과

채무자(유치물의 소유자)는 유치권의 소멸을 청구할 수 있다(제324조 3항).

7. 소멸사유일반

1) 물권으로서의 소멸 사유

목적물의 멸실·공용징수·혼동·포기 등으로 인하여 소멸한다. 그러나 유치권은 시효로 인하여 소멸하는 일이 없음에 유의하여야 한다.
또 한편 유치물의 점유를 상실하면 유치권은 곧 소멸하므로(제328조) 유치권은 소멸시효에 걸리지 않는다. 또한 유치권의 시효취득도 있을 수 없다.

2) 담보물권으로서의 소멸 사유

담보물권의 공통된 소멸 사유는 피담보채권의 소멸이다.
피담보채권이 소멸하면 유치권도 소멸하게 된다. 다만 채권자가 유치권을 행사하고 있더라도 그로 인하여 피담보채권의 소멸시효의 진행이 방해되지는 않는다(제326조). 따라서 목적물을 유치하고 있더라도 피담보채권의 불행사는 진행하는 것이다.

8. 특유한 소멸 사유

1) 유치권자의 의무위반으로 인한 소멸청구(제324조)
2) 상당한 담보의 제공(제327조)
3) 점유의 상실

1. 유치권의 신고기한

유치권은 낙찰자가 항상 인수해야 하는 권리인 만큼 성립요건도 까다롭다. 공사대금의 경우 공사도급계약서만 있다면 유치권 신고는 가능하다. 다만 경매개시결정기입등기 이전에 점유를 하여야 한다. 그러나 유치권은 법원에 반드시 신고를 하여야 성립하는 것은 아님에 유의하여야 한다. 유치권 신고는 판사의 결정과는 무관하므로 설사 신고하지 않아도 유치권을 주장할 수 있다. 다만 낙찰시 낙찰자가 유치권부존재 확인의 소를 제기하게 될 경우 패소하면 사기죄로 형사고발 될 수도 있다.

2. 필요비와 유익비

임차 목적을 달성하기 위해서 반드시 필요한 비용(예: 세입자가 지붕수리 비용으로 300만 원을 지불하는 경우)인데, 그 비용 전액에 대하여 유치권이 성립한다. 반면 유익비는 임차 목적을 달성하기 위해서 반드시 필요한 비용은 아닐지라도 그 비용을 지출함으로써 목적물의 객관적 효용가치가 증대되는 비용이다(예: 아파트의 베란다에 세입자가 샷시를 설치한 경우). 유익비에 대하여는 실제 비용의 지출로 증대된 효용가치 중에서 소유자의 선택에 좇아서 유치권이 성립한다. 즉 베란다 샤시 설치비로 200만 원이 소요된 경우 증대된 효용가치가 200만 원뿐이라면 소유자는 200만 원에 대해서만 유치권의 성립을 주장할 것이며, 설령 500만 원의 효용가치가 증대되었다고 하더라도 소유자는 실 지출 비용인 200만 원만큼만 유치권의 성립을 주장할 것이다. 또한 소유자를 보호하기 위하여 민법은 소유자의 청구에 의하여 법원은 상당한 기간을 허여할 수 있다는 규정을 두고 있는 바, 이 규정에 따라 인용판결이 나오면 유치권은 소멸한다.

[보충 1]: 개시 결정 등기가 경료되어 압류의 효력이 발생 된 이후에 유치권을 취득한 경우

채무자가 이미 압류된 부동산의 점유를 임대차나 사용대차 등의 형식으로 제3자에게 이전하는 것은 압류의 처분금지효에 저촉되므로, 이미 압류된 부동산에 관한 점유를 채무자로부터 임대차나 사용대차 등의 형식에 의하여 취득한 자는, 당해 부동산에 관하여 기존 공사대금채권을 가지고 있거나, 또는 압류된 부동산에 필요비나 유익비를 지출하였다고 하더라도, 경매절차에서 당해 부동산을 매수한 사람을 상대로 유치권을 내세워 대항하는 것은 허용되지 않는다고 한다.

[보충 2]: 가압류 후 압류 이전에 유치권을 취득한 경우

가압류 이후 유치권의 성립요건을 갖추는 자는 유치권을 취득하나, 이를 가지고 가압류권자나 매수인 등에게 대항할 수 없고, 가압류에 대항할 수 없는 유치권은 경매로 인하여 소멸하고, 매수인에게 인수되지 않는다고 보는 것이 타당하다.

[보충 3]: 저당권 등 담보물권 설정 후 압류 이전에 유치권을 취득한 경우

저당권이 설정된 부동산임을 알면서도, 기존 공사대금채권을 회수할 목적으로 당해 부동산의 점유를 취득하거나, 저당권이 설정된 부동산의 점유를 취득한 뒤 이미 목적물에 관하여 저당권이 설정된 사실을 알면서도 당해 부동산에 필요비나 유익비를 지출한 경우는 민법 제320조 제2항을 유추, 적용하여 장차 경매 절차에서 당해 부

동산을 매수한 사람을 상대로 하여 유치권을 내세워 대항하는 것은 허용되지 않는다.

3. 시설비

판례는 시설비에 대하여 유치권 성립을 절대적으로 부정하고 있다. 오히려 계약기간이 만료되면 임차인은 통상적으로 원상회복의무를 부담해야 한다. 따라서 예컨대 인테리어비용 같은 경우는 통상 유치권을 인정하지 않음이 판례의 입장이다.

4. 부속물매수청구권

부속물매수대금채권에 대해서는 유치권의 성립이 부정된다.

5. 건설공사대금

1) 건축대금에 관해서는 유치권이 성립한다. 즉 건물을 지은 시공자가 건축주로부터 건축대금을 받을 때까지 그 건물을 유치할 수 있는 권리로서 유치권자는 목적물을 경매에 붙일 수도 있다. 또한 목적물로부터 직접 변제에 충당할 수도 있으며, 다른 채권자가 그 건물을 경매에 붙이더라도 매수인으로부터 변제받을 때까지 역시 그 건물의 인도를 거절할 수도 있다.

2) 특히 아파트를 짓기 위한 기초파일 공사도 유치권이 성립한다. 즉 아파트를 짓기 위한 기초파일공사는 아파트부지에 관한 공사로 볼 가능성이 크므로 그 공사대금 채권을 토지에 관하여 발생한 채권으로서 토지에 대한 유치권이 인정된다(대판 2007.11.29, 2007다60530).

🔍 참고: 공사대금에 대한 유치권행사

1. 경매기입등기 후의 유치권의 행사

경매부동산은 경매개시결정의 등기가 된 때에 압류의 처분금지효력이 발생하며, 경매개시결정등기 후에 제3자가 매각부동산에 대하여 권리를 취득한 경우는 제3자의 선의, 악의를 불문하고 압류의 처분금지효력이 제3자에게 미치므로 압류채권자에게 대항할 수 없고, 따라서 경매절차의 매수인에게 대항할 수 없다. 특히 유치권은 점유가 있으므로 비로소 취득하고, 유치권 주장자는 공사비채권 발생의 경우 경매기입등기 이전에 있었더라도, 유치권의 성립요소인 점유의 시기는 경매기입등기 후에 있었다면 압류의 효력(경매기입등기) 이후에 유치권을 취득한 자로서 압류채권자에게 대항할 수 없을 것이며, 따라서 경매절차의 매수인에게도 대항할 수 없다.

2. 유치권과 인도명령

매수인에게 대항할 수 있는 권원에 의하여 점유하고 있는 것으로 인정되는 경우가 아니면 인도명령의 상대방이 되는 것이므로 유치권 주장자는 매수인에게 대항할 수 없다. 즉 인도명령대상자가 된다(민사집행법 제136조). 또한 인도명령은 인도명령결정 이후에 점유 당사자 변경 등의 사정 변경이 없는 한 인도명령 상대방에 대하여 집행관이 집행을 할 수 있다(동법 56조 1호). 인도명령신청 시 점유의 시기에 대한 입증방법은 법원 경매기록에 있는 부동산의 현황 및 점유관계조사서를 근거로 하면 된다.

보충: 법정지상권이 성립되지 않는 건축물(불법건축물포함) 축조와 유치권자에 대한 대응방법

경우에 따라서는 토지소유권자의 동의 없이 불법으로 건축물을 축조하는 한편, 공사대금채권을 원인으로 유치권을 행사하는 건축업자 등이 있는 경우가 있다. 이 경우 한마디로 말해 유치권은 성립하지 않는다. 따라서 건축주를 상대로 하여 사전적 조치로서 토지출입금지를 위한 가처분 및(공사 중인 경우에는) 공사중지가처분을 동시에 신청한다. 그 후 본안소송(토지인도 및 건물철거소송 및 지료청구소송)을 제기한다. 그런 다음 유치권자에 대하여는 퇴거를 명하고 퇴거를 하지 않는 경우 토지퇴거소송을 제기하면 된다.

3. 경매기입등기 후의 점유권의 이전

채무자 소유의 건물 등 부동산에 강제경매개시결정의 기입등기가 경료되어 압류의 효력이 발생한 이후에 채무자가 위 부동산에 관한 공사대금 채권자에게 그 점유를 이전하여 유치권을 취득하게 한 경우, 그와 같은 점유의 이전은 목적물의 교환가치를 감소시킬 우려가 있는 처분행위에 해당하여 민사집행법 제92조 제1항, 제83조 제4항에 따른 압류의 처분금지효에 저촉되므로 점유자로서는 위 유치권을 내세워 그 부동산에 관한 경매절차의 매수인에게 대항할 수 없다(대판 2005. 8. 19, 2005다22688).

4. 건물의 외관을 갖추지 못한 공사 중단된 정착물의 유치권 성립 여부

건물의 신축공사를 도급받은 수급인이 사회 통념상 독립한 건물이라고 볼 수 없는 정착물을 토지에 설치한 상태에서 공사가 중단된 경우에 위 정착물은 토지의 부합물에 불과하여 이러한 정착물에 대하여 유치권을 행사할 수 없는 것이고, 또한 공사 중단 시까지 발생한 공사금 채권은 토지에 관하여 생긴 것이 아니므로 위 공사금 채권에 기해 토지에 대하여 유치권을 행사할 수도 없는 것이다(대판 2008.5.30, 2007마98).

참고: 유치권 양수도 절차와 주의점

1. 절대적인 조건으로 유치권의 점유 권한을 먼저 인수인계 하여야 한다. 또한 동시에 유치권 양도 양수 계약서를 작성하고 그 계약서를 공증한 다음 교부하여야 하며 아울러 유치권양도 양수에 따른 양도 양수 방법이 기재되어야 한다.
2. 필뇨석 기재 사항
    1) 물건소재지(유치권을 주장하고 있는 부동산소재지)
    2) 유치권의 권리가 존속되어 졌다는 내용과 함께 물건에 대한 부동산 표시
    3) 유치권자의 주장 금액
    4) 유치권 양도인과 양수인의 표시
    5) 유치권의 권리행사기간 및 물건소재지에 대한 현황사진
    6) 공사도급계약서 사본
    7) 기타 유치권에 관련된 사항의 기재
3. 유치권 양도 양수 계약서의 작성 후 반드시 유치권 양도자와 양수인의 인감증명서를 첨부한 뒤 공증하거나 확정일자를 받는다.

4. 건축주 또는 시행 주에게 유치권을 양도 양수하였다는 증서를 내용증명으로 발송한다. 그리고 직접 양수인이 유치권에 대해 권리를 행사하고 있다는 것을 입증하기 위한 자료로 사진 촬영 한 뒤 다시 내용증명으로 발송한다. 만약 여기에서 유치권을 행사 중인 상태에서 경매가 진행 중인 상태라면 위와 같이 유치권에 대한 권리를 양도 양수하였다는 증명서를 경매집행법원과 건축주 또는 시행사와 이해관계인에게 발송하면 된다.

🔍 참고: 경매 절차에 의한 목적물 매각과 유치권자의 법적 지위

경매 절차에 의하여 유치권자가 유치하고 있는 목적물이 매각된 경우, 그 경매절차가 유치권에 의한 경매 절차인 경우는 유치권은 소멸됨이 원칙이나, 유치권에 의한 경매가 아닌 강제경매나 담보권실행을 위한 경매 절차인 경우는 유치권은 소멸하지 않고 존속한다.

판례 1: 유치권에 의한 경매는 형식적 경매이지만 형식적 경매라는 이유만으로 반드시 인수주의에 의할 것이 아니라 여러 가지 사정을 종합하여 결정할 것이고, 일반적인 강제경매와 마찬가지로 소멸주의를 원칙으로 하는 것이며, 인수주의를 택할 경우는 매각조건변경결정을 통하여 이를 명확히 하여야 한다(대결 2011. 6. 16, 2010 마 1059). 따라서 유치권자가 경매를 신청하여 목적물이 매각될 경우 매각조건변경결정을 통해 유치권이 존속하는 것으로 명시하지 않는 이상 일반채권자와 동등한 순위에서 안분배당을 받을 수밖에 없다.

판례 2: 유치권자가 신청한 경매의 경우에도 민사집행법 제91조 제1항이 정한 잉여주의와 제102조에 의한 경매 절차의 취소 규정도 준용되어야 한다(대결 2011. 6. 17. 2009마2063). 그러나 이러한 대법원 결정은 유치권에 의한 경매절차에 따라 목적물이 매각된 사안에 관한 것으로, 유치권에 의한 경매가 아닌 일반적인 강제경매 또는 담보권실행을 위한 경매 절차에 따라 목적물이 매각 된 경우 유치권자의 지위가 어떠한지에 관해서는 해석상 문제점이 있다. 그러나 "유치권에 의한 경매 절차가 정지된 상태에서 그 목적물에 대한 강제경매 또는 담보권실행을 위한 경매절차가 진행되어 매각이 이루어졌다면, 유치권에 의한 경매절차가 소멸주의를 원칙으로 하여 진행된 경우와는 달리 그 유치권은 소멸하지 않는다고 봄이 상당하다"(대판 2011. 8. 18. 2011다35593)고 하여 이러한 문제점의 해결을 제시했다.

🔍 참고: 유치권 관련 판례

1. 점유자의 유익비상환청구권은 점유자가 그 점유물을 반환할 때 비로소 회복자에 대해 발생하는 것이므로 소유권이전등기의 말소만을 구하는 경우는 그 유익비상환청구권으로서 동시이행 또는 유치권의 항변을 할 수 없다.

2. 건물임차인이 건물에 대한 유익비상환청구권에 터 잡아 취득하게 되는 유치권은 임차건물의 유지사용에 필요한 범위 내에서 임차 대지 부분에도 그 효력이 있다. 토지임차인은 임차지 상에 해놓은 시설물에 대한 부속물매수청구권과 보증금 반환청구권으로서 임대인에게 임차물인 토지에 대한 유치권을 주장할 수 없다.

3. 비록 건물에 대한 점유를 승계한 사실이 있다 하더라도 전 점유자를 대위하여 유치권을 주장할 수는 없는 것이다. 또한 유치권자가 유치물을 점유하기 전에 발생된 채권(건축비채권)이라도 그 후 그 건물의 점유를 취득했다면 유치권은 성립한다.

4. 임대인이 임대차계약을 해지하였는데(권원 없는 점유로 된다) 임차인이 계속 건물을 점유하여, 유익비를 지출한 경우 유치권을 행사할 수 없다.

5. 유치권자의 점유 하에 있는 유치물의 소유자가 변동된 경우 유치권자의 점유는 유치물에 대한 보존행위로서 하는 것이므로 적법하다. 따라서 소유자변동 후 유치권자가 유치물에 관하여 새로이 유익비를 지급하여 그 가격의 증가가 현존하는 경우는 이 유익비에 대하여도 유치권을 행사할 수 있다. 따라서 소유자 변동 후 유치권자가 건물 사용으로 인하여 얻은 실질적 이익은 이로 인하여 신 소유자에게 손해를 끼치는 한에 있어서 부당이득으로서 상환할 의무가 있는 것은 별문제로 하더라도 그 물건을 사용하는 것은 적법행위로 불법점유로 인한 손해배상책임은 없다.

6. 건물의 임차인이 임대차 관계 종료 시에는 건물을 원상으로 복구하여 임대인에게 명도하기로 약정한 것은 건물에 지출한 각종 유익비 또는 필요비의 상환청구권을 미리 포기하기로 한 취지의 특약이라고 볼 수 있어 임차인은 유치권을 주장할 수 없다.

9. 유치권 물건의 입찰과 법적 조치

1) 경매방해죄로서 형사책임

(가) 유치권 신고가 될 물건 중에는 유치권이 신고 되면 입찰예정자들이 응찰을 꺼리는 점을 이용하여 채무자와 짜고 입찰 물건에 고액의 가짜 유치권을 신고하여 응찰가를 줄인 뒤 낮은 값에 경락받으려는 경우가 많다.

(나) 유치권부존재확인의 소를 제기하는 방법 등에 의해 허위 유치권임을 밝혀내면 사해행위에 의한 공무집행방해 혐의로 형사고발 조치를 할 수 있으며, 허위유치권자 및 그와 모의한 채무자까지 경매방해죄로서 형사책임을 물을 수 있다.

소장
(유치권부존재확인청구의 소)

원 고 농협중앙회 ○○지점

　서초구 반포동 000-00번지

　(전화: , 팩스:)

피고 윤○○(-)

　서울 강남구 개포동 12-2 엘지개포자이 104동 0000호

청구취지

1. 별지 목록 기재 건물에 관하여 공사대금 123,598,700원을 피담보채권으로 하는 피고의 유치권이 존재하지 아니함을 확인한다.

2. 소송비용은 피고의 부담으로 한다.

라는 판결을 구합니다.

청구원인

1. 당사자의 관계

가. 별지 목록 기재 각 부동산은 소외 정○○의 소유입니다.

나. 원고는 건축주인 소외 정○○ 소유의 별지 목록 기재 각 부동산 중 토지와 건물부분(이하 '이 사건 건물'이라 한다)에 금원을 차용하여 주었으나 소외 정○○가 이를 변제하지 아니하여 가압류하였던바, 서울중앙지방법원의 확정판결을 받아 서울중앙지방법원 2010타경0000호 부동산강제경매를 신청하였습니다. (갑 제1호증의 1 내지 3)

다. 피고는 소외 정○○으로부터 이 사건 건물 신축공사를 도급받고, 신축하였으나, 아직까지 공사대금 금 123,598,700원을 지급받지 못하여, 이 사건 토지와 건물에 대하여 유치권이 있다고 주장하는 사람입니다.

2. 이 사건의 경위

....

3. 유치권의 존재가 미칠 영향

....

이상 살펴 본 바와 같이 피고는 유치권자가 아님에도 유치권자로 경매법원에 유치권신고를 하여 이로 인해 절차가 지연되었음은 물론이고, 매수인에게 대항할 수 있는 유치권자의 존재는 부동산에 대한 입찰 여부 및 그 가격결정에 직접적인 영향을 미칠 수 있는 중대한 사항으로서 종국적으로는 원고들을 포함한 배당채권자들의 이해관계에 지대한 영향을 미친다고 고려되므로, 피고를 상대로 청구취지 기재의 유치권이

존재하지 아니함의 확인을 구할 이익이 있다고 하겠습니다.

4. 이에 원고는 피고의 위 경매법원에 대한 청구취지 기재의 유치권이 존재하지 아니함의 확인을 구하기 위하여 부득이 본소 청구에 이른 것입니다.

입증방법

1. 갑 제1호증의 1 내지 3 각 권리신고서
1. 갑 제2호증 심문기일조서
1. 갑 제3호증결정

첨부서류

(생략)

20 . . .

위 원고 ㉑

서울중앙지방법원귀중

동부7계 2023타경 57385 오피스텔 (주거용)
병합중복/2024-57238

물건소재지	서울 광진구 중곡동 649-11,649-12 평강 9층 901호 (04919)서울 광진구 능동도 37길 9				
경매구분	강제경매	채권자	송세윤		
용 도	오피스텔(주거용)	채무/소유자	조선자	매각기일	25.02.17(월)10:00
감 정 가	314,000,000(23.08.31)	청구액	185,500,000	다음예정	25.03.31(102,891,000)
최 저 가	128,614,000(41%)	토지면적	632㎡(1.9평)	경매개시일	23.08.21
입찰보증금	12,861,400(10%)	건물면적	25㎡(7.6평)	배당종기일	23.11.06
주의사항	· 유치권 · 소멸되지 않는 권리: 2024.05.02. 접수 제69504호로 경료된 을구4번 주택임차권등기는 배당에서 전액 변제받지 않으면 잔액을 매수인이 인수함				

소재지/감정요약	물건번호/면적(㎡)	감정가/최저가/과정	임차조사	등기권리
(04919) 서울 광진구 중곡동 649-11,649-12 평강 9층 901호(능동도37길9) 감정평가서요약 - 철콘구조철콘지붕 - 업무시설(오피스텔) 및 근린생활시설 - 군자역 북서측 인근 - 주위상업시설, 업무시설 및 근린생활시설, 공동주낵 등 소재 - 차량접근가능 - 대중교통 여건 보통 - 인근 노선버스(정) 및 지하철 군지역 소재 - 난방설비 - 2필일단대체로 장방형 토지 - 북동측세로접함 - 도로(접함)(649-12번지) - 도시지역 - 일반상업지역 - 과밀억제권역 2023.08.31. 정안감정	물건번호: 단독물건 대지6.2/302.5 (1.88평) 125,600,000 건물 ·건물 25.0(7.56평) 188,400,000 ·전용 25.00㎡(8평) ·공용 17.26㎡(5평) - 총 13층 - 승인: 2020.12.16. -보존: 2020.12.22	감정가 314,000,000 ·대지 125,600,000 (40%) (평당66,808,511) ·건물 188,400,000 (60%) 최저가 126,614,000 (41%) 경매진행과정 ① 314,000,000 2024-08-19 유찰 ② 251,960,000 2024-10-07 유찰 ③ 200,960,000 2024-11-11 유찰 ④ 160,768,000 2024-12-16 유찰 ⑤ 128,614,000 2025-02-17 진행	법원임차조사 박지희 전입2021.06.03. 확정2021.04.01. 배당2023.11.02. (보) 250,000,000 주거/전부 점유기간 2021.05.15.-	근저당 박규리 2022.11.08. 19,900,000 강제 송세윤 2023.08.21. *청구액: 185,500,000원 가압류 유한솔 2023.11.02. 250,000,000 2023카단54194 서울동부 임차권 박지희 2024.05.02. 250,000,000 전입:2021.06.03. 확정:2021.04.01. 보증금 250,000,000 강제 박지희 2024.06.12. 2024타경57238 채권총액 1,119,900,000원

・이서구가 2024.8.2.유치권 신고(이 사건 부동산 신축 시 토토목공사 설계, 인허가 비용 등에 지출한 차용금 131,352,947원)을 하였으나 그성립여부는 불분명함.
・2024.9.13.자 채권자(임차인) 박지희가 유치권배제신청서를 접수함.
・2024.9.13.자 채권자(임차인) 박지희가 유치권배제신청서를 접수함.

(해설)

1. 점유관계 미상인 '이서구'가 1억 3,130여만 원의 유치권을 신고했다. 그런데 유치권을 주장하는 점유자나 이를 알리는 게시문 등 어떠한 표식도 전혀 확인된 사실이 없다. 매각물건명세서 등 법원 기록에 따르면, 매각대상 오피스텔에 임차인 '박지희'가 점유하고 있음을 알 수 있고 강제경매를 신청권자로 되어 있다. 따라서 유치권 신고인이 점유를 하고 있지 않음을 추정할 수 있다. 점유가 유치권의 성립요건이자 존속 요건이고, 설령 경매개시결정일 이후에 점유를 이전 받은 경우라도 유치권이 성립할 수 없다.
더욱이 신고한 명목이 '이사건 부동산 신축시 토목공사 설계, 인허가 비용 등에 지출한 차용금'임을 알 수 있는데, 매각대상 오피스텔로부터 발생한 피담보채권이 존재하기엔 어렵다.

2. 강제경매를 신청한 선순위임차권자 '박지희'가 있다. 2회차 최저매각가격 이 2억 5,120만 원인데, 특별한 사정으로 인해 유찰 횟수가 많아져 배당받지 못하는 보증금이 있으면 매수인이 인수해야 하겠지만, 물건의 특성상 선순위의 박지희는 보증금 전액인 2억 5,000만 원을 우선배당받을 수 있다고 여겨진다. 따라서 매수인이 인수하는 보증금은 없을 것으로 판단된다.

2) 인도명령이나 명도소송 등에 의한 강제퇴거

(가) 유치권으로 인정받으려면 경매개시결정 전에 발생한 유치권이어야 하며 그 채권에 대해 공신력 있는 서류를 통해 입증해야 한다.

(나) 법원경매기록에 전혀 기록되어 있지 않았는데 경락 후에야 유치권을 발견했다면 허위 유치권자일 수도 있다. 특히 경락 전에 해당부동산을 점유하고 있지 않았던 유치권임을 사진 등으로 증빙하면 인도명령이나 명도소송 등에 의해 강제퇴거 시킬 수 있다.

3) 매수인이 취할 수 있는 조치

유치권자는 점유사용에 의한 이득 분을 반환해야 한다. 즉, 점유 권리는 있되 그에 대한 사용료 등을 지불해야만 한다. 낙찰 후에 진짜 유치권이 확인되었다면 매수인이 취할 수 있는 조치는 다음과 같다.

🔍 참고: 유치권신고서의 접수와 집행법원의 처리 기준

경매절차진행 중 유치권신고가 있을 경우 채권자는 유치권배제신청서를 제출하거나 동시에 유치권부존재확인의 소를 제기하는 것이 일반적이다. 경매신청채권자가 유치권부존재확인의 소를 제기했다는 이유로 그 확정판결이 있을 때까지 경매절차의 정지를 신청한다 하더라도 경매절차가 정지됨이 없이 경매가 계속 진행됨이 일반적이다. 그것은 소송의 제기에서 그 확정판결까지는 상당한 시일이 소요될 뿐만 아니라 유치권부존재가 밝혀진 경우에는 경매신청채권자를 포함한 이해관계인은 매각허가에 대한 이의 및 매각허가결정에 대한 즉시항고에 의해 받을 수 있다는 이유에서이다.

실무에서는 경매절차에서 유치권 권리신고서가 접수된 경우 법원은 유치권자에게 점유개시시기, 피담보채권액 등을 소명하도록 한 후 다음과 같이 처리하고 있다.

1. 매각기일 이전에 유치권신고서가 접수 된 경우

   매각물건명세서에 "유치권의 신고가 있으나 그 성립 여부는 불분명" 등으로 기재하여 매각을 실시한다.

2. 매각기일부터 매각허가기일 전까지 유치권신고서가 접수된 경우

   유치권이 성립할 여지가 전혀 없다는 점이 명백한 경우를 제외하고 매각물건명세서 작성에 중대한 하자가 있는 것(민사집행법 121조 5호)으로 간주하여 매각불허가 결정을 하고 새매각을 실시한다.

3. 매각허가기일부터 매각허부결정 전까지 접수된 경우

   최고가매수신고인으로부터 매각허가에 대한 이의신청(민사집행법 121조 6호) 또는 매각허가결정에 대한 항고(민사집행법 129조)를 통해 매각허가결정을 취소하고 새매각을 실시한다.

4. 매각허가결정 확정 후부터 대금지급 전까지 접수된 경우

   매각허가결정의 취소신청(민사집행법 127조 1항)을 받아 매각허가결정을 취소하고 새매각을 실시한다.

5. 대금지급 후부터 배당실시 전까지 유치권신고서가 접수된 경우

   최고가매수신고인이 민법 제575조 1항에 따른 담보책임을 묻는 경우에 한하여 매각허가결정을 취소한다.

6. 유치권신고 없이 경매절차가 종료된 경우

   통상적으로는 유치권자가 유치권신고서를 제출하지만, 설령 유치권 권리신고 없이 경매절차가 종료되었다 하더라도 그 권리의 존재 그 자체가 부정되거나 기존의 권리가 소멸되는 것은 아니다. 다만, 유치권자가 첫매각기일 전에 유치권 신고서를 제출하지 아니하면 경매절차에서 이해관계인이 될 수 없는 등의 불이익은 감수해야 한다. 어쨌든 유치권자가 경매절차에서 유치권 권리신고를 하지 않았다 하더라도 유치권 자체가 소멸되는 것은 아니다.

판명시기	매수인(낙찰자)의 대처
매각(경락)허가결정이 났을 때	즉시항고를 할 수 있다.
매각결정기일(경락기일)	매각(경락)에 대한 이의를 제시할 수 있다.
매각(경락)허가확정 후 잔금 납부 전	매각(경락)허가결정 취소를 신청할 수 있다.
매각(경락)허가확정 후 잔금 납부 후	채무자나 배당받은 채권자에게 담보책임을 물을 수 있다.

제2편

경매 후의 법률문제

부동산 경매의 종결 시 즉, 매수인에게 소유권이 이전되는 때에 등기부 등에 있던 권리관계 등을 어떻게 처리하느냐의 문제이다.

1. 소제(소멸)주의

매각허가결정이 확정되고 대금이 완납되었을 때, 그 매각부동산에 성립된 유치권, 저당권 등의 담보물권과 지상권, 지역권, 전세권 등의 용익물권을 모두 소멸시켜 매수인이 제3자의 권리에 의하여 제약되지 않는 완전한 재산권을 취득하게 하는 제도를 소제주의 또는 소멸주의라 한다.

가) 소제 주의에 해당하는 권리는 경락으로 인하여 말소촉탁의 대상이 된다. 따라서 이들 권리는 부동산의 매각대금에서 배당받아야 한다.

나) 말소기준 권리

  (가) 저당권(근저당권), 압류, 가압류, 담보가등기는 매각으로 항상 소멸된다. 이들 권리 중 가장 먼저 설정된 권리를 말소기준 권리라 하는데, 이 권리를 기준으로 권리의 소재와 인수가 결정된다.
  (나) 말소기준 권리보다 뒤에 오는 용익물권 등(지상권, 지역권, 전세권, 소유권이전청구권가등기, 가처분, 환매등기, 임차권등기, 대항요건을 갖춘 주택임차권)은 소제(소멸)된다.
  (다) 강제경매의 경우에는 말소기준 권리인 경매신청기입등기보다 뒤에 설정된 용익물권 등은 소멸된다.
  (라) 말소기준 권리 이전의 대항력 있는 전세권자는 경매신청채권자이거나 타 채권자의 신청에 의한 경매에 있어서 배당을 요구 한 경우에는 소제(소멸)된다.

	말소기준권리가 될 수 있는 권리	말소기준권리가 될 수 없는 권리
1	저당권(근저당권)	지상권
2	가압류	가처분
3	압류	임차권(입주+전입 / 임차권등기)
4	담보가등기	보전가등기
5	강제경매	임의경매
6	전세권	전세권
7		환매등기
8		지역권

• "법원실무재요"에는 "말소기준권리"라는 용어가 없다. 강학상으로 이용하는 용어임을 밝혀둔다.

2. 인수주의(이전주의)

매수인이 낙찰 후에도 그 부동산에 수반된 담보물권이나 용익물권 등의 재산상의 부담을 안은 채 그 재산을 취득하도록 하는 제도를 말한다.

따라서 이러한 권리는 경매부동산의 매각대금인 법원의 배당금과는 별도로 매수인이 인수해야 하므로 매수인은 낙찰 시 자신이 인수해야 하는 만큼의 금액을 공제하고 나서 낙찰내정가격을 결정하게 된다.

(가) 인수되는 권리가 있는 경우에는 낙찰받기를 꺼리나 유찰 횟수가 많아 인수에 부담이 적을 때는 응찰할 수도 있다. 그러나 가등기·가처분·지상권·유치권·예고등기에 따른 인수 시에는 철저한 조사·분석이 필요하다.

(나) 권리자체가 인수되는 특성을 갖는 유치권(등기할 수 있는 방법이 없음)은 말소기준권리와 관계없이 항상 인수된다.

(다) 말소기준 권리 앞에 오는 용익물권 등은 인수된다.

선순위가처분뿐만 아니라 후순위가처분이라도 때로는 인수해야 하는 경우가 있음에 역시 주의해야 한다.

(라) 강제경매의 경우에는 경매신청기입등기보다 앞에 설정된 용익물권 등은 인수된다.

단, 용익물권 등보다 앞선 말소기준 권리가 없어야 한다.

참고: 인도명령의 순서

1. 집행법원에 인도명령신청(대급납부와 동시에 신청)
심리 및 심문(대항력 있는 임차인은 심문서 발송+ 배당기일종결 후 3일 이내 결정, 대항력 없는 임차인은 심문서 발송 + 심문 후 결정, 유치권자와 기타점유자는 심문기일지정 + 심문 후 결정) ⇒ 인도명령결정 ⇒ 인도명령결정문송달 ⇒ 인도명령송달증명원, 확정증명원, 집행문부여서 수령

2. 집행관사무소에 강제집행신청
(송달증명서 + 인도명령결정문 1 내지 2주 내 현황조사실시후 집행비용예납 및 강제집행계고) ⇒ 집행일자 지정 ⇒ 강제집행

1. 개관

채무자, 소유자 또는 압류의 효력이 발생한 후에 점유를 시작한 부동산 점유자에 대하여는 매수인이 대금을 완납한 후 6개월 내에 집행법원에 신청하면 법원은 이유가 있으면 간단히 인도명령을 발하여 그들의 점유를 집행관이 풀고 매수인에게 부동산을 인도하라는 취지의 재판을 한다.

이때 인도명령 신청을 받은 법원은 채무자와 소유자는 부르지 않고 통상 세입자 등 제3자를 불러 심문하는 경우도 있다.

민사집행법의 적용을 받는 사건에 대하여는 인도명령의 상대방을 확장하여 점유자가 매수인에게 대항할 수 있는 권원을 가진 경우 이외에는 인도명령을 발할 수 있도록 개선하였다.

부동산의 인도명령은 경매 절차에서 경매법원에 매수인이 매각부동산의 점유자를 상대로 점유 인도를 구하는 신속한 절차이다.

(가) 현행 민사집행법은 매수인(경락인)이 매각 잔금 납부 후 6개월 이내에 신청하면 채무자, 소유자 또는 부동산 점유자에 대하여 부동산을 매수인에게 인도하도록 명할 수 있도록 하고 다만 점유자가 매수인이 되는 경우 예외를 인정한다.

이것은 인도명령을 쉽게 발할 수 있도록 상대방을 확장하여 매수인(경락인)에게 편의를 도모한 입법적 취지이다.

요점: 법정지상권이 성립되지 않는 경우의 인도명령기법

(나) 용이한 인도방식의 채택

구 민사소송법과는 달리, 현행 민사집행법은 인도명령 발령 시에는 그 심문 제외 대상을 확장하여 채무자 또는 소유자가 점유하는 때, 매수인에게 대항할 수 있는 권원에 의하여 점유하고 있지 아니함이 명백한 때, 이미 그 사람을 심문 한 때에는 심문을 생략할 수 있도록 함으로써 경매부동산의 인도를 용이하게 하였다(민사집행법 제136조).

(다) 경매법원의 명령으로 낙찰부동산의 인도를 실현하는 방법을 인정한 것은 낙찰자가 채무자 등을 상대로 별도의 소, 즉 명도소송에 의하게 되면 기간이 많이 소요되고 절차가 복잡하여, 비용이 많이 들어 경매로 부동산의 구입을 꺼리는 경우가 있어서 이같은 단점을 보완코자 마련된 제도이다.

인도명령은 낙찰자가 매수인으로서 가지는 인도청구권을 현실매매의 경우와 같이 용이하게 해주어야 할 필요성이 있다.

2. 부동산 인도명령 절차

인도명령의 신청자는 매수인 및 그 상속인이다. 매각대금을 납부하면 되고 소유권 이전등기까지 경료됨을 요하지 않는다. 매수인(낙찰자)로부터 그 부동산을 양수받은 특정승계인은 인도명령을 신청할 수 없다. 인도명령의 상대방은 채무자, 채무자의 일반승계인, 소유자, 압류의 효력발생 후에 점유를 개시한 제3자이다.

가. 인도명령 신청 방법

인도명령은 집행법원에 서면 또는 구술로 할 수 있는데, 통상 서면으로 접수한다. 집행법원은 집행법원의 전속관할이다. 신청인이 주장하는 사실에 대하여 법원은 소명자료를 요구할 수 있다. 또한, 심문일에 피신청인이 심문에 응하지 않으면 신청인이 유리하다.

나. 인도명령신청서

가) 부동산인도명령신청서에는 소정의 인지가 첨부되어야 한다(인지는 1,000원이다. 송
　　달료는 2회 기준 12,080원이다). 인도명령의 신청은 본인이 직접 또는 법무사에게
　　의뢰할 수 있다.

나) 인도명령신청 시 구비서류
　　(가) 부동산인도명령 결정정본
　　(나) 강제집행신청서
　　(다) 송달증명원
　　(라) 집행위임서
　　(마) 집행비용예납금(아파트의 경우 전용면적 기준 평당 약 8만 원 정도 소요)
　　(바) 도장

🗂️🔍 참고: 경매기록상에 없는 점유자(승계인 등)를 상대로 하는 경우

1. 집행관작성의 집행불능서 등본
2. 가족관계등록서 등 그 점유사실 및 점유개시일자(대금지급전에 점유를 개시한 사실)을 증명하는 서면을 제출
　 하여야 한다.

부동산인도명령신청

사건번호 : 2023 타경 ****호 부동산 임의경매

신청인(낙찰자) :

피신청인(소유자) :

위 당사자 간의 부동산 경매사건에 관하여 낙찰자는 별지목록기재 부동산에 대한 낙찰허가 결정을 받고 2024.   . . 낙찰대금을 완납하였으므로 피신청인에 대하여 위 부동산 인도를 요구하였으나 피신청인은 그 인도를 거부하므로 피신청인의 점유를 풀고 이를 낙찰자가 인도받을 수 있도록 인도명령을 하여 주시기 바랍니다.

첨부서류 : 부동산 목록 5부

2024.   .   .

위 신청인(낙찰자)인
주소
전화번호

서울중앙지방법원   귀중

다. 인도명령의 상대방과 신청기간

가) 인도명령의 상대방

(가) 인도명령의 상대방은 채무나, 소유자 또는 매수인에게 대항력이 없는 부동산 점유자이다. 여기서 채무자는 경매개시결정에 표시된 채무자를 의미한다. 또한 그 일반승계인(상속인)도 포함된다.

(나) 상속인이 다수인 경우는 각자가 개별적으로 인도명령의 상대방이 된다. 또한 소유자는 경매개시결정 당시의 소유자를 의미한다.

(다) 인도명령은 낙찰대금을 납부한 후 6개월 이내에 신청해야 한다. 6개월이 경과 한 후에는 점유자를 상대방으로 하여 소유권에 기한 명도소송을 제기할 수밖에 없다.

나) 기타

(가) 채무자의 동거가족, 채무자의 근친관계, 채무자의 피고용인도 상대방이 된다. 채무자가 법인인 경우는 법인의 점유보조자, 채무자와 공모하여 집행방해 목적으로 점유한자 등도 포함된다. 다만 유치권자에 대하여는 정당한 권원을 가진 자에 해당하므로 인도명령의 신청대상이 아니다.

(나) 그런데 최근에는 허위. 가장임차인이 급증하므로 인해 법원은 매수인이 가장, 위장임차인임을 입증하는 자료를 제출하면, 유치권의 성립을 부인하고 인도명령 결정을 내리는 경우가 점차 증가하고 있다(실무적으로는 유치권부존재확인의소와 인도명령을 동시에 제기하여야 한다).

라. 인도명령과 정본의 송달

(가) 법원은 신청인이 제출한 주민등록초본·인도명령의 집행 조서, 등기부등본 등의 자료와 집행기록 및 상대방 심문 결과 인도명령의 사유가 소명되면 인도명령을 한다.

(나) 인도명령 정본은 신청인과 상대방에게 송달 한다. 다만 상대방에게 송달 할 정본을 신청인에게 교부하여 집행관이 상대방에게 송달 해도 무방하다.

마. 인도명령에 응하지 않을 경우

(가) 인도명령 집행 신청자와 집행관은 사전협의 절차가 필요하다.
　이는 집행 현장에 대한 정보를 집행관에게 제공하여 그 규모에 따른 집행, 노무자 수의 결정 및 현장 안내의 실무를 위한 사전협의 절차이다.

(나) 신청인은 집행관에게 위임하여 인도명령의 집행을 하도록 한다.
　인도명령의 집행은 인도명령송달증명서(상대방에게 송달되었다는 증빙서류)와 인도명령서정본을 집행관 사무실에 제출하면 제출 후 3일 내지 4일 이내에 집행기일이 정해진다.

(다) 집행에 있어서는 서면심리만으로 인도명령 허가 여부를 결정할 수 있고, 상대방을 심문 또는 변론을 듣는 경우도 있다. 다만 채무자, 소유자 외의 자에 대한 인도명령은 심문을 요한다. 그러나 이 경우에도 명백한 경우에는 그러하지 아니하다.

바. 강제로 물건을 외부로 옮겨야 하는 경우

매수인은 대금을 완납하면 무엇보다도 부동산의 명도 또는 인도에 신경을 써야 한다.
따라서 완납 후 점유자가 순순히 인도할 의사가 있도록 설득해야 할 것이며, 이 경우통상 이사비용(건물은 평당 5-7만 원, 대지는 2-3만 원)을 감수해야 할 것이다.
그럼에도 불구하고 인도의사가 없다면 법적절차에 의존할 수밖에 없다.

(가) 주택 안에 점유자가 있으면 물건은 집밖에 아무 곳에나 들어내도 된다.

다만 주택 안에 점유자가 없으면 입회참여가 있어야 한다. 이경우 집행관은 그 목록을 작성하여야 하고 물건이 적으면 한쪽에 모아두고 물건이 많으면 물류센터(유료창고) 등을 이용하면 된다.

물류센터(유료창고) 이용 시는 먼저 비용을 부담하고 물건 소유자에게 나중에 청구하는 방법을 취하여야 한다.

(나) 주택이나 상가에 사람도 없고 물건도 없는 경우엔 관리실 직원, 이웃 주민에게 문의하여 확인하고 관리실 직원이나 제3자가 있는 상태에서 열고 입주하면 된다.

사. 집행 현장에 점유자가 부재중이어서 2회 집행이 불능하면 입회참여자의 입회하에 강제로 문을 열어 물건들을 들어낼 수 있다. 또한, 점유자가 있음에도 방해목적으로 문을 열어주지 않은 경우에도 마찬가지이다. 이 경우 집행관과 사전협의 시에 입회참여자(공무원. 경찰관 1인이나 성인2인)가 참석하도록 충분히 준비하고 상의하여야 한다.(실무적으로는 공무원, 경찰관, 이해관계 없는 성인의 참여는 쉽지 않다.)

아. 강제집행 후 재침입한 경우

인도명령 후 재침입하면 인도명령신청을 하여 인도명령을 받아 송달증명을 첨부하여 재집행하여야 한다. 이 경우 형사상 주거침입죄 및 부동산강제집행효용침해죄 등이 성립 된다.

자. 인도명령과 부동산관리명령신청

(가) 매각허가결정 후 인도 시 까지 최고가매수신고인(매각잔금 납부 전까지만 가능)이나 집행채권자의 신청이 있으면 법원이 관리인을 선임하여 그 관리인으로 하여금 당해 부동산을 관리하도록 하는 부동산관리명령을 내릴 수 있다.

(나) 채무자가 관리인에게 관리명령의 목적 부동산의 인도를 임의로 하지 아니하면 관리를 위한 부동산인도명령을 신청한다.

(다) 부동산인도명령이나 관리명령의 신청에 대한 재판에 관하여는 즉시항고할 수 있다.

3. 부동산 인도명령의 불복절차

가. 인도명령에 대한 불복사유

(가) 당사자가 다르거나 기한이 도과하는 경우,
(나) 인도명령 신청이나 심문 또는 심리 절차상의 하자가 있는 경우
(다) 인도명령자체의 형식적 하자(인도 목적물의 불특정, 상대방의 불특정)
(라) 상대방이 낙찰자에 대항할 수 있는 점유권원의 존재
(마) 인도명령 시 판단해야 할 적법 요건(신청인자격, 상대방의 범위, 신청기한 등) 미비

나. 인도명령에 대한 불복신청 방법

(가) 즉시항고 : 인도명령 신청 결정 재판에 대한 불복
(나) 집행에 관한 이의의 소 : 인도명령 집행 자체의 위법 사유로 불복
(다) 제3자이의의 소 : 제3자가 인도 집행을 받을 때 불복
(라) 청구이의의 소 : 확정된 인도명령에 대한 불복

다. 인도명령의 집행정지

불복방법으로 불복 신청한 경우라도, 집행이 들어오는 경우가 있음에 유의하여야 한다.
따라서 이런 경우를 대비하여 집행정지신청이 병행되어야 한다.
특히 상대방이 인도명령에 대하여 즉시항고를 제기한 경우는 집행정지명령을 받아 집행관
에게 제출하여 집행을 정지할 수 있고, 청구에 관한 이의의 소나 제3자이의의소에 의하는
경우는 잠정처분을 받아 이를 집행관에게 제출하여 그 집행을 정지할 수 있다.

1. 잔금납부와 동시에 점유이전금지가처분과 인도명령의 동시신청

잔금을 완납함과 동시에 점유이전금지가처분신청 및 인도명령을 신청하는 것이 바람직하다. 다만 실무상으로는 법적인 인도명령이나 명도소송으로 가기보다는 협상으로 명도가 완결되는 경우가 대부분이다. 따라서 사전에 방문을 하는 것이 좋다는 것이다. 그러나 법적 대응도 진행하면서 협상을 하는 것이 시간과 노력을 절감하는 방법이기도 하다. 협상이 원만히 타결되지 않았을 때 다시 법적 대응을 시작하면 그만큼 명도가 늦어지는 것이다. 점유이 전금지가처분신청은 새로운 점유자에 대해서도 인도명령이나 명도소송의 효력이 미치게 하기 위해서다.

2. 거주자를 방문하는 시점

소유자가 점유하는 부동산의 경우에는 잔금을 완납하기 전에 방문하는 것은 피해야 한다. 왜냐하면 매수인은 잔금을 지급하기 전에는 새로운 소유자가 아니므로 그 이전에 방문했다가는 불상사가 있을 수도 있기 때문이다. 반면 임차인이 거주하고 있는 경우에는 잔금 지급전에 방문해서 명도문제를 협의해도 된다.

3. 이사비 협상

거주비의 의사를 타진하는 과정에서 거의 대부분 거주자가 이사비용을 요구한다. 이사비용의 요구는 아무런 법적 근거 규정이 없다. 그러나 가장 일반적으로는 강제집행비의 범위 내에서 이사비용 협상을 종결한다. 즉 아파트의 경우를 기준으로 보면 집행비가 전용면적 기준으로 평당 약 8만 원 정도이므로 30평 아파트의 경우에는 약 200만 원 정도의 금액이 이사비로 결정된다. 특히 앞에서 언급한대로 잔금 납부와 인도명령을 동시에 청구하면 인도명령장이 거주자에게 도달되면 거주자의 심리가 위축되어 명도 협상이 그만큼 유리할 수 있다. 거주자가 임차인인 경우에는 법원에서 배당금을 수령하여 이사하겠다는 이유로 매수인에게 명도 확인서를 요구하기도 하는데, 특별한 사유가 없는 한 명도가 되기 전에 명도확인서를 써 주면 이후의 약속된 날짜에 임차인이 이사하지 않을 때 곤란하게 된다.

4. 체납관리비의 문제

경우에 따라서는 수백만 원이 드는 경우도 있으므로 입찰 전에 반드시 거주자의 체납관리비를 확인해야 한다. 체납관리비를 누가 부담해야 하는가에 관해서는 사용자부담설과 2분설이 있다. 하지만 매수인은 관리비를 이사비와 연계시켜 협상하는 것이 통상적인 실무의 예이다. 체납관리비를 명도 후에 확인하면 나중에 체납관리비 분쟁이 발생할 수 있다.

1) 전유부분과 공용부분의 구분에 의한 미납관리비지급의 법적 범위

판례에 의하면 아파트 관리비를 전유부분(수도료, 전기료, TV수신료, 하수도료, 난방 및 급탕비 등)과 공용부분(일반관리비, 수선유지비, 승강기유지비, 화재보험료, 오물수거비, 공용난방비, 소독비 등)으로 나누어 전유부분은 입주자대표회의가 부담하고, 공용부담에 한해서 낙찰자가 부담하여야 한다(대판(전원) 2001.9.22,2001다 8677). 즉 일반적으로 전체 관리비가 100이라고 가정하면 지역에 따라 다소 차등은 있겠지만 대체로 그중 전유부분이 60~70% 내외이고 공용부분은 30~40% 내외이다. 따라서 체납 관리비가 100만 원이라고 가정하면 그중 약 30만 원 내지 40만 원은 낙찰자(매수인)가 부담해야 한다. 그러나 세대수가 300세대 미만일 경우에는 관리비 중 공용부분의 비중이 약 60~70%로 높아진다는 점을 유의해야 한다. 관리비 항목 중에서 비중이 가장 높은 일반관리비(인건비) 부담이 높아지기 때문이다. 그밖에 관리비는 집합건물의 관리방식에 따라서도 금액에 차이가 많이 난다. 중앙공급식 난방방식을 채택하는 아파트는 개별난방 방식과 달리 아파트입주자가 없더라도 매월 부과되는 관리비가 거의 똑같다. 따라서 입주자가 점유를 하지 않아 빈 집이더라도 관리비는 매월 일정액씩 늘어나게 되어 수백만 원 대의 체납액이 발생하곤 한다. 다만 관리비는 관리사무소가 가압류를 하지 아니했다면, 일반채권의 시효가 10년인 것과는 달리 시효가 3년이다. 따라서 3년이 지난 관리비는 납부하지 않아도 된다. 또한 공용부분의 관리비 중 연체료는 특별승계인의 부담이 아니므로 연체료를 제외한 순수한 공용부분의 관리비만 지급하면 된다(대판 2006.6.29,2004다3598, 3604참조).

2) 관리사무소의 입주방해행위에 대한 대처방법

(1) 수리 또는 입주 시 단전, 단수조치

아파트관리사무소에서 체납된 관리비의 지급을 요구하면서 해당 호실에 대해 입주 또는 수리를 방해하기 위해 단전 또는 단수를 조치하였다면 민법상 불법행위가 됨과 동시에 형법상 업무방해 또는 공갈죄에 해당될 수 있다. 따라서 형사상의 대응 외에도 민사상 손해배상청구(민법 제750조)에 해당되므로 고의 또는 과실로 인한 위법한 행위로 타인에게 손해를 가한 자(관리사무소. 개인)에 대하여 그 손해배상책임을 물을 수 있다.

(2) 강제집행으로 인한 이삿짐 반출을 방해

연체된 관리비의 미지급을 이유로 관리사무소에서 강제집행을 방해하는 경우가 있다. 집행관의 강제집행을 방해하면 형법상 강제집행효용침해죄가 성립된다.

5. 명도가 용이한 부동산

1) 채무자나 소유자가 점유하는 물건

2) 배당요구 한 임차인의 배당금이 어느 정도 되는 물건

3) 임차인이 많지 않은 물건

제3절 명도소송

1. 의의

압류 이전의 점유자(세입자)로서 매수인(낙찰자)에게 대항할 수 없는 경우에는 인도명령으로 강제집행을 할 수 없으므로 정식재판인 명도소송을 하여야 한다. 즉 주택의 점유자가 채무자이거나 소유자, 대항력 없는 점유자인 경우는 인도명령을 받아 간단히 처리하면 된다. 그러나 협상이나 인도명령의 대상이 되지 않으면 명도소송을 행하는 수밖에는 없다. 명도소송은 매각대금 납부 후(기간의 정함이 없다) 해당 법원에 소송을 제기하면 된다. 소요기간은 3개월 내지 6개월 정도이다.

이하는 인도명령 대상이 아니므로 인도에 관한 합의 실패 시 명도소송 절차를 거쳐야 한다.

1) 낙찰자가 인도명령의 대상인 소유자, 채무자에게 소유권을 양도한 경우

2) 재침입한 임차인

낙찰자가 일단(임의인도, 인도 집행에 의한 인도 등) 부동산의 점유를 인도 받은 후에는 제3자가 불법으로 점유하여도 인도명령 신청이 안 된다. 다만 강제집행으로 퇴거한 자가 재침입하였을 경우에는 형법 제140조의 2호(부동산강제집행효용침해)에 의해 5년 이하의 징역 또는 700만 원 이하의 벌금에 처하게 된다. 그밖에 주거침입, 퇴거불응죄 등이 추가로 적용될 수 있다.

3) 대항력과 우선변제권을 겸용한 임차인이 배당요구를 하여 전액 배당을 받을 경우에는 그 배당금을 실제로 지급 받을 수 있는 때(배당표 확정시)까지는 낙찰자에게 주택의 명도를 거절할 수가 있다.

4) 낙찰자로부터 새로 임차한 자

5) 법정지상권이 성립하는 건물의 임차인

6) 채무자이며 대항력 있는 임차인

7) 낙찰자로부터 부동산을 매수한 자

8) 압류의 효력발생 전후에 관계없이 유치권자는 명도소송 대상이다.

참고: 실무상으로는 허위의 유치권을 주장하는 자에 대하여 유치권의 존부를 다투고자 하는 경우에는 인도명령 신청과 유치권부존재확인의 소를 동시에 제기하여야 한다.

매각잔금납부 후명도를 위해 낙찰받은 부동산에 가보면 주민등록등재도 되어 있지 아니한 채 살고 있는 임차인이 종종 있다. 이런 경우는 대체로 소유자가 가장 임차인에게 점유하게 하고 매수인에게 이사비용 등의 조건으로 금전을 받아내기 위함에 그 목적이 있다. 이 경우 우선 대화를 해 보고 적은 비용으로 이사 협상이 가능할지를 타진해 본다. 그러나 거액의 이사비용을 요구하는 등 협상이 여의치 않으면 즉시 인도명령과 부동산 점유이전금지가처분을 신청하여 법적절차에 의한 해결을 모색하여야 한다. 현행 민사집행법은 대항력이 없는 모든 점유자가 인도명령 대상자여서 점유권원이 없이 점유하고 있는 자도 인도명령으로 내보낼 수 있다.

구분	인 도 명 령	명 도 소 송
신청 시기	대금납부 후 6개월 이내	대금납부 후 바로
신청대상	소유자, 채무자, 대항력 없는 점유자	대항력 있는 점유자 인도명령대상자도 대금납부 6월 지난 경우
신청방법	인도명령 신청(담당경매계)	명도소송의 소 제기(관할법원) 점유이전금지 가처분 동시 신청

집행과정	소유자 및 채무자(심문없음) 점유자 (심문 후 명령)	소제기에 의한 심문 후 판결 (입증자료, 증인신청 등)
구비조건	송달확정 증명원 (송달불능 시 특별송달, 공시송달)	집행력 있는 정본 (판결확정증명원+송달증명원)
주문형식	피신청인은 신청인에게 별지목록 기재 부동산을 인도하라	피고는 원고에게 피고가 점유하고 있는 별지목 록 기재 부동산을 명도 하라.
소요기간	신청 후 2~3주	명도소송제기 후 통상 5개월 내외
소요비용	인지, 송달료, 강제집행수수료 등 약 150만 원(아 파트의 경우 평당 6만 원 정도 소요)	인지대, 송달료, 소송경비 및 강제집행비 등 약 3~5백만 원
최선책	강제집행보다는 대화를 통한 합의가 최선, 발품이 최고, 당근으로 해결 유도(채찍은 시위용으로만 활용하고 이사비, 거주기간 탄력적 조절 등을 통해 자진 퇴거 유도)	

2. 명도소송 시 주의할 점

인도명령과 달리 명도소송에서는 소송을 제기하기 전에 반드시 점유이전금지가처분 신청을 해야 한다.
판결의 효력은 소장에 명시된 점유자에게만 미치기 때문이다.
점유이전금지가처분 이후에 다른 사람이 점유하더라도 그 사람도 가처분의 효력이 미치기 때문에 언제든 강제집행을 할 수 있다.

3. 부동산점유이전금지가처분 절차

(가) 실효기간은 14일이다.
(나) 부동산점유이전금지가처분을 적절히 이용하면 명도가 쉽다. 다만 명도판결문이라도 집행하지 못하면 무용지물이다. 즉 소유권이전등기를 완료하고 소장을 제출하여 명도소송을 제기하면 되는데, 위에서도 언급했듯이 명도소송을 제기하여 명도판결을 받더라도 점유자가 바뀐 경우는 명도집행을 할 수 없게 되므로, 먼저 「점유이전금지가처분」부터 받아 두고 명도소송을 제기해야 한다.
(다) 점유이전금지가처분 신청서는 명도소송을 제기할 법원인 상대방주소지 관할법원에 제출하여야 한다.

부동산점유이전금지 가처분신청

채권자   이○○
 서울시 양천구 목동남로4길 6-00
채무자   강○○
 서울시 광진구 광나루로 23길 00
목적물의 가액
 금1억 5천만 원정

목적물의 표시
별지목록기재와 같습니다.

신 청 취 지

1. 채무자의 별지목록기재 부동산에 대한 점유를 풀고 채권자가 위임하는 집행관에게 그 보관을 명한다.
2. 집행관은 현상을 변경하지 아니할 것을 조건으로 하여 채무자에게 이를 사용 하게 하여야 하며, 채무자는 그 점유를 타인에게 이전하거나 또는 점유명의를 변경하여서는 아니 된다.
3. 집행관은 위 취지를 공시하기 위하여 적당한 방법을 취하여야 한다.
   라는 재판을 구합니다.

신 청 이 유

1. 채권자는 채권자 소유의 별지목록 기재 건물을 채무자에게 2021.12.20 전세보증금 금1억5천만 원, 전세기간 2년으로 하여 전세권을 설정하였습니다.
2. 그 후 이 전세기간이 경과한 2023.12.20. 채권자는 이 전세보증금 1억5000천만 원을 반환하면서 동시에 위 건물의 명도를 요구하였으나, 위 채무자는 정당한 이유도 없이 이 명도청구에 불응하고 있습니다.
3. 그러므로 채권자는 채무자를 상대로 건물명도소송을 준비 중에 있으나 채무자가 타인에게 점유를 이전하거나 점유명의를 변경할 우려가 있으므로 채권자가 후일 본안소송에서 승소판결을 얻는다 하더라도 직접 강제집행의 목적을 달성할 수 없게 될 우려가 있어서 그 집행보전을 위하여 이 신청에 이른 것입니다.

입 증 방 법

1. 소 갑 제1호중 (건물등기부등본)
2. 소 갑 제2호중 (전세권설정계약서)
3. 소 갑 제3호중의 1, 2 (각 최고서)

2024년 2월 5일

채권자 강○○   인

서울동부지방법원 귀중○○

4. 명도소송의 관할법원

부동산 소재지의 지방법원이 관할법원이다.

인도명령은 경매법원이 관할법원이고 전속관할이지만, 명도소송은 경매사건과는 별개의 사건으로 경매법원이 사건을 심리하지 않는다.

5. 명도소송 절차

가. 소장의 제출

명도소송 소장, 매각허가결정정본, 등기부등본 등을 첨부하여 상대방 주소지관할법원에 제출한다. 여기서의 상대방은 목적물을 점유하고 있는 사람으로 임차인, 계약서, 사업자등록상의 명의인과 실제로 거주, 사업하는 제3자도 포함한다.

나. 소요기간

소요기간은 특별한 사정이 없으면 약 3 내지 6개월 정도이며(항소 시 더 소요될 수 있음), 명도판결을 얻으면 집행문을 부여받아 송달증명을 첨부하여 관할법원 집행관 사무실에 강제집행신청을 하면 된다.

다. 명도 집행

1심 판결로 즉시 명도집행은 가능하다. 그것은 법원이 가집행선고판결을 함께 해주기 때문이다.

가) 명도소송 제기시의 제출서류

(가) 소장부본
(나) 부동산등기부등본
(다) 목록 또는 도면
(라) 납부서 송달료

(마) 인지 첨부

나) 명도 판결 집행 시 신청서류

(가) 집행력 있는 판결정본
(나) 송달증명
(다) 강제집행 위임장
(라) 도장

🔍 참고: 명도비용(예시)

명도소송실비는 건물 규모에 따라 상이하다. 평균 100-200만 원 내외로 보면 된다. 비용 부담이 가장 큰 것은 변호사선임료이다. 시간과 노력을 별도로 한다면 셀프소송으로 변호사 비용을 절감할 수 있다.

1. 점유이전금지가처분
  1) 인지대: 2,500원(전자소송시 10% 감면)
  2) 송달료: (이해관계인의 수 + 1) × 1회 송달료(2,260원)(선납후 추가 될 수 있음)
  3) 가처분공탁금: 법원에서 정하는 금액(인지대, 송달료 + 보증보험료)
  4) 집행관 수수료(강제집행비용): 집행관 1인 6만 원, 점유자 1세대당 15,000원씩 추가(평당비용으로 산정. 다만 지역, 면적에 따라 다소 차이가 남). 이 비용은 승소후 패소자에게 청구가능하다.
2. 명도소송비용
  1) 인지대: 소송물가액 × 5/1000 + 320
  2) 송달료: (이해관계인의 수 + (1) × 1회 송달료(2,260원)
  3) 현장검증 및 감정료: 법원납부명령, 당사자 약정
3. 명도집행비용
집행관 위임료, 집행관 출장여비, 집행노무인건비, 기타 부대비용(보관비용, 측량비용 등)

🔍 참고: 대항력과 우선변제권 있는 임차인의 명도 시기

낙찰자에 대한 대항력과 우선변제권을 가지고 있는 임차인을 상대방으로 명도소송을 제기했으나 임차인이 배당표가 확정되지 않아 배당을 받지 못했을 때는 낙찰자에 의해 이미 진행된 '건물명도 등 청구에 관한 소송'은 배당표가 확정될 때까지 정지된다. '임차인은 낙찰인에 대하여 배당표가 확정될 때까지 임차주택의 명도를 거부할 수 있으며 배당표가 확정된 후에야 비로소 임차인에 대하여 명도의 의무를 가진다.'(대판 1997.8.29, 97다 11195)

임차인이 법원으로부터 배당을 받기 위해서는 낙찰인의 명도확인서가 필요하지만, 대항력 있는 임차인이 보증금 전액이 아닌 소액보증금만을 배당 받기 위해서는 낙찰자의 명도확인서가 필요 없다. 이유는 소액보증금은 임차인의 대항력 유무와 관계없이 일정한 요건만을 갖추면 배당 받을 수 있기 때문이다. 즉 소액보증금을 배당 받는다고 하더라도 임차인이 낙찰자로부터 반환받을 금액이 남아 있는 경우에는 낙찰자의 명도확인서가 필요 없다. 단, 임차인이 낙찰자에게 부동산을 반환하지 않은 상태에서 미리 보증금 중 일부를 배당 받았다면 임차인이 배당 받은 보증금에 대한 임료 상당액은 부당이득으로서 낙찰자가 청구한다면 지불해야 한다.

1. 가장 좋은 방법은 대화에 의한 해결(진정한 경매의 고수)
2. 일정 금액의 명도비용은 생각하라
3. 잔금 납부 전 반드시 방문
4. 잔금 납부와 인도명령을 동시에 신청
5. 집행 사전예고제의 활용(계고장 송부)
6. 명도비용과 강제집행을 동시에 활용
7. 송달에 신경 써라(명도의 생명은 송달)
8. 다가구나 상가의 경우엔 분할 협상하라
9. 빈집 명도에 주의
10. 강제집행은 최후의 수단

1) 빈집의 명도
관리실이나 경비업체를 통해 빈집으로 입증 된 경우(전기계량기, 도시가스, 이웃주민 등의 확인)에는 강제집행을 할 필요 없이 관리실 또는 경비업체에 신고하고 잠금장치를 해제 후 인도 가능하다. 그러나 만에 하나 세간이 남아 있다면(고의로 책상이나 헌옷, 신발 등을 남겨 놓는 경우도 있음) 출입문을 원상태로 복구하고 정상적인 법 절차를 밟아야 한다. 장기간 방치된 유체동산이 있는 경우에는 국가공무원, 경찰 공무원, 관리사무소 직원, 성인의 입회하에 일정한 곳에 보관해야 한다. 가능한 법적 절차(인도명령 신청)를 준수해야 혹시라도 사후에 발생할지도 모를 법적 분쟁을 미리 예방할 수 있다.

보관 장소로는 창고나 마당, 옥상을 들 수있지만, 대부분 이삿짐 물류 센터에 보관한다. 여기서 보관 책임은 눈, 비를 맞지 않게 하는 등 통상의 주의 의무만을 다하면 된다. 이때 장기간 보관하면 그 비용도 만만치 않아 골칫거리가 된다. 이 경우 낙찰자는 가재도구를 경매신청하면 보관비용으로 충당할 수 있다. 사람이 살지 않으면 흔히들 명도가 쉬울 것으로 생각하나 오히려 사람은 살지 않고 짐만 가득 남아 있는 집이 명도에서 제일 어렵다. 왜냐하면 인도명령 결정의 송달이 불가능하여 결국 공시송달까지 가야만 하기 때문이다. 시간과 비용이라는 이

중 부담을 감수해야 한다.2) 보관집행

점유자가 실제 거주하고 있음에도 강제집행을 방해할 목적으로 고의로 문을 열어주지 않거나 부재중이어서 2회 이상 집행불능이 되면 성인 2인 또는 국가공무원, 경찰공무원 1인 입회하에 강제집행을 할 수 있다. 이때 반출되는 유체동산은 집행관이 목록을 작성하여 낙찰자 부담으로 이삿짐 물류보관센터 등에 보관한다. 낙찰자는 집행 비용을 점유자로부터 받아낼 수 있으나 실무에서는 대부분 낙찰자가 부담하는 선에서 강제집행을 마무리한다. 통상 2-3개월 까지는 보관을 하고 그 이후에는 보관비용의 부담에서 벗어나기 위해 유체동산을 경매하여 그 보관비용에 충당하거나 보관 부담에서 벗어난다.

3) 강제 집행 대상 부동산에 압류 · 가처분 물건이 있는 경우

권리자가 처분을 꺼리거나 소유자가 행방불명 된 경우는 집행관이 정하는 제3의 장소에 물건을 보관한 후(보관료는 낙찰자 부담) 동산권리자에게 조속한 처리 및 손해배상 취지의 내용증명을 발송한다. 압류 동산의 경우에는 3개월이 지나도록 압류권자가 동산을 처분하지 않을 경우, 법원에서는 처분을 촉구(두 차례)한 후 그래도 시행되지 않으면 법원에서 직권으로 압류를 취하한다. 대부분의 경매물건은 시효가 지나 압류가 취소된 상태다. 이때 낙찰자는 보관임대료를 채권으로 하여 동산을 다시 압류한 후 경매 절차를 거쳐 비용을 회수할 수 있다. 그러나 가처분된 동산은 권리자와 협의가 안 되면 소송 외에는 다른 방법이 없다.

4) 일괄경매 시 명도

일괄경매의 경우엔 개별물건처럼 배당기일이 바로 정해지는 것이 아니라, 모두 낙찰이 돼야만 배당기일이 정해진다. 그래도 조기 입주나 재산권 행사를 원한다면 명도비 지급조건으로 퇴거를 유도해야 한다. 특히 대항력 있는 임차인일 경우 배당 시까지 명도를 거부할 수 있어 조기 입주를 원하는 낙찰자는 임차인의 결정에 따를 수밖에 없다.

5) 야간 · 휴일의 명도

특수집행으로 야간이나 휴일에도 강제집행을 할 수 있다. 단, 이 경우엔 법원의 허가 명령을 제시하여야 한다. 설령 채무자의 집이 잠겨있는 등의 원인으로 주간에 착수한 집행행위가 야간 또는 휴일에 이른 때가 있을 수 있다. 이런 경우 역시 법원의 허가가 있어야 한다.

6) 강제집행 후 가재도구의 처리

(1)채무자가 있는 경우

채무자가 있는 경우 가재도구 등을 마당이나 주차장, 제3의 토지, 도로 등에 내 놓으면 채무자가 알아서 처리한다. 흔치는 않지만 채무자가 고의로 인수를 거부하거나 이전할 능력이 없을 때는 낙찰자가 보관장소와 비용을 부담해야 한다.

(2) 채무자가 없는 경우

채무자가 없는 경우 성인 2인 입회하에 집행관이 가재도구의 목록을 작성하고 낙찰자 부담으로 물류창고 등에 보관하여야 한다. 이때 보관 비용은 나중에 채무자로부터 받을 수 있다. 만일 채무자가 고의로 가재도구의 수령을 거부한 경우 위에서도 언급했듯이 낙찰자는 보관 비용의 부담과 회수를 위해 유체동산 경매를 통해 보관비용을 충당할 수 있다. 입찰참가자가 없다면 낙찰가가 보관비용에 이를 때까지 기다린 후 직접 낙찰받아 보관 비용과 상계 처리한 후 가재도구를 처리하면 된다.

1) 채무자겸 소유자

채무자 겸 소유자는 집의 소유권을 상실하는 반면 부채를 탕감받기 때문에 낙찰시 마음의 부담이 없다. 인도명령 대상으로 집을 비우는데도 상대적으로 부담이 적다.

2) 담보제공자(물상보증인. 연대보증인)

명도대상자중 가장 마음이 아픈 사람들이다. 통상 선한 마음씨의 소유자 들이 많다. 즉 친지나 친구 또는 자식에게 연대보증을 서준 경우가 대부분이다. 가능한 한 대화로 해결함이 좋겠다.

3) 임차인

(1) 대항력 있는 임차인

대항력 있는 임차인은 명도 걱정을 안 해도 된다. 보증금을 배당과정에서 받든 아니면 매수인에게서 받든 전액 보호받기 때문에 명도저항이 없다. 그러나 때로는 대항력 있는 임차인이 명도에 불응해 매수인의 속을 태우는 경우가 있다. 예컨대 명도소송 대상이라는 점을 악용하는 경우인데 아무리 대항력 있는 임차인일지라도 배당기일 이후의 점유는 점유권원이 없어 낙찰자에게 부당이득금을 반환(민법 제741조)해야 한다. 만일 배당금이 있으면 공탁된 배당금에 가압류를 설정하는 등으로 압박해야 한다(다만 2010.7.21부터 임차인의 소액배당금에 대하여는 민사집행법의 개정, 신설로 압류가 금지되었음에 유의). 이들이 배당 대상일 경우 배당기일 전에는 내보낼 수 없다. 배당이 어떻게 될지 모르니까. 최악의 경우 누군가 '배당이의의 소'라도 제기한다면 어려움이 따를 수 있다. 그것은 배당표가 확정될 때까지는 낙찰자에게 임차주택의 명도를 거부할 수 있는 권리가 있기 때문이다.

(2) 대항력 없는 임차인

명도 시 가장 주의해야 하는 대상이다. 흔히 경매에서 명도라고 할 때 일컬어지는 전형적인 명도대상자들이다. 법적으로 명도비를 부담해야 할 대상은 아니나 보증금의 손실이 상당한 정도에 이른 경우 쉽게 수긍하지 않을 뿐만 아니라 낙찰자의 마음도 편치 않기 때문이다. 대항력 없는 임차인은 다시 세분하면 다음과 같다.

가. 보증금을 전액 받는 세입자

보증금을 전액 보호받는 사람은 확정 일자가 빨라 다 받는 경우이다. 이 경우엔 통상적으로 명도의 어려움은 없다. 세입자가 재계약을 원한다면 조건이 맞으면 재계약을 하는 것도 고려해 봄직하다.

나. 보증금을 일부만 받는 세입자, 최우선변제 대상 임차인

대부분의 명도 대상자가 여기에 해당된다. 어느 정도 명도 저항은 있지만, 일부 배당이 예상되면 배당금을 무기로 활용할 수 있다. 임차인은 배당을 받으려면 반드시 낙찰자의 인감증명이 첨부된 명도확인서가 필요하다. 세입자가 이사하는 날 명도확인서를 발급하는 것으로 하면 된다. 드물지만 이사를 하고 싶어도 이사할 계약금이 없으니 이사 전에 명도 확인서를 요구하는 경우가 있는데 들어줄 필요는 없다. 대부분 거짓말이기 때문이다. 저자 역시 낭패를 본 적이 있다. 그래도 꼭 들어줘야 한다면 확인서(사실 큰 의미는 없고 심리적 압박 용도로는 유용하지만)를 받도록 한다. 불가피한 사유로 임차인의 이사 일이 배당기일 이후로 늘어질 때는 배당금 중 일부(약 300만 원 정도)를 공과금 정산 비용이라는 명분하에 낙찰자가 보관할 수도 있다. 물론 이사당일 공과금을 정산한 나머지는 임차인에게 돌려준다. 어느 경우든 일부라도 배당이 되면 그만큼 명도는 쉬워진다. 그 일부나마 받기 위해서는 반드시 낙찰자한테 집을 명도 했다는 확인서를 받아야 하기 때문이다.

다. 전혀 배당받을 수 없는 임차인

가장 문제가 된다. 별다른 방법이 없다. 매수인이 상당한 시세 차익을 보았다면 선의를 베풀 수밖에 없다. 그러나 이들에게도 단점이 있다는 점을 주시할 필요가 있다. 반드시 그럴만한 사연이 숨어있다는 점을 염두에 두고 명도 시 잘 활용하면 의외로 해결책을 쉽게 찾을 수도 있다.

라. 가장 임차인

가장임차인은 두 가지 부류가 있다. 하나는 소액임차인의 최우선변제금을 노린 경우이고, 다른 하나는 명도비용을 챙기기 위해 위장 전입한 경우다. 특히 명도비를 챙기기 위해 전입한 경우는 주택의 내부구조, 입주 경위의 특이성, 전입 일자, 소유자 또는 채무자와 친인척 관계, 실제 거주 여부, 종전 주민등록지의 거주 현황 등을 종합적으로 따져 형사고발 등의 압박을 가하여야 효과적일 수 있다. 이 경우 형법 315조의 위계의 방법에 의한 경매방해죄가 적용될 수 있다.

제2장 경매의 취소와 항고

제1절 경매신청의 취하

1. 취하시기

경매신청의 취하는 입찰실시에 의한 매수인 신고가 있기 전까지는 임의로 취하할 수 있으나 최고가매수신고인 등이 나온 후에는 최고가매수신고인의 동의가 있어야 한다.
그러나 최고가매수신고인이 잔금을 납부하면 취하가 불가능하다. 즉, 입찰기일에 집행관이 입찰의 개시를 선언한 후에는 최고가매수신고인 또는 매수인과 차순위매수신고인의 동의를 받아야 한다.
따라서 법원의 매각허가결정 후에 낙찰자의 동의를 받지 않고 취하서가 제출되면 잔금지급기일을 지정 고지하였음을 알려주어야 한다.
특히 재경매 시에는 재경매기일 3일 전까지 전매수인의 동의를 필요로 한다.

2. 심사

취하서가 입찰 실시에 촉박하여 접수되어 입찰실 시 전 보정이 불가능하더라도 위조의 의심이 들지 않는 한 경매는 취하되어 입찰 진행이 되지 않는다.

3. 효과

경매가 취하되면 경매를 취소할 필요 없이 경매절차는 종료된다. 이 경우 압류가 경합 된 경우에는 먼저 개시 결정한 경매신청이 취하되더라도 뒤의 경매개시결정에 의하여 경매절차가 속행된다.
경매가 취하되면 법원은 등기관에게 "2024년 10월 16일 경매신청 취하"라는 등기원인으로 경매기입등기의 말소등기를 촉탁 한다.

1. 요건

(가) 부동산의 멸실 등으로 담보물이 소멸된 경우

　　부동산의 멸실(멸실 원인에는 채무자의 고의도 포함), 기타 매각으로 인하여 권리이전
이 불가능한 경우에는 그 원인을 불문하고 법원은 강제경매절차를 취소하여야 한다.
(나) 강제집행 정본이 무효가 된 경우
(다) 부동산의 소유명의가 서로 다른 경우
(라) 잉여금이 없는 경우(매각기일 공고 전에 최저경매가액의 집행)

2. 효과

절차 비용과 우선채권 금액을 충당하고 잉여가 없을 때는 압류채권자에게 그 취지와 잉여
가액으로 매수신청과 보증을 제공하지 않으면 경매 절차가 취소된다는 것을 고지한다. 실
무상으로는 잉여금이 없는 "무잉여"로 진행되는 절차가 많다.

참고: 집행절차의 구제방법과 이해관계인

1) 채무자 구제를 위한 제도
　　가. 청구이의의 소
　　나. 집행문 부여에 대한 이의의 소
　　다. 집행에 관한 이의 및 즉시항고
　　라. 집행문 부여에 대한 이의 신청
2) 채권자 구제를 위한 제도
　　가. 집행문 부여의 소
　　나. 집행문부여 거부처분에 대한 이의신청
　　다. 집행에 관한 이의 및 즉시항고
3) 제3자 구제를 위한 제도
　　가. 제3자 이의의 소
　　나. 집행에 관한 이의 및 즉시항고
4) 경매 절차의 이해관계인
　　가. 채무자 및 소유자

나. 등기부에 기입된 부동산 위의 권리자

다. 압류채권자

라. 집행력 있는 정본에 의한 배당을 요구한 채권자

마. 등기부에 기입이 안 된 부동산위의 권리자로서 이를 증명한 자(예 : 유치권자, 임차인, 법정지상권자 등)

제3절 즉시항고

1. 의의

강제집행 절차의 재판에 대하여는 특별한 규정이 있는 경우에 한하여 즉시항고를 할 수 있다. 원래 항고는 판결 이외의 재판인 결정과 명령에 대한 독립한 불복신청 방법이다.
기간의 정함이 없는 통상항고와 불복신청 기간의 정함이 있는 즉시항고로 구별된다.

2. 신청권자와 그 상대방

(가) 항고 신청권자는 불복을 신청할 재판으로 불이익을 받을 채권자, 채무자, 기타 이해
관계인이다.

(나) 제3자(예: 매수신고인, 매각허부결정에서의 매수인, 채권압류에 있어서의 제3채무
자)는 물론 집행관도 포함되나 항고권자의 채권자가 항고권자를 대위하여 항고할 수
는 없다.

3. 즉시항고를 할 수 있는 재판

대체적으로 집행절차를 종료시키는 재판(예: 강제집행절차를 취소하는 결정, 집행신청의
각하결정 등), 집행관계인에게 중대한 이해를 주는 최종적 또는 중간 파생적인 처분인 재
판(예: 채권압류·추심·전부명령, 매각허가결정, 인도명령 등)에 대하여 즉시항고를 인
정하고 있다.

(가) 법원의 재판이어야 한다.

(나) 강제집행 절차에서 발한 재판이어야 한다.

(다) 즉시항고를 할 수 있다는 특별한 규정이 있는 경우여야 한다.

4. 항고 제기의 방법과 심리

재판의 고지일로부터 1주일 이내에 원심법원에 대하여 항고장을 제출하여야 한다.
항고장에 항고 이유를 적지 아니한 때에는 항고인은 항고장을 제출한 날부터 10일 이내에
항고 이유서를 원심법원에 제출해야 하는데, 여기서의 10일의 기간은 즉시항고 기간의
만료일부터 기산되는 것이 아니라 항고장을 제출한 날로부터 기산되며, 소송행위의 추후
보완이 인정되지 않는다.

5. 집행정지

(가) 일반적으로 즉시항고가 제기되면 집행정지의 효력이 있다.

　　다만 강제집행 절차에 있어서 즉시항고는 원칙상 집행정지의 효력이 없다. 예외적으
　　로 민사집행법은 항고법원(단, 재판기록이 원심법원에 남아 있는 때에는 원심법원)
　　은 즉시항고에 대한 결정이 있을 때까지 담보를 제공하게 하거나 담보를 제공하게 하
　　지 아니하고 원심재판의 집행을 정지하거나 집행절차의 전부 또는 일부를 정지하도
　　록 명할 수 있고 담보를 제공하게 하고 그 집행을 계속하도록 명할 수 있다(민사집행
　　법 제15조 6항).

(나) 실정법상 확정되어야 효력이 발생하는 재판에 해당하는 것으로는 전부명령, 강제집
　　행 절차를 취소하거나 집행관에게 강제집행 절차의 취소를 명하는 결정, 채권의 특별
　　환가명령, 매각허부결정, 선박항해허가 결정 등이 있다.

제1절 감정평가

1. 감정기관

감정기관으로는 한국감정원, 제일감정원, 한국감정평가법인, 대화감정원, 가람감정원, 삼창감정원, 하나감정원, 태평양감정원, 식산감정원, 미래감정원, 삼정감정원, 세화감정원, 고려감정원, 정민감정원, 우리감정원, 신일감정원, 청담감정원, 아세아감정원 등이 있다.

2. 평가대상

(가) 입찰목적 부동산의 구성 부분, 천연과실, 부합물, 종물이 그 대상이다. 부동산이 여러 개인 경우, 일괄의 경우에도 개별적으로 평가한다.

(나) 공부상의 면적과 실제 면적이 다르면 공고서에 기재하고 제시 외 미등기건물은 목적물과 별도로 건립되어 있거나 다소 면적이 넓어도 경매개시결정 당시 표시된 부동산의 구성부분, 정착물, 부합물, 종물인 여부와 입찰에 포함 여부를 결정한다. 이 경우 입찰목적물에서 제외할 물건은 최저 입찰가격 아래에 "참고사항"이라고 기재한다.

(다) 집합건물의 경우, 예컨대 102호를 감정해야 하는데, 감정서상에는 102호의 감정을 103호로 표시한 경우는 공고서 현황에 103호임을 부구한다.

(라) 법정지상권 등의 부담을 받는 토지의 평가는 적절히 반영된다.

(마) 감정서의 최소기재 사항
    a) 감정가격 산출 근거(집합건물을 제외한 건물 부지나 나대지 등의 토지의 경우에는 표준지의 공시지가가 기재되어 있다).
    b) 평가현황표·위치도·건물내부구조도·사진

(바) 감정료

　　a) 감정료가 과다하게 지급되지 않도록 유의한다.

　　b) 감정료는 경매계장이 지급한다.

(사) 멸실건물

　　감정의 대상이 된 건물 전부나 일부가 멸실된 경우는 채권자가 적절한 조치를 취해야
　　한다.

(아) 현황조사보고서와 감정평가서는 일치하여야 한다.

3. 제시 외 물건

미등기부동산도 채무자의 소유이면 압류의 대상이 된다.

평가 시 채권자가 소명하면 평가서에"제시 외 물건"으로 평가한다. 제시 외 물건 중 감정
평가에 제외된 부분은 낙찰자가 취득할 수 없다.

4. 감정평가액

(가) 감정평가라 함은 감정평가사의 자격을 갖춘 자가 전문적 지식과 경험을 바탕으로 동
　　산의 경제적 가치를 화폐의 단위로 측정하는 작업을 말한다. 통상 시세에 비해 10-
　　20% 정도 낮게 평가된다.

(나) 법원에서 경매의 진행을 위하여 한국감정원을 비롯해 사설감정평가법인에 감정을 의
　　뢰한다.

(다) 법원경매에 관련해 감정평가액은 최초 매각 시 최저 입찰가격의 기준이 되며 매회 유
　　찰될 때마다 20%-30%씩 감액된다.

(라) 감정의 기준은 거래사례비교법에 의한다. 즉 과거ㆍ현재의 거래가격, 주변의 거래가
　　격 등을 비교평가 한 가격이다.

1. 잔금 납부와 상계

채권자가 낙찰받아 상계신청을 하면 잔금 지급기일이 변경되어 배당기일과 같은 날에 지정되어 상계가 처리된다.

2. 집행정지와 중복경매개시결정에 의한 잔금납부

가) 매각허가결정이 확정된 후 매각정지결정이 제출되어 잔금 납부기일이 지정되지 못하는 사이에 중복경매 신청으로 매각개시결정이 내려진 경우는 나중 사건으로 잔금 납부기일이 지정된다.

나) 중복경매

(가) 어떤 물건에 대하여 경매가 신청되어 경매개시결정이 된 후에 또 경매가 신청되어 이중으로 경매개시결정이 된 것을 말한다. 이중경매는 먼저 개시 결정한 신청에 대하여 경매를 한다.

(나) 선행절차가 취소된 경우는 후행 처리가 속행된다.

(다) 이중경매는 매수인의 잔금 납부 전에는 가능하다. 그러나 낙찰기일 후의 이중경매는 선행배당절차에 참가할 수 없다.

3. 재매각결정 후 매수인의 잔금납부

가) 재매각기일의 3일 전까지 잔금 납부가 가능하다.

예컨대, 재입찰기일이 1월 5일이라면 1월 2일까지, 1월 2일이 공휴일인 경우에는 1월 3일까지 낙찰자가 잔금을 납부하면 된다. 이 경우 지연이자 계산 기간은 본래의 잔금지급기일 다음 날부터 실제 잔금납부 일까지이다.

나) 실무상 3일 전의 이후에도 재입찰기일 전에 낙찰자가 잔금을 납부하겠다고 하면 재매각기일이 변경되어 잔금 납부가 허락된다.

4. 재입찰자의 전낙찰자에 대한 관계

재입찰이 실시되면 전낙찰자는 이후의 입찰에 참가할 수 없고 매수의 보증으로 보관하게
한 금전이나 유가증권의 반환을 청구할 수 없다. 다만, 재입찰명령 후 경매절차가 취소되
거나 경매신청이 취하된 경우는 보증금반환청구가 가능하다.

제3편

배당이론과 실무

제1절 배당순위와 배당절차

1. 배당순위 개관

구분	세부내용
0순위	경매실행비용
1순위	제3취득자의 필요비. 유익비상환청구권
2순위	주택/ 상가건물임대차보호법상의 소액보증금 중 일정금액 근로자의 최종 3월분의 임금
3순위	집행목적물에 부과된 국세 및 지방세와 그 가산금(당해세)
4순위	당해세를 제외한 국세, 기본세 저당권, 전세권, 담보가등기에 의해 담보된 채권 대항요건과 확정일자를 갖춘 임차인의 임차보증금 채권
5순위	근로자의 최종 3월분의 임금을 제외한 임금
6순위	법정기일이 전세권, 저당권, 질권 설정일보다 늦은 국세, 지방세
7순위	건강보험료, 산업재해보상보험료. 국민연금보험료. 고용보험료등과공과금
8순위	일반채권

1) 제1순위: 제3취득자가 지출한 필요비 또는 유익비

가) 경매부동산 상에 저당권설정등기가 있는 경우 그 저당권설정등기 후에 경매부동산에 관하여 소유권·지상권·전세권 또는 대항력 있는 임차권 등을 취득한 제3취득자가 보존·개량을 위하여 지출한 필요비 또는 유익비는 집행비용을 제외한 다른 모든 채권에 우선하여 배당한다(민법 제367조).

나) 필요비 또는 유익비를 지출한 제3자는 경매법원에 대하여 필요비에 관하여는 그 지출한 비용을, 유익비에 관하여는 부동산가격이 증가한 현존액을 증명하여 상환을 청구하여야 한다.

다) 필요비는 보존비·수선비·공조·공과 등을 말하고, 유익비(개량비)는 물건의 사용가치를 증가시키는데 이바지한 비용을 말한다. 즉, 건물을 고친다든가 토지개량의 비용 등이 그 예이다.

라) 제3취득자가 지출한 필요비·유익비는 부동산의 가치를 유지하거나 증가시키는데 필요한 일종의 공용비용이고, 더욱이 제3취득자는 경매의 결과 그 권리를 상실하므로 특히 우선적으로 매각대금으로부터 상환 받도록 한 것이다.

2) 제2순위: 대항력을 갖추거나 등기한 주택임차인·상가건물임차인의 소액보증금 중 일정액, 최종 3월분 임금

가) 경매개시결정기입등기 전에 대항력을 구비하거나 등기한 주택임차인 또는 상가건물임차인의 소액보증금 중 일정액의 반환채권과 최종 3월분의 임금은 다른 담보물건에 의하여 담보되는 채권이나 조세채권에 우선하여 배당을 받는다. 그러나 이 법률들의 제정 전에 이미 설정되어 있는 저당권에 대하여는 위 채권들이 우선하지 못한다.

나) 그 대상은 소액보증금 중 일정액의 반환채권과 최종 3월분의 임금이다(퇴직금은 민사집행법의 개정으로 인해 삭제되었음에 유의)

3) 제3순위: 당해세(목적세)

당해세는 해당 부동산에 부과된 세금을 말한다. 예컨대, 상속세, 종부세, 증여세, 재산세 등을 들수 있다. 대비되는 개념으로 조세는 부동산 이외의 발생 세금을 말하는데, 법인세, 관세, 지방소득세, 자동차세 등을 대표적으로 들 수 있다.

확정일자 보다 법정기일이 늦은 당해세 배분한도 만큼은 임차보증금이 우선 변제를 받는다(단, 우선변제만 양보하는 것이지 임대인의 세금체납액이 소멸하는 것은 아님에 유의).

이것은 임차인의 주택임차보증금 강화를 목적으로 2023.4.1. 이후 매각허가결정(경매) 또는 매각결정(공매)하는 것부터 적용하게 되었다.

그 근거는 국세기본법 제35조 7항, 지방세기본법 제71조 6항, 전세사기피해자 지원 및 주거안정에 관한 특별법 제4조, 제23조, 제24조이다.

다만, 이 규정은 2027년까지 한시적으로 연장 적용되는 규정임에 유의하여야 한다.

1. 국세기본법 (제35조 7항)

제3항에도 불구하고 「주택임대차보호법」 제3조의2 제2항에 따라 대항요건과 확정일자를 갖춘 임차권에 의하여 담보된 임대차보증금반환채권 또는 같은 법 제2조에 따른 주거용 건물에 설정된 전세권에 의하여 담보된 채권(이하 이 항에서 "임대차보증금반환채권등"이라 한다)은 해당 임차권 또는 전세권이 설정된 재산이 국세의 강제징수 또는 경매 절차 등을 통하여 매각되어 그 매각금액에서 국세를 징수하는 경우 그 확정일자 또는 설정일보다 법정기일이 늦은 해당 재산에 대하여 부과된 상속세, 증여세 및 종합부동산세의 우선 징수 순서에 대신하여 변제될 수 있다. 이 경우 대신 변제되는 금액은 우선 징수할 수 있었던 해당 재산에 대하여 부과된 상속세, 증여세 및 종합부동산세의 징수액에 한정하며, 임대차보증금반환채권등보다 우선 변제되는 저당권 등의 변제액과 제3항에 따라 해당 재산에 대하여 부과된 상속세, 증여세 및 종합부동산세를 우선 징수하는 경우에 배분받을 수 있었던 임대차보증금반환채권등의 변제액에는 영향을 미치지 아니한다. [신설 2022.12.31, 2023.12.31.] [[시행일 2024.1.1.]]

2. 지방세기본법 (제71조 6항)

제1항제3호 각 목 외의 부분 및 제2항 단서에도 불구하고 「주택임대차보호법」 제3조의2제2항에 따라 대항요건과 확정일자를 갖춘 임차권에 의하여 담보된 보증금반환채권 또는 같은 법 제2조에 따른 주거용 건물에 설정된 전세권에 의하여 담보된 채권(이하 이 항에서 "임대차보증금반환채권등"이라 한다)은 해당 임차권 또는 전세권이 설정된 재산이 지방세의 체납처분 또는 경매·공매 절차를 통하여 매각되어 그 매각금액에서 지방세를 징수하는 경우 그 확정일자 또는 설정일보다 법정기일이 늦은 해당 재산에 부과된 제5항 제1호, 제3호 및 제4호(재산세에 부가되는 지방교육세만 해당한다)에 해당하는 지방세(이하 이 조에서 "재산세등"이라 한다)의 우선 징수 순서에 대신하여 변제될 수 있다. 이 경우 대신 변제되는 금액은 우선 징수할 수 있었던 해당 재산에 대하여 부과된 재산세등의 징수액에 한정하며, 임대차보증금반환채권등보다 우선 변제되는 저당권 등의 변제액과 제1항제3호 각 목 외의 부분 및 제2항 단서에 따라 해당 재산에 대하여 부과된 재산세등을 우선 징수하는 경우에 배분받을 수 있었던 임대차보증금반환채권등의 변제액에는 영향을 미치지 아니한다. [신설 2023.5.4.]

3. 전세사기피해자 지원 및 주거 안정에 관한 특별법

   (제5조, 제23조, 제24조 참조)

4) 제4순위: 국세와 지방세의 납기 전에 설정등기 한
저당권, 전세권, 질권의 피담보채권

국세의 법정기일이나 납부기한과 저당권설정등기일의 선후에 의하여 우선권이 정해진다. 법정기일과 설정 등기일자가 같은 날인 경는 국세 또는 지방세가 저당권이나 전세권에 의하여 담보되는 채권보다 우선한다. 다만, 경매부동산을 체납처분에 의하여 압류한 경우는 체납처분의 근거가 조세를 교부청구 한 조세채권보다 우선하여 배당한다. 저당목적물이 제3자에게 양도되었다가 경매된 경우는 양도인의 체납조세에는 조세채권에 추급력이 인정되지 않아 체납압류등기를 해 놓고 있지 않는 이상 우선징수 할 수 없다.

5) 제5순위: 납부기한이 저당권이나 전세권의 설정등기 이전인
국민건강보험료 및 국민연금보험료

국민건강보험법 및 국민연금법에의한 징수금으로서 그 납부 기한이 저당권이나 전세권의 설정등기일자 이전인 것을 말한다. 납부 기한과 등기 일자가 같은 날인 경우는 저당권 등 설정자가 후순위이며, 건강보험료와 국민연금보험료의 순위는 같다.

6) 제6순위: 법정기일전과 납부기한 전에 설정등기 한
저당권, 전세권, 가등기담보권에 의하여 담보되는 채권

가) 주택임대차보호법에 의한 대항력을 구비하고 확정일자를 받아 두었거나 임대차등기를 한 임차인의 보증금반환채권과 상가건물임대차보호법에 의한 대항력을 구비하고 확정일자를 받아둔 임차인의 보증금반환채권도 이에 해당된다.

나) 저당권, 전세권 또는 가등기담보권에 의한 담보되는 채권상호간에는 등기의 선후에 의하여 우선순위가 결정된다.

다) 주택·상가건물임차인과 저당권자 등의 우선순위는 임대차대항력 구비일자의 다음 일자 및 임대계약서상의 확정일자가 늦은 것과 등기일자의 선후에 의하여 결정된다. 그리고 주택·상가건물임대차를 등기한 경우는 저당권 등과의 등기의 선후에 따라 정한다.

7) 제7순위: 잔여임금

이 채권은 저당권에 의하여 담보되는 채권보다는 후순위가 되고 조세·공과금보다는 선순위가 되는 반면, 조세·공과금이 저당권에 우선하는 경우는 1)조세·공과금 2)저당권에 담보되는 채권 3)임금 등의 채권의 순서로 상호 간의 우선순위는 그 자체로서 정해지는 것이 아니라 경매부동산 상에 저당권이 설정되어 있는지의 여부 및 저당권의 설정 시점이 언제인지에 따라 결정되게 된다.

8) 제8순위: 당해세인 국세와 지방세 이외의 조세

그 법정기일이 저당권 등의 설정 일자보다 후 일자인 것이 이에 해당된다.

9) 제9순위: 공과금

저당권보다 후 순위인 국세와 지방세의 다음 순위로 징수하게 되는 공과금으로는 납부 기한이 저당권설정등기 후인 국민건강보험료와 연금보험료를 들 수 있으며, 산업재해보상보험료는 그 납부기한에 관계없이 언제나 저당권에 의하여 담보되는 채권보다 후순위이다.

10) 제10순위: 일반채권

근저당권 설정등기 후의 압류채권자 및 가압류 채권자 또는 배당요구 채권자 등의 채권이 이에 해당되며 이들 상호 간에는 그 발생의 선 후에 관계 없이 동 순위로 평등 배당된다.

🔍 [보충] 공동저당시의 대금배당

공동저당목적물 전부를 경매하여 그 대가를 동시에 배당하는 경우는 각 부동산의 경락가액에 비례하여 그 채권을 분담하고 잔여가 있으면 후 순위 권리자에게 배당한다. 그러나 저당부동산 중 일부의 경매 대가를 먼저 배당 받은 경우는 그 대가에서 채권 전부의 변제를 받을 수 있다. 이 경우에 그 경매한 부동산의 차순위 저당권자는 선순위저당권자가 동시에 배당 받았다면 다른 부동산의 경매대가에서 변제받을 수 있는 금액의 한도에서 선순위자를 대위하여 저당권을 행사할 수 있다(민법 제368조 2항).

2. 경매의 배당절차

1) 배당절차 개관

넓은 의미에서는 강제집행이나 파산절차에서 압류당한 재산이나 파산재단을 환가하여 얻은 금전을 배당 요구신청을 한 각 채권자에게 안분하여 변제하는 절차이다.

가. 배당요구 종기의 결정·공고·고지 및 채권 신고의 최고

(가) 경매개시결정에 따른 압류의 효력이 생긴 때(그 경매개시결정 전에 다른 경매개시결정이 있는 경우를 제외한다)에는 집행법원은 절차에 필요한 기간을 감안하여 배당요구를 할 수 있는 종기를 첫 매각기일 이전으로 정하여 공고(압류의 효력이 생긴 때부터 1주일이내)하고, 해당 채권자에게 고지하고 아울러 법 제148조 제3호 및 제4호의 채권자 및 조세, 그 밖의 공과금을 주관하는 공공기관에 대하여 채권의 유무, 그 원인 및 액수(원금·이자·비용 그 밖의 부대 채권을 포함한다)를 배당요구의 종기까지 법원에 신고하도록 최고해야 한다.

(나) 매수인이 대금을 완납한 경우는 채권자의 경합이 없거나 그 대금으로써 각 채권자의 채권 및 비용을 변제하기에 충분한 때에는 각 채권자에게 이를 지급하고, 각 채권자의 채권 및 비용을 변제하기에 부족한 경우에는 배당절차를 행하게 된다.

(다) 채권계산서의 제출 및 확정된 채권계산서의 제출(채권 최고금액의 범위 내)
    a) 각 채권자는 배당요구 종기까지 법원에 그 채권의 원금, 이사, 비용 기타 부대재권의 계산서를 제출하여야 한다.
    b) 채권자가 채권계산서를 제출하지 아니한 때에는 법원은 그 채권자의 채권액은 배당요구서, 등기부등본 기타 집행기록에 있는 서류와 증빙에 따라 계산한다.
    c) 계산서를 제출하지 아니한 채권자는 배당요구 종기일 이후에는 채권액을 보충, 즉 추가 또는 확장할 수 없다. 법원은 특별히 필요하다고 인정하는 경우는 배당요구의 종기를 요구할 수 있다.

나. 배당표의 작성 및 확정

가) 법원은 채권자와 채무자에게 보여 주기 위하여 배당기일의 3일 전에 배당표 원안을
   작성하여 법원에 비치하여야 한다.

나) 집행법원은 미리 작성한 배당표 원안을 배당기일에 출석한 이해관계인과 배당 요구채
   권자에게 열람시켜 그들의 의견을 듣고, 또 즉시 조사할 수 있는 서증을 조사한 다음,
   이에 기하여 배당표원안에 추가, 증정할 것이 있으면 추가, 정정하여 배당표를 완성,
   확정한다.

다) 매가 대금으로 모든 채권자의 채권 및 집행비용을 변제하기에 충분한 때에는 배당절차
   를 실시할 필요가 없을 것이나, 이 경우에도 각 채권자와 채무자에게 교부할 금액의 명
   세를 명백히 하기 위하여 배당표에 준하여 대금교부표(일명 배당표)를 작성하게 된다.

서울중앙지방법원 배당표

사건 2025타경 0****부동산임의경매

배당할 금액		금		
명세	매각대금	금		
	지연이자	금		
	전 경매보증금	금		
	매각대금이자	금		
	항고보증금	금		
	집행비용	금		
실제 배당할 금액		금		
매각부동산				
채권자				
채권금액	원금			
	이자			
	비용			
	계			
배당순위				
이유				
채권최고액				
배당액				
잔여액				
배당비율				
공탁번호 (공탁일)		금제호 (...)	금제호 (...)	금제호 (...)

2025. .

사법보좌관 ○ ○ ○ ㉑

2) 배당요구를 할 수 있는 자

(가) 경매신청채권자

(나) 가압류권자

(다) 경매개시결정 기입등기 이전에 등기한 담보물권자(전세권자 포함)

(라) 배당요구 종기까지(보통 첫 매각기일 이전) 배당을 요구한자

(마) 대항력 있는 전세권자로서 배당을 신청한 전세권자

(바) 이중경매신청채권자

📁 참고: 배당요구권자

1) 배당요구를 하지 않아도 배당되는 자

다음의 채권자들은 낙찰로 인하여 그 권리가 소멸하는 대신에 배당요구를 하지 않아도 당연히 배당을받을 수 있는 자들이다. 이중 가압류권자의 배당금은 공탁이 되므로, 후에 그 가압류의 원인이 된 본안소송을 하여 집행권원을 제시하여야만 그 공탁된 배당금을 수령할 수 있다.

(1) 첫 경매개시결정등기 전에 등기된 가압류 채권자

경매 절차상의 이해관계인은 아니지만, 당연히 배당받을 채권자에 해당한다.

(2) 이중경매 신청채권자

배당요구 종기까지 경매신청을 한 이중경매 채권자, 그러나 배당요구 종기 후에 경매신청을 한 채권자는 선행사건으로 진행되어 배당을 하는 경우에는 배당과정에 참여할 수 없다.

(3) 첫 경매개시결정등기 전의 체납처분에 의한 압류권자

(4) 경매로 소멸하는 저당권, 담보가등기권, 전세권자로서 첫 경매개시결정등기 당시 등기된 자.(등기된 임차권등기명령권자 포함). 근저당권자는 배당표 작성 시까지 채권계산서를 제출하는 방법으로 청구금액을 확장할 수 있다.

(5) 대위변제자의 경우는 따로 배당요구를 하지 않아도 배당기일까지 대위자임을 소명하면 된다. 대위변제의 대상이 된 근저당권이 자동 배당 대상이기 때문이다.

(6) 재개발, 재건축으로 공급된 부동산에 대한 경매 시 종전 등기부상의 저당권, 가압류 등(토지별도등기권자)은 새로운 등기부에 이기 되지 아니하였더라도 등기된 것과 동일하게 보아 이들도 자동배당 대상이다.

2) 배당요구를 해야만 배당받는 자

임차인을 포함하는 모든 채권자가 해당된다. 이들은 배당요구의 종기 일까지 배당요구를 해야만 배당을 받을 수 있다. 즉 집행법원에서는 이들 권리자의 존재를 배당요구 전까지 알 수 없으므로 반드시 배당요구를 하여야 한다.

(1) 판결문 등 집행력 있는 정본을 가진 채권자

(2) 민법, 상법, 그 밖의 법률에 의하여 우선변제 청구권이 있는 채권자

3) 배당기일의 지정

배당기일은 잔금납부 후 4주일 이내에 연다. 대금납부기일과 배당기일은 서로 다른 날로
지정된다. 그러나 채권자 또는 임차인 등이 낙찰자가 되어 자신들의 배당액과 상계신청을
할 경우 같은 날이 된다. 따라서 상계금액만큼 대금지급과 배당액 교부의 효과가 생기며,
이 경우 상계신청서를 제출하여야 한다.

4) 배당을 받게 되는 기준 시점

가. 신청권자

강제집행에 있어서 압류채권자 이외의 채권자가 집행에 참여하여 변제받는 방법으로 민
법, 상법, 기타 법률로 우선변제청구권이 있는 채권자, 집행력 있는 정본을 가진 채권자
및 경매개시결정의 기입 등기 후에 가압류를 한 채권자는 법원에 대하여 배당요구를 신청
할 수 있다.
배당은 배당요구 종기(보통 첫 매각기일 이전)까지 배당요구나 교부청구를 하여야 한다.

나. 배당요구 종기 이후 제출된 채권계산서

채권계산서는 배당요구 종기까지 제출된 것만을 배당의 기초자료로 삼는 것이 원칙이다.
국세 등의 교부청구도 배당요구 종기까지 하여야 한다. 따라서 배당요구 종기 이후의 교
부청구는 배당에서 제외된다.

다. 임대 기간 연장 등의 사유로 전세보증금이 증가 된 경우

일반적으로 전세권등기는 대항력이 없거나 대항력이 있는 전세권자가 배당 요구한 경우는 말소된다. 배당은 1순위 전세권, 2순위 저당권, 3순위 전세권 증액부분이면 받고 배당액이 부족하여 3순위까진 내려가지 않으면 증액 부분은 받지 못한다.

라. 우선변제권이 있는 소액임차인들의 배당요구

주택임대차보호법이나 상가건물임대차보호법에 의한 소액임차인의 배당요구도 배당요구 종 기까지만 할 수 있으며 배당요구 종기 이후의 배당요구는 배당에서 제외된다.
다만, 소액임차인에 한하여 집행관의 현황보고서에 나타난 임차인에게는 「배당요구 종기까지 배당요구를 하여야 한다」는 안내서를 반드시 송부하고 있으며, 배당요구 종기까지 권리 신고 혹은 배당요구의 어느 한쪽의 취지로 볼 수 있는 서면이 제출되면 배당을 해준다.

마. 배당받을 금액이 증가 된 경우

먼저 집행권원(채무명의)을 얻어서 해당사건의 첫 매각기일 전(배당요구 종기)까지 가압류 또는 공증 받은 약속어음 등으로 재매각을 신청하여 자신의 채권을 확정 시켜 추가로 배당에 참여할 수 있다.
즉 이중매각을 신청하면 된다. 만약 이중 매각을 신청하기 어려운 경우라면 가압류 등 채무를 등기하여 배당에 참여하면 된다.

바. 압류등기(국세 등)가 되어 있는 경우

채무자의 조세체납 등을 원인으로 압류등기가 되어 있으나 배당요구 종기까지 교부청구나 계산서 제출이 없는 경우에는 법원이 위 압류등기촉탁서에 의한 체납세액을 조사하여야 한다.

사. 대지권 있는 구분건물의 전세권자

구분건물의 대지는 공유지분으로써 전세권설정등기를 할 수 없다.

따라서 건물 만에 대하여 전세권 등기가 가능하고 낙찰대금도 토지대금이 아닌 건물만의 대금에서 배당을 받는다.

참고: 배당신청서류

채권의 종류	첨부서류
임차인	임대차계약서, 주민등록등본
임금채권자	회사경리장부, 근로감독관청확인서 관할세무서의 근로소득원천징수서류
근저당권자	근저당권설정계약서, 등기부등본
가압류권자	가압류결정정본, 등기부등본
집행력 있는 정본의 채권	집행력 있는 정본
일반채권자	채권원인증서 사본

아. 가압류 기입등기 후에 설정된 저당권의 효력과 배당우선순위

예제 1) 동일인의 경우

순위	등기부 내역	말소여부/ 배당
1	갑2017. 5. 20 가압류 2000만 원	말소기준권리
2	갑2018. 5. 15 저당권 3000만 원	말소
3	병2019. 6. 30 가압류 3000만 원	말소
4	갑2020. 6. 20 임의경매신청	말소

해설: 이 경우(특히, 1. 2가 동일인인 경우)는 채권자에게 동일 채권인지 밝히게 하고 동일 채권인 경우는 3번 가압류에 우선하는 저당권자이다.

배당방법: 저당권 배당 후 3번 배당

예제 2) 동일인이 아닌 것으로 권리분석 해야 하는 경우

순위	등기부내역	말소여부/ 배당
1	갑 2017. 4. 20 가압류 2000만 원	말소기준권리
2	갑 2018. 5. 15 저당권 3000만 원	말소
3	병 2019. 7. 30 가압류 3000만 원	말소
4	갑 2020. 9. 20 강제경매신청	말소

해설: 1번 가압류권자와 2번 저당권자 사이에서는 2번 저당권자가 1번 가압류권자에 대
　　　항할 수 없어 동순위이다. 2번 저당권자와 3번 가압류권자는 2번 저당권자가 저당
　　　권의 효력으로 가압류권자에 우선한다. 1번 가압류권자와 3번 가압류권자는 동순
　　　위이다. 1번, 2번, 3번 각 채권자의 채권액을 기초로 먼저 안분배당을 한 후, 2번
　　　저당권자와 3번 가압류권자 사이에서 저당권자의 채권액을 만족시키는 금액까지 3
　　　번 가압류권자의 배당액저당권자가 갖는다.

3. 주택임차인의 배당 관계

1) 주택임대차보호법상 임차권의 대항력을 갖춘 임차인의 경우

가. 주택인도 + 주민등록전입신고를 한 경우

이 경우 종전 임대인과의 임대차관계는 양수인(낙찰자)에게도 승계된다.
다만, 이 경우 대항력이 인정되기 위해서는 임차인이 최선순위근저당권보다 먼저 대항요
건을 갖추어야 한다. 상가건물의 경우 건물의 인도와 사업자등록을 신청한 때에는 그 익
일(다음날)부터 대항력을 갖는다.

나. 전입 신고일의 배당기준(전입 일을 기준)

전산처리 되어 작성되고 있는 주민등록표등본의 변동 사항(전입일, 변동일)란에 기재된
두 날짜 중 전입 일이 전입 신고일이므로 위 두 날짜의 선후에 관계없이 전입일을 기준으
로 대항 요건구비시점을 판단한다.

순위	등기부내역	효력
1	갑 2019.9.15 저당권	우선변제
2	을 2019.9.15 임차인(대항요건)	후순위임차인(대항력 없음)

해설: 주민등록법상 전입일의 익일(다음날)부터 효력이 발생하므로 전입의 효력발생은
　　　2006.9.16일에 발생한다. 따라서 저당권자가 우선배당을 받는다.

순위	등기부내역	효력
1	갑 2019.11.11 저당권	
2	을 2019.11.10 임차인(대항요건)	선순위임차인(대항력 있음)

해설: 주민등록의 효력 발생일과 저당권설정일이 2019.11.11일로 같다. 그러나 주민등록의 효력발생은 2019.11.11 00시00분(0시)부터 효력이 발생하는 반면, 저당권설정은 공무원 출근시간 이후 (주간)가 될 것이므로 임차인이 우선 한다 (대판1999.5.25 99다9981). 따라서 임차인이 우선적으로 배당을 받는다.

다. 강제경매의 경우

강제경매신청의 효력이 발생되는 일자(경매개시결정 기입등기 또는 채무자에게 경매개시결정이 송달된 일자)를 기준으로 임차인이 먼저 대항력을 갖추고 있어야 한다.
다만, 이 경우에도 저당권자가 이미 있는 경우에는 최선순위저당권 설정일자를 기준으로 판단한다.

2) 확정일자를 갖춘 임차인

가. 우선변제권의 기준일

가) 주택임대차의 경우

임차인이 주택의 인도+주민능록」 + 임대차계약증서상의 확정일자를 모두 깆추면 공시가 없어도 우선변제권을 보유한다. 이 경우 대항요건구비일과 확정일자 중 뒤의 날짜가 우선변제여부의 기준이 된다.

나) 상가건물의 경우

건물인도 + 사업자등록신청 + 임대차계약서 상의 확정일자이다.

나. 선순위가압류채권자가 있는 경우

확정일자를 갖춘 임차인은 환가대금에서 후순위권리자 기타채권자보다 우선변제권이 있다. 이 경우 선순위 가압류채권자가 있는 경우는 확정일자를 갖춘 임차인의 확정일자 부여 일을 기준으로 하여 선순위가압류채권자와 평등(안분)배당을 받는다.

다. 확정일자와 저당권설정 일자가 같은 날인 경우

임차인과 저당권자가 그 채권액에 비례하여 평등배당을 받는다.
이 경우 확정일자와 같은 날에 복수의 저당권이 설정된 경우는 먼저 각 채권액에 비례하여 안분 배당을 하고 저당권자 상호 간에서는 선순위저당권자와 그 채권을 만족할 때까지 후순위 저당권자의 배당액을 흡수한다.

라. 임차인이 다수인 경우

대항요건 및 확정일자를 갖춘 임차인이 여러 명이 있고, 이들이 모두 저당권자에 우선 하는 경우는 각 임차인은 우선변제권이 인정되며 임차인 상호 간에는 대항력 및 확정일자를 최종적으로 갖춘 날짜 순서로 정한다.

마. 배당요건

주택의 점유와 주민등록의 요건을 배당기일까지 계속 구비하고 있거나 등기명령제도에 의한 임차권등기가 되어 있어야 한다. 따라서 등기 없이 도중에 인도하거나 주민등록을 옮긴 사실이 있으면 배당에서 제외된다.

바. 임대차계약 해지 의사표시

확정일자를 갖춘 임차인이 대항력도 갖고 있는 경우 임대차가 종료한 후에만 우선변제를 청구할 수 있는데도 불구하고, 그 전에 임대차계약서를 제출하여 배당을 요구하면 임대차계약의 해지의사 표시로 보아 실무상 배당을 한다.

사. 명도확인서

임차인은 임차주택을 양수인(낙찰자)에게 인도하지 아니하면 보증금을 수령할 수 없으므로 낙찰자에게 주택을 명도 하였다는 명도 확인서를 제출하여야 배당금을 지급한다.
이 경우 전세권도 같다. 다만, 부동산현황조사보고서나 다른 자료에 의하여 전세권자가 이미 점유하지 않고 있는 사실이 확인되면 명도 확인서는 필요 없으며 배당이 된다.

🔍 **참고서식: 명도확인서**

명 도 확 인 서

이름 :

주소 :

귀원타경 호 부동산임의(강제)경매 사건에서 위 임차인은 임차보증금에 따른 배당금을 받기 위해 낙찰자에게 목적부동산을 명도하였음을 확인합니다.

첨부서류 : 낙찰자 명도확인용 인감증명서 1통

20   년 월 일

낙찰자 : (인)

법원 귀중

---

4. 소액임차인

1) 임차인의 대항력 보정 기회

임차보증금이 서울특별시 1억 6,500만 원 이하, 「수도권정비계획법」에 따른 과밀억제권역(서울특별시 제외), 세종시, 용인시, 화성시, 김포시 1억 4,500만 원 이하, 광역시(「수도권정비계획법」에 따른 과밀억제권역에 포함된 지역과 군지역은 제외한다), 안산시, 광주시, 파주시 8,500만 원 이하, 그 밖의 지역 7,500만 원 이하이고, 경매개시결정 기입등기 이전에 주민등록과 인도를 마친 임차인이 배당요구를 한 경우는 요건을 심사하여 배당 대상자인지를 확정하고, 요건을 갖춘 것인지 불 분명한때는 보정의 기회를 준다(주택임대 차보호법 시행령 개정 2010.7.21).

2) 가장 임차인 여부

배당을 요구한 임차인이 채무자 또는 소유자의 가족으로서 가장임차인이 아닌지 여부를 확인하고, 수인의 임차인이 배당요구를 한 경우에는 그들이 동거가족이 아닌지 여부를 확인하며, 주민등록이 이탈된 것은 없는지 확인하고 배당한다.

3) 소액임차인의 기준 시점

현행법상 임차인이 되어도 예전에 임차한 임차인은 그 당시의 보증금이 기준이 되므로 소액임차인의 적용을 받지 않을 수도 있다(단, 소액임차인의 적용을 받는 시기에 설정된 후순위 담보권자와의 관계에서는 소액임차인으로 취급된다).

4) 소액보증금의 우선변제권 확보

소액임차인은 임차건물과 그 대지의 소유자가 동일한 경우는 건물뿐만 아니라 그 대지의 낙찰대금에서도 우선변제 받을 수 있다. 이 경우 건물과 대지가 다른 시기에 경매되면 각각의 절차에 참가하여 우선 배당받을 수 있다.

5) 저당권이 설정된 대지 경매

저당권이 설정된 대지에 건물이 들어서고 건물에 소액임차인이 있는 경우 건물에서는 우선 배당권이 있는 경우 건물에서는 우선 배당권이 있으나, 대지 부분의 경매에서는 우선 배당권이 없다.

6) 전세권설정등기까지 겸한 임차인

임차인이 전세권까지 갖춘 경우에도 소액보증금의 우선 배당권은 인정된다.

7) 소액보증금과 국세 및 지방세의 우선관계

국세기본법의 취지상 주택의 매각대금에서 국세 또는 가산금을 징수하는 경우는 그 임차인의 소액보증금에 대한 채권 중 일정액은 국세와 가산금에 우선한다.
다만, 여기서 소액보증금은 국세나 가산금 또는 지방세, 당해 세금보다 우선 하지만, 체납처분비보다는 우선하지는 않는다.

5. 근로자의 임금채권의 우선변제권

🔍 참고: 근로자의 임금채권과 권리분석 상 주의할 점

임금채권은 임금과 그 밖의 근로관계로 인한 채권 및 재해보상금의 세 가지를 의미한다(근로기준법 제38조 참조). 임금채권자는 민사집행법 제88조 제1항 민법, 상법 기타 법률에 의하여 우선 변제청구권이 있는 채권자에 해당되어 강제집행절차에 참가하여 변제 받을수 있다. 다만, 임금채권은 임차인과 마찬가지로 배당 시기와 종기 사이에서(경매, 공매 동일) 배당의 요구가 있어야만 배당 또는 배분에 참여할 수 있다. 특히 임금채권은 부동산 가압류(이 경우에는 소명 자료를 첨부하여 배당요구를 다시 해야 한다. 그렇지 아니하면 일반가압류채권으로 취급하여 배당, 배분하므로 우선적 효력이 없다)나 집행권원 없이도 배당요구신청서와 노동부지방사무소가 발행한 체불임금확인서, 사업자 회사의 직원임을 확인하는 서류(근로자명부 사본, 임금대장사본, 국민연금, 의료보험납부확인서, 원천징수영수증 등)를 갖추어 신청하면 배당 또는 배분을 받게 된다. 그 결과 경우에 따라 임차인의 보증금을 인수하게 될 수 있어 주의해야 한다. 경매뿐만 아니라 공매의 경우(2012.1.1 공매공고 된 물건부터)에 있어서도 배당요구종기 일까지 권리 신고한 채권에 한하여 배당. 배분하므로 입찰 전에 매각물건명세서 등을 참조하여 확인하면 된다. 또한, 최근에는 근로자가 근로복지공단을 통하여 체당금(후에 상환받기로 하고 타인의 채무를 대신 변제)의 형태로 임금을 수령하는 경우가 많아졌다. 따라서 매각물건의 부동산등기부등본에 "근로복지공단의 가압류"가 등재되어 있다면 임금채권인지 여부를 반드시 확인하고 입찰에 참여하여야 한다.

가) 임금, 퇴직금, 재해보상금 기타 근로관계로 인한 채권은 사용자의 총재산에 대하여 질권 또는 저당권에 의하여 담보된 채권을 제외하고는 이에 대항할 수없는 조세채권(당해세는 제외) 및 공과금 기타 채권에 우선하고 그중에서도 최종 3월분의 임금은 최우선순위로 변제받는다. 이 경우 질권 또는 저당권에 우선하는 조세나 공과금이 있는 경우에는 이들 권리보다 우선할 수 없다.

나) 근로자가 임금채권을 우선변제 받기 위해서는 배당종기 일까지 반드시 배당요구를 하여야 한다.

다) 최종 3월분의 임금(민사집행법에 의한 법원경매와 달리 국세징수법에 의한 공매의 경
우는 근로기준법 또는 근로자퇴직급여 보장법에 따라 우선변제권이 있는 임금, 퇴직
금, 재해보상금 및 그밖에 근로관계로 인한 채권)

라) 임금우선변제권은 사용자의 총재산에서만 우선 배당되고 회사의 대표이사 개인재산이
나 물상보증인의 재산에 대하여는 우선변제권이 없다.

(가) 압류재산에 국세의 법정기일 전에 설정된 질권 또는 저당권에 의하여 담보된 채권이
있는 경우
　　제1순위 : 체납처분비
　　제2순위 : 임차인의 소액보증금 및 최종 3월분의 임금
　　제3순위 : 채권 또는 저당권에 의하여 담보된 채권
　　제4순위 : 임금 기타 근로관계로 인한 채권
　　제5순위 : 국세, 가산금
　　제6순위 : 일반채권

(나) 압류재산에 국세의 법정기일 후에 설정된 질권 또는 저당권에 의하여 담보된 채권이
있는 경우
　　제1순위 : 체납처분비
　　제2순위 : 임차인의 소액보증금 및 최종 3월분의 임금
　　제3순위 : 국세, 가산금
　　제4순위 : 질권 또는 저당권에 의하여 담보된 채권
　　제5순위 : 임금 기타 근로관계로 인한 채권
　　제6순위 : 일반채권

(다) 압류재산에 질권 또는 저당권에 의하여 담보된 채권이 없는 경우
　　제1순위 : 체납처분비
　　제2순위 : 임차인의 소액보증금 및 최종 3월분의 임금
　　제3순위 : 임금 기타 근로관계로 인한 채권
　　제4순위 : 국세, 가산금
　　제5순위 : 일반채권

6. 국세 및 지방세

1) 조세채권우선의 원칙

가) 국세·가산금 또는 체납처분비는 다른 공과금 기타 채권에 우선한다.

나) 저당권·전세권의 피담보채권과의 우선관계

일반세금과 저당권·전세권과의 우선순위는 세금의 법정기일이나 납부기한과 저당권등기일이 기준이다. 양자가 같은 날이면 국세 또는 지방세가 우선한다.

다) 압류선착주의 및 평등주의

하나의 부동산에 대하여 체납처분에 의한 압류가 행하여 졌을 때 그 압류에 관계되는 조세는 국세이든 지방세이든 교부 청구한 다른 조세보다 우선한다. 나머지 조세는 동순위이다.

참고: 담보채권과 국세채권의 변제순서

제1순위 : 국세의 체납처분비
제2순위 : 그 재산에 부과된 국세·가산금
제3순위 : 국세의 법정기일 전에 전세권·질권 또는 저당권의 설정을 등기·등록한 채권
제4순위 : 국세, 가산금
제5순위 : 국세의 법정기일 후에 전세권·질권 또는 저당권의 설정을 등기·등록한 채권

라) 본세, 가산세, 체납처분비의 징수순위

배당은 체납처분비, 가산세, 본세의 순서로 배당된다.

마) 국세와 관세의 관계

부동산 매각 시 관세는 국세와 동순위이다.

2) 당해세 우선

가) 당해세와 저당권은 저당권 설정자에게 부과된 세금에 한하여 우선하며, 양수인에게 부과된 당해세는 기존의 저당권자에 우선하지 않는다.

나) 당해세는 집행의 목적물에 대하여 부과된 국세와 가산금이다. 상속세·증여세·재평가세가 우선하는 당해세이다.

다) 당해세는 최우선 순위의 임금채권과 소액임차인의 보증금을 제외하고는 어떠한 채권에도 우선한다.
당해세, 소액보증금 및 선순위저당권을 함께 배당하는 경우는 우선 평등 하게 배당한 후 2차로 후순위 분을 흡수한다.이 경우 흡수액은 청구 금액 중 1차로 받지 못한 금액과 후순위 분으로 1차로 배당받은 금액을 한도로 한다.

라) 의료보험 및 산업재해보상보험법상의 보험료 등 의료보험료, 고용보험료, 연금, 산재보험료 등은 국세 및 지방세의 다음 순서이고, 저당권자와의 관계에서도 우선하지 않는다. 다만, 일반채권자보다는 우선한다.

제2절 배당과 공탁

1. 배당 장소, 주체

배당은 법정 또는 판사실에서 판사가 직접 하는 것이 원칙이다. 실무상은 담당 계장이 하고 이의가 제기되면 판사가 한다.

2. 배당금의 공탁

배당기일에 확정된 배당금을 출석한 채권자에게 배당하지만 그렇지 않은 다음 경우는 공탁한다.

(가) 향후 만기가 될 채권에 대한 배당금

   (예: 다가올 저당권 만기, 명도를 조건으로 배당하는 주택임차인 보증금 등)

(나) 집행력 있는 정본에 의하지 아니한 배당요구채권을 채무자가 인정하지 않은 경우

(다) 가압류채권자의 미확정채권에 대한 배당금

(라) 배당이의소송이 완결되지 않은 경우의 채권에 대한 배당금

(마) 집행력 있는 정본을 가진 배당채권자에 대해 집행정지서류가 제출된 경우

(바) 압류 효력 발생 전에 저당권설정등기청구권 보전을 위한 가등기가 경료 된 경우

제3절 배당과 변제의 효과

1. 충당금

배당금이 채무 전액의 변제가 없으면 당연히 법정충당 하되, 당사자 사이에 별도의 합의가 있었던 경우에는 상대방에게 별도의 변제충당에 관한 의사표시를 할 것 없이 그 합의에 따라 변제충당을 하면 유효하다.

2. 배당요구 시기 등

(가) 배당요구는 배당 종기 일까지 할 수 있다. 따라서 임금채권, 주택임대차보증금반환청구권 등 우선변제권이 있는 채권자라 하더라도 배당종기 일까지 배당요구를 하지 않으면 매각대금으로부터 배당받을 수 없고, 그 후 배당을 받은 후순위자를 상대로 부당이득반환청구를 할 수도 없다.

(나) 매각개시결정에 따른 압류의 효력이 생긴 때부터 1주일 이내에 집행법원은 절차에 필요한 기간을 감안해 배당요구 할 수 있는 종기를 첫 매각기일 이전으로 정한다. 제3자에게 대항할 수 있는 물권 또는 채권을 등기부에 등재하지 아니한 채권자(임차인 등)는 반드시 배당요구의 종기일까지 배당요구를 하여야 배당을 받을 수 있다. 법원은 특별히 필요하다고 인정하는 경우는 배당요구의 종기를 연기할 수 있다.

제1절 배당에 대한 이의

1. 배당방법

배당기일에는 배당에 대한 이해관계인들이 출석하여 배당요구에 대한 의견을 말하고 이를 청취한 법원은 배당표를 확정한다.

이 경우 이해관계인의 배당이의는 우선변제권이 있는 임차인 및 근로채권이 대부분인데 판사가 먼저 조정, 설득해 보고 안 되면 이의가 없는 부분만 먼저 배당된다.

2. 가장 임차인

가장임차인의 의심이 가는 자는 그에게 배당하고 다른 채권자에게 이의 하게 하는 것이 아니라 배당표에서 가장임차인을 먼저 제외하고 가장임차인이 이의를 하여 진정한 임차인임을 입증하여야 한다.

3. 이의신청

(가) 배당절차에 출석한 채권자는 이의를 제기할 수 있으므로 기일 전에 이의서면을 제출하여도 배당기일에 출석하지 않으면 이의는 무시하고 배당한다.

(나) 민사집행법은 채무자는 배당기일에 출석하지 않더라도 배당표원안의 비치 이후 배당기일이 끝날 때까지 서면으로 이의를 할 수 있도록 하였다(제151조 2항).
이의를 제기한 후라도 해당 기일에 종결되지 않으면 배당기일로부터 7일 이내에 배당이의의 소를 제기하여야 한다.

4. 채무자의 이의

채무자가 이의를 제기하는 경우

(가) 집행력 있는 집행권원의 정본을 가지지 않은 채권자에게는 배당이의의 소를,

(나) 집행권원의 정본을 가진 채권자에게는 청구이의의 소를 제기하여야 하고,

(다) 채권자가 다른 채권자에게 이의하는 경우는 배당이의의 소를,

(라) 가압류채권에 대하여는 채권자가 채무자를 상대로 본안소송을 제기하여야 한다.

제2절 배당이의의 소

1. 배당이의의 소

(가) 배당기일에 출석한 채권자는 자기의 이해에 관계되는 범위 안에서 다른 채권자를 상대로 그의 채권 또는 채권의 순위에 대하여 이의를 제기할 수 있다.

(나) 이의를 제기한 채권자가 배당이의의 소를 제기하고 배당기일로부터 1주일 내에 집행법원에 대하여 소제기증명을 제출하면 그 금원에 대하여는 지급을 보류하고 공탁을 하게 된다. 이의제기 채권자가 그 증명 없이 위 기간을 도과하면 이의에 불구하고 배당금을 지급하게 된다.

2. 배당이의의 사유

1) 절차상 사유

가) 배당요구를 필요한 채권자가 배당요구 없이 배당받은 경우

나) 채무자의 인부 절차 없이 배당한 경우

다) 배당금액에 포함될 낙찰대금, 지연이자, 몰수보증금 등의 금액이 누락된 경우

라) 자신의 채권이 배당표에 누락 된 경우

2) 실체상 사유

채권자가 자기 채권과 자신의 이해에 영향이 있는 다른 채권에 대하여 채권의 존부, 금액, 범위, 순위에 이의가 있는 경우이다.

참고: 배당표에 대한 이의

1. 배당이의 신청

배당기일에 출석한 채권자 및 채무자는 배당표의 작성, 확정, 실시와 다른 채권자의 채권과 순위에 대하여 이의를 신청할 수 있다. 이의신청이 있으면 배당법원은 그 이의신청이 적법한가 여부만을 심사하며 이의 사유의 존부에 관해 심사할 수는 없다. 왜냐하면 그 이의신청의 당부는 배당이의의 소에서 판결절차에 따라 심리·판단하여야 하기 때문이다. 배당표에 대하여 이의신청이 있으면 그 이의 있는 부분에는 배당표는 확정되지 않고 이의 없는 부분에 한해 배당을 실시한다. 일반적으로 소액임차인의 최우선변제권을 둘러싼 분쟁이 대부분이다.

2. 채권자가 이의신청하는 경우

채권자는 이의의 결과 자기의 배당액이 증가되는 경우에 한해 이의 할 수 있다. 이의는 배당기일에 출석하여 진술하여야 한다.

채권자가 이의 신청한 경우는 그 이의가 있는 채권에 대한 배당실시가 일시 유보된다. 이의신청 채권자는 그 이의가 있는 채권의 채권자를 상대로 배당이의의 소를 제기하여야 한다. 배당이의의 소는 배당기일로부터 7일 이내에 제기하여야 하고 '소제기증명서'를 경매법원에 제출해야 한다. 이 경우 경매법원은 그 이의 있는 채권의 배당금을 공탁하게 된다. 만일 이의 신청자가 7일 이내에 배당이의의 소를 제기하지 않거나 소제기 증명원을 경매법원에 제출하지 않으면 배당은 확정, 실시된다.

3. 채무자가 이의신청하는 경우

채무자가 집행정본을 가지고 있는 채권자에게 이의신청하는 경우는 채무자는 배당기일로부터 7일 이내에 청구이의의 소를 제기하여 그 소제기증명원과 함께 배당절차의 일시정지를 명하는 잠정처분명령서 등을 경매법원에 제출해야 한다. 만일 어느 하나라도 제출하지 않으면 이의가 취하된 것으로 본다(제154조 2항,3항). 채무자가 집행정본이 없는 채권자(근저당권자, 전세권자, 임차인, 임금채권자, 경매기입등기 이후에 가압류한 채권자)를 상대로 이의를 하는 경우에는 그 채무자는 7일 이내에 배당이의의 소를 제기하여야 한다. 채무자가 7일 내에 소제기증명을 하면 그 부분의 배당액은 공탁된다.

4. 배당금이 공탁되는 경우

배당을 받아야 할 채권자의 채권에 대하여 아래의 가운데 어느 하나의 사유가 있으면 그에 대한 배당액을 공탁하여야 한다.
1) 채권에 정지조건 또는 불확정기한이 붙어 있을 때

명도를 조건으로 배당하는 주택임차인의 우선변제권, 최우선변제권이나 전세권자의 경우는 배당금이 공탁된다. 그러나 대항력 있는 소액임차인이 배당요구를 했으나 일부만 받은 경우는 그 잔액에 대하여 낙찰자에게 동시이행의 항변을 할 수 있으므로 명도확인서가 필요 없다.

2) 가압류 채권자의 미확정채권에 대한 배당금

3) 배당이의소송 미완결의 채권에 대한 배당금

4) 배당받을 채권자가 불출석한 경우는 10일 동안 지급 청구를 기다린 후 공탁한다.

5) 집행정보에 의하지 않고 배당요구 한 채권을 채무자가 인정하지 않을 때 채권확정의소가 확정될 때까지 공탁한다.

6) 저당권설정의 가등기권리자에 대한 배당, 경매기입 등기 전에 저당권설정의 가등기권자는 본등기를 하면 우선변제를 받을 수 있으므로 본등기를 했다는 가정하에 배당할 금액을 정하여 공탁한다.

제4편

주택 · 상가건물 임대차보호법

제1절 목적 및 적용 범위

1. 목적

> 제1조 (목적) 이 법은 주거용 건물의 임대차(賃貸借)에 관하여 「민법」에 대한 특례를 규정함으로써 국민 주거생활의 안정을 보장함을 목적으로 한다. [전문개정 2008.3.21.]

주택임대차보호법은 국민의 주거생활의 안정을 위하여 제정된 민사특별법이다.

2. 적용 범위

> 제2조 (적용범위) 이 법은 주거용 건물(이하 "주택"이라 한다)의 전부 또는 일부의 임대차에 관하여 적용한다. 그 임차주택(賃借住宅)의 일부가 주거 외의 목적으로 사용되는 경우에도 또한 같다.[전문개정 2008.3.21.]

1) 주택의 범위

(가) 주택의 전부 또는 일부의 임대차에 대하여 적용된다.

(나) 주거용과 비주거용으로 겸용되고 있는 건물에도 적용된다.

(다) 등기하지 아니한 주택(미등기 주택)의 전세 계약에 적용된다(동법 제12조).

그러나 일시 사용을 위한 임대차인 것이 명백한 경우에는 적용되지 않는다(동법 제11조).

2) 주거용 건물의 기준

가) 주된 용도가 주거용이어야 한다.

가장 중요한 판단기준이다. 주거용과 비주거용이 겸용인 경우는 주거용 부분이 주가 되고 부수적으로 비주거용 부분을 이용하는 경우는 이를 전부 주거용 건물로 보지만, 반대의 경우에는 적용 대상이 아니다.

나) 일정 면적 이상을 주거용으로 사용해야 한다.

(가) 겸용주택의 경우 임차 면적에서 주거용 면적이 2분의 1을 넘으면 인정했으나 최근에
　　는 주거용 면적이 설령 절반에 못 미치더라도 그 사용하는 면적이 상당하면 주거용으
　　로 인정한다.
(나) 주택의 일부를 점포로 개조하여 주거와 영업을 겸용하더라도 주택임대차보호법의 적
　　용을 받을 수 있다. 다만 비주거용 건물의 일부를 주거용으로 사용하는 경우엔 본 법
　　의 보호를 받을 수 없다.

다) 유일한 주거 수단이어야 한다(최근 주거용 여부의 판단 시 유력 기준).

용도와 면적이 판단기준에 다소 못 미치더라도 임차한 공간이 임차인에게 있어, 외부에는
주된 거처가 없는 본 건물이 유일한 주거 공간인지 아닌지, 또 가족과 함께 거주하는지 여
부 등이 중요한 판단기준이다.

[판례] 주거용 건물에 해당하는지의 여부(대판 1995.3.10, 94다52522)

1. 주거용 건물에 해당하는지의 여부는 임차물의 공부상 표시만을 기준으로 할 것이 아니라 그 실지 용도에 따라서 정하여야 하고, 또한, 건물의 일부가 임대차의 목적이 되어 주거용과 비주거용으로 겸용되는 경우에는 구체적인 경우에 따라 그 임대차의 목적, 전체 건물과 임차물의 구조와 형태 및 임차물의 이용관계 그리고 임차인이 그곳에서 일상생활을 영위하는지의 여부 등을 아울러 고려하여 합목적적으로 결정하여야 한다.

2. 건물이 공부상으로는 단층 작업소 및 근린생활시설로 표시되어 있으나 실제로 甲은 주거 및 인쇄소 경영 목적으로 乙은 주거 및 슈퍼마켓 경영 목적으로 임차하여 가족들과 함께 입주하여 그곳에서 일상생활을 영위하면서 인쇄소 또는 슈퍼마켓을 경영하고 있으며, 甲의 경우는 주거용으로 사용되는 부분이 비주거용으로 사용되는 부분보다 넓고, 乙의 경우는 비주거용으로 사용되는 부분이 더 넓기는 하지만 주거용으로 사용되는 부분도 상당한 면적이고, 위 각 부분이 甲과 乙의 유일한 주거라면 중대한 요건을 갖추었다고 하겠다.

3) 임차인의 범위

(1) 주택임차인

주택임차인은 일반 임대차와 달리 차임의 지급을 대가로 하여 주거용 건물을 사용, 수익

함을 목적으로 하는 임대차계약 당사자 중에서의 임차인을 말한다.

그리고 주택임대차보호법을 적용받는 임차인은 일정 기간 이상 계속 적인 임대차 관계가 존속하고 있는 임차인만을 의미한다. 따라서 일시적인 임대차(단기임대차)에는 적용되지 않는다.

(2) 임차인의 승계인

임차인이 상속권자 없이 사망한 경우는 그 주택에서 가정 공동생활을 하던 사실상의 혼인 관계에 있는 자가 임차인의 권리. 의무를 승계한다.

또한, 임차인 사망 시 상속권자가 그 주택에서 공동생활을 하지 아니한 경우는 가정공동생활을 하던 사실상의 혼인 관계자와 2촌 이내 친족이 공동으로 상속한다.

(3) 전차인

전차인은 임차인의 임차보증금 범위 내에서 주택임대차보호법의 적용을 받아 우선 배당 받을 수 있다. 그러나 본 법상 대항력을 갖추지 못했거나 임대인의 동의가 없는 경우 법의 보호를 받지 못한다.

(4) 법인

가) 본 법은 자연인인 서민들의 주거생활 안정 및 보호 취지에서 제정된 법이다. 따라서 법인은 원칙적으로 본 법의 보호 대상이 아니다.

나) 다만, 법인이 사원들의 후생 복지 측면에서 임대차계약을 체결하고 사원이 입주하여 전입신고를 마친 경우에는 예외적으로 본 법의 보호를 받을 수 있다. (동법 제3조 3항)

(5) 재외동포

재외동포의 출입국과 법적 지위에 관한 법률은 국내에 30일 이상 거주할 목적으로 체류하는 재외동포는 국내거소신고를 할 수 있고, 거소 신고를 주민등록으로 보기 때문에 역시 재외동포도 이 법의 보호를 받을 수 있다.

(6) 외국인

외국인이 국내에서 주택을 임차하여 입주하였으나 주민등록법상의 전입신고를 할 수 없으므로 주택소재지를 새로운 체류지로 하는 전입신고를 하였다면, 이경우 주민등록을 갖추지 못하여도 주택임대차보호법상 주택임차인으로서 보호받을 수 있다.

(가) 90일을 초과하여 국내에 체류하는 외국인은 그의 체류지 관할의 출입국관리사무소장 또는 출입국관리사무소 출장소장에게 외국인등록을 하여야 하고,

(나) 등록을 한 외국인이 그의 체류지를 변경한 때에는 전입한 날부터 14일 이내에 신체류지의 시·군·구의 장 또는 신체류지를 관할하는 출입국관리사무소장·출입국관리사무소 출장소장에게 전입신고를 하여야 한다고 규정하고 있다(출입국관리법 제31조 제1항).

(다) 특히, 법령에 규정된 각종 절차와 거래관계 등에 있어서 주민등록증 또는 주민등록 등·초본을 요하는 경우에는 외국인등록증 또는 외국인등록 사실 증명으로 이에 갈음한다고 규정하고 있으므로(동법 제88조의 2), 대항요건인 주민등록을 갖추었다고 볼 수 있다.

4) 적용 대상과 구체적 사례

(1) "주거용 건물"의 의미

가) 본 법은 원칙적으로 주거용 건물(주택)을 적용 대상으로 한다.

주거용 건물과 비주거용 건물의 구분은 임차건물이 현재 일상생활을 위해 사용되느냐 하는 사실상의 용도를 기준으로 판단하여야 하고 공부(등기부, 건축물대장)상의 용도를 기준으로 판단할 것은 아니다.

나) 건물의 등기 · 건축허가 여부와는 무관하다.

다) 주거용 건물인지의 판단 시점은 계약체결 시이다.

라) 구체적 예로는 등기된 건물, 미등기건물, 무허가건물, 불법건축물을 들 수 있다.

가건물과 오피스텔은 나누어 생각해야 한다.

(가) 등기된 건물
(나) 미등기 건물(대판(전원) 2007.6.21. 2004 다 26113 :민사집행법 제81조의 절차
　　참조)
(다) 무허가 건물(무허가건물관리대장–과세대장–을 통해 건축주와 건축 시기 확인 가능)
(라) 불법건축물(옥탑을 주거용으로 개조 또는 발코니를 트고 방과 주방 및 화장실을 설
　　치·사용하는 경우 등)
(마) 가건물(비닐하우스)의 경우
　　비닐하우스는 원칙적으로 해당이 없다. 다만 비닐하우스촌은 조건부로 주택임대차의
　　보호를 받는다. 즉 전입신고가 해당 주소지에 거주 목적으로 30일 이상 거주하였다
　　면 지방자치단체의 무허가 건축물 관리 등 다른 사항을 고려함이 없이 전입신고를 유
　　효한 것으로 보아야 한다(대판(전원) 2009.6.18. 2008두10997 참조).
(바) 오피스텔 등
　　업무용 오피스텔(원칙: 상가건물임대차보호법의 적용 대상) 등 건물의 구조나 용도
　　를 변경해서 주거용으로 사용하였다면 본 법의 적용을 받는다.

(2) 구체적 사례

가. 등기부는 있으나 대장 등본의 부재의 경우 처리기준

가) 사용승인 미필 원인

건축허가 및 신고는 하였으나, 사용승인을 받지 못한 상태에 있는 경우의 건물들은 건축
도중에 건축주 또는 시공회사의 부도 등으로 인하여 건축공사를 완료하지 못한 경우의 건
물이거나, 기타의 사유로 인하여 건축주가 시장·군수·구청장 등에게 사용승인을 받지 못한
경우의 건물이 이에 해당 된다.

나) 건축물관리대장 등 부재

더욱이 사용승인을 필하지 못한 관계로 건축법 제29조에 의한 소정의 건축물대장이 작성·비치되지 못하고 있으며, 건물등기도 경료하지 못한 경우가 대부분이다.

다) 대위등기

다만 부동산등기법 제52조(채권자대위권에 의한 등기) 및 민법 제404조(채권자대위권)에 의거 채권자가 채무자를 대위 하여 집행력이 있는 공정증서 또는 확정 판결문에 터 잡아서 등기한 건물로서 무허가건물뿐만 아니라 사용승인 미필 건물도 등기가 경료 된다.

라) 결어

이러한 유형은 위에서도 언급했듯이 주로 구분건물 등을 신축 도중에 건축주나 시공회사가 부도가 났거나, 분양과 관련한 소송에서 입주예정자들이 승소한 경우로서 본 법의 적용 대상이다.

나. 공부상 용도는 공장이나 현재 주거용으로 사용하는 경우(제한적 적용)

가) 주거용으로의 구조변경

건축물대장상의 용도는 공장으로 되어 있지만, 현재 내부구조를 변경하여 주거용으로 사용하고 있는 건물을 임차하여 입주와 전입신고를 마쳤다면 이러한 건물도 본 법의 적용을 받을 수 있다.

나) 사실상 주거용으로의 사용 여부

어떤 건물이 본 법의 적용의 대상이 되는 주거용건물 인지 여부는 등기부, 건축물대장 등 공부상 표시만을 기준으로 할 것이 아니라 사실상 주거로 사용 중 인지 여부를 기준으로 결정한다.

다) 현황 중심

공부상 용도가 상가, 공장으로 되어 있어도 이미 건물의 내부구조 및 형태가 주거용으로
용도 변경된 건물을 임차하여 그곳에서 일상생활을 영위하면서 사실상 주거용으로 사용하
고 있다면 본 법이 적용된다.

라) 불법용도변경

최근 다가구용 단독주택에서 옥상의 옥탑을 주거용으로 불법용도 변경하는 경우를 종종
볼 수 있는데, 이러한 경우도 임차하여 실제로 주거용으로 사용하고 있다면 본 법의 적용
을 받을 수 있다.

다. 주택 일부를 점포로 개조한 경우

가) 주택 일부를 점포로 개조

현재 주택의 일부를 점포로 개조한 건물을 임차하여 입주와 동시에 전입신고를 마치고 그
곳에서 거주하면서 가게를 운영하고 있다면 이러한 건물도 본 법의 적용을 받을 수 있다.

나) 동법 제2조 후문의 의미

동 법 제2조 후문은 임차주택의 일부를 주거 이외의 목적으로 사용되는 경우에도 같은 법
이 적용된다고 규정하고 있다.

다) 예외

다만 주의할 것은 건물 중 주택과 점포의 구조와 점유 면적, 건물의 주된 용도 등을 참작
할 때 오히려 비주거용 건물의 일부를 주거로 사용하고 있는 경우라고 판단된다면 본 법이
적용되지 않을 수도 있다.

라. 비주거용 건물의 일부를 주거로 사용하는 경우

가) 면적대비설

예컨대, 방 2개와 주방이 있는 상가 38평을 임차하여 그곳에서 살면서 옷가게를 경영하고 있는데 전체 면적 중 가게를 위한 부분이 24평 정도이고, 방과 부엌을 합한 주거 면적이 14평 정도라면 이런 경우에는 본 법의 적용을 받을 수 없다(판례).

나) 부수적 사용은 부정

즉 비주거용 건물 중 일부인 방과 주방을 어디까지나 옷가게 영업에 부수하여 주거목적으로 사용하는 것에 불과하기 때문이다.

마. 임대기간 중에 비주거용 건물을 주거용으로 개조한 경우

가) 원칙

점포용 건물을 임차하여 장사를 하다가 영업이 잘되지 아니하여 현재는 주거용으로 내부를 개조하여 거주하고 있다면, 이러한 경우에는 주택임대차보호법의 적용을 받을 수 없다.

나) 기준

결국 주택임대차보호법이 적용되기 위해서는 임대차계약 낭시에 이미 임대건물이 주거 용도로 사용할 수 있어야 한다. 따라서 계약 당시에 점포용 건물이었다면 그 후 임차인이 임의로 주거용으로 개조 해도 본 법의 적용을 받을 수 없다.

다) 예외

다만 임차인이 임대인의 승낙을 얻어 주거용으로 개조한 경우에는 개조한 때부터 본 법의 적용을 받을 수 있다.

바. 임대차계약의 주된 목적이 주거목적이 아닌 기존채권의 회수에 있는 경우

가) 주된 목적을 기준

채권자가 채무자 소유의 주택에 관하여 채무자와 임대차계약을 체결하고 전입신고를 마친 다음 그곳에 거주하여 형식적으로 주택임대차로서의 대항력을 취득한 외관을 갖추었다고 하더라도 임대차계약의 주된 목적이 주택을 사용, 수익하려는 것에 있는 것이 아니고, 실제로는 대항력 있는 임차인으로 보호받아 후순위권리자가 기타 채권자보다 우선하여 채권을 회수하려는 것에 있었던 경우에는 그러한 임차인에게는 주택임대차보호법이 정하고 있는 대항력을 부여할 수 없다(대판 2007.12.13., 2007다55088).

나) 예외

그러나 '기존채권을 임대차보증금으로 전환'한 경우에는 통정허위표시(민법 제108조)로 무효라는 등의 특별한 사정이 없는 한 인정받는다.

사. 임차주택이 미등기건물인 경우

(가) 앞에서도 언급했듯이 현재 임차하고자 하는 주택이 미등기건물일지라도 본 법이 적용되므로 임대차계약서에 확정일자를 받아두면 우선변제권을 행사할 수 있다.

(나) 따라서 임대차계약서에 확정일자를 받아두면 향후 위 주택에 소유권보존등기가 경료되고 근저당권이 설정되어 경매되더라도 근저당권자에 우선하여 임대보증금을 변제받을 수 있다.

(다) 다만 임대차계약을 체결하기 전에 임대하는 사람이 실제 소유자(건축물대장에 의하여 건물소유자로 확인된 신축자)이거나 그로부터 임대 권한을 부여받은 사람인지를 확인하여 보아야 한다.

(라) 판례의 입장 (경매 대상에서 제외된 미등기주택의 소액임차인 보호 여부)
　　a) '소유권등기가 되지 아니한 임차주택에 있어서는 그 토지나 토지 위의 건물의 등기

부로써는 그 주택의 유무나 임차인의 유무 등 대지의 부담사항이 파악되지 않으므로 주택임대차보호법 제8조의 규정에 의해 건물이나 토지의 매각대금에서 우선변제를 받기 위해서는 그 임대차의 목적물인 주택에 관하여 그 임대차 후에라도 소유권등기가 거쳐져 경매신청의 등기가 되는 경우이어야 한다'(대판 2001.10.30., 2001다39657)

(나) 따라서 경매대상에서 제외된 미등기 주택에 거주하는 소액임차인은 배당받을 수 없다.

제2절 대항력의 범위

[판례]: 주택임대차는 그 등기가 없는 경우에도 주택의 인도(입주)와 주민등록(전입신고)을 마친 때에는 그다음 날부터 제3자에 대하여 효력이 생긴다. 이것은 주택에 대하여 동법에 의한 임차권의 대항력 요건과 제3자의 민법에 의한 임차권의 등기가 같은 날 이루어진 경우는 그 선후 관계를 정하는 것이 곤란하기 때문에 그다음 날부터 대항력을 갖는 것으로 한 것이다(대판 1997.12.12, 97다22393).

1. 임대차의 존속기간 종료 전의 대항력

1) 서론

(1) 임대차계약의 성립

주택의 사용 및 수익을 위한 양 당사자의 채권적 합의가 있으면 임대차 계약이 성립한다.

(2) 대항력의 성립 유형

임차권의 존속기간과 관련한 부분에 대해서는 주택임대차보호법이 적용되고, 그 밖에는 민법이 적용된다.
임차권이 대항력을 갖추기 위해서는 원칙적으로 전세권(제303조)처럼 물권으로 성립하거나, 제621조에 기하여 임차권의 등기를 경료하여야 한다.

2) 주택의 인도

(1) 목적물인 주택의 인도 완료

가) 주택의 인도 완료

임대차계약이 체결된 것만으로는 부족하고 임대인으로부터 임차인에게 목적물인 주택의 인도가 완료되었어야 대항력을 취득한다(동법 제3조 1항).

나) 원칙(현실의 인도)

인도는 임차인의 임차주택에 이전 거주한다든지, 이삿짐을 옮긴다든가, 열쇠를 넘겨받는 현실의 인도가 보통이다.

다) 예외(간이인도)

그 밖에도 사용차주나 전차인이 새로 임대차 계약을 체결하여 임차인으로 된 경우 또는 소유자가 사용하던 주택을 타인에게 양도하면서 그 양수인으로부터 임차하는 경우 등과 같이 간이인도의 방법으로도 무방하다.

(2) 임차주택을 전대한 경우의 대항력

임차인이 임차주택을 직접 점유하지 아니하더라도 임대인의 승낙을 받아 임차주택을 전대하고 그 전차인이 주택을 인도받아 자신의 주민등록을 마친 때에는 그때부터 임차인은 제3자에 대하여 대항력을 취득한다(대판 1995.6.5, 94마 2134).

[테마분석 2] 전차인이 거주하고 있는 경우

사건번호 경매일-결과	소 재 지	종별	내용 및 면적(㎡) 임차인관계(만원)	최저가액 감정가액(최초가액) 등기부내역(만원)
2019타경*** SC제일은행 함OO	성동구OO동123 청호3동 6층 000호 준공 2000.7.6 [감정평가서정리]	APT - 6층	대57.846/46394 건113.71 *41평형, 방4 *동향, 계단식 *1낙찰 1억 6000만 원	160,000,000 200,000,000 미래감정 배당종기 2019.5.13
2019.9.5. 유찰 2019.10.9. 낙찰 (보증금 20%)	* OO중학교 서측 * 차량 출입 가능 * 인근 정류장 소재 * 중앙 공급식 난방 * 일반 주거지역 * 도계도로접합 * 4종, 5종 미관지구		어OO(전차인) 2억 원 전입 2017.9.1. 확정 2017.9.3. 배당 2019.3.28 . (계약서상 임대인이 소유자가 아님. 임대인 고OO)	가등기 2016.5.26 이OO .... 근저당 2016.5.31 SC제일은행 5,000만 원 .... 가압류 2019.1.16 국민은행 신설 5,000만 원 .... 임의경매 2019.2.25 SC제일은행

해설

1. 가등기가 있음에 유의하여야 한다. 즉 가등기가 최선순위로 있는데 이 가등기가 담보 가등기인지 소유권이전을 위한 가등기인지가 중요하다. 따라서 담보가등기라면 배당 요구를 하여 배당을 먼저 받게 되므로 말소되어 무시해도 좋을 것이다. 반면 소유권이 전을 위한 보전등기라면 이런 물건은 낙찰 받지 않는 것이 좋다.

2. 임대차관계: 임차인이 계약한 임대인이 소유자가 아닌 점으로 미루어 임차인 김00는 전차인일 확률이 높다. 이 경우 전차인은 임차인이 대항력을 갖춘 날짜로 소급하여 대 항력을 갖게 되어 결국 매수인은 임차인의 권리를 인수해야 하는 경우가 많다. 따라서 이러한 물건은 피하는 것이 좋다.

3. 위의 경우에 새로운 임차인이 임차계약을 체결코자 하지만 근저당권자보다 후순위가 되어 대항력을 행사할 수 없다. 따라서 이 같은 경우에 새로운 임차인은 근저당권보다 앞서 이미 존재하고 있는 김00의 임차권을 임대인의 동의하에 양수하기로 계약을 체 결하여 전차권자 어00가 임차인의 권리를 행사하게 된다. 이러한 경우에도 판례상 인

정된다. 즉 판례는「임대인의 동의를 얻어 대항력을 갖춘 임차인으로부터 적법하게 임차권을 양도받은 경우, 임차인의 주민등록 퇴거 일부터 주민등록법상의 전입신고기간인 14일 이내에 전입신고를 마치고 주택에 입주하였다면 전에 임차인이 갖고 있던 대항력을 주장할 수 있다」고 하여 소급함을 인정하고 있다.

(3) 예외

가) 그러나 위의 경우와는 달리(지방법원의 판례임에 유의) 아래의 경우는 점유를 인정하지 아니한다.

   (가) 이삿짐만을 옮겨놓고 사람이 거주하지 않는 경우
   (나) 당해 임차주택의 열쇠만을 임대인으로부터 넘겨받은 경우
   (다) 임차인이 여러 가지 사정으로 현관문을 잠그지 아니하고 열쇠만을 소지한 경우 등

나) 그 이유로는 특히 주민등록제도는 행정사무의 적정한 처리를 도모함을 목적으로 하고 있을 뿐, 주민등록소재지의 거주관계나 그 지상주택의 점유관계를 증명하기 위한 제도가 아닌 점, 주민등록 사실 자체만으로는 무단전출이나 위장전입을 구별하기가 어려운 점 등을 들고 있다.

3) 임차인의 주민등록

(1) 주민등록과 전입신고

가) 간주 규정

임차인은 주민등록을 하여야 대항력을 취득하는데, 전입신고를 한때에 주민등록이 된 것으로 본다(동법 제3조 1항).

나) 거주지를 이전한 경우

거주지를 이전 한 때에는(신거주지에 전입한 날로부터 14일 이내에) 신거주지의 시장·군

수 또는 구청장에게 전입신고를 하여야 한다(동법 제4조).

다) 임대차의 공시적 효력 여부

주민등록은 거래의 안전을 위하여 임대차의 존재를 제3자가 명백히 인식할 수 있게 하는 공시방법으로 마련된 것이고, 그 주민등록이 어떤 임대차를 공시하는 효력이 있는가의 여부는 일반사회 통념상 그 주민등록이 당해 임대차 건물에 임차인이 주소 또는 거소를 가진 자로 등록되어 있는지를 인식할 수 있는가의 여부에 따라 결정된다.

(2) 가족에 의한 주민등록(점유보조자)의 인정 범위

가) 주민등록의 대상 범위

주민등록에는 임차인 본인의 주민등록을 원칙으로 한다. 다만 배우자나 자녀 등 가족의 주민등록도 포함한다.

나) 가족의 의미

여기서 가족은 임차인과 세대를 같이 하면서 임차주택에 거주하는 동거가족을 말한다. 그런데 가족의 범위를 어디까지 인정할 것인가가 문제 된다.

다) 가족의 인정 범위

가족은 임차인과 세대를 같이 하면서 임차주택에 거주하는 동거가족에 한정되며, 임차주택에 거주하지 않은 채 세대를 달리하고 있는 가족이 전입신고를 한 경우에는 대항력을 인정받을 수 없다. 즉 가족이 임차인과 세대를 달리하고 있고 임차 후에도 임차인은 입주하지 아니한 채 그 가족만 입주하여 거주하고 있었다면 그 가족의 전입신고만으로 당연히 임차인이 대항력을 취득한다고 볼 수 없다.

라) 판례의 입장

판례도 그 취지를 같이 하여 가족의 인정범위를 동거가족에 한정한다. 즉 부자지간이지만 세대를 달리하고 있었고 임차인인 아버지가 직접 입주하지 않은 채 세대를 달리하고 있던 아들만 전입신고를 하고 입주한 경우는 대항력을 인정할 수 없다고 하였다.

(3) 주택임대차보호법상 가족의 일부 전입의 경우

가) 주택임대차보호법 제3조 제1항에서 규정하고 있는 주민등록이라는 대항요건은 본인 뿐만 아니라 그 배우자나 자녀 등 가족의 일부만 전입신고가 되어 있는 경우에도 대항력을 취득한다.

나) 따라서 응찰 시 주민등록을 확인하여 권리기준보다 임차인의 가족 중 일부라도 주민등록이 전입되어 있는지를 확인해야 한다.

1	을	임차인의 처	2023.5.12	점유보조자의 전입신고
2	병	KB국민은행	2023.6.31	근저당권
3	갑	임차인 본인 (보증금)	2023.10.17	임차인의 전입신고
4	병	KB국민은행		임의경매신청

해설: 임차인의 주민등록 전입신고 일자만 보고 응찰한 경우는 매수인이 임차보증금을 인수해야 한다.

🔍 참고: 세대합가의 문제

주민등록등본상 선순위세입자가 전혀 없는데도 선순위세입자가 나타난 경우로서 대법원 판례에서 인정된 원칙이다.

1	2023.5.1	갑		선순위 임차인 전입
2	2023.8.5	을	KB국민은행	근저당권설정
3	2023.9.7	병(갑의 부인)	전입 (세대합가)	

해설: 갑이 선순위로 살다가 갑의 부인 병이 같은 집에 입주하여 세대가 합쳐지면 갑의 전
입 일자는 삭제되고 합가한 일자를 기준으로 전입 일자가 다시 잡히지만, 대항력은
갑이 처음 입주했던 날짜를 기준으로 발생하게 된다. 따라서 주민등록등본상에 "세
대합가"라는 말이 나오면 반드시 주민등록초본을 확인하여 가장 먼저 전입했던 날
짜를 기준으로 권리분석을 해야 한다.

참고: 대항력과 우선변제권의 차이

1. 적용 대상

대항력은 민사집행법에 의한 경매, 국세징수법에 의한 공매 외에 매매, 증여, 상속 등 부동산 시장 전반에 적용되는 반면 우선변제권은 경매와 공매에만 적용된다.

2. 보호 대상

대항력은 임대차 기간 동안 계속 거주하고, 기간 만료 후에도 보증금 반환 때까지 명도를 거부할 수 있는 권리인 반면, 우선변제권은 매각대금에서 순위에 따라 배당을 받을 수 있는 권리를 말한다. 특히 대항력은 두 가지 권리, 즉 존속기간 거주, 보증금 보호를 위해 행사 할 수 있다. 반면 우선변제권은 한 가지 권리, 즉 보증금 보호를 위해서만 행사할 수 있다.

3. 존속 여부

동일 주택에 대한 경매가 2차에 걸쳐 진행된 경우, 대항력은 보증금을 전액 수령할 때까지 경매 횟수에 관계 없이 존속한다. 반면 우선변제권은 1차 매각에서 배당요구(우선변제권)를 행사했다면 매각으로 소멸한다. 즉, 2차 매각에서는 우선변제권을 행사할 수 없다. 결국 대항력은 영속적인 권리인 반면 우선변제권은 소멸성 권리가 된다. 다만 임차인이 1차 매각 낙찰자와 새로운 임대차계약을 작성하지 않았다는 전제가 있어야 한다. 그것은 낙찰자와 새로운 임대차 계약서를 작성하면 그 계약서에 준해 확정일자를 받을 수 있고 이럴 경우, 우선변제권의 효력이 새로 생기기 때문이다.

1. 1차 매각 (2024. 7. 14) 예정배당재원: 2억 원

순위	등기부내역	배당순위와 금액
1	2023. 10. 20 임차권 1억원	2 (확정일자가 2번 근저당권 보다 늦어 후순위)
2	2023. 10. 28 근저당권 2억	1 (2억 원 전액 배당)
3	2023. 10. 29 확정일자	

2. 2차 매각 (2024. 6. 10)예정배당재원: 1억 8000만 원

순위	등기부내역	배당순위와 금액
1	2022. 10. 20 임차권 1억원	2 (확정일자가 2번근저당권보다 늦어 후순위)
2	2022. 10. 29 확정일자	
3	2023. 9. 18 저당권 2억원	1 (1억 8000만 원 전액 배당)

🔍 참고: 건물과 토지의 근저당권 설정일이 다른 경우의 대항력 여부

건물과 토지의 근저당권 설정일이 다른 경우 임차인이 낙찰자에게 대항력을 행사할 수 있느냐의 여부는 '건물'만을 기준으로 한다. 경매에서 권리분석의 대상은 오로지 주택이지 토지가 아님에 명심해야 한다.

예컨대 구 가옥을 철거하고 다가구 주택으로 신축한 물건이 경매로 나온 경우 반드시 임차인의 전입일자가 건물의 근저당권 설정일보다 빠르지는 않은지 확인해야 한다.

이런 문제는 거의 대부분 신축 다가구 주택에서 발생한다. 특히 배당에도 영향을 미치기 때문에 철저한 사전 분석이 요구된다.

🔍 참고: 토지저당권 설정 후 신축된 건물에 입주한 세입자의 법적 지위

갑의 A토지에 채권자 을의 저당권이 설정된 후 그 지상에 건물이 신축되었고, 건물엔 세입자 병이 입주하여 전입신고를 마친 상태에서, 갑은 건물등기 후 건물을 정에게 금전소비대차를 원인으로 저당권설정을 하여 주었다. 이후 본 토지와 건물이 경매신청이 되었다면 세입자 병의 대항력 여부는 토지에 설정된 저당권이 아닌 건물에 설정된 저당권을 중심으로 판단하여야 한다.

순위	등기부내역	소멸여부
1	을 근저당권(토지): 토지별도등기	소멸
2	병 임차권자(입주+전입)	인수(배당신청포기)
3	정 근저당권(건물)	소멸
4	을 임의경매신청	소멸

(4) 우선변제권

가) 확정일자의 신설

주택의 인도 주민등록의 대항요건과 임대차계약증서상의 확정일자를 갖춘 임차인은 민사
소송법에 의한 경매 또는 국세징수법에 의한 공매시 임차주택의 환가대금에서 후순위권리
자가 기타채권자보다 우선하여 보증금을 변제받을 권리가있다(동법 제3조의2 2항).

나) 확정일자 규정의 목적

여기서 확정일자의 요건을 규정한 것은 임대인과 임차인 사이의 담합으로 임차보증금의
액수를 사후에 변경하는 것을 방지하고자 하는 취지일 뿐, 대항요건으로 규정된 주민등록
과 같이 당해 임대차의 존재 사실을 제3자에게 공시하고자 하는 것은 아니다.

🔍 보충: 주택임대차신고제

1. 개념
보증금 6,000만 원, 월세 30만 원이 넘으면 의무적으로 임대차신고를 하여야 한다. 이른바, "주택임대차신고제"
이다.
2. 효력
(임차인이 별도의 확정일자를 부여받지 않아도) 임차인은 신고(임대인,통상 중개인)와 동시에 자동으로 확정일
자를 부여받고 대항력과 우선변제권을 부여받게 되었다.
3. 신고자 등 절차
　1) 신고는 계약당사자인 임대인과 임차인이 임대차계약 신고서에 공동으로 서명 또는 날인해 신고하는 것이
　　원칙이다.
　2) 신고편의를 위해 임대인, 임차인 중 한 명이 당사자 모두의 서명이 기재된 계약서를 제출해도 된다. (이 경
　　우 상대방에게는 문자메시지로 전송된다).
　3) 임대차신고는 당해 주택의 관할 읍. 면.동 주민센터를 방문 또는 온라인으로 신고해도 가능하다.
　4) 현실적으로는 공인중개사가 계약서 작성과 동시에 신고하는 추세이다.

다) 제3자의 인식

공시방법으로서 적법한 주민등록이 되기 위해서는 단순히 형식적으로 주민등록이 경료된

것만으로는 부족하고, 주민등록상 표상되는 점유 관계가 임차권을 매개로 하는 점유임을
제3자가 인식할 수 있어야 한다.

라) 계속 존속

또한, 주택의 인도 및 주민등록이라는 대항요건은 대항력의 취득 시에만 일시적으로 구비
하면 충분한 것이 아니고, 대항력의 유지를 위하여 계속 존속하여야 한다.

마) "임차인"의 의미

여기서 임차인은 적법하게 임대차계약을 체결하여 그 임대차 관계가 유지되고 있으면 족
한 것이며, 반드시 새로운 이해관계인이 생기기 전까지 임대인에게 그 보증금을 전부 지
급하여야 하는 것은 아니다.

4) "주민등록" 관련 판례정리

(1) 주민등록의 공시효력 여부(등기부상 지번 표시와 동일 여부)

(가) 주민등록이 임대차를 공시하는 효력이 있는 가의 여부는, 일반사회 통념상 그 주민등
록으로 당해 임대차 건물에 임차인이 주소 또는 거소를 가진 자로 등록되어 있는지를
인식할 수 있는가의 여부에 따라 결정된다.
따라서 임차인이 임대차계약을 체결함에있어 그 임차주택을 등기부상 표시와 다르게
현관문에 부착된 호수의 표시대로 그 임대차계약서에 표시하고 그 임차 주택이 실제
표시와 불일치한 표시로 행해진 임차인의 주민등록은, 그 임대차의 공시방법으로 유
효한 것으로 볼 수 없어 임차인은 대항력을 가지지 못한다(대판 1993.4.12., 95다
55474).

(나) 특히 건물의 양수인이 건물의 실제 지번과 등기부상 지번이 다르다는 것을 알고 있었
다거나 임차인이 건물의 실제 지번을 주소지로 주민등록 전입신고를 하려고 의도하
였다는 등의 주관적인 사정은, 주민등록이 피고의 임대차의 공시방법으로 유효한 것
인지의 여부를 판단하는 데 아무런 영향이 없다(대판 2000.6.9., 2000다8069).

(2) 주택임대차보호법 소정의 대항요건으로서의 주민등록

주택임대차보호법에서 대항력의 요건으로 규정하고 있는 주민등록이 임대차를 공시하는 효력이 있는가의 여부는 일반 사회통념상 그 주민등록으로 당해 임대차 건물에 임차인이 주소 또는 거소를 가진 자로 등록되어 있는지를 인식할 수 있는가에 따라 결정되는 바, 임차인이 집합건축물대장의 작성과 소유권보존등기의 경료 전에 연립주택의 1층 101호를 임차하여 현관문 상의 표시대로 호수를 101호로 전입신고를 하였고 그 후 작성된 집합건축물대장 상에도 호수가 101호로 기재되었으나 등기부에는 1층 101호로 등재된 경우, 임차인의 주민등록은 임대차의 공시방법으로써 유효하다.(대판2002. 5. 10, 2002다1796)

(3) 주민등록이 직권말소 된 경우, 주택임차인의 대항력이 상실되는지 여부

(가) 주택임대차보호법 제3조 제1항에서 주택의 인도와 더불어 대항력의 요건으로 규정하고 있는 주민등록은 거래의 안전을 위하여 임대차의 존재를 제3자가 명백히 인식할 수 있게 하는 공시방법으로 마련된 것이므로, 주민등록이 어떤 임대차를 공시하는 효력이 있는가의 여부는 일반 사회통념상 그 주민등록으로 당해 임대차 건물에 임차인이 주소 또는 거소를 가진 자로 등록되어 있는지를 인식할 수 있는가의 여부에 따라 결정된다.

(나) 주택임대차보호법이 제3조 제1항에서 주택임차인에게 주택의 인도와 주민등록을 요건으로 명시하여 등기된 물권에 버금가는 강력한 대항력을 부여하고 있는 취지에 비추어 볼 때 달리 공시방법이 없는 주택임대자에 있어서 주택의 인노 및 주민등록이라는 대항요건은 그 대항력 취득 시에만 구비 하면 족한 것이 아니고 그 대항력을 유지하기 위하여서도 계속 존속하고 있어야 한다.

(다) 따라서 주민등록이 직권으로 말소될 경우는 임차인이 동 주소에서 주민등록의 부활을 원한다면 임차인이 그곳에서 계속 거주할 의사를 가지고 있는지를 기준으로 판단하여야 할 것이다(대판 2002.10.11. 2002다20957).

(4) 주민등록의 정정과 대항력의 취득 시기

(가) 다세대주택을 임차할 당시 정하여진 동호수로 주민등록을 이전하고 임대차계약서에
확정일자를 받았는데 준공검사 후 건축물관리대장이 작성되면서 다른 동호수가 등
재된 경우, 그 주택에 대하여 근저당권자의 신청에 의한 임의경매절차가 진행되던
중 임차인이 위 확정일자의 임대차계약서를 근거로 경매법원에 임차보증금반환채권
에 대한 권리신고 및 배당요구를 하였다가 뒤늦게 그 주택의 표시가 위와 같이 다르
게 되었다는 것을 알게 되어 동장에게 그 주민등록기재에 대하여 이의신청을 하고 주
민등록표상의 주소를 등기부상 동호수로 정정하게 하였다면, 그 주택의 실제의 동 표
시와 불일치한 임차인은 주민등록은 임대차의 공시방법으로서 유효한 것이라고 할
수 없고, 임차인은 실제 동 표시와 맞게 주민등록이 정리된 이후에야 비로소 대항
력을 취득하였다고 볼 것이다(대판 1994.11.22, 94다13176. 같은 취지로서 동
2000.4.17, 99다66212 참고).

(나) (그러나) 다가구용 단독주택을 임차하는 경우, 주택임대차보호법상의 대항요건을 갖
추기 위해서 지번 외에 호수까지 기재할 필요는 없기 때문에(주민등록법시행령 제5
조), 임차인이 같은 건물 내에서 이사하면서 호수를 변경한 전입신고를 다시 한 경우
에도 원래의 전입신고가 유효한 공시방법이 된다(대판 1998.1.23., 97다47828).

(5) 임대인이 명의신탁자인 경우 임차인의 대항력

(가) 주택임대차보호법이 적용되는 임대차에는 주택소유자는 아니지만 주택에 관하여 적
법하게 임대차계약을 체결할 수 있는 권한(적법한 임대 권한)을 가진 임대인과 체결
된 임대차계약도 포함된다. 따라서 계약상의 임대인이 비록 주택의 소유자가 아니라
고 하더라도 주택의 명의신탁자로서 사실상 이를 제3자에게 임대할 권한을 가지는
이상, 임차인은 등기부상 주택의 소유자인 명의수탁자에 대한 관계에서도 적법한 임
대차임을 주장할 수 있다(대판 1995.10.12, 95다22283 등).

(나) (또한) 명의신탁자가 임대차계약을 체결한 후 명의수탁자가 명의신탁자로부터 주택
을 임대할 권리를 포함하여 주택에 대한 처분 권한을 종국적으로 이전 받는 경우에,
임차인이 주택의 인도와 주민등록을 마친 이상 명의수탁자는 주택임대차보호법 제3

조 2항에 의하여 임차인과의 관계에서 그 주택의 양수인으로서 임대인의 지위를 승계한다(대판 1999.4.23, 98다49753).

(6) 타인의 대항요건으로 인한 임차인의 대항력인정 여부

(가) 간접점유자의 주민등록은 유효한 공시방법이 될 수 없다. 즉 임차인이 임차주택을 간접점유의 방식으로 인도받은 경우 주민등록은 간접점유자인 임차인의 주민등록이 아닌 직접점유자의 주민등록을 공시방법으로 요한다. 즉 주택임대차보호법 제3조 1항에서 규정하고 있는 주민등록이라는 대항요건은 임차인 본인뿐만 아니라 그 배우자나 자녀 등 가족의 주민등록을 포함하며(대판 1988.6.14, 87다카3093.3094; 동 1987.10.26, 87다카14 등 참고),

(나) (또한) 위 대항력은 임차인이 당해주택에 거주하면서 이를 직접 점유하는 경우뿐만 아니라 타인의 점유를 매개로 하여 이를 간접점유 하는 경우에도 인정될 수 있을 것이나, 이 경우 당해주택에 실제로 거주하지 아니하는 임차인은 주민등록의 대상이 되는 '당해주택에 주소 또는 거소를 가진자'(주민등록법 제6조 Ⅰ)가 아니어서 주민등록법 소정의 적법한 주민등록이라 할 수 없고, 따라서 간접점유자에 불과한 임차인 자신의 주민등록으로는 대항력의 요건을 적법하게 갖추었다고 할 수 없으며, 임차인과의 점유매개관계에 기하여 당해주택에 실제로 거주하는 직접점유자가 자신의 주민등록을 마친 경우에 한하여, 비로소 그 임차인의 임대차가 제3자에 대하여 적법하게 대항력을 취득할 수 있다(대판 2001.1.19, 2000다55645).

(7) 기존의 주택소유자가 대항력 있는 임차인이 되기 위한 요건

주민등록을 이미 마친 기존의 주택소유자 甲이 乙에게 주택의 소유권을 양도하면서 자신이 그 주택의 임차인이 되고 그 후에 乙명의의 소유권이 등기된 경우, 제3자로서는 그 주택에 관하여 甲으로부터 乙 앞으로 소유권이전등기가 경료 되기 전에는 甲의 주민등록이 소유권 아닌 임차권을 매개로 하는 점유라는 것을 인식하기 어려웠으므로, 甲의 주민등록은 그 주택에 관하여 乙명의의 소유권이전등기가 경료 되기 전에는 대항력의 요건이 되는 적법한 공시방법으로서의 효력이 없고, 그 이후에야 비로소 甲과 乙 사이의 임대차를 공시하는 공시방법으로서 유효하다. (대판 1999.4.23, 98다32939; 동 2000.2.11., 99다59306)

5) "대항력" 관련 판례 등 정리

(1) 대항력을 갖춘 임차권의 양도와 전차인의 대항력

임차인의 동의를 받아 대항력 있는 임차인으로부터 임차권을 양도 또는 전대 받아 입주와 전입신고를 마친 전차인은 자신의 대항력 구비일보다 유리한 원래의 임차인이 대항력을 취득한 시기를 자신의 대항력 취득 시기로 주장할 수 있다.

(2) 대항력을 갖추지 않은 임차권의 양도 시 전차인의 대항력

(가) 임차인이 임차주택에 입주하지도 않고 주민등록도 이전하지 않은 상태에서 임대인의 동의를 받아 그 임차권을 양도 또는 전차하였을 경우, 전차인이 그 주택에 입주하여 주민등록까지 마치면 전차인은 그때부터 대항력을 취득하게 된다.

(나) 이 경우 임차인의 대항력 취득일은 전차인이 대항력을 취득한 날부터 시작한다.

(3) 전입 신고하지 않은 임차인이 임차주택을 전대한 후 전차인이 대항력을 갖춘 경우

임차인이 전입신고 및 거주하지 않은 상태에서 임대인의 동의를 얻어 전대차하여 그 전차인이 전입신고 및 거주하였다면 그 때로부터 임차인은 대항력을 취득하게 된다.

임차인 A가 임대차계약체결(전입신고 없음)	2022. 3. 4. (대항력 없음)
임차인 A와 전차인 B가 전대차계약체결(B는 전입신고)	2024. 8. 23. (유효 한 대항력발생시점: 익일부터)

해설: 임차인 A가 직접점유를 하지 않았다고 하더라도 전차인 B가 전입신고 및 거주를 하였다면 임차인은 전입신고 다음 날인 2024년 8월24일부터 대항력을 취득한다.

(4) 대항력 있는 임차인이 주택을 전대 또는 양도한 경우, 전차인 또는 양수인의 지위

대항력 있는 주택임차인이 임차권을 적법하게 양도 또는 전대한 경우, 임차인이 갖고 있던 대항력은 임차권의 양수인이나 전대인에게 승계된다.

1	갑 2023.9.1	임차인 갑 대항력 취득
2	을 2023.10.5	근저당권설정
3	병 2023.11.7	갑의 양수인 을 전입

해설: 대항력 있는 임차인인 임대인의 동의 또는 승낙을 얻어 전차인에게 또는 양수인에게 전대 또는 양도 한 경우에 양수인이나 전차인은 주택의 양수를 받은 날로부터 주민등록법상의 전입신고기간인 14일 이내에 전입신고를 마치고 입주하였다면 원래의 임차인이 가지고 있던 대항력은 소멸되지 않으므로 양수인이나 전차인은 대항력을 주장할 수 있다.

중앙 21계 2024타경 106939 다세대

물건소재지	서울 동작구 상도동 301-76, 301-77, 301-78 동산휴그린타운 3층 303호 (07051)서울 동작구 국사봉10길 93				
경매구분	강제경매	채권자	주택도시보증공사		
용　도	다세대	채무/소유자	김현옥	매각기일	25.02.04(화)10:00
감 정 가	297,000,000(24.05.03)	청구액	24,300,000	다음예정	25.03.11
최 저 가	152,064,000(51%)	토지면적	19.0㎡(5.7평)	경매개시일	24.04.05
입찰보증금	25,206,400(10%)	건물면적	28㎡(8.5평)	배당종기일	24.07.08
주의사항	선순위임차건 · HUG임차권 인수조건 변경				

소재지/감정요약	물건번호/면적(㎡)	감정가/최저가/과정	임차조사	등기권리
(07051) 서울동작구 상도동 301-76, 301-77, 301-78 동산휴그린타운 3층 303호(국사봉10길 93) 감정평가서요약 - 철근조철콘지붕 - 2종 그린생활시설(사무소) - 당곡중학교 북측 인근 위치 - 주위 단독주택, 다세대주택 등 소재 - 인근노선버스(정) 소재 - 교통사정보통 - 난방 설비 - 세장형완경사지 - 도로(저촉)(301-76번지) - 도시지역 - 제2종 일반주거지역(7층) - 교육 환경 보호구역 - 상대 보호구역 - 대공방어 협조구역 (위탁고도: 77-257m) - 과밀억제권역 2024.05.03. 제이원감정	물건번호: 단독물건 대지 19.0/291(5.75평) 207,900,000 건물 · 건물 28.3(8.55평) 89,100,000 · 전용 28.25㎡(9평) · 공용 6.57㎡(2평) - 총 5층 - 승인: 2018.12.11. - 보존: 2017.12.27.	감정가 297,000,000 · 대지 207,900,000 (70%) (평당 36,156,522) · 건물 89,100,000 (30%) 최저가 152,064,000(51%) 경매진행과정 (감액 20%) ① 297,000,000 2024-11-19유찰 ② 237,600,000 2024-11-19유찰 ③ 190,080,000 2024-12-17유찰 ④ 152,064,000 2025-02-04 진행	윤대열 전입2021.06.25. 확정2024.06.10. (보) 243,000,000 주거/전부 점유기간 2021.06.27.- 주택도시보증 전입 2021.06.25. 확정 2021.06.10. 배당 2024.07.08. (보) 243,000,000 주거/전부 점유기간 2021.06.27.-2023.06.26 윤대열의 양수인 HOUWENJIE 전입 2023.10.05. 주거 CAOGUANLONG 전입 2023.10.05.주거 * 주택도시보증공사 (윤대열): 신청채권자 겸 임차인 윤대열의 임차보증금 양수인임. 총 보증금 243,000,000	소유권 김현옥 2021.06.25. 매매 243,000,000 임차권 윤대열 2023.05.23. 243,000,000 전입:21.06.25. 확정:21.06.10. 보증금 243,000,000 강제 주택도시보증공사서울동부 2024.04.05. *청구액: 24,300,000원 채권총액 243,000,000원 열람일자: 2024.10.04

(정보)

1. 2024.5.13.신청채권자 주택도시보증공사로부터 우선변제권만 주장하고 대항력을 포기하여 임대차보증금반환채권 전액을 변제받지 못하더라도 매수인에 대한 잔존 임대차보증금반환 청구권을 포기하고 임차권등기를 말소하는 것에 동의한다는 확약서가 제출됨.

2. 을구 3번 주택임차권등기는 매수인에게 인수되지 않고 말소됨.

(해설) 강제경매를 신청한 대항력과 확정일자를 갖춘 선순위 임차인이 있다. 선순위임차인이 경매를 신청한 경우는 배당요구를 한 것으로 간주된다. 따라서 보증금 2억 4,300만 원 이상에서 매각될 수 있다면, 전액 우선배당받을 수 있을 것으로 사료된다. 그런데 감정평가 가격이 2억9,700만 원임을 염두에 둔다면 한번 이상 유찰되면 보증금 이하(집행비용과 당해세 공제)에서 매각될 가능성이 높다. 이렇게 되면 임차인의 미회수 보증금은 낙찰자가 인수해야 한다. 그런데 이 물건에는 특별매각조건이 있음에 유의해야 한다.

즉, '신청채권자 주택도시보증공사로부터 우선변제권만 주장하고 대항력을 포기하며, 임대 임차권등기를 말소하는 것에 동의한다는 확약서가 제출되었다는 특별매각조건이 있습니다. 결론적으로 보증금 이하에서 매각된다더라도 매수인(낙찰자)이 인수하지 아니해도 된다.

(5) 전입신고와 대항력의 기산시점

가) 단독주택의 경우

단독주택(다가구. 다중주택)의 경우에는 전입일이 대항력의 기산시점이 된다.
즉 단독주택의 경우에는 지번만 기재하여도 대항력을 취득하므로 건축물이 완공되고 사용승인을 받기 전이라도 전입이 가능하여 대항력을 행사하는 데엔 문제가 없다.

나) 공동주택의 경우

공동주택의 경우에는 최소한 사용승인이 있은 날이 대항력의 기산점이 된다.
즉 아파트, 연립, 다세대와 같은 공동주택은 지번 외에도 명칭, 동, 호수까지 기재하여야만 대항력을 취득하게 되는데 이런 것이 특정되는 시점은 사용검사필 이후 집합건물법에 의한 집합건축물대장이 만들어진 시점이기 때문이다.

(6) 동거가족만 전입신고를 한 경우와 세대합가

가) 점유보조자의 전입신고

주택을 임차하여 가족과 함께 입주하여 거주하는 것이 일반적이나 사정상 처와 자녀만 주민등록 전입신고를 먼저 마치고 정작 임차인인 본인은 전입신고를 하지 못하고 있다면 이러한 경우에도 대항요건을 갖추었다고 할 수 있다.
즉 임차인의 처나 자녀와 같이 임차인 본인과 공동생활을 영위하는 가족만이 주민등록 전입신고를 하여도 주택임대차보호법상의 대항요건인 주민등록을 마친 것으로 볼 수 있다.

나) 주의할 점

또한, 그 후 임차인이 전입하여 먼저 입주해 있던 처, 자녀 등이 세대원으로 합가 되는 경우에도 대항력은 갖추었다고 볼 수 있다.
다만 세대합가에서 주의할 점은 기존에 동일 세대 내에 있던 경우라야만 세대합가의 효력이 주어진다는 점이다.

[실전사례] 세대합가의 경우 전입신고의 효력

사건번호 경매일-결과	소재지	종별	내용및 면적(㎡) 임차인 관계(만원)	감정가액(최초가액) 등기부내역(만원)
2018타경000 기업은행 채ㅇㅇ	광진구 ㅇㅇ동 642의6 현대 ㅇㅇㅇ동 6층 ㅇㅇ호 준공 1998.8.4	APT -16층	대 18,886/6771 건 90.69 * 32평형, 방3	107,520,000(51.2%) 210,000,000(한국감정)
2018.12.31 유찰 2019.02.28 낙찰 2019.04.05 유찰 2019.05.20 유찰	[감정평가서정리] * ㅇㅇ우체국 남서측 * 차량출입 자유 * 버스정류장 근거리 * 일반 주거지역 * 4종 미관지구 * 도시가스 개별난방		채ㅇㅇ 7000만원 전입 2017.10.30 확정 2017.10.31 배당 2018.12.5 (처 김ㅇㅇ 2017년 10월 23일 전입)	근저당 2017.10.29 기업은행 자양 1억 5000만 원 .... 임의경매 2018.10.4 기업은행 자양

해설:

1. 가등기 등이 없다.

2. 세대원합가의 문제:

임차인 채ㅇㅇ 7,000만 원에 세 들어 살고 있는데 일단은 기업은행의 근저당권설정일보다 전입일이나 확정일이 늦어 안전해 보인다. 다만 위와 같이 임차인이 만약에 세대원과 합쳐진 경우(합가)라면 세대원이 세대주 밑으로 주민등록표가 재작성 되면서 먼저 온 세대원의 전입일은 주민등록초본에서나 알 수 있을까 등본으로는 알 수 없다. 이러한 경우에도 임차인은 대항력이 인정되고, 특히 확정일이 늦어 배당은 근저당권자보다 먼저 요구할 수 없으나 대항력은 세대원의 전입일이므로 인정된다. 따라서 매수인은 경락가 외에도 임차보증금을 인수하여야 하므로 잘 살펴보아야 한다. 위의 경우 처 김ㅇㅇ가 근저당권보다 먼저 입주하여 독립세대주를 구성하였다가 남편 밑으로 세대 합가가 되었으므로 임차인은 대항력이 있다. 다만 전 주소지에서 임차인과 임차인의 처가 동거인으로 되어 있었을때에 한하여 세대합가로 인한 대항력이 인정된다.

[보충] 세대합가의 사례

1. 최초의 전입자와 임차인이 같은 경우전입세대열람 내역(동거인포함)

행정기관: 서울특별시 용산구 한강로동
주소: 강원도 강릉시 (일반+지하) 501동 1006호

    강원도 강릉시 입암동 (일반+산) 685 501동 1006호

순번	세대주성명	전입일자	등록구분	최조전입자	전입일자	등록구분	동거인수
	주 소						
1.	김**	2023-12-19	거주자	김**	2023-12-19	거주자	1
	강원도 강릉시 성덕포남로 89-17, (22/2) 501동 1006호 (입암동, 강릉입암5아파트)						

2. 세대합가로 인해 대항력의 발생시점이 달라지는 경우

전입세대열람 내역(동거인포함)

행정기관: 서울특별시 용산구 효창동

주소: 강원도 강릉시 강릉대로 359번길 11-4 603호

　　　강원도 강릉시 (일반+산) 603호

순번	세대주성명	전입일자	등록구분	최초전입자	전입일자	등록구분	동거인수
			주 소				
1.	최**	2021-08-22	거주자	조**	2019-09-27	거주자	1
	강원도 강릉시 강릉대로 359번길 11-4,(4/1) 603호 (포남동, 고려3 맨션)						

(7) 임차인이 미성년의 점유보조자를 통하여 점유하는 경우

가) 긍정

부친이 임대차계약을 체결하고 실제로 미성년자인 대학생 아들이 현재 방 1칸을 임차하여 전입신고를 하고 입주하여 자취를 하고 있다면 이러한 경우에도 주택임대차보호법의 보호를 받을 수 있다.

나) 대항요건 구비

임차인인 부친이 미성년자를 통하여 점유하는 것으로 되므로(미성년자는 부친의 점유보조자) 미성년자가 점유와 주민등록이라는 대항요건을 갖춘 이상 임차인인 부친이 대항력을 취득하는 것으로 된다.

(8) 전입신고를 잘못 한 경우와 특수주소변경

가) 지번의 착오

전입신고 당시 착오로 임차주택의 소재지 지번을 잘못 기재하여 주민등록표에 다른 지번이 기재되었다면 이런 경우에는 주택임대차보호법의 보호를 받을 수 없다.

나) 부정

임차인이 착오로 전입신고를 잘못하여 다른 지번에 주민등록이 되어버린 경우에는 주민등록이 실제 지번과 일치하지 아니하여 주택임대차보호법상의 유효한 공시방법을 갖추었다고 볼 수 없기 때문이다.

다) 특수주소변경

따라서 임차인은 제3자가 임차주택을 양수받거나 근저당권, 가압류·압류의 등기가 되기 전에 실제 지번에 맞도록 주민등록을 신속하게 정정하여야만(특수주소변경), 그때부터 비로소 보호받는다.

(9) 임차인의 주민등록표가 공무원의 실수로 인해 잘못 작성된 경우

임차인은 임차건물 소재지 지번으로 전입신고를 올바르게 하였는데, 담당 공무원의 착오로 주민등록표에 지번이 다소 틀리게 등재되는 경우가 있다. 그러나 이러한 경우에도 주택임대차보호법상의 보호를 받을 수 있다(대판 1991.8.13, 91다18118).

(10) 공부상 기재 사항과 주민등록이 일치하지 않는 경우

가) 건물의 실제 동 표시가 공부와 다른 경우

(가) 실제 동표시가 '가동'인 신축 다세대주택 103호를 임차하여 사전 입수하면서 수민등록 전입신고 역시 '가동 103호'로 마쳤는데, 준공검사 후 건축물관리대장이 작성되는 과정에서 '다동'으로 등재되고 그에 따라 등기부도 '다동 103호'로 소유권보존등기 됨으로써 주민등록이 공부상의 동표시와 불일치하게 되었다면 주택임대차보호법상 보호를 받을 수 없다.

(나) 즉 주택임대차보호법이 요구하는 유효한 공시방법으로서의 주민등록에 해당하지 않기 때문이다. 따라서 주민등록을 다동 103호로 정정(특수주소변경)하여야 그때부터 비로소 주택임대차보호법의 보호를 받을 수 있게 된다.

나) 공부상의 기재사항과 주민등록이 일치하지 않는 경우

(가) 단독주택인 경우

a) 단독주택의 경우는 명칭, 동, 호수가 없으므로 지번까지만 기재하면 된다. 따라서 지번이 등기부등본 내지 건축물관리대장과 일치하지 않는 경우 대항력을 취득할 수 없음이 원칙이다.

b) 그런데 드물기는 하나 건축물관리대장상의 지번과 등기부등본상의 지번이 서로 다른 경우가 있을 수 있다.

이런 경우에는 주민등록은 건축물관리대장상의 지번으로 기재하여야만 보호를 받을 수 있고, 따라서 등기부등본상의 지번으로 기재하였을 시엔 대항력이 없다.

c) 판례 역시 "임차인이 주민등록을 함에 있어서 건축물대장에 일치하게 주택의 지번과 동호수를 기재하였다면 설사 그것이 등기부의 기재와 다르다 하여도 일반의 사회통념상 임차인이 그 지번에 주소를 가진 것으로 제3자가 인식할 수 있다고 봄이 상당하기 때문이다"(대판 2001.12.27.,2001다63216)

(나) 공동주택인 경우

공동주택은 명칭, 동, 호수를 기재하여야 대항력을 취득할 수 있음이 원칙이다.

참고로 공동주택(다세대)의 공용부분을 주거용으로 임차 한 경우 임차한 공용부분(공용부분은 부가물 또는 종물에 불과함에 유의)의 지번으로 주민등록전입신고를 하여야 하는 것이 아니라 전유부분의 지번으로 전입신고를 하여야 한다.

(11) 주민등록상 동, 호수 표시가 기재되지 않은 경우

가) 다세대주택의 경우

(가) 원칙

a) 다세대주택의 경우에는 주민등록상에 주택소재지의 지번만 기재되어 있고 명칭, 동, 호수 표시는 기재되어 있지 않다면 주택임대차보호법의 보호를 받을 수 없다.

b) 즉 주민등록법시행령 제9조 제3항은 다세대주택과 같은 공동주택의 경우에는 지번 다음에 공동주택의 명칭과 동·호수를 기재하도록 규정하고 있고(예: 대명빌라 102동 201호), 주민등록에 동호수를 기재하지 않으면 제3자의 입장에서 임차인이 그 다세대주택의 000동 0000호에 주소가 있는지 알 수 없기 때문이다.

(나) 예외

    a) 위의 경우에는 중대한 예외가 있음에 유념하여야 한다.

    b) 즉 주택의 명칭, 동, 호수가 누락 되어도 반드시 대항력이 없는 것은 아니라는 점이다. 그 이유는 임대차계약서는 엄밀한 의미에서는 대항력취득요건이라고 할 수 없다.

    c) 따라서 임대차계약서는 임대계약 사실을 입증하는 단순한 증거자료에 불과한 것이고, 비록 동 계약서에 임대차목적물을 표시하면서 주택의 명칭, 동, 호수가 누락 되어도, 만약 주민등록상의 주소와 실제로 거주하는 주택이 일치한다면 대항력은 발생한다고 보아야 한다.

(다) 예외의 예외(상가건물임대차)

    a) 상가건물의 임대차에 있어서는 사업자등록을 신청할 당시 첨부서류 중의 하나로서(공시를 위함) 임대차계약서가 반드시 요구된다.

    b) 따라서 동계약서의 목적물의 표기가 건축물관리대장이나 건물등기부등본의 표기와 일치하지 않는다면 대항력을 인정받을 수 없다.

나) 단독주택의 경우

공동주택이 아닌 다가구용 단독주택의 층·호수는 편의상 구분하여 놓은 데 불과하고 주민등록법 시행령에 기재하도록 규정되어 있지 않기 때문에 임차인이 전입신고를 하면서 주택소재지의 지번만 기재하였다 하더라도 주택임대차보호법의 보호를 받을 수 있다.

(12) 두 필지 위에 축조된 다가구용 단독주택의 전입신고의 유효성

가) 신축된 다가구용 단독주택중 1실을 임차하여 입주한 후 등기부를 열람한 결과 위 주택이 효자동 167-1과 167-3의 2 두 필지 위에 축조되어있는 사실을 발견하였다면 이러한 경우에 주민등록표에 주택소재지의 위 양 지번 중 하나인 167-3의 하나만 기재되어도 주택임대차보호법의 보호를 받을 수 있다.

나) 즉 건축법 제2조 제1항 제1호, 같은 시행령 제3조 제1항은 한 채의 건물이 2필지 이상에 걸쳐 건축된 경우에는 이를 하나의 대지로 보도록 규정하고 있고, 행정 관서에서

도 위와 같은 경우에 주민등록상에 한 필지의 지번만을 기재하고 있으므로 주택의 대지인 여러 필지 지번 중 하나만 기재한 주민등록도 유효한 공시방법으로 보고 있다.

(13) 일시적으로 주민등록을 이전한 경우의 대항력 여부

가) 주민등록의 일시 이전

주택을 임차하여 주민등록 전입신고까지 마치고 거주하던 중 사정이 생겨서 가족 전원의 주민등록만을 다른 곳으로 일시 이전을 하였다가 다시 전입을 하였는데, 그 사이에 근저당권이 설정되고 그에 따른 경매가 실시 되었다면, 주택임대차보호법상의 대항력은 상실된다.

나) 대항력의 상실

임대 기간중에 주민등록을 옮기면 비록 그 집에서 가족과 함께 계속 거주하고 있었다고 하여도 대항력을 상실하고 그 후 다시 전입신고를 하더라도 그 때부터 새로운 대항력이 다시 발생 하므로 그 사이에 근저당권이 설정되면 그에 기한 경매절차에서의 매수인에 대하여 임차권을 주장할 수 없다.

다) 예외

다만 임차인이 가족의 주민등록은 그대로 둔 채 본인의 주민등록만을 일시적으로 옮겼다면 대항력을 상실하지 않으므로 매수인에게 임대보증금의 반환을 요구할 수 있다.

(14) 임차주택에 입주한 후 전입신고 전에 근저당권이 설정된 경우

가) 대항력 구비 전 근저당권의 설정

주택을 임차하여 입주한 후 사정이 생겨 며칠이 경과 한 후에 주민등록전입신고를 마쳤다. 그런데 전입신고를 하기 전에 임대인이 금융기관에서 돈을 차용하면서 근저당권을 설정하여 주었고, 그 후 경매절차가 실시된다면 임차인은 임차주택을 매수한 사람에게 대항할 수 없다.

나) 대항력의 부정

근저당권설정 등기 전에 주택의 인도 및 주민등록을 모두 갖추어야만 주택임차인이 매수인에 대하여 대항력을 취득하는데, 이 경우의 임차인은 근저당권이 설정된 후에 전입신고를 하였기 때문에 대항력이 없다.

(15) 가압류등기가 된 주택을 임차한 경우

가) 원칙

가압류등기가 된 집을 임차하여 입주한 후 주민등록을 마쳤는데 그 후 가압류채권자가 본안소송에서 승소판결을 받아 임차주택에 관한 강제경매신청을 하였다면 임차인은 그 강제경매절차에서 임차주택을 매수한 매수인에게 대항할 수 없다. 즉 가압류 등기시보다 나중에 대항요건을 모두 갖춘 것이 되므로 매수인에게 대항할 수 없게 된다.

나) 안분배당

다만 임차인이 확정일자를 갖추었다면 선순위가압류채권자보다 우선변제를 받을 수는 없지만 채권액에 비례하여 안분배당을 받게 된다.
예컨대, 주택의 매각대금이 8,000만 원, 선순위 가압류채권권자의 채권액이 6,000만 원, 임차인의 임차보증금이 4,000만 원인 경우, 가압류채권자가 4,800만 원(8,000 × 3/5), 임차인 3,200만 원(8,000 × 2/5)을 각 배당 받게 된다.

(16) 소유권이전등기청구권 보전을 위한 가등기나 처분금지가처분이 된 주택을 임차하여 대항요건을 갖춘 경우

가) 선순위의 보전가등기의 효력

주택을 임차하여 입주 및 전입신고를 마쳤으나 그 당시에 이미 임차주택에 다른 사람 명의로 소유권이전청구권 보전의 가등기가 되어 있었으며, 그 후 가등기권자가 가등기에 기한 소유권이전의 본등기를 마친 후 임차인에게 명도를 요구하였다면 임차인은 임대보증금의 반환을 받지 못한 채 무조건 집을 비워주어야 한다.

나) 가등기에 기한 본등기

즉 임대보증금은 종전 소유자인 임대인으로부터 반환받을 수밖에 없다. 왜냐하면 임차인이 가등기경료시보다 나중에 대항요건을 갖춘 이상 설사 가등기에 기한 소유권이전의 본등기 시보다는 앞 선다 하더라도 본등기를 경료한 자에 대하여 대항할 수 없기 때문이다.

다) 유추 해석

이것은 처분금지가처분권자가 본안소송에서 승소확정판결을 받아 소유권이전등기가 경료된 경우에도 마찬가지이다.

(17) 다가구 주택의 다세대주택으로의 용도 변경과 대항요건

가) 원칙

(가) 건물의 용도가 변경된 경우
처음에 다가구용 단독주택으로 소유권보존등기가 경료된 건물의 일부를 임차한 임차인은 이를 인도받고 임차건물의 지번을 정확히 기재하여 전입신고를 하면 주택임대차보호법 소정의 대항력을 적법하게 취득하고, 나중에 다가구용 단독주택이 다세대주택으로 변경되었다는 사정만으로 임차인이 이미 취득한 대항력을 상실하게 되는 것은 아니다(대판 2007.2.8. 2006다70516).

(나) 특수주소 변경
좀 더 확고한 보호를 위해서는 임차인이 다세대주택으로 용도변경과 동시에 또는 그 전에 호수를 표기해 주민등록 정정 신고를 하면 될 것이다(특수주소변경).

나) 예외

(가) 대항력의 판단 시기

단독주택(다가구주택)에서 공동주택(다세대주택)으로 용도 변경 시 대항력유무의 판
단기준은 전입신고 당시에 집합건축물대장이 작성되어있는지에 따라 달라진다.

(나) 공적장부를 판단기준

a) 설사 실제 구분건물의 요건을 구비하고 집합건물법에 의거하여 구분소유등기까지
마친 상태라 하더라도 집합건축물관리대장이 작성되지 않았다면 임차인은 전입신
고 시 지번까지만 기재하여도 대항력을 인정받는다.

b) 반면 집합건축물관리대장이 작성되어 있었다면 임차인은 동, 호수까지 기재해야 대
항력을 인정받을 수 있음은 물론이다(대판 2002.3.15, 2001 다 80204 참조).

(18) 다른 토지의 지번으로 주민등록을 마친 경우 유효한 공시방법 여부

임차주택의 부지를 비롯한 세 필의 토지가 같은 담장 안에 있고 그 지상에 임차주택 이외
에는 다른 건물이 건립되어 있지 않다 하더라도 임차인이 임차주택의 부지가 아닌 인접한
다른 토지의 지번으로 주민등록을 마쳤다면 유효한 공시방법으로 볼 수 없다.

6) 임차권등기명령제도

(1) 개념

가) "농법 제3조의 3"의 의미

임대차가 종료된 후 보증금을 반환받지 못한 임차인이 법원에 임차권등기명령을 신청하여
임차권등기가 경료되면 등기(따라서 미등기건물, 무허가건물, 불법 건물은 제외)와 우선
변제권을 취득한자인 경우에는 종전의 대항력과 우선변제권을 유지하며, 임차권등기 이
후에는 주택의 점유와 주민등록의 요건을 갖추지 않더라도 임차인이 종전에 가지고 있던
대항력과 우선변제권이 유지되므로 임차인이 자유롭게 주거를 이전할 수 있다(동법 제3조
의 3).

나) 신청권자

또한, 임차기등기명령은 반드시 임차인만이 할 수 있는 것은 아니다. 즉 금융기관 등도 임차인을 대위하여 제1항의 임차권등기명령을 신청할 수 있다.

다) 민법 제621조의 규정에 의한 임차권등기

민법 제621조의 규정에 의한 임차권등기에도 이 법에 규정된 임차권등기명령에 의한 임차권등기와 동일한 효력을 가지므로 우선변제권을 청구할 수 있다(동법 제3조의41항).

🔍 참고서식: 주택임차권등기명령신청서

---

1. 비용 등 - ①등록세 3,600원 ②정부수입인지 2,000원/ ①②1층 우체국, ③등기수입증지 1,000원 ④송달료 13,560/ ③④2층 은행
2. 구비서류 - ①건물등기부등본 1통 ②전입일이 기재된 주민등록표등(초)본 1통 ③임대차계약서 사본 1통(확정일자부분유의) ④부동산목록 5부 아래 참조별도 백지(A4용지)에 작성하되 세로로 부동산표시를 기재함.
※ 신청이유가 임대차기간만료가 아닌 경우에는 아래 기재를 삭제·날인하고, 별지를 사용하여 신청이유를 기재하시기 바랍니다.

〈주택 중 한 개 층 전부를 임대한 경우〉
정부수입인지
(2,000원)
첨 부 란

주택임차권등기명령신청서

신 청 인(임차인) 성명: (주민등록번호: -   )
주소 :
연락전화(FAX 또는 호출)번호 :
피신청인(임대인) 성명 :
주소 :
등기부상 주소 :
송달장소 :

신 청 취 지

별지목록 기재 건물중층 전부평방미터에 관하여 아래와 같은 주택임차권등기를 명한다. 라는 결정을 구합
니다.

아 래

1. 임대차계약일자 : 20   .   .   .
2. 임차보증금액 : 금원,(현재까지 잔액) 차임(월세): 금   원
3. 주민등록일자 : 20   .   .   .
4. 점유개시일자 : 20   .   .   .
5. 확 정 일 자: 20   .   .   ..

신 청 이 유

신청인은 피신청인과 위 주택에 대하여   .   .   .부터 년간 임대차계약을 체결하고 현재까지 거주하고 있
습니다. 그러나 임대차기간이 20   .   .   . 만료되어 나가려고 하나 보증금을 반환받지 못하여 부득이 이
건 신청에 이르게 되었습니다.

첨 부 서 류

1. 건물등기부등본 1통. 2. 주민등록등본 1통.
3. 임대차계약증서 사본1통. 4. 부동산목록7통

20   .   .   .

신청인 (인)

지방법원 지원귀중

참고: 부동산목록(작성례-등기부등본 표제부를 보고 작성) : 백지에 별도 작성하여 7통 제출

1. 입법취지

임차권등기명령에 의해 임차권 등기가 경료된 주택을 그 이후에 임차한 임차인은 설령 보증금이 소액일지라도 최우선변제를 받을 수 없다.

임차권등기명령은 임차인이 보증금을 반환 받지 못한 상황에서 어쩔 수 없이 주민등록을 이전해야만 하는 특수 상황에서 인정된 제도이다.

2) 2차 전입 세입자 보호 범위

그런데 먼저 전입한 임차인도 보증금을 못 받은 상황에서 후순위의 임차인이 단지 소액이라는 이유로 최우선변제를 받는다면 형평성 차원에서도 맞지 않기 때문에 배당에서 배제된다.

다만 확정일자에 따른 우선변제는 가능하다.

2. 신청 절차 및 비용

가) 준비서류 발급처

　　임차권등기명령을 신청하려면 임차주택 소재지를 관할하는 지방법원 또는 지방법원지원 시·군 법원에 접수시켜야 하는데 그 전에 관할구청과 등기소 및 동사무소에서 준비서류를 발급받아야 한다.

나) 신청서 작성

　　먼저 관할청구청 세무민원창구에 비치된 신청서를 작성한 다음 등록세 및 교육세 납부고지서 발급받아 은행에 납부한다. 이때 임대차계약서와 주민등록증을 지참하도록 한다.

다) 서류 제출

　　영수증을 받은 후에는 등기소와 동사무소를 방문해 건물등기부등본 1통과 주민등록등본 1통을 발급받아 임차주택 소재지 관할법원에 임차권등기명령신청서와 임대차계약서 사본을 제출하면 된다.

라) 소요 비용

　　소요되는 비용은 등록세, 교육세 3,600원, 임차권등기명령신청서에 붙이는 수입인지 2,000원, 등기촉탁수수료 5,000원과 송달료이다.

마) 첨부 서면 등

　　송달료의 경우 관할법원에 사법부 전산망이 설치되어 있는 곳은 당사자 1인당 3회분의 송달료(2,260원 x 3 = 6,780원)를 현금으로 납입하여야 하고, 설치되어 있지 아니한 경우에는 당사자 1인당 1회분의 송달료(2,260원)를 우표로 납입하면 된다. 대리인이 신청하는 경우에는 신청서에 대리인의 서명을 기재한 후 위임장, 등기부등본 등 자격을 증명하는 서면을 함께 첨부해야 한다.

1. 임차권등기명령의 절차

(1) 개정 전 주택임대차보호법에 의하면 임차인이 임차보증금을 반환받지 한 상태에서 이사(점유이탈)를 하고 주민등록을 이전한 경우에는 대항력과 우선변제권을 상실하게 되었었다.

(2) 반면 개정 주택임대차보호법에 의하면 임차권등기명령제도를 신설하여 임차인이 법원으로부터 임차권명령을 받으면 점유를 하지 않고 주민등록전출을 하여도 대항력과 우선변제권을 인정받게 되었다.

2. 임차권등기명령의 효력

(1) 임차권등기를 경료한 후, 대항력의 구비 요건인 임차부동산의 점유와 전입신고를 상실한다 하더라도 대항력의 상실 없이 종전의 대항력을 유지할 수 있다.

(2) 대항력을 상실하지 않으므로 우선변제권도 종전 순위로 유지된다.

3. 임차권등기명령의 신청 방법

임대차계약이 종료된 후 임차부동산의 소재지를 관할하는 지방법원 또는 지원, 시·군법원에 신청하며, 신청서에는 임대차에 관한 사항을 기재하고 이에 대한 소명자료를 제출하면 된다.

1) 기재사항

　(1) 임차인과 임대인의 성명(법인인 경우는 법인 명칭), 주소, 임차인의 주민등록번호를 기재하고, 대리인에 의한 신청일 경우에는 대리인의 성명과 주소를 기재하면 된다.

　(2) 임차보증금액

　(3) 임차부동산에 대한 계약내용과 점유 개시일 및 주민등록전입일을 기재하고, 우선변제권이 있는 경우에는 점유일자와 주민등록전입일 그리고 확정일자 일을 기재하여야 한다.

　(4) 부동산의 표시를 하여야 하며, 임차부동산이 독립하여 존재하는 부동산의 일부인 경우에는 임차부분에 대한 도면을 첨부하여야 한다.

　(5) 첨부서류의 표시

　(6) 신청연월일 및 신청법원의 표시

2) 첨부서류

　(1) 임차권등기명령신청서 (법원 또는 법무사 사무실 비치)

　(2) 부동산등기부 등본 (미등기 부동산의 경우에는 건축물 관리대장)

　(3) 임대차계약서 및 확정일자부 임대차 계약서 사본 (우선변제권 취득 시)

　(4) 주민등록등본 (대항력 취득 시)

4. 신청비용(2025년 기준)

1) 법원지불 기본수수료: 20,000 내지 50,000원

2) 수임수수료(변호사·법무사): 100,000 내지 300,000원

3) 공증비용: 10,000원 내지 30,000원

(3) 주의사항

가) 법원의 심리와 등기 촉탁

임차권등기명령이 신청되면 법원은 먼저 서면 심리방식에 의하여 임차권등기명령의 발령 여부를 심리하여 그 신청이 이유 있다고 인정되면 임차주택소재지를 관할하는 관할등기소에 재판서등본을 첨부하여 임차권등기를 촉탁하고 등기소에서는 건물등기부에 임차권등기를 기입하게 된다.

나) 등기 완료 확인 후 이사

임차권등기명령을 신청한 임차인은 반드시 등기소에서 임차권등기가 되었는지 직접 확인한 후 이사를 하여야 대항력을 보장받을 수 있다. 신청 후 임차권등기가 종료되기까지는 약 2주일 정도 소요된다.

[실전 사례] 임차권등기가 되어 있는 경우

사건번호	2013-66910(3)				
물건소재지	경기 화성시 반월동 347-42 [효행로 1366]				
구분	강제	채권자	박길양	채무자/소유자	임창순외2
종별	근린상가	청구액	689,675,141	매각기일	2015.7.8 변경
감정가	3,698,756,700			경매개시 결정기일	2013.12.13
최저가	2,589,130,000	입찰 보증금	258,913,000(10%)	배당종기일	2014.6.2
참고사항	선순위 임차인 있음				

감정평가서요약	물건번호/면적	감정가	임대차관계조사	등기권리내역
- 철근조평 슬래브 지붕 - 차량 출입 용이 - 버스 인근 소재 - 서측 30m 도로 접함 - 자연녹지지역 - 성장관리권역 2014.1.13 동진감정	물건번호: 3번 대지 923 건물 1층 음식점 415.98 2층 사무실 392.85 3층 사무실 300.69 4층 사무실 300.69 - 보존:1999.11.11 증축 :2003.7.21 제시외 계단실 34.2	3,698,756,700 대지 2,741,310,000 건물 937,712,700 **진행과정** ① 3,698,756,700 2015.6.5 ② 2,589,130,000 2015.7.8 변경	(주)우공안전 배당 2014.2.26 (보)20,000,000 (월)1,200,000 점포 2층 점유 2013.7.25 부터 현재	(건물) 임차권 (주)노무라코리아 2011.4.12 (보)20,000,000 존속기간 2012.4.11 소유권 임창순외2 2013.2.27 근저당 태안농협 망포지점 2013.10.25 2,470,000,000 (토지) 소유권 임창순외 2 2013.2.27

해설: 본 물건은 등기부내역 상 선순위의 임차권등기가 있음을 알수 있다. 즉 , '을구 17번 선순위 임차권등기(접수일자 2011년4월12일)'가 설정되어 있는데, 매수인(낙찰자)에게 대항력이 있는 민법(제621조2항 참조)상 선순위의 임차권등기도 배당요구종기일가지 배당요구를 하지 않은 경우와는 달리, 배당요구종기일까지 배당요구 신청을 하면, 우선변제를 받고 매각으로 인하여 소멸된다(상가건물임대차보호법 제7조제1항 참조). 따라서, 본 물건의 선순위 임차권자(노무라코리아)도 배당요구종기일 전에 배당신청(2014.02.19)을 했으며, 기타 특별매각조건이 없는 것 등을 고려해보면 소멸되는 임차권으로 판단된다. 따라서 입찰참여에는 별도의 문제는 없

다고 보아야 한다.

(4) 임차권등기명령의 효력

가) 임대차기간 종료 후 신청 가능.

임대차기간이 종료되지 않은 임차인은 임차권등기명령을 신청할 수 없다.
계약기간 동안에는 임차인이 개인 사정을 이유로 임차권등기를 하고 거주지나 주민등록을
옮길 수 없다.

나) 종전의 대항력과 우선변제권은 그대로 유지.

(가) 임차인 단독 신청 가능
전세권과는 달리 임차권등기명령은 집주인의 동의 없이 임차인 단독으로 신청할 수
있다. 임차권이 등기되면 임차인은 주택임대차보호법상 대항력과 우선변제권을 취득
한다.

(나) 예외적 소급효 인정
다만 임차인이 임차권등기 이전에 이미 대항력 또는 우선변제권을 취득한 경우에는
그 취득시점에서부터 대항력 또는 우선변제권은 그대로 유지된다.

(다) 효력
또한, 임차권 등기 이후에는 대항력 요건을 상실하더라도 이미 취득한 대항력 또는
우선변제권은 상실하지 않는다.

다) 미등기나 무허가 건물의 임차인은 신청할 수 없다.

(가) 임차인등기명령은 등기부 등본의 을구란에 기재된다.
임차권등기명령은 등기부 상에 임차인에 관한 사항을 기재하여 제3자에게 공시하는
기능을 한다. 따라서 등기되지 않은 건물이나 등기가 불가능 한 건물은 임차권등기명
령을 할 수 없다.

(나) 이것은 주택임대차보호법에서 적용하는 건물의 범위와 다르다.

　　즉 일반적으로 등기·미등기, 불법·무허가 건물을 불문하고 대항력 요건을 구비하면 법의 보호를 받을 수 있으나, 임차권등기 명령은 등기된 건물만 해당하는 점이 다르다.

라) 임차권등기 주택 재 임대 시 배당 여부

　　새로 전입한 임차인은 주택임차권등기가 말소되지 않는 한 보증금이 소액이더라도 최우선변제권은 없고 순위에 따른 우선변제권만 있다.

🔍 참고: 임차권등기명령에 의해 등기된 경우

임차권등기는 임차기간이 만료되어도 보증금을 반환받지 못한 세입자를 위한 제도이다. 따라서 등기를 경료하면 거주이전을 하더라도 대항력을 계속해서 유지할 수 있다.

1	갑 2023.9.1	입주와 전입신고
2	을 2023.11.9	NH 농협 근저당권설정
3	갑 2023.9.1	임대차만료
4	갑 2024.10.5	임차권등기
5	갑 2024.10.7	임차인 이사

해설: 임차인이 임대차가 만료된 경우이지만 임차권등기를 하였으므로 대항력의 발생시점은 등기경료일이 아니라 처음 대항력을 갖춘 시점의 다음날인 2023.9.1이다.

[실전사례] 선순위임차권등기권자의 강제경매신청

사건번호	중앙1계 2014-31357					
물건소재지	서울 관악구 신림동 107-100 베리타스서울 408호 [신림로 196]					
구분	강제경매	채권자	이경수	채무자/소유자	김오영	
종별	오피스텔(주거용)	청구액	31,000,000	매각기일	15.08.11(10:00)	
감정가	100,000,000(14.12.12)			경매개시결정기일	14.12.03	
최저가	80,000,000(80%)	입찰보증금	10%(8,000,000)	배당종기일	15.02.23	
참고사항	• 소멸되지 않는 등기: 을구 6번 주택임차권등기(2014.2.3.등기) 있음 {1. 등기된 임대차보증금은 6,000만 원이나 이 중 2,900만 원은 변제받은 상태임. 2. 전입신고일자 : 201.3.28, 3. 확정일자 : 2011.3.28.} 배당금에서 잔여 보증금이 전액 변제되지 아니하면 잔액을 매수인이 인수함 • 공부상 : 업무시설					

감정평가서요약	물건번호/면적	감정가	임대차관계조사	등기권리내역
- 철콘조평슬래브 지붕 - 신성초등학교 북측 인근 - 차량 진출입 가능 - 버스인근 소재 - 세장형등고평탄 - 북서측으로 편도 3차선의 도로 접함 - 도로접함 - 도시지역 - 3종 일반주거 - 일반미관지구 - 과밀억제권역 2014.12.12. 하원 감정	물건번호: 단독물건	감정가 100,000,000 - 대지 44,000,000 - 건물 56,000,000	법원임차조사 이경수 전입 2011.03.28. 확정 2011.03.28. (보) 60,000,000 주거 등기부상 * 이경수: 주택임차권 등기권자 겸 신청채 권자임. 임차보증금은 6,000 만 원 중 2,900만 원 은 변제받은 상태임	근저당 관악농협 대림 2013.01.16. 48,000,000
	대지 8.789/594 44,000,000 건물 17.79 56,000,000 공용: 8 - 총 7층 - 승인: 2002.06.03. - 보존: 2002.07.05.	**진행과정** ①100,000,000 2015.7.7 유찰 ② 80,000,000 2015.8.11 진행		임차권 이경수 2014.02.03. 60,000,000 전입:2011.03.28. 확정:2011.03.28. 보증금 60,000,000
				강제 이경수 2014.12.03. * 청구액: 31,000,000원
				열람일자 2015.6.22

해설: 본건은 선순위의 대항력 있는 임차인이 존재하는 경우이다. 특히 선순위의 대항력 있는 임차권자가 강제경매를 신청한 사안이다. 선순위의 임차권은 낙찰자가

그 보증금전액을 인수해야 함이 원칙이나 본건은 임차보증금 60,000,000원 중 29,000,000원을 현재 반환받은 상태이므로 잔액에 대하여만 인수하면 된다. 그런데 선수위임차인인 이경수가 배당신청을 함으로써 낙찰대금에서 전액 배당받게 되므로 낙찰자가 인수해야 할 부분은 없다. 권리분석 상 문제가 없으므로 안심하고 입찰에 참여하여도 될 것이다.

2. 임대차의 존속기간의 종료 후의 대항력

1) 등기와 동시에 대항력 취득

임대차가 종료된 후 보증금을 반환받지 못한 임차인이 법원에 임차권등기명령을 신청하여 법원의 명령에 따라 임차권등기를 경료하면 등기와 동시에 대항력을 취득한다(동법 제3의3 1항, 5항).

2) 소명 의무

임차권등기명령을 신청할 경우에는 일정한 사항을 기재하여야 하며, 신청하는 이유 및 임차권을 소명하여야 한다(제3의3 2항).

3) 준용 규정

이와 같은 내용은 개정 법률의 시행(1999. 3. 1) 당시 이미 존속 중인 임대차에 대해서도 적용된다(동법 부칙 제2조).

4) 비용부담의무

임차권등기명령의 신청 및 그에 따른 임차권등기와 관련하여 소요되는 비용은 임대인이 부담한다(동법 제3의3 8항).

5) 항고 등

임차권등기명령신청을 기각하는 결정에 대하여 임차인은 항고할 수 있다(동법 제3의 3, 4항). 또한, 임차권등기명령에 의하여 임차권을 등기하지 않고 민법 제621조의 규정에 의하여 주택임차권을 등기 한 경우도 제3조의 3제5항 및 제6항의 규정이 준용된다.

3. 경매에 의해 임차권이 소멸한 후의 대항력

제3조의5(경매에 의한 임차권의 소멸)
임차권은 임차주택에 대하여 「민사집행법에 따른 경매가 행하여진 경우에는 그 임차주택의 경락(競落)에 따라 소멸한다. 다만, 보증금이 모두 변제되지 아니한, 대항력이 있는 임차권은 그러하지 아니하다.[전문개정 2008.3.21.]

1) 보증금 일부 배당과 임차인의 법적 지위

주택에 대한 경매가 실행되어 임차인이 배당요구를 하였음에도 임차보증금의 전액을 변제받지 못한 경우에도 임차권이 소멸되는지에 관하여는 여러 가지 문제가 발생한다.

가) 보증금 잔액의 범위

(가) 판례에 의하면, 대항력과 우선변제권을 가진 임차인이 우선변제권을 선택하여 임차주택에 대하여 진행되고 있는 경매 절차에서 보증금의 전액에 대하여 배당요구를 하였으나, 그 순위에 따른 배당실시로 보증금의 전액을 배당받을 수 없을때에는 그 잔액을 반환받을 때까지 경락인에게 대항할 수 있는 보증금 잔액은 보증금 중 경매절차에서 올바른 배당순위에 따른 배당이 실시될 경우 배당액을 공제한 나머지 금액을 의미하는 것이지, 임차인이 배당절차에서 현실로 배당받은 금액을 공제한 나머지 금액을 의미하는 것은 아니라 할 것이다.
(나) 또한, 경락인에 대하여 임대차 관계의 존속을 주장할 수 있다.
이 경우에 임차인의 배당요구에 의하여 임대차는 원칙적으로 종료되지만, 임차인이 그보증금의 잔액을 반환받을 때까지 그 임대차 관계는 존속하는 것으로 의제되므로 매수인은 임대인의 지위를 승계하게 된다.

나) 입법적 해결

(가) 개정되기 전에는 이와 같은 판례의 태도와 법률해석을 통하여 보증금의 전액을 배당 받지 못한 대항력 있는 임차인을 보호하였으나, 개정 법률은 이를 명문화하였다.

(나) 즉 임차주택에 대하여 민사소송법상 경매가 행하여진 경우에 그 임차주택의 경락에 의하여 주택임차권은 소멸하나, 보증금이 전액 변제되지 않은 대항력 있는 임차권은 소멸하지 않는다. 다만, 임차인의 우선변제권은 경락으로 소멸하므로 제2경매 절차 에서 배당받을 수는 없다.

2) 경매에서 우선변제권을 취득하기 위한 대항요건

(가) 경매에서 우선변제권을 취득하기 위한 대항요건은 주택인도·전입신고 이외에 확정 일자까지 모두 갖추어야 취득된다.

(나) 이 대항요건은 그 대항력 취득 일자에 따라 다른 채권자와의 우선변제의 순위가 결정 되기 때문에 그 일자가 매우 중요한 의미를 갖는다.

(다) 주택인도·전입신고·확정일자 중 어느 하나가 중도에 효력을 잃은 때에는 대항력도 소멸하게 되며, 다시 세 가지 요건을 모두 갖춘 때에 그 시점부터 새로운 대항요건을 갖춘 것으로 된다.

(라) 주택인도와 주민등록 두 요건에 의하여 대항요건을 갖추고, 임대차계약증서상에 확 정일자를 받은 임차인은 경매나 공매 시 임차주택이 환가금액에서 후순위 권리자 기 타 채권자보다 우선하여 보증금을 변제받을 권리가 있다(동법 제3조의2 2항).

3) 집행개시요건

(가) 임차인이 임차보증금반환채권의 확정판결 기타 이에 준하는 집행권원에 기하여 경매 신청을 하는 경우에는 반대 의무의 이행 또는 이행의 제공을 집행개시의 요건으로 보 지 않는다(동법 제3조의2 1항).

(나) 그러므로 임차인은 주택을 비우지 않고도 임차주택에 대한 경매를 신청할 수 있다.

4) 대항력 또는 우선변제권의 취득 시기

(가) 임대차가 종료된 후 보증금을 반환받지 못한 임차인이 법원에 임차권등기명령을 신청할 수 있고(동법 제3조의2 1항), 임차권등기가 경료되면 등기와 동시에 대항력 또는 우선변제권을 취득한다(동법 제3조의3 5항).

(나) 다만 임차인이 임차권등기 이전에 이미 대항력 또는 우선변제권을 취득한 경우에는 그 대항력 또는 우선변제권은 그대로 유지되며 임차권등기 이후에는 주택의 점유와 주민등록이 대항요건을 상실하더라도 이미 취득한 대항력 또는 우선변제권을 상실하지 않는다(동법 제3조의3 5항 단서).

(다) 또한, 임차권등기명령의 집행에 의한 임차권등기가 경료된 주택을 그 이후에 임차한 임차인은 우선변제권이 없다(동법 제3조의3 4항).

5) 준용 규정

보증금반환청구소송에 관하여는 소장송달과 기일 지정과 같은 소액사건심판법의 일부 규정이 준용되어 소송절차가 신속히 진행된다(동법 제13조).

[판례] 낙찰대금지급기일 이전에 선순위근저당권이 다른 사유로 소멸 한 경우 대항력 있는 임차권의 소멸 여부(소극)

담보권의 실행을 위한 부동산의 입찰절차에서, 주택임대차보호법 제3조에 정한 대항요건을 갖춘 임차권보다 선순위의 근저당권이 있는 경우에는, 낙찰로 인하여 선순위근저당권이 소멸하면 그보다 후순위의 임차권도 선순위근저당권이 확보한 담보가치의 보장을 위하여 그 대항력을 상실하는 것이지만, 낙찰로 인하여 근저당권이 소멸하고 낙찰인이 소유권을 취득하게 되는 시점인 낙찰대금지급기일 이전에 선순위근저당권이 다른 사유로 소멸한 경우에는, 대항력 있는 임차권의 존재로 인하여 담보가치의 손상을 받을 선순위근저당권이 없게 되므로 임차권의 대항력은 소멸하지 아니한다(대결 1998. 8. 24, 98마1031).

1. 판례에 의하면, 주택임차인이 경매절차에서 우선변제를 받기 위한 대항력의 존속기간은 매각결정기일까지이다. 따라서 낙찰 허가가 나기 전에 주민등록을 이전하면 대항력을 상실한다.

   결론적으로는 실무적으론 가능한 한 대금 지급기한일까지 유지해야 한다. 왜냐하면 경우에 따라서는 매각이 불허가 되거나 매각허가 결정이 취소 시 또는 낙찰자가 잔금을 납부하지 않아 재매각이 이루어지면 앞선 경매에서의 매각결정기일은 의미가 없기 때문이다.

2. 대항력요건은 대항력의 취득요건일 뿐만 아니라 존속요건이다. 반면 대항력의 존속기간은 정정해야 한다. 왜냐하면 판례는 대항력요건은 배당요구종기일인 매각결정기일까지 구비하면 족하다고 했는데, 민사집행법에서는 배당요구 종기일과 매각결정기일을 분리하고 있는 바, 배당요구 종기 일까지 대항력 요건을 유지하면 되기 때문이다. 민사집행법에서는 배당요구 종기일이 첫 매각기일 이전(경매개시 결정일로부터 60일 - 90일)으로 앞당겨졌기 때문에 임차인은 경매결과에 관계없이 배당요구 종기일 이후에는 언제든지 거주 이전이 가능하다는 점이다. 즉, 구법에서는 대항력 존속기간이 판례와 실무상 불일치하여 혼란을 초래했으나 신법을 적용하면 이러한 불일치는 해소되어 배당요구 종기일 이후에는 안심하고 이사해도 된다.

제3절 대항력의 내용

1. 「대항할 수 있다」의 의미

소유권을 새로 취득한 양수인에 대하여 대항력 있는 임차인은 대항할 수 있다.
「대항할 수 있다」는 것은 임차인이 임차주택을 계속 사용, 수익할 수 있다는 뜻이다. 더욱이 임차주택의 양수인 기타 임대할 권리를 승계한 자는 임대인의 '지위'를 승계한 것으로 본다(동법 제3조 2항).

2. 법정 승계의 요건

(가) 임대인 지위의 승계를 위해서는 계약 양도의 합의가 행해져야 하지만, 그러한 법률행위가 없이도 임차부동산의 양도 만에 의해 법정 승계된다.

(나) 임차인에 대한 통지나 임차인의 승낙을 필요하지 않다. 임대인과 양수인이 임차를 승계하지 않기로 합의했더라도 그 합의는 임차인에 대한 관계에서는 효력이 없다. 주택임대차보호법은 임대인의 지위 승계를 간주하기 때문이다.

(다) 다만, 합의의 당사자 사이에서는 이행 인수로서의 효력을 가질 뿐이다.

주택의 임차인이 제3자에 대한 대항력을 갖춘 후 임차주택의 소유권이 양도되어 그 양수인이 임대인의 지위를 승계하는 경우는, 임대차보증금의 반환채무도 부동산의 소유권과 결합하여 일체로서 이전하는 것이므로 양도인에게 있어서 임대인의 지위나 보증금반환채무는 소멸한다(동일 취지 :대판 1987.3.10, 86다카1114 등). 이러한 법리는 대항력을 갖춘 임차인이 양수인이 된 경우라고 하여 달리 볼 이유가 없으므로 임차인의 보증금반환채권은 혼동으로 인하여 소멸한다.

주택에 관하여 임대차계약을 체결한 임차인이 자신의 지위를 강화하기 위한 방편으로 따로 전세권설정계약서를 작성하고 전세권 설정등기를 한 경우는, 따로 작성된 전세권설정계약서가 원래의 임대차계약서와 계약 일자가 다르다고 하여도 계약당사자, 계약목적물 및 보증금액(전세금액) 등에 비추어 동일성을 인정할 수 있다면 그 전세권설정계약서 또한 원해의 임대차계약에 관한 증서로 볼 수 있고, 등기필증에 찍힌 등기관의 접수인은 첨부된 등기원인계약서에 대하여 민법 부칙 제3조 제4항 후단에 의한 확정일자에 해당한다고 할 것이므로, 이와 같은 전세권설정계약서가 첨부된 등기필증에 등기관의 접수인이 찍혀 있다면 그 원래의 임대차에 관한 계약증서에 확정일자가 있는 것으로 보아야 할 것이고, 이 경우 원래의 임대차는 대지 및 건물 전부에 관한것 이나 , 사정에 따라 전세권설정계약서는 건물에 관하여 만 작성되고 전세권 등기도 건물에 한하여 마쳐졌다고 하더라도 전세금액이 임대차보증금액과 동일한 금액으로 기재된 이상 대지 및 건물 전부에 관하여 임대차의 계약증서에 확정일자가 있는 것으로 봄이 상당하다(대판 2002.11.8. 2001다51725).

3. 대항력의 내용

1) 임대인의 지위의 당연승계

(가) 임차인이 대항력이 있다는 것은 임차주택의 양수인이 임대인의 지위를 당연승계되므로 임대기간 동안 계속 거주할 수 있고 임대기간이 만료되면 양수인으로부터 보증금을 반환받을 때까지 임차주택을 비워주지 않아도 된다는 것을 의미한다.

(나) 양수인에는 매매·증여·상속 및 경매·공매뿐만 아니라 미등기이 무허가거뭄의 소유권을 사실상 양수한 경우도 포함되나 양도담보에 의한 권리취득은 해당되지 않는다. 대항력이 있으면 임대인의 지위가 양수인에게 당연승계 되므로 임차인은 양수인에 대하여만 임대보증금 반환청구를 할 수 있다.

2) 대항요건 구비 후 임차주택이 다른 사람에게 양도된 경우

(가) 주택을 임차하여 입주 후 주민등록을 마쳤는데 임대인이 임차주택을 다른 사람에게
    양도하였더라도 임차인은 임차주택의 양수인에게 임차권을 주장할 수 있다.
    즉 주택임차인이 대항요건을 갖춘 후 주택이 양도되면 양수인은 임대인의 지위를 당
    연히 승계하는 것으로 되기 때문이다.

(나) 따라서 양수인과 다시 임대차계약을 체결할 필요 없이 나머지 임대차기간 동안 계속
    거주하다가 임대 기간이 끝나면 양수인으로부터 보증금을 반환받을 수 있다.

(다) 특히 임대 기간이 끝난 후 임대보증금을 반환받지 못하고 있는 사이에 주택이 양도되
    면 임대보증금을 반환받을 때까지는 임대차 관계는 계속하는 것으로 보게 되고, 그
    상태에서 임차주택을 양수한 자는 임대인의 지위를 승계하게 되므로 설사 양수인이
    명도를 청구하는 경우에도 보증금을 반환받을 때까지는 임차주택을 비워 줄 의무가
    없다.

3) 임차권의 양도와 대항력(임대인의 동의를 얻은 경우)

(가) 주택소유자인 임대인의 동의를 받아 대항력 있는 임차인으로부터 임차권을 양도받았
    는데 원래의 임차인이 대항력을 취득한 후 임차인이 임차권을 양도받기 전에 임차주
    택에 관하여 근저당권이 설정되고 그 근저당권에 기한 경매 절차가 현재 진행 중이
    면, 임차인은 매수인에 대하여 임대보증금을 반환받을 때까지 임차주택을 비워주지
    않아노 된나.

(나) 즉 임대인의 동의를 얻어 대항력을 갖춘 임차인으로부터 적법하게 임차권을 양도받
    은 경우 임차인의 주민등록 퇴거 일부터 주민등록법상의 전입신고 기간인 14일 이내
    에 전입신고를 마치고 주택에 입주하였다면 원래의 임차인이 갖고 있던 대항력을 주
    장할 수 있다.

(다) 따라서 임차인이 위 요건을 갖추었다면 임차권을 양도받기 전에 근저당권이 설정
    되었어도 그 실행을 위한 경매 절차에서 매수한 자에 대하여 임대보증금을 반환받

을 때까지 임차주택을 비워주지 않아도 된다(대판 1988.4.25.87다카2509 : 동 1994.6.24. 94다3155).

4) 대항력이 없는 주택임차인의 임대보증금 회수

(가) 임차인이 주택을 금 5,000만 원에 임차하여 입주하고 주민등록 전입신고를 마쳤는데, 그 후 등기부를 열람하여 보니 임차인이 임차하기 전에 이미 임대인이 은행에서 돈을 차용하면서 근저당권을 설정한 경우라면 만일 앞으로 위 임차주택에 대한 근저당권 실행을 위한 경매절차가 개시된다면 임대인은 임대보증금을 회수하는 데에는 문제가 있다. 즉 주택 인도 및 주민등록을 갖추기 전에 이미 근저당권이 설정되어 있었기 때문에 매수인에게 대항력을 행사할 수 없다.

(나) 그러나 계약서에 확정일자를 받아두면 앞으로 경매 절차에서 배당요구를 하여 선순위 근저당권자의 채무 변제에 충당하고 남은 배당대금이 있는 경우 후순위 근저당권자와 기타 일반채권자에 우선하여 보증금을 변제받을 수 있으므로 임차주택의 담보 가치가 충분하다면 현재라도 즉시 계약서에 확정일자를 받아두는 것이 좋다.

5) 가압류된 주택을 양수한 사람(제3취득자)과 임대차계약을 체결한 경우

(가) 가압류된 주택을 양수한 사람으로부터 가압류가 해제될 것이라는 말을 믿고 주택을 임차하여 입주 후 주민등록을 마치고 확정일자까지 갖춘 경우 그 후 가압류 채권자가 본안소송에서 승소 판결을 얻어 위 주택에 대한 강제경매를 신청하였다면 임차인은 매수인에게 대항할 수 없고, 확정일자를 갖추거나 소액임차인이라도 배당요구를 할 수 없다.

(나) 다만 배당 결과 잉여액이 있는 경우에는 제3취득자에게 교부될 잉여금 교부청구권을 가압류한 후 압류 및 추심명령 또는 전부 명령을 받아 임대보증금 중 일부를 회수할 수도 있다.

4. 제3자에 대한 관계

(가) 저당권자·압류채권자 등과 같은 제3자에 대한 관계에서는 대항력과의 선후를 기준으로 그 우열이 정해진다.

(나) 특히 저당권은 경매를 통한 매각으로 모두 소멸하므로(민사집행법 제91조 2항), 어느 주택에 대해 1번 저당권등기, 대항력을 갖춘 주택임차권, 2번 저당권등기(또는 제3의 집행채권자의 강제경매신청)의 순으로 되어 있는데, 2번 저당권자의 경매신청으로 매각이 된 경우, 그것은 결과적으로 1번 저당권자에 의해 경매가 이루어지는 것과 다를 바 없어, 그 후에 대항력을 갖춘 주택임차권은 소멸한다(그렇지 않고 임차인이 매수인에게 대항할 수 있다고 한다면 부동산의 경매가격은 그 만큼 떨어질 수밖에 없고, 이는 임차권보다 선행하는 담보권을 해치는 결과가 되어 설정 당시의 교환가치를 담보하는 담보권의 취지에 맞지 않게 된다(대판 1987.3.10,86다카1718 : 동 1987. 2. 24, 86다카1936).

(다) 한편, 임차권의 대항력을 갖춘 후 그 임차물에 대해 저당권설정등기가 경료되고 그 후 임차보증금을 증액한 사안에서, 그 임차보증금의 증액 부분은 저당권자를 해치는 것으로서 저당권자에게는 대항할 수 없다(대판 1989. 8. 24 90다카11377).

5. 대항력의 범위

경매에서 임차인이 낙찰자에게 대항력을 행사할 수 있는 범위는 낙찰자 입장에서는 임차인의 보증금을 인수하여야 할 범위와 같다.

1) 동시이행의 항변권 행사와 법률효과

(가) 대항력과 우선변제권을 겸유한 임차인이 우선변제권을 행사하여 일부만 배당받고 나머지를 배당받지 못하여 동시이행항변권(민법 제536조)에 기해 임대 부분 전부를 사용하여 실질적인 이익을 얻고 있다면, 그 점유는 불법점유가 아니므로 손해배상 책임은지지 아니한다.

(나) 배당받지 못한 부분을 제외한 나머지 부분에 대하여는 부당이득으로 반환하여야 한다.

(다) 그런데 대항력과 우선변제권을 겸유한 임차인이 우선변제권을 행사하여 전부를 배당 받았으나 배당이의로 배당금 수령을 못 했다면 임차인은 매수인에 대항하여 보증금 을 반환받을 때까지 임대차 관계의 존속을 주장할 수는 없다.

(라) 다만 임차인이 배당금을 지급 받을수 있을 때, 즉 임차인에 대한 배당표가 확정될 때 까지는 매수인에 대하여 임차주택의 명도를 거절할 수는 있다.

2) 일부 배당의 경우 대항력과 부당이득의 범위

가) 임대차 관계의 존속 주장

대항력 있는 임차인이 경매 절차에서 배당요구를 하여 그 순위에 따른 배당이 실시 될 경 우 보증금 전액을 배당받을 수 없었던 때에는 보증금 중 경매절차에서 배당받을 수 있었던 금액을 공제한 잔액에 대하여 매수인에게 대항하여 이를 반환받을 때까지 임대차 관계의 존속을 주장할 수 있다.

나) 보증금 잔액의 의미

여기서 매수인에게 대항할 수 있는 보증금 잔액은 올바른 배당순위에 따른 배당이 실시 될 경우의 배당액을 공제한 나머지 잔액을 의미하는 것이며, 현실로 배당받을 금액을 공제한 나머지 금액을 의미하는 것이 아니다.

다) 반환청구 여부

따라서 '임차인이 배당받을 수 있었던 금액이 현실로 배당받은 금액보다 많은 경우, 그 차 액에 관하여는 과다 배당받은 후순위 채권자를 상대로 부당이득의 반환을 구하는 것은 변론으로 하고 매수인을 상대로 그 반환을 구할 수 없다.'(대판 2001.3.23., 2000다 30165).

라) 예외

또한, 임차인에 대한 배당표가 확정될 때까지는 임차권이 소멸하지 않는다고 해석함이 상당하다 할 것이므로, 경락인이 낙찰대금을 납부하여 임차주택에 대한 소유권을 취득한 이후에 임차인인 임차주택을 계속 점유하여 사용, 수익하였다고 하더라도 임차인에 대한 배당표가 확정될 때까지의 사용. 수익은 소멸하지 아니한 임차권에 기한 것이어서 경락인에 대한 관계에서 부당이득이 성립하지 아니 한다(대판 2004.8.30, 2003다 23885).

3) 임차인의 점유부분과 선순위 전세권자의 점유부분이 다른 경우

선순위 전세권자는 2층 부분을 목적으로 하고 전세권 등기 후에 대항력요건을 갖춘 임차인은 1층 부분을 목적으로 한 경우, 전세권이 매각으로 소멸하더라도 임차권은 매각으로 소멸하지 않는다. 즉, 전세권은 말소기준등기가 아니기 때문에 낙찰자가 미배당분만큼 인수해야 한다.

4) 양도담보권자인 대지소유자가 양도담보설정자의 임차인을 상대로 한 건물명도의 적법성

(가) 건축주가 타인의 토지를 매수하여 연립주택을 신축하면서 대지 소유자와의 합의에 따라 대지 매매대금 채무의 담보를 위하여 그 연립주택에 관한 건축허가 및 그 소유권보존등기를 대지 소유자의 명의로 하여 두었다면, 완성된 연립주택은 일단 이를 건축한 건축주가 원시적으로 취득한다.

(나) 원시적으로 취득한 후 대지 소유자 명의로 소유권보존등기를 마침으로써 담보목적의 범위 내에서 대지 소유자에게 그 소유권이 이전되었다고 보아야 한다.

(다) 이 경우 원시 취득자인 건축주로부터 연립주택을 적법하게 임차하여 입주하고 있는 임차인에 대하여 대지 소유자가 그 소유자임을 내세워 명도를 구할 수는 없다(대판 1996.6.28., 96다9218).

1. 임대차 기간 등

1) 서론

(1) 주택임대차의 기간은 당사자 간에 자유로이 정할 수 있으나 기간의 정함이 있으면 임차인은 이를 주장할 수 있다(동법 제4조 제1항).

(2) 예를 들어 임대차계약 기간을 1년으로 하여 계약을 하였다면 임차인이 1년이 지나서 2년까지 살고 싶으면 계약 기간을 2년이라고 주장할 수 있고, 1년 후 퇴거하고 싶으면 1년을 주장하여 계약을 종료할 수 있다.

(3) 즉, 임차인에게만 그러한 권한이 있고, 임대인은 1년 만에 집을 비우라는 주장할 수 없다.

한편 임대차 관계가 종료된 경우에도 임차인이 보증금을 반환받을 때까지는 임대차 관계는 존속하는 것으로 본다(동법 제4조 제2항).

2) 임대차의 기간

(가) 임대차 기간을 정하지 않거나 2년 미만으로 정한 경우에는 임대차기간을 2년으로 본다(동법 제4조 제1항). 다만 2년 미만으로 주택임대차 기간을 정한 당사자의 약정이 모두 무효로 되는 것은 아니다. 즉, 임차인에게 불리하지 않은 경우는 유효하다.

(나) 특히 주택임대차보호법은 명문으로 임차인은 2년 미만으로 정한 임대차 기간의 유효를 주장할 수 있다고 규정함으로써 임차인의 주거 안정과 임대차기간에 대한 선택권을 보장하고 있다(동법 제4조 1항 단서).

3) 임대차 기간의 종료와 효력

임대차가 종료한 경우도 임차인은 보증금을 반환받을 때까지는 임대차 관계가 존속하는 것으로 본다(동법 제4조 2항).

2. 계약의 갱신

1) 계약갱신 일반

가) 임대차의 갱신은 양 당사자의 약정으로 이루어진다.

나) 통지의 효력
임차인이 2기의 차임액에 달하도록 차임을 연체하거나 기타 의무를 현저히 위반하지 않은 한 임대인이 임대차 기간 만료 전 6개월부터 2개월까지에 임차인에 대하여 갱신 거절의 통지 또는 조건을 변경하지 아니하면 갱신하지아니 한다고 하는 사실을 통지하지 않은 때에는 기간 만료 시 전임대차와 동일한 조건으로 다시 임대차한 경우로 보며, 이 경우 임대차의 존속기간은 2년으로 본다(동법 제6조).

다) 또한, 임차인이 임대자 기간의 만료 선 2월까지 갱신 거질 등의 통지를 하지 아니한 때에도 마찬가지이다(동법 제6조 1항 후단).

라) 그러나 임차인이 2기의 차임액에 달하도록 차임을 지체하고 있는 때, 기타 임차인의 의무를 현저히 위반하고 있는 때에는 법정갱신이 인정되지 않는다(동법 제6조 3항).

마) 묵시적 갱신에 의한 임대차의 존속기간은 전 임대차와 동일한 것으로 되지 않으며 기간의 약정이 없는 임대차가 된다(동법 제6조 2항).

🔍 참고: 임대차 기간과 계약의 갱신

2) 계약의 갱신 및 묵시적 갱신의 경우 계약의 해지

가) 임대인이 임대차 기간 만료 전 6월부터 1월까지에 임차인에 대하여 갱신 거절의 통지 또
는 조건을 변경하지 아니하거나 갱신하지 아니 한다는 뜻의 통지를 하지 아니한 경우에
는 그 기간이 만료된 때에 전 임대차와 동일한 조건으로 다시 임대차한 것으로 본다(동법
제6조 제1항). 그러나 이때에는 임대차의 존속기간은 2년으로 본다(개정 2009.5.8.).

나) 그런데 묵시적으로 갱신된 경우는 향후 2년 동안 임대인이나 임차인 모두가 계약 해지를
하지 못하도록 하는 것은 인대인 이나 임차인 양쪽 모두에게 불이익한 경우가 있으므로

임차인은 갱신된 기간 중 언제든지 계약 해지의 통고를 할 수 있고 임대인이 통고받은 날로부터 3월이 경과 하면 계약은 즉시 해지되는 것으로 규정하고 있다(동법 제6조의2).

다) 다만, 임대차 기간을 2년으로 정하여 임차인을 보호하려는 것은 임차인 자신의 의무를 다하지 않았을 때에도 무조건 보호해 준다는 취지는 아니므로 임차인이 2기의 차임을 연체하거나 기타 의무를 현저히 위반한 때에는 보호받지 못한다(동법 제6조 제2항).

3) 판례의 입장

임차주택이 임대차 기간의 만료 전에 경매되는 경우, 즉 임차인이 양수인에게 대항할 수 있지만, 임대인이 바뀌는 결과를 가져오는 경우가 되므로 임차인 자신이 임대차 관계의 승계를 원하지 않는 경우에는 공평의 원칙이나 신의칙상 임차인은 임대차계약을 해지하고 우선변제를 청구할 수 있는 것이며 경매법원에 배당요구를 하는 것을 임대차 해지의 의사표시로 볼 수 있고, 이 경우에는 주택임대차보호법 제3조의 2 제1항 단서에 해당하지 않게 된다고 한다(대판 1996.7.12., 94다37646).

🔍 [보충] 부동산 임대차 3법

현재 시행되고 있는 임대차 3법은 전월세신고제, 전월세상한제, 계약갱신청구권제 등을 핵심으로 하는 법안을 통칭하는 말이다.

1. 요점

전월세신고제로 전월세 계약 시 실거래 신고가 의무화되고, 전월세상한제로 재계약 시 임대료 인상률을 연 5% 이내로 제한하며, 계약갱신청구권으로 전세 계약갱신(2년)을 임대인에게 요구할 권리를 보장하게 된다.

2. 단점

이 제도로 임대를 과세 목적으로 활용 시 세입자에게 세 부담을 주고, 인상 제한으로 임대 매물 감소가 우려되며, 미리 인상분을 앞당겨 받는 부작용으로 전셋값이 인상될 수있다는 단점이 있다.

🔍 [요점] 임차인의 계약갱신요구권

임차인에게는 1회에 한해 계약갱신요구권이 인정된다.

(1) 2020. 12. 10. 이후 새로 체결되거나 갱신된 임대차의 경우 임대차기간 종료 6개월 전부터 2개월 이전까지 갱신요구를 하여야 한다.

(2) 2020. 12. 10. 이전 체결되거나 갱신된 계약이라면 임대차기간 종료 6개월 전부터 1개월 전까지 갱신요구를 하여야 한다.

(3) 갱신에 의하여 2년의 임대 기간이 추가로 보장된다.

제5절 차임 · 보증금증감청구권

약정한 차임 · 보증금이 임차주택에 관한 조세 · 공과금 기타 부담의 증감이나 경제사정의 변동으로 인하여 상당하지 않은 때에는 대통령령으로 정한 기준에 따른 비율을 초과하지 않는 범위에서 당사자는 장래를 향하여 그 증감을 청구할 수 있다.

차임의 증액청구는 약정한 차임의 20분의 1의 금액을 초과하지 못하며, 그밖에 임대차계약 또는 차임의 증액이 있은 후 1년 이내에는 다시 증액하지 못한다.

참고: 월차임 전환 시 산정율의 제한

임대인의 과다한 월차임요구로 인한 임차인의 피해를 방지하기 위하여 2001년 12월 29일 개정 시에 동법 제7조의2를 신설하여 "보증금의 전부 또는 일부를 월 단위의 차임으로 전환하는 경우에는 그 전환되는 금액에 은행법에 의한 금융기관에서 적용하는 대출금리 및 당해 지역의 경제여건 등을 감안하여 대통령령이 정하는 비율을 곱한 월차임의 범위를 초과할 수 없다"고 규정하였다.

이 신설규정에 따라 2002년 6월 19일 개정된 주택임대차보호법시행령은 제2조의2를 신설하여 월차임 전환 시 산정율을 연 1할 4푼으로 제한하였다.

예컨대 보증금 7,000만 원 중 2,000만 원을 매월 단위 차임으로 전환하는 경우에 그 월차임의 범위는 약 233,334원[2,000만 원(월 단위 차임으로 전환된 금액) × 14/100 ÷ 12]을 초과할 수 없다.

보충) 민간임대주택에 관한 특별법상 임대료 증액분 계산 방법(전월세 전환률)(기준금리 + 연3.5% 초과 불가).

예문 1) 임대료조건: 보증금 1억 2,000만 원, 월세120만 원

본 법에서는 임대료를 보증금과 월세를 포함한 개념으로 정의하고 있다. 따라서 보증금과 월세 상한은 각각 5%씩 증액한 보증금 1억 2,600만 원, 월세 126만 원이 된다.

만약 보증금은 1억 2,000만 원 그대로 두고 월세만 증액코자 한다면, 보증금을 600만 원 증액하는 대신 증액분 600만 원을 월세로 전환해서 계산하면 된다. 이 비율을 전월세전환율이라고 한다. 동법에서는 전월세전환율이 한국은행시행 공시기준금리 + 연 3.5%를 초과하지 못하도록 정하고 있다. 2026년 1월 현재 기준금리가 2.5%이므로 연 5%가 상한인 셈이다. 따라서 (6,000,000 x 0.005 x 12/1 = 25,000원

1,200,000 + 60,000 + 25,000 = 1,285,000원

이렇듯 전월세전환율을 연 5%로 정했다고 가정하여 보증금 600만 원을 월세로 전환한 금액은 25,000원이 된다. 따라서 월세 상한은 1,285,000원이 된다.

예문 2) 위의 1)에서 보증금을 1억 원으로 한 경우.

이 경우에는 월세로 전환될 금액이 2,600만 원이 된다.

(26,000,000 x 0.005 x 12/1 = 108,330원)

기존의 월세액 1,260,000 + 초과분 108,330 = 1,368,330원

따라서 계산하면 월세 상한은 1,368,330원이 된다.

예문 3) 전세를 월세로 전환하는 경우

정부가 정한 법정전환율 (연10% / 한국은행기준금리 중 낮은 것)

예) 2억 중 1억을 월세로 전환하는 경우

전월세 전환율은 4.5%(2026년 1월 현재 기준금리는 2.5% + 2%)

월세전환금액 = (2억 원-1억 원= 1억)=1억 원 x 0.045(4.5%) = 450만 원 x12/1

매월 375,000원

1. 우선변제의 보장

1) 최우선변제권

가) 최우선변제권

주택에 관한 경매개시결정 등기 전에 대항요건(동법 제3조 1항)을 갖춘 임차인은 보증금 중 일정액(소액보증금)을 다른 담보물권자보다 우선변제 받을 권리, 즉 최우선변제권이 있다(동법제8조 1항). (배당요구의 종기까지 배당요구와 권리 신고를 하여야 대항력을 유지함에 유의).

나) 범위와 기준

우선변제를 받을 임차인 및 보증금 중 일정액의 범위와 기준은 제8조의 2에 따른 주택임대차위원회의 심의를 거쳐 대통령령으로 정한다. 다만 보증금 중 일정액의 범위와 기준은 주택 가액(대지의 가액을 포함한다)의 1/2의 범위 내에서 대통령령으로 정한다(동법 제8조 3항).

2) 우선변제권

(1) 서론

가) 임대인의 채권자에 의한 강제집행이나 담보권의 실행 또는 임대인의 국세 체납으로 인하여 임차주택(대지를 포함)이 공경매 또는 공매되는 경우, 확정일자 있는 증서로 임대차계약을 작성하고 있고 또한 주택임대차보호법 제3조 제1항의 대항요건을 갖추고 있는 주택임차인은 후순위권리자나 일반채권자보다 우선하여 환가대금으로부터 그의 보증금을 변제받을 수 있다.

나) 그러나 임차인은 임차주택을 양수인에게 인도하지 아니하면 우선 변제될 보증금을 수령할 수 없다(동법 제3의2 3항).

다) 이 규정은 경매 또는 공매 절차에서 임차인이 보증금을 수령하기 위해서는 임차주택을 명도 한 증명을 하여야 한다는 것을 의미하는 것이고, 임차인의 주택명도의무가 보증금반환의무보다 선 이행되어야 하는 것은 아니다(대판 1994. 2. 22, 93다55241).

동법 제3조 제2항의 규정에 의한 우선변제의 순위와 보증금에 대하여 이의가 있는 이해관계인은 경매법원 또는 체납처분청에 이의를 신청할 수 있다(제3의2 4항).

(2) 우선변제권의 범위

가) 우선변제적 효력의 범위

주택임대차보호법의 입법목적과 제도의 취지 등을 고려할 때, 채권자가 채무자 소유의 주택에 관하여 채무자와 임대차계약을 체결하고 전입신고를 마친 다음 그곳에 거주하였다고 하더라도 실제 임대차계약의 주된 목적이 주택을 사용·수익하려는 것이 아니고, 실제적으로는 소액임차인으로 보호받아 선순위의 담보권자에 우선하여 채권을 회수하려는 것에 주된 목적이 있었던 경우에는 그러한 임차인을 주택임대차보호법상의 소액임차인으로 보호할 수 없다.(대판 2001. 10. 9, 2001다41339)

나) 확정일자 요건의 내용

주택임대차보호법에서 확정일자의 요건을 규정한 것은 임대인과 임차인 사이의 담합으로 임차보증금의 액수를 사후에 변경하는 것을 방지하고자 하는 취지일 뿐, 대항요건으로 규정된 주민등록과 같이 당해 임대차의 존재 사실을 제3자에게 공시하고자 하는 것은 아니므로, 확정일자를 받은 임대차계약서가 당사자 사이에 체결된 당해 임대차계약에 관한 것으로서 진정하게 작성된 이상, 위 임대차계약서에 임대차 목적물을 표시하면서 아파트의 명칭과 그 전유부분의 동·호수의 기재를 누락하였다는 사유만으로 확정일자의 요건을 갖추지 못하였다고 볼 수는 없다(대판 1999.6.11. 99다7992).

(3) 우선변제권의 취득시기

가) 우선변제권의 취득시기

(가) 주택임차인이 주택의 인도와 주민등록을 마친 당일 또는 그 이전에 임대차계약증서상의 확정일자를 갖춘 경우, 우선변제권은 대항력과 마찬가지로 주택의 인도와 주민등록을 마친 다음 날을 기준으로 발생한다(대판 1998. 9. 8, 98다26002; 동 2000. 3. 23, 99다67960).

(나) (또한) 전출했던 임차인이 다시 임차주택의 소재지로 주민등록을 이전하였다면 대항력은 당초에 소급하여 회복되는 것이 아니라 재전입한 때로부터 새로운 대항력이 다시 발생하나, 이 경우에 전출 이전에 이미 임대차계약서상에 확정일자를 갖추었고 임대차계약도 재전입 전후를 통하여 그 동일성을 유지한다면, 임차인은 재 전입시 임대차계약서상에 다시 확정일자를 받을 필요 없이 재 전입 이후에 그 주택에 관하여 담보물권을 취득한 자보다 우선하여 보증금을 변제받을 수 있다(대판 1998. 12. 11, 98다34584).

나) 선순위 가압류 채권과 후순위 보증금 채권

주택임대차보호법 제3조의2 1항은 임대차계약증서에 확정일자를 갖춘 경우는 부동산담보권에 유사한 권리를 인정한다는 취지이므로, 부동산담보권자보다 선순위의 가압류채권자가 있는 경우에 그 담보권자가 선순위의 가압류 채권자와 채권액에 비례한 평등배당을 받을 수 있는 것과 마찬가지로(대판 1992. 3. 27, 91다44407; 동 1987. 6. 9, 86 다카2570 등 참고), 주택임대차보호법 제3조의 2의 규정에 의하여 우선변제권을 갖게 되는 임차보증금채권자도 선순위의 가압류채권자와는 평등배당의 관계에 있게 된다. 이 때 가압류채권자가 주택임차인보다 선순위인지의 여부는, 위 법문 상 임차인이 확정일자 부여에 의하여 비로소 우선변제권을 가지는 것으로 규정하고 있음에 비추어 임대차 계약 증서상의 확정일자 부여일을 기준으로 삼는 것으로 해석함이 타당하다(대판 1992.10. 13, 92다30597).

(4) 우선변제 받을 수 있는 보증금의 범위

(가) 임차인이 저당권설정등기 이전에 취득하고 있던 임차권을 저당권자에게 대항할 수 있음은 물론이나, 저당권설정등기 후에 건물주와의 사이에 임차보증금을 증액하기로 한 합의는 건물주가 저당권자를 해치는 법률행위를 할 수 없게 된 결과, 그 합의당사 자 사이에서만 효력이 있는 것이고 저당권자에게는 대항할 수 없다.

(나) 그러므로 임차인들은 원고(낙찰자)의 건물명도 청구에 대하여 저당권설정등기 이전 의 임차보증금을 상환 받을 때까지 그 건물을 명도 할 수 없다고 주장할 수 있을 뿐이 고 저당권설정등기 이후에 증액한 임차보증금을 주장할 수 없다. (대판 1990.8.24, 90다카11377)

(5) 확정일자부 임차인의 우선변제권

가) 확정일자부 임차인과 담보권자와의 우선순위

(가) 확정일자부 임차인과 담보권자와의 우선순위는 대항요건 및 확정일자를 모두 구비한 최종시점과 담보권설정등기시점을 기준으로 판단한다.

(나) 다만 확정일자부 임차인의 우선변제권은 임차주택의 소유권이 경매·공매에 의하여 변경된 경우에만 적용되고 매매·증여 등 법률행위에 의하여 양도된 경우에는 인정되 지 아니 한다.

나) 확정일자 부여 방법

(가) 확정일자는 동사무소(주민자치센터), 구청, 법원, 등기소, 공증인사무소, 법무법인 이나 공증인가합동법률사무소 등의 공증기관에서 받을 수 있다.

(나) 임대차계약서상의 확정일자란 그 날짜 현재 그 문서가 존재하고 있었다는 사실을 증명하기 위하여 임대차계약서의 여백에 기부(記簿)번호를 기입 후 확정일자 인을 찍어 주는 것을 말한다.

(다) 확정일자는 첫째 임대차계약서에 위 공증기관에서 확정 일자인을 찍어 주는 방법, 둘째 임대차계약서에 법원·등기소의 공무원과 읍·면·동사무소(주민자치센터)의 공무원 이 확정일자인을 찍어주는 방법의 세 가지 유형에 의하여 부여받을 수 있다.
그런데 현재 일반인이 이용하는 방법은 세 번째 방법인데 그중에서도 특히 인근 읍·면·동사무소(주민자치센터)를 이용하면 주민등록 전입신고를 하면서 동시에 확정일자를 부여받을 수 있으므로 시간과 노력을 절약할 수 있다.

(라) 또한 임대차계약서의 확정일자는 임대인의 동의 없이 임차인 또는 계약서 소지인 이 언제든지 계약서 원본을 제시하고 구두로 청구하면 받을 수 있고 수수료는 1건당 600원(사문서의 일자 확정 청구수수료 규칙 제2조 제1항, 공증기관의 경우는 공증인수수료규칙 제22조의 규정에 의하면 1,000원임)이다.
그리고 공증인사무소, 법무법인 또는 공증인가 합동사무소(공증인가합동법률사무소 제도는 2005. 1. 27. 법률 제7357호로 변호사법을 개정하면서 폐지되었으나 부칙 제6조의 규정에 의하여 종전의 규정에 의하여 공증인의 직무를 행할 수 있음) 등 공증기관에서 임대차계약서를 공정증서로 작성하여도 확정일자를 받은 것과 동일한 효력이 있다.

(마) 확정일자를 받지 않으면 선순위 담보권자 등이 있는 경우 매각으로 임차권이 소멸하여 매수인에게 대항하지 못하고 소액임차인이 아닌 한 배당을 받을 수 없으나, 확정일자를 받아두면 후순위 담보권자나 일반채권자에 우선하여 배당받을 수 있다.
따라서 확정일자는 임차인에게 우선변제권을 인정하는 반면 그 절차가 간단하고 비용도 거의 들지 않기 때문에 받아두면 편리하다.

다) 경매개시결정의 등기 후 확정일자를 부여받은 경우

확정일자부 임차인으로서 우선변제를 받기 위해서는 반드시 경매개시결정의 등기 이전에 확정일자를 갖추어야 하는 것은 아니다.

따라서 경매개시결정의 등기가 경료된 이후에 확정일자를 받은 경우에도 별도의 집행권원 없이 배당요구를 하여 소액보증금에 대하여는 우선변제를 받을 수 있고, 나머지 보증금에 대하여는 선순위 담보권자나 압류·가압류 채권자에게 우선할 수 없지만, 후순위 담보권자나 기타 일반채권자보다는 우선하여 배당받을 수 있다.

라) 확정일자부 계약서 분실 시 구제 방법

(가) 원칙

주택임대차계약서에 확정일자를 받아 보관하던 중 부주의로 분실하고 말았다.

만일 현재 거주하고 있는 임차주택에 관한 경매 절차가 개시되는 경우 배당요구를 하려면 계약서가 필요하다.

그런데 임대인의 동의하에 임대차계약서를 다시 작성하더라도 소급하여 최초 계약서에 받은 확정일자인과 같은 날짜의 확정일자를 받을 수 없다.

왜냐하면 현재 확정일자부여기관의 확정일자 부여업무처리를 보면 단순히 주택임대차계약서에 확정일자를 찍어줄 뿐이고 보증금액수 등 그 계약서의 내용을 확인한 후 그에 관한 자료를 남겨두지 않기 때문이다.

따라서 임차인이 선택할 수 있는 최선의 방법은 계약서를 다시 작성하여 현재의 시점에서 새로 확정일자를 부여받는 것이다.

(나) 예외

a) 확정일자를 받은 임대차계약서를 분실하였다고 하여 우선변제권이 절대적으로 소멸되는 것은 아니다. 따라서 위와는 달리 확정일자를 발급받은 사실을 확정일자 기관을 통하여 증명할 수 있으면 된다.

b) 특히 공인중개사를 통하여 임대차계약서를 작성했다면 공인중개사가 보관 중인 임대차계약서의 사본에 임대인 또는 공인중개사의 진술서를 받고, 아울러 확정일자발급기관

의 발급대장에 근거하여 확정일자를 발급받았다는 증거자료를 첨부하여(공인중개사는 관련 서류를 5년 동안 보관 하도록 되어 있으므로) 집행법원에 배당종기일 전에 제출하면 된다.

1. 중개사무소를 방문해 사본 받는 방법

위에서 설명한 것처럼 중개사무소에서는 의무적으로 5년간 계약서를 보관하여야 하고

기본적으로 임대인 1부, 임차인 1부, 중개사무소 1부를 나누어 가지고 있다. 임대차계약서 사본을 받았다면 주민센터에 가서 확정일자 정보 공개요청서를 작성하고 신청을 한 뒤 확정일자 부여 현황을 발급 받으면 된다.(확정일자부여대장열람 및 발급요청)

중개사무소에서 받은 사본은 확정일자를 받은 계약서가 아니기 때문에 확정일자 부여현황을 발급받으면 된다.

2. 인터넷 발급 방법

확정일자를 대법원 인터넷등기소에서 받은 경우에는 동일한 방법으로 인터넷으로 재발급 받으면 된다.

3. 기타

1) 임대인에게 사본 요청

2) 은행에서 담보 대출을 받은 경우(은행제출서류 특히, 담보로 제공한 부동산관련 계약증빙가능)

3) 전입신고완료서류(입주사실과 계약존재를 간접입증가능)

4) 임대인과의 문자 이메일(계약체결 및 이행 사실을 뒷받침할 수 있다)

　(부동산 3법 시행 후엔 비교적 재발급에 문제가 없다고 보아야 한다.)

마) 확정일자부 임차인이 일시적으로 주민등록을 이전한 경우

(가) 임자인이 수택을 임자하여 입수 및 수민능복을 마치고 계약서에 확정일자를 받았으나 임대기간 중에 개인사정으로 일시 다른 곳으로 주민등록을 이전하였다가 최근에 다시 전입신고를 하였다면, 확정일자를 다시 부여받을 필요는 없지만, 주민등록을 전출한 시점에 우선변제권을 상실하였다가 재 전입신고를 한 때에 다시 우선변제권을 취득하게 된다.

(나) 따라서 주민등록을 다시 전입한 때를 기준으로 후순위 담보권자에 대하여는 우선하지만 임차인이 일시 주민등록을 이전한 사이에 설정된 근저당권자 등 다른 담보권자에 대하여는 후순위로 된다.

바) 대항요건과 확정일자를 구비한 후 근저당권이 설정된 경우

(가) 주택을 임차하고 입주하여 주민등록을 마치고 계약서에 확정일자도 받았는데, 집주인이 그 후 은행에서 사업자금을 빌리면서 임차주택에 근저당권을 설정하였고 대출금을 변제하지 아니하여 현재 경매 절차가 진행중에 있는 경우는, 임차인은 근저당권보다 대항요건과 우선변제권 취득요건을 모두 갖추었으므로,

(나) 첫째, 매수인에게 대항하여 나머지 임대기간 동안, 그리고 기간 만료 후에는 보증금의 반환을 받을 때까지 임차주택의 반환을 거부할 수 있고, 둘째, 경매절차에서 배당요구를 하여 보증금의 우선변제를 받을 수도 있다.
위 두 가지 권리 중 어느 것을 행사할 것인지는 임차인이 자유롭게 결정할 수 있고, 우선변제권을 행사한 경우는 만일 보증금 전액을 배당받지 못하더라도 나머지 보증금을 반환받을 때까지 매수인에게 임차주택을 비워주지 않아도 된다.

(다) 다만 근저당권설정등기 후에 임대인과 계약을 갱신하면서 보증금을 인상한 경우는 인상 전 보증금액에 한하여 매수인에게 대항할 수 있고, 보증금 중 인상된 부분에 대하여는 대항력이나 우선변제를 주장할 수 없다.

사) 확정일자일과 근저당권설정등기일이 같은 날짜인 경우

(가) 주택임대차계약을 체결하고 먼저 입주 및 주민등록을 모두 갖춘 다음날에 계약서에 확정일자도 받았는데, 우연히 확정일자를 받은 날에 근저당권설정등기가 경료 되었다면 임차인과 근저당권자 사이의 우선순위는 동순위이다.

(나) 즉 임차인이 대항요건과 확정일자를 모두 갖춘 최종시점과 근저당권설정등기를 마친 시점의 전후에 의해 결정되기 때문이다. 따라서 임차인은 근저당권자와 같은 순위에서 채권액에 비례하여 평등배당을 받으면 된다.

아) 전입신고일과 근저당권설정등기일이 같은 날짜인 경우

(가) 원칙(근저당권 우선)

임차인이 주택임대차계약을 체결하고 입주를 한 후 계약서에 확정일자도 받았으나 개인 사정으로 주민등록 전입신고를 그보다 늦게 하였는데 나중에 등기부를 열람해 보니 전입신고를 한 날에 근저당권설정등기가 된 사실을 발견하게 된 경우에는 근저당권자가 우선한다.

(나) 이유(양자의 특성상)

우선변제권은 확정일자를 입주 및 주민등록일과 같은 날 또는 그보다 먼저 갖춘 경우는 대항력과 마찬가지로 인도와 주민등록을 마친 다음 날에 발생하므로 임차인의 우선변제권도 전입신고를 한 다음날(근저당권설정등기일 다음날)에 발생하기 때문에 근저당권자가 우선하게 된다.

자) 확정일자와 같은 날짜에 수 개의 근저당권이 설정된 경우

(가) 선순위저당권의 전액배당

주택임대차계약을 체결하고 입주와 주민등록을 모두 갖춘 다음 날에 계약서에 확정일자도 받았는데 우연히 확정일자를 받은 날에 순위 1, 2, 3의 근저당권이 설정되었다면, 배당에 있어서는 우선 임차인의 임대보증금액과 각 근저당권자의 피담보채권액에 비례하여 평등배당을 하고, 근저당권자 상호 간에는 선순위근저당권자가 그 채권액을 만족 받을 때까지 후순위 근저당권자의 배당액을 다 가져간다.

(나) 구체적 사례

예컨대 매각대금이 4,000만 원이고, 임차인의 보증금액이 2,000만 원, 근저당권자들의 채권액이 각 1,000만 원이라면 임차인은 1,600만 원(4,000 × 2/5)을 배당받고, 근저당권자들의 배당액은 각 800만 원(4,000 × 1/5)이 되지만 실제로는 1, 2 순위 근저당권자가 각 1,000만 원(800+200)을 배당받고, 3순위 근저당권자는 400만 원(800-200-200)만을 배당받게 된다.

(다) 결어

왜냐하면 근저당권자 상호 간에는 우선순위가 분명히 정해지나 임차인이 대항요건과 확정일자를 모두 갖춘 최종 시점과 근저당권 설정등기를 경료한 시점의 선후를 정하는 것은 사실상 불가능하기 때문이다.

차) 근저당권자에 우선하는 확정일자부 임차인이 여러 명 있는 경우

(가) 임차인이 임차하여 거주하는 주택에는 임차인이 여러 명 있고 각 임차인은 모두 입주와 전입신고를 마친 후 확정일자도 갖추었는데 대항요건 및 확정일자를 갖춘 최종 시점이 모두 근저당권자보다 우선하는 경우가 있다.

(나) 임차인 간의 우선순위에 있어서는 임차인별로 근저당권자에 대한 우선변제권을 인정하되 그들 상호 간에는 대항요건 및 확정일자를 최종적으로 갖춘 순서대로 우선순위가 결정된다.

카) 상환이행판결을 받은 확정일자부 임차인이 경매신청을 하는 경우 우선변제권의 존부

(가) 주택을 임차하여 입주와 전입신고를 모두 마친 후 확정일자도 받고 거주하다가 임대기간이 끝나자 임대인을 상대로 보증금반환 청구소송을 제기하였으나, 임대인이 임차주택의 명도와 상환으로 변제하겠다는 동시이행의 항변을 하여 상환이행의 일부승소 확정판결을 받았다면 이 판결을 집행권원으로 강제경매신청을 하면 그 경매 절차에서도 우선변제권을 행사할 수 있다.

(나) 즉 종전과 달리 임차인이 임차주택에 대하여 보증금반환청구소송의 확정판결 그 밖의 이에 준하는 집행권원에 기한 경매를 신청하는 경우는 반대의무의 이행 또는 이행의 제공을 증명하는 서면을 제출할 필요가 없기 때문이다(주택임대차 제3조의2 제1항, 상가건물임대차 제5조 제1항 각 참조).

(다) 따라서 그 판결주문에 건물의 명도와 동시이행으로 보증금 지급을 명하였다 하여도 이행제공 여부를 따질 것 없이 경매개시결정을 할 수 있다. 다만 이 경우도 임차인이 배당금을 수령할 때는 명도확인서를 제출하여야 한다.

(5) 대항력과 우선변제권, 최우선변제권의 비교

구 분	정의	요건	효과
대항력	경매로 집주인이 바뀌더라도 임차기간을 보장받고 보증금을 반환받을 때까지 계속 거주할 수 있는 권리	주택의 인도 + 주민등록 다음날 0시	보증금전액을 낙찰자에게 대항
우선변제권	후순위권리자보다 우선하여 보증금을 변제 받을 수 있는 권리	대항력요건 + 확정일자 중 늦은 날	보증금전액을 순위에 따라 우선변제
최우선변제권	보증금 중 일정액을 선순위 권리자보다 우선하여 변제 받을 수 있는 권리	소액임차인 경매신청 전 대항요건 구비	보증금 중 일정액을 최우선변제

🔍 참고: 기타사항

1. 공유자 중 일부와 주택임대차계약을 체결한 경우
가) 갑, 을, 병 3인이 각 ⅓의 지분비율로 공유하고 있는 주택을 갑, 을 2인으로부터 임차하여 현재 거주하고 있다면 임차인은 병에 대하여 임차권을 주장할 수 있다.
나) 민법 제265조 본문은 공유물의 관리에 관한 사항은 지분의 과반수로서 결정하도록 규정하고 있고 공유주택의 임대행위는 위 관리행위에 해당하는데, 위 임차인의 경우 ⅔의 공유지분을 보유한 갑, 을과 사이에 임대차계약을 체결하였기 때문에 비록 병이 임대인에서 제외되었다고 하여도 병에 대하여 유효한 임차권을 가지고 대항할 수 있다.

2. 임대인의 동의 없이 전대차 계약을 체결한 경우
가) 원칙(부정)
임대차계약 체결 시 임차주택에 살고 있던 갑을 소유자로 알고 계약을 체결하고 입주하여 주민등록을 마쳤는데 나중에 소유자는 따로 있고 갑은 임차인으로서 임차인이 소유자의 동의 없이 전대를 한 것을 알게 되었다면 현재 주택소유자가 전차인에게 임차주택을 비워달라고 요구하고 있다면 임대보증금을 반환받을 때까지 이를 거부할 수 없다.
즉 임차인이 임대기간 중에 임차주택을 다른 사람에게 전대하였더라도 임대인의 동의가 없으면 전차인은 임대인에게 자신의 전차권을 주장할 수 없다.
따라서 전차인은 비록 대항요건을 갖추었더라도 소유자에 대하여 임차인 갑과 사이에 체결한 임대차계약관계를 주장하여 명도를 거부할 수 없다.
또한, 임대보증금도 임차인 갑에 대하여만 그 반환을 청구할 수 있을 뿐이다.
나) 예외(인정)
임대인의 동의 없이 임차인이 임차물을 제3자에게 전대(사용, 수익)한 경우라도 임차인의 이러한 행위가 임대인에 대한 배신적 행위로 볼만한 특별한 사정이 없는 경우(예: 방 3칸 중 1칸만을 세를 준 경우)에는 예외로서 대항력을 인정받을 수 있는 경우가 있음에 유의하여야 한다(대판 2007.11.29,2005다64255 참조).

3. 대지에만 근저당권이 설정된 후 그 지상에 신축된 주택을 임차한 경우

가) 대지에만 근저당권이 설정된 후 그 지상에 신축된 주택을 임차하여 입주한 후 주민등록까지 마쳤는데 대지의 근저당권자가 대지 외에 건물도 경매신청하였다면 임차인은 매수인에게 대항하여 계속 거주할 수 있다.

나) 즉 건물을 건축하기 이전에 대지에 근저당권이 설정되었고 그 후 건물이 건축 된 경우에 대지의 근저당권자는 대지뿐만 아니라 건물에 대하여도 일괄경매를 청구할 수 있다(민법 제365조).

그러나 근저당권은 대지 상에만 설정된 것이고 건물에 대해 설정된 것은 아니기 때문에 일괄경매 되더라도 건물에 대해 근저당권의 효력을 주장할 수는 없다.

다) 따라서 건물에 아무런 근저당권이 설정되지 않은 상태에서 입주 및 주민등록의 대항요건을 마친 건물임차인은 건물매수인에 대해 대항력을 가지므로 나머지 임대기간 동안 계속 거주하다가 임대기간이 끝나면 매수인으로부터 보증금을 반환받을 때까지 임차주택을 비워 주지 않아도 된다.

다만 이와 같은 경우 건물의 소액임차인에게 그 근저당권 실행에 따른 매각대금에 대한 우선변제권은 없다(대판 1999. 7. 23. 99다25532).

4. 주택임대차계약 체결 시 유의할 사항

가) 등기부 열람을 통한 근저당권 등 담보권의 설정 여부, 가압류, 압류, 가처분등기 및 가등기의 경료 여부 등을 확인하고

나) 등기부상 드러나지 않는 우선변제권 있는 소액임차인·확정일자부 임차인의 유무를 확인한 후, 마지막으로 임대차계약서상에 확정일자인을 받아두어야 한다.

2. 임차주택의 양수인에 대한 임차인의 우선변제권

1) 개정

가) 구법

(가) 구법에서는 임차인이 양수인에게 대항할 수 있더라도 임차인이 보증금의 우선변제를 청구하기 위해서는 임대차가 종료하여야 했다. 즉 임대차가 종료되기 전에는 임차인이 우선변제권을 행사할 수 없으므로 임대차의 존속기간 중 제3자가 임차주택에 대하여 경매를 신청하는 경우 임대차가 종료되지 않는 한, 임차인은 배당절차에 참가할 수 없었다.

(나) 그 결과 우선변제권을 가진 임차인을 실질적으로 보호할 수 없었다. 즉, 임차인은 임차주택의 양수인에게 대항하여 보증금의 반환을 받을 때까지 임대차 관계의 존속을

주장할 수 있는 권리와 보증금에 관하여 임차주택의 가액으로부터 우선변제를 받을 수 있는 권리와 보증금에 관하여 임차주택의 가액으로부터 우선변제를 받을 수 있는 권리를 겸유한다고 해석함으로써 대항력과 우선변제권의 선택적 행사를 인정하였다.

나) 개정 법률

개정 법률(1999년)에서는 이러한 판례의 태도를 명문화하고 구법 제3조의2 제1항 단서를 삭제하였다.

2) 경매에 의한 임차권의 소멸

가. 신설 조항

특히 1999년의 개정에서, '제3조의 5(경매에 의한 임차권의 소멸)「임차권은 임차주택에 대하여 민사집행법에의한 경매가 행하여진 경우는 그 임차주택의 경락에 의하여 소멸한다. 다만, 보증금이 전액 변제되지 아니한 대항력이 있는 채권은 그러하지 아니하다'는 규정이 신설되었다.

나. 판례의 입장

[판례] 대지의 환가대금에 대한 우선변제권 등

대항요건 및 확정일자를 갖춘 임차인과 소액임차인은 임차주택과 그 대지가 함께 경매될 경우뿐만 아니라 임차주택과 별도로 그 대지만이 경매될 경우에도 그 대지의 환가대금에 대하여 우선변제권을 행사할 수 있고, 이와 같은 우선변제권은 이른바 법정담보물권의 성격을 갖는 것으로서 임대차 성립시의 임차 목적물인 임차주택 및 대지의 가액을 기초로 임차인을 보호하고자 인정되는 것이므로, 임대차 성립 당시 임대인의 소유였던 대지가 타인에게 양도되어 임차주택과 대지의 소유자가 서로 달라지게 된 경우에도 마찬가지이다.

[판례] 임차주택의 양도담보권자가 임차주택의 "양수인"에 해당 되는지의 여부(소극)

주택임대차보호법 제3조 2항의 규정에 의하여 임대인의 지위를 승계한 것으로 보게 되는 임차주택의 양수인이 될 수 있는 경우는 주택을 임대할 권리나 이를 수반하는 권리를 종국적, 확정적으로 이전받게 되는 경우라야 하므로 매매, 증여, 경매, 상속, 공용징수 등에 의하여 임차주택의 소유권을 취득한 자 등은 위 조항에서 말하는 임

3. 임차인의 경매신청 시 집행개시의 요건

1) 임차인의 경매신청

(가) 임대인이 임대차 기간 만료 후 보증금을 반환하지 않는 경우, 다른 채권자에 의해 경
매가 실시 되면 임차인은 일정한 요건하에 그 경매에 참여하여 우선 변제를 받을 수
는 있지만, 임차인의 자격에서 경매를 신청할 권한은 없다.

(나) 이때는 임대인을 상대로 보증금반환청구소송을 제기하여 확정판결을 받거나 기타 이
에 준하는 집행권원에 기해 강제경매를 신청하는 수밖에 없다.

2) 임차인에 대한 특례

(가) 임차주택의 명도와 보증금의 반환은 동시이행의 관계에 있기때문에, 임대인의 보증
금반환채무의 이행지체를 이유로 그 반환청구를 하려면 임차인이 먼저 임차주택을
명도 하여야만 한다(제536조 1항 참조).

(나) 특히 민사집행법 제41조 1항은 집행권원에 기초한 집행개시의 요건으로, 「반대의무
의 이행과 동시에 집행할 수 있다는 것을 내용으로 하는 집행권원의 집행은 채권자가
반대의무의 이행 또는 이행의 제공을 하였다는 것을 증명하여야만 개시할 수 있다」고
규정한다.

(다) 그러나 주택임대차보호법상으로는, 주택의 인도와 주민등록 및 임대차계약증서 상의
확정일자를 모두 갖추는 것을 요건으로 하여 임차인이 임차주택의 환가대금에서 우
선변제를 받게 되는데(주택임대차보호법 3조의2 2항), 임차인이 위 법리에 따라 먼
저 주택을 명도하게 되면 주택의 인도라는 요건을 상실하여 우선변제권을 잃게 되는

문제가 발생하고, 이것은 임차인의 보호에 역행하는 것이 된다.

(라) 그래서 본조 제1항은 민사집행법 제41조의 규정에 불구하고, 즉 임차인이 주택을 명
도 하지 않고도 강제경매를 신청할 수 있는 것으로 특례를 정한 것이다.

3) 구체적 사례

(1) 처와 남편 명의로 소액임대차계약서가 별도 작성된 경우

(가) 본인과 처 명의로 각각 별도의 소액보증금의 대상이 되는 주택임대차계약서를 작성
하였으나 실제로는 하나의 주택에 함께 살고 있다면 이러한 경우는 임차인과 임차인
의 처가 각각 소액임차인으로 보호받을 수 없다.

(나) 즉 하나의 주택에 임차인이 2인 이상인데 이들이 그 주택에서 가정공동생활을 하는
경우는 1인의 임차인으로 보아 각 보증금을 합산한 금액을 기준으로 소액보증금에
해당하는지 여부를 판단하여야 하기 때문이다.

(2) 배당요구종기까지 배당요구를 하지 않은 경우

(가) 소액임차인이라도 배당요구종기까지 배당요구를 하지 않으면 우선변제를 받을 수 없
다. 즉 소액임차인이라도 경매법원에 배당요구종기까지 배당요구를 하여야만 우선변
제를 받을 수 있기 때문이다. 따라서 매수인이 명도를 청구하는 경우에는 무조건 집
을 비워주어야 한다.

(나) 다만 배당요구를 하지 아니하여 배당을 받지 못해도 최선순위 담보물권 등이 등기되
기 전에 임차주택에 입주하고 전입신고를 하여 대항력이 있는 경우에는 매수인으로
부터 보증금을 반환받을 때까지 임차주택을 비워주지 않아도 된다.

(3) 확정일자부 소액임차인

우선변제를 받을 수 있는 보증금 중 일정액(1,200만 원)의 범위를 넘은 1000만 원에 대

하여 임대차계약서상에 확정일자를 받아두면 보증금 중 우선변제를 받지 못하는 금 1000 만 원에 대하여 후순위 담보권자, 기타 일반채권자에 우선변제를 받을 수 있다.

(4) 임차인으로부터 주택을 전차한 경우

보증금액이 주택임대차보호법의 일정액을 넘어섬으로 인하여 보호받지 못하는 임차인으로부터 임대인(집주인)의 동의하에 방 1칸을 보증금 3,500만 원에 다시 빌려(전차하여) 입주한 후 주민등록까지 마쳤다 하더라도 소액전차인으로 보호받을 수 없다.
왜냐하면 임차인에게 방 1칸을 빌려준 임차인(전대인)이 소액임차인에 해당하여야만 그로부터 임차한 전차인도 소액전차인으로 보호받을 수 있기 때문이다(재민 84-10 참조).

[실전사례] 가장 임차인이 있는 경우(사해행위취소권의 행사)

사건번호 경매일-결과	소재지	종 별	내용및 면적(㎡) 임차인 관계(만원)	최저가액 감정가액(최초가액) 등기부내역(만원)
2019타경000 농협중앙회 임○○	송파구 ○○동 129-5 화정 3층 000호	APT -11층	대 49.919/42539.5 건 114.666(34.7평형, 방4개) * 44평형, 정남향	224,000,000(80%) 280,000,000(아세아감정)
2019.11.21 유찰	[감정평가서정리] * 철근 콘크리트조 　슬래브 * ○○역 남동측 300m * 차량 출입 및 주정차 　용이 * 도보 2-3분 버스정류 　장 소재 * 일반주거지역 * 가스 보일러 * 사다리형등고평탄 * 북서측 8m 포장도로 　접함		임 1억 2천만 원 전입 20015.4.16 (채무자 임○○의 자)	근저당 2015.5.11 농협중앙회송파 　1억 5,000만 원 ················ 가등기 2018.7.2 최○○ ················ 임의경매 2019.3.5 농협중앙회 ················ 가압류 2019.4.6 　삼성생명 2,100만 원 ················ 가압류 2019.4.21 현대케피털 790만 원

해설: 앞의 권리분석에서도 설명했다시피 법원실무에서는 부부 사이, 부모와 미성년 자녀 간에는임대차관계를 인정하지 않는다. 그러나 형제지간, 부자지간, 기타 친인척 간에는 실체적 진실에 따라 판단한다.

1. 가등기: 가등기가 있으나 말소기준권리인 근저당권보다 후순위이어서 신경 쓰지 않아
   도 된다. 즉 가등기가 말소되는 권리 다음으로서, 소유권이전가등기인지 담보가등기
   인지 후순위이기 때문에 무시해도 된다.

2. 임차권: 그런데 아들이 별도로 세대주를 구성하여 임대차계약을 체결하였는데, 이는
   허위로 통정행위를 했을 가능성이 높다. 즉 가장임차인일 가능성이 있다는 것이다. 그
   러나 진정한 임대차일 수 있어서 무시하기는 이르다. 결국 암행활동 등을 통하여 문제
   를 해결해야 한다. 임대차를 인수하고 낙찰금액을 치르기란 사실상 힘들다. 따라서 이
   런 물건을 피하는 것이 좋다. 다만 통정허위표시임이 확실할 때엔 재고 해볼 만하다.
   특히 임차인 임OO이 배당신청을 하지 않은 것으로 미루어 보아 허위의 임차인이라 하
   겠다. 그 이유는 다음과 같다.

   첫째, 임차권이 있다는 사실을 외부에 드러내지 않음으로써 매수인에게 대항력을 주
   장하려는 의도이다. 즉, 임차보증금만큼 더 돈을 확보하겠다는 의도이다.

   둘째, 위 아파트가 특별한 사정이 없으면 입찰인들이 경락받으려 하지 않을 것이고,
   따라서 사실상 경매신청은 되어 있지만 계속 살 수 있어서 기간을 확보할 수 있다는
   점이다.

   셋째, 대항력 있는 임차인이 있다는 것, 즉 인수받을 권리가 있다는 사실을 모르고 응
   찰하여 낙찰을 받아도 소유권이전에는 많은 손해가 따르기 때문에 입찰보증금을 낙찰
   자가 포기할 것이고, 따라서 배당금에 합류된 입찰보증금으로 인하여 사실상 채무자
   의 채무가 그만큼 줄어드는 이점이 있기 때문이다.

🔍 참고: 가장임차인 구별요령 기법

1) 소유자와 임차인의 친인척 여부를 구별한다.

   부부관계, 부자지간, 고용인과 피고용인의 관계, 임차인의 성년 여부, 처가에 사위가 전세로 들어온 경우 또는

   사위집에 장인 장모명의 임대차 관계 등

2) 저당권을 설정한 금융기관에 문의 그 저당권 설정당시 임차권 현황을 파악해본다.

   무상거주확인서, 불거주확인서 존재 여부를 확인한 결과 허위의 임대차계약서작성의 사실을 확인할 수도 있

   다(예: 10년 전의 계약서에 현재의 010 핸드폰 번호의 기재 등).

3) 임차인에게 보증금의 지급경위를 설명 요청해 보고 의심이 가는 부분이 있는지 파악한다.

   겸매신청기일의 3개월 전후의 입주세입자, 온라인 송금영수증 이나 은행무통자입금증 등의 확인, 시세에 비해 과다한 보증금 또는 과소한 보증금 등.

4) 공과금 등 각종고지서의 발급명의자 확인한다.

   신문대금, 우유대금, 관리비고지서, 도시가스 사용료, 전기세, 우편물 등의 고지서가 현재의 세입자 명의로 되어있는지 여부 등

5) 건물의 구조(특히 아파트 등의 공동주택)에 비해 지나치게 많은 세입자의 수가 있는 경우

6) 유치권신고서 제출에 배당배제신청서가 따라 붙은 경우

4. 소액보증금 중 일정액의 우선변제

1) 우선변제권의 내용

(가) 주택임차인은 소액의 보증금에 관하여 다른 담보물권자보다 우선변제를 받을 수 있다(동법 제8조 1항 전단).

(나) 또한, 주택임차인은 보증금 중 일정액에 관해서는 국세 또는 가산금보다 우선하여 변제받을 수 있다(국세기본법 제35조 1항 4호).

2) 요건

(가) 보증금이 일정 범위를 초과하지 아니할 것(소액보증금)

(나) 경매신청등기 전에 대항력을 갖출 것

(다) 배당요구 또는 우선권 행사의 신고를 하였을 것

(라) 경매가 개시된 경우 임대차의 종료 여부는 묻지 않는다.

3) 소액보증금의 범위와 한도

1. 서울특별시: 5,500만 원
2. 「수도권정비계획법」에 따른 과밀억제권역(서울특별시는 제외한다), 세종특별자치시, 용인시, 화성시 및 김포시: 4,800만 원

(가) 우선변제 받을 수 있는 소액보증금의 범위와 한도는 주택가액(대지가액)을 포함한
다. 또한 주택가액은 매각대금에다가 입찰보증금에 대한 배당기일까지의 이자, 몰수
된 입찰보증금의 총액에서 집행비용을 뺀 실제 배당할 금액이다(대판 2001. 4. 27,
2001다8974).

(나) 임차인의 보증금 중 일정액이 주택가액의 2분의 1을 초과하는 경우에는 주택가액의
2분의 1에 해당하는 금액에 한하여 우선변제권이 있을 뿐이다(동법 시행령 제3조 2
항).

(다) 하나의 주택에 임차인이 2인 이상이고, 각 보증금 중 일정액의 합산액이 주택가액의
2분의 1을 초과하는 경우에는 각 보증금 중 일정액의 합산액에 대한 각 임차인의 보
증금 중 일정액의 비율로 그 주택가액의 2분의 1에 해당하는 금액을 분할한 금액을
각 임차인의 보증금 중 일정액으로 본다.

(라) 하나의 주택에 임차인이 2인 이상이고 이들이 그 주택에서 가정공동 생활을 하는 경
우에는 이들을 1인의 임차인으로 보고 이들의 보증금을 합산한다(동법 시행령 제3조
4항).

(마) 소액임차보증금의 한도는 다음과 같다.
    a) 서울특별시: 1억 6500만 원
    b) 「수도권정비계획법」에 따른 과밀억제권역(서울특별시는 제외한다), 세종특별자치
       시, 용인시, 화성시 및 김포시: 1억 4500만 원
    c) 광역시(「수도권정비계획법」에 따른 과밀억제권역에 포함된 지역과 군지역은 제외
       한다), 안산시, 광주시, 파주시, 이천시 및 평택시: 8,500만 원
    d) 그 밖의 지역: 7,500만 원

4) 효과

다른 담보물권자보다 우선하여 변제를 받을 권리가 있다(동법 제8조).

참고: 주택임대차보호법상의 소액보증금 및 일정액의 보호에 관한 경과규정

기준시점	지역	보증금 범위	보증금 중 일정액의 범위
1990. 2.19~	서울특별시, 직할시	2,000만 원 이하	700만 원
	기타 지역	1,500만 원 이하	500만 원
1995. 10.19~	특별시 및 광역시(군지역제외)	3,000만 원 이하	1,200만 원
	기타지역	2,000만 원 이하	800만 원
2001. 9.15~	수도권정비계획법에 의한 수도권 중 과밀억제권역	4,000만 원 이하	1,600만 원
	광역시(군지역과 인천광역시지역 제외)	3,500만 원 이하	1,400만 원
	그 밖의 지역	3,000만 원 이하	1,200만 원
2008. 8.21~	수도권정비계획법에 따른 수도권 중 과밀억제권역	6,000만 원 이하	2,000만 원
	광역시(군지역과 인천광역시지역 제외)	5,000만 원 이하	1,700만 원
	그 밖의 지역	4,000만 원 이하	1,400만 원
2010. 7.26~	서울특별시	7,500만 원 이하	2,500만 원
	수도권정비계획법에 따른 과밀억제권역(서울특별시 제외)	6,500만 원 이하	2,200만 원
	광역시(수도권정비계획법에 따른 과밀억제권역에 포함된 지역과 군지역 제외), 안산시, 용인시, 김포시 및 광주시	5,500만 원 이하	1,900만 원
	그 밖의 지역	4,000만 원 이하	1,400만 원
2014. 1.1~	서울특별시	9,500만 원 이하	3,200만 원
	수도권정비계획법에 따른 과밀억제권역(서울특별시 제외)	8,000만 원 이하	2,700만 원
	광역시(수도권정비계획법에 따른 과밀억제권역에 포함된 지역과 군지역 제외), 안산시,용인시,김포시 및 광주시	6,000만 원 이하	2,000만 원
	그 밖의 지역	4,500만 원 이하	1,500만 원
2016. 3.31~	서울특별시	1억원 이하	3,400만 원
	수도권정비계획법에 따른 과밀억제권역(서울특별시 제외)	8,000만 원 이하	2,700만 원
	광역시(수도권정비계획법에 따른 과밀억제권역에 포함된 지역과 군지역 제외), 안산시,용인시,김포시 및 광주시	6,000만 원 이하	2,000만 원
	그 밖의 지역	5000만 원 이하	1,700만 원

2018. 9.18~	서울특별시	1억원 1천만 원 이하	3,700만 원
	수도권정비계획법에 따른 과밀억제권역(서울특별시 제외), 용인시, 세종특별자치시, 화성시	1억 원 이하	3,400만 원
	광역시(수도권정비계획법에 따른 과밀억제권역에 포함된 지역과 군지역 제외), 안산시, 김포시, 광주시 및 파주시	6,000만 원 이하	2,000만 원
	그 밖의 지역	5,000만 원 이하	1,700만 원
2021. 5.11~	서울특별시	1억5천만 원 이하	5,000만 원
	수도권정비계획법에 따른 과밀억제권역(서울특별시 제외), 용인시, 세종특별자치시, 화성시 및 김포시	1억 3천만 원 이하	4,300만 원
	광역시(수도권정비계획법에 따른 과밀억제권역에 포함된 지역과 군지역 제외), 안산시, 김포시, 광주시 및 파주시, 이천시 및 평택시	7,000만 원 이하	2,300만 원
	그 밖의 지역	6,000만 원 이하	2,000만 원
2023. 2.21. 현재	서울특별시	1억 6천 500만 원 이하	5,500만 원
	수도권정비계획법에 따른 과밀억제권역(서울특별시 제외), 용인시, 세종특별자치시, 화성시 및 김포시	1억 4천 500만 원 이하	4,800만 원
	광역시(수도권정비계획법에 따른 과밀억제권역에 포함된 지역과 군지역 제외), 안산시, 김포시, 광주시 및 파주시, 이천시 및 평택시	8,500만 원 이하	2,800만 원
	그 밖의 지역	7,500만 원 이하	2,500만 원

* 1. 기준시점은 담보물권(저당권, 근저당권, 가등기담보권 등) 설정일자 기준임
 2. 배당요구의 종기까지 배당요구를 하여야 함
 3. 경매개시 결정의 등기 전에 대항요건(주택 인도 및 주민등록)을 갖추어야 하고 배당요구의 종기까지 대항력을 유지해야 함
 4. 주택가액(대지의 가액 포함)의 1/2에 해당하는 금액까지만 우선변제 받음(주택임대차보호법 제8조)
 5. 2010년 7월 23일 민사집행법의 개정(시행 2010.10.24)으로 이러한 소액임차인의 보증금 중 우선변제권이 있는 금액은 압류금지 대상이 되었음에 유의하여야 한다(동법 제246조 제6호 신설).

(1) 소액임차인 해당 여부

(가) 구 주택임대차보호법(1989. 12. 30. 법률 제4188호) 부칙 제3조에 의하면 "이 법 시행 전에 임대주택에 대하여 담보물권을 취득한 자에 대하여는 종전의 규정에 의한다"고 규정하고 있다.

(나) 위 법률 시행 후에 설정된 근저당권에 대하여는 위 법률의 규정에 따라 소액임차인에 해당하는지 여부를 가리는 것이 원칙이라 할 것이지만, 위 법률 시행 후 어떤 범위에

서 소액임차인에게 우선변제권을 인정해 줄 것인가에 관하여 위 법률의 위임에 따른 구체적인 요건을 정한 새로운 대통령령이 아직 시행되기 전에 근저당권이 설정된 경우 다른 특별한 사정이 없는한 구 주택임대차보호법시행령(1990. 2. 19. 대통령령 제12930호로 개정되기 전의 것)은 신법인 위 법률의 취지에 반하지 않는 범위 내에서 새로운 대통령령이 시행될 때까지 여전히 그 효력을 유지한다고 볼 것이다.

(다) 그 이후 1990. 2. 19.부터 시행된 구 주택임대차보호법시행령(1990. 2. 19. 대통령령 제12930호로 개정된 것)에서 아무런 경과규정을 둔 바 없다고 하여 같은 개정 시행령의 규정이 곧바로 위 법률의 시행 시점으로 소급하여 위와 같은 근저당권에 대하여 적용 될 수는 없다.(대판 2002. 3. 29, 2001다84824).

참고: 수도권정비계획법 중 과밀억제권역 (담보물건설정일: 2009.1.15 까지)

	과밀억제권역 해당지역
1	서울특별시, 의정부시, 구리시, 하남시, 고양시, 수원시, 성남시, 안양시, 부천시, 광명시, 과천시, 의왕시, 군포시, 시흥시(반월특수지역 제외), 남양주시(호평동, 평내동, 금곡동, 일패동, 이패동, 삼패동, 가운동, 수석동, 지금동 및 도농동에 한한다.)
2	인천광역시(강화군, 옹진군 중구 운남동, 중구 운북동, 중구 운서동, 중구 중산동, 중구 남북동, 중구 덕교동, 중구 을왕동, 중구 무의동, 서구 대곡동, 서구 불로동, 서구 마전동, 서구 금곡동, 서구 오류동, 서구 왕길동, 서구 당하동, 서구 원당동, 연수구 송도매립지(인천광역시장이 송도신시가지 조성을 위하여 1990년 11월 12일 송도 앞 공유수면매립공사면허를 받은 지역을 말한다) 및 남동국가산업단지를 제외)

참고: 수도권정비계획법 중 과밀억제권역 (담보물건설정일: 2009.1.16.이후)

	과밀억제권역 해당지역
1	서울특별시, 의정부시, 구리시, 하남시, 고양시, 수원시, 성남시, 안양시, 부천시, 광명시, 과천시, 의왕시, 군포시, 시흥시(반월특수지역 제외), 남양주시(호평동, 평내동, 금곡동, 일패동, 이패동, 삼패동, 가운동, 수석동, 지금동 및 도농동에 한한다.)
2	인천광역시(강화군, 옹진군, 서구 대곡동, 서구 불로동, 서구 마전동, 서구 금곡동, 서구 오류동, 서구 왕길동, 서구 당하동, 서구 원당동, 인천경제자유구역 및 남동국가산업단지를 제외)
3	인천경제자유구역-송도지구(연수구 송도동), 영종지구(중구 중산 운남 운서 운북 남북 덕교무의 을왕), 청라지구(서구 경서동, 원창, 연희 일부), 남동국가산업단지(남동구 고잔동, 남촌동, 논현동 일부)

(2) 소액임차인 판단 시점

가) 소액임차인에 해당되는지의 판단 시점은 경매개시결정 등기일이다.

나) 비록 임대차 계약체결 당시에는 4,000만 원(기타지역)을 초과하여 최우선변제 대상
이 아니더라도 경매개시결정 등기 이전에 보증금의 감액이 이루어지면 보호를 받을 수
있다.

다) 그러나 정확히 표현하면 보증금 감액 시점은 배당요구 종기까지이다. 즉 임차인은 배
당요구 종기까지 감액된 임대차계약서를 제출할 수 있기 때문이다.

라) 그것은 우선변제권과 달리 최우선변제권에는 확정일자 제도가 없어 사후에도 얼마든
지 임대인과 담합하여 보증금의 감액이 가능하기 때문이다.

(3) 확정일자부 임차인 및 소액임차인의 우선변제권 행사

가) 우선변제권 행사 절차

확정일자부 임차인이나 소액임차인이 경매 절차에서 우선변제를 받으려면 다음과 같은 요
건을 갖추어야 한다.

(가)배당요구신청
(나) 임대차계약서(확정일자부 임차인의 경우에는 임대차계약서가 공정증서로 작성되거
나 임대차계약서에 확정일자가 찍혀 있어야 한다) 사본
(다) 주민등록표등본(임차인 본인의 전입 일자 및 임차인의 동거 가족이 표시된 것이어야
한다)
(라) 연체된 차임 등이 있을 때에는 이를 공제한 보증금 잔액에 관한 계산서를 첨부하여
경매법원에 배당요구신청서를 제출하여야 한다.

(마) 배당요구 신청서 제출 시한
배당요구는 경매법원이 정한 배당요구 종기까지 하여야 한다.
이것은 소액임차인의 경우도 마찬가지이다(대판 2002.1.22. 2001다70702). 또
한, 임차인이 주택임대차보호법에 의한 대항력과 우선변제권을 인정받기 위해서는
배당요구종기까지(배당요구종기가 연기 된 경우에는 그때까지) 주택의 인도와 주민

등록이라는 요건이 계속 존속되어야 한다.

(바) 임차주택의 명도

우선변제권 있는 주택임차인이 경매법원으로부터 자신에게 우선 배당된 배당금을 실제로 수령하기 위해서는 임차주택을 명도 받았다는 매수인의 인감이 찍힌 명도확인서를 경매법원에 제출하여야 한다.

다만 임차인이 대항력도 있는데 보증금 중 일부만 배당받은 경우는 나머지 보증금을 반환받을 때까지 매수인에게 임차주택을 비워주지 않아도 된다.

나) 대항력 있는 확정일자부 임차인이 매각기일 이후에 배당요구를 한 경우

배당요구는 배당요구종기까지 하여야 하므로 임차인은 우선변제를 받을 수 없다.

다만 임차인은 근저당권설정등기 전에 대항요건을 구비하였다면 매수인에게 임차권을 대항할 수 있기 때문에 매수인으로부터 보증금을 반환받을 때까지 임차주택을 비워주지 않아도 된다.

다) 확정일자부 임차인이 배당요구 후 배당요구종기 전에 주민등록을 이전한 경우

(가) 주택을 임차하여 입주 및 주민등록을 마치고 계약서에 확정일자까지 받았는데 그 후 임차주택에 대한 경매가 개시되어 배당요구를 한 후 배당요구종기 이전에 자녀들의 진학 편의를 위하여 다른 곳으로 주민등록을 옮겼다면 주민등록을 전출하였기 때문에 확정일자부 임차인이라도 우선변제를 받을 수 없다.

(나) 즉 배당요구종기 이전에 주민등록을 다른 곳으로 이전한 경우는 우선변제를 받을 수 없다.

그 이유는 확정일자부 임차인으로서 경매절차상 배당요구를 하였더라도 우선변제를 받기 위해서는 주택의 점유와 주민등록을 배당요구 종기(배당요구 종기가 연기된 경우는 그때까지) 계속 갖추고 있어야 하기 때문이다. 이것은 소액임차인의 경우도 마찬가지이다.

(가) 주택임대차보호법 제8조에 의하면 임차인은 주택에 대한 경매신청의 등기 전에 주택임대차보호법 제3조 제1항의 요건(입주와 주민등록)을 갖춘 경우, 보증금 중 일정액을 다른 담보물권자보다 우선하여 변제 받을 권리가 있다고 규정되어 있고, 2008년 8월 21일 개정된 주택임대차보호법시행령 제3조 및 제4조에 의하면 위 '보증금 중 일정액'은 수도권정비계획법에 의한 수도권 중 과밀억제권역에서는 보증금이 6000만 원 이하의 보증금으로 입주하고 있는 임차인에 대하여 2000만 원을 한도로, 광역시(군 지역과 인천광역시지역을 제외)에서는 5000만 원 이하의 보증금으로 입주하고 있는 임차인에 대하여 1700만 원을 한도로, 그 밖의 지역에서는 4000만 원 이하의 보증금으로 입주하고 있는 임차인에 한하여 1400만 원을 한도로 최우선변제권이 인정됨을 규정하고 있다.

(나) 한편, 근로기준법 제37조 제2항에 의하면 ① 근로자의 최종 3월분의 임금, ② 최종 3년간의 퇴직금, ③ 재해보상금은 사용자의 총재산에 대하여 질권 또는 저당권에 의하여 담보된 채권, 조세, 공과금 및 다른 채권에 우선하여 변제되어야 한다고 규정되어 있다(그러나 ②, ③의 내용은 민사집행법의 개정으로 삭제되었음에 유의).
다만, 새로이 제정된 근로기준법이 시행되는 1997년 12월 24일 이전에 채용된 근로자가 이 법 시행 후에 퇴직하는 경우에는 우선변제 되는 퇴직금의 범위가 1989년 3월 29일 이후부터 이 법 시행 전(1997년 12월 23일)까지는 계속근로연수에 대한 퇴직금을, 1997년 12월 24일부터는 최종 3년간의 퇴직금을 산정하여 그 합산액이 250일분의 평균임금 한도로 위와 같은 우선변제권이 인정된다(법제5473호, 1997. 12. 24. 부칙 제2조).

(다) 위와 같은 두 가지 우선변제권이 인정되는 채권 간의 경합에 따른 배당순위가 문제되는데, 이에 대하여 구 근로기준법하의 법원송무예규를 보면, "부동산 경매의 배당절차에 있어서 주택임대보호법 제8조의 규정에 의한 보증금 중 일정액(주택임대차보호법 제3조 제1항의 요건을 갖춘 경우)과 근로기준법 제30조의2 제2항에 규정된 최종 3월분 임금, 퇴직금 및 재해보상금채권이 서로 경합하는 경우, 두 채권은 모두 우선채권으로서 양 법 다 같이 상호 간의 우열을 정하고 있지 아니하며, 양쪽의 입법 취지를 모두 존중할 필요가 있으므로 상호 동등한 순위의 채권으로 보아 배당을 실시해

야 할 것이다."라고 하였는바, 이것은 현행 근로기준법 아래에서도 동일하게 해석하여야 한다.

따라서 배당절차에서 근로자들의 최우선변제 되는 임금채권과 같은 순위로 각 채권액의 비율에 따라 안분배당을 받게 된다.

(2) 경매신청의 개시요건

임대차가 종료하지 않더라도 소액보증금 중 일정액에 대하여 임차주택의 양수인에게 우선변제를 청구할 수 있다.

(3) 임차권등기가 경료 된 주택의 임차인에 대한 적용배제

임차권등기 명령에 의해 임차권등기가 경료된 주택을 임차권등기의 경료 이후에 임차한 임차인에게는 위와 같은 우선변제권이 인정되지 않는다(동법시행령 제3조의3 6항).

(4) 보증금반환청구소송에 대한 소액사건심판법의 준용

(가) 주택임대차의 보증금반환청구소송을 보다 쉽고 신속하게 처리하기 위하여 소액사건심판법 제6조, 제7조, 제10조 및 제11조의 2의 규정을 이 소송에 준용한다(동법 제13조).

(나) 따라서 소장이나 제소 조서는 지체 없이 변론기일을 정하여야 하며 1회의 변론 종결 후 즉시 할 수 있으며, 판결을 선고함에는 주문을 낭독하고 주문이 정당함을 인정할 수 있는 범위 안에서 그 이유의 요지를 구술로 설명하여야 한다.

(다) 또한, 판결서에는 판결의 이유를 기재하지 않아도 된다(소액사건심판법 제11조의 2).

1. 임차권의 승계

1) 임차인이 상속권자 없이 사망한 경우

임차인이 상속권자 없이 사망하면 그 주택에서 가정 공동생활을 하던 사실상의 혼인 관계에 있는 자는 임차인의 사망 후 1개월 이내에 임대인에게 반대 의사를 표시하지 아니하는 한 임차인의 권리 의무를 승계한다(동법 제9조 1항·3항).

2) 사망 당시 상속권자가 그 주택에서 가정공동생활을 하지 않은 때

(가) 임차인이 사망한 경우 사망 당시 상속권자가 있었으나, 상속권자가 그 주택에서 가정 공동생활을 하지 않은 때에는 임차인의 사망 후 1개월 이내에 임대인에게 반대의사를 표시하지 아니하면 그 주택에서 가정공동생활을 하던 사실상의 혼인 관계에 있는 자와 2촌 이내의 친족이 공동으로 임차인의 권리의무를 승계한다(동법 제9조 2항·3항).

(나) 특히 동거하는 상속인뿐만 아니라 동거하지 않는 상속인도 있다면 민법의 상속원칙에 의해 해결되어야 한다(제1012조 이하).

(다) 즉, 이때에는 공동상속인 사이의 유산분할 문제로 해결되므로 동거하지 않았던 상속인이 거주하게 되어도 임대인은 이의를 제기할 수 없다.

[보충] 판례정리: 임차인에 의한 임대차승계 배제

대항력 있는 주택임대차에 있어 기간 만료나 당사자의 합의 등으로 임대차가 종료된 경우에도 주택임대차보호법 제4조 제2항에 의하여 임차인은 보증금을 반환받을 때까지 임대차 관계가 존속하는 것으로 의제 되므로 그러한 상태에서 임차 목적물인 부동산이 양도되는 경우는 같은 법 제3조 제2항에 의하여 양수인에게 임대차가 종료된 상태에서의 임대인으로서의 지위가 당연히 승계되고, 양수인이 임대인의 지위를 승계하는 경우는 임대차보증금 반환채무도 부동산의 소유권과 결합하여 일체로서 이전하는 것이므로 양도인의 임대인으로서 지위나 보증금 반환채무는 소멸하는 것이지만, 임차인의 보호를 위한 임대차보호법의 입법 취지에 비추어 임차인이 임대인의 지위승계를 원하지 않는 경우에는 임차인이 이차주택의 양도사실을 안 때로부터 상당한 기간 내에 이의를 제기함으로써 승계되는 임대차 관계의 구속으로부터 벗어 날 수 있다고 봄이 상당하고, 그와 같은 경우에도 양도인의 임차인에 대한 보증금 반환채무는 소멸하지않는다.(대판 2002. 9. 4, 2001다64615)

2. 승계 전 채무의 승계 여부

승계 전에 발생한 연체차임 또는 손해배상의무도 승계하는가? 보증금반환채권이 승계되므로 임대차의 모든 채무가 승계인에게 이전한다고 보아야 한다.

[보충] 임대료의 증액제한과 세법과의 관계

1. 주택임대차보호법과 민간임대주택법의 적용대상

1) 미등록주택임대("주택임대차보호법" 적용)

　우선 주택임대차보호법은 주택을 임대하는 모든 사람에게 적용되는 법이다. 즉, 임대사업자로의 등록여부에 관계없이 모든 주택임대차계약에 적용된다.

2) 지자체등록임대사업자("민간임대주택에 관한 특별법" 적용)

　민간임대주택에 관한 특별법은 지자체에 임대사업을 하겠다고 등록을 한 사람에 한정하여 적용된다. 특히, 지자체에 등록한 임대사업자가 세무서에 사업자등록신청하여 사업자등록증을 발급받으면 세제혜택을 추가로 받을 수 있다. 즉, 등록임대주택의 공적의무를 다 할 경우엔 소득세법, 조세특례법, 종부세법, 지방세법의 세제혜택을 주고 있다.

2. 미등록주택임대차(일반임대)

1) 기간을 정하지 아니하거나 2년 미만으로 정한 경우는 2년으로 간주한다. 따라서 임차인은 2년 미만으로 정한 기간에 대해 주장이 가능하다. 또한, 임대차기간이 끝나도 보증금 반환 전까지 임대차기간은 유효하다(주택임대차보호법 제4조 참조).

2) 1회 한해 계약갱신요구권(임대차기간 2년) 행사가 가능하다. 임차인이 계약갱신요구 시 임대인은 정당한 이유없이 거절할 수 없다. 또한, 갱신 시 5% 초과하여 증액 할 수 없다(동법 제6조의 3 참조).

3) 증액청구는 임내차계약 또는 약정한 차임이나 보증금의 증액 후 1년 내 하지 못한다. 그리고 조세 등 부담증가 또는 경제사정의 변동 시 청구가능하다. 다만, 이 경우에도 5%를 초과 할 수 없다(동법 제7조).

4) 결론적으로 임대료의 증액은 임대차계약 후 1년 내에는 증액을 할 수 없다. 그리고 1년이 지나면 5% 내에서 증액이 가능하지만, 이는 불가피한 상황에 한하여 적용되며 임차인은 그 증액을 거절할 수 있다(차임증감청구권행사 가능).

또한, 최초 2년의 임대차계약기간이 종료될 경우 임차인은 계약갱신요구권을 행사할 수 있다. 이때 임대료는 5%의 범위 내에서 증액할 수 있으나. 특히, 만일 5%를 초과하여 증액한 경우는 임차인은 계약갱신요구권을 사용한 것이 아니기에 임차인이 한 번 더 계약갱신청구권을 행사 할수 있음에 유의해야 한다. 물론, 계약갱신요구권 행사로 연장된 2년이 종료된 경우 임대인은 임대료를 5% 초과하여 증액할 수 있다.

3. 등록임대사업자

1) 최초 임대료는 임대사업자가 정하는 임대료를 말한다. 다만, 등록 당시 존속 중인 임대차계약이 있으면 그 종전 임대료가 기준이 된다. 위반시 과태료 부과 및 세제 혜택은 없다. 또한, 임대기간 중 임대료 증액은 5% 초과할 수 없다. 임대차계약 or 약정 임대료 증액 후 1년 이내 증액 청구할 수 없다(민간임대주택에 관한 특별법 제44조)

2) 임차인은 5% 초과 증액된 임대료를 지급한 경우 초과액 반환을 청구할 수 있다(동법 제44조의 2).

3) 등록임대사업자는 임대료 증액에 있어 그 규정을 위반한 경우 과태료의 제재를 받게 된다.

5% 초과하여 임대한 경우 벌칙의 내용은 다음과 같다(동법 제67조).

5% 초과하여 임대한 경우	1차위반	2차위반	3차위반
1) 위반건수가 10건 이상인 경우	2,000만 원	3,000만 원	3,000만 원
2) 위반건수가 2~10건 미만인 경우	1,000만 원	2,000만 원	3,000만 원
3) 위반건수가 1건인 경우	500만 원	1,000만 원	3,000만 원

4) 세제혜택의 배제

위의 3)의 임대료 증액에 있어서 보다 조금 더 그 엄격한 규정을 적용받게 된다.

(1) 1년 미만에는 증액이 불가능하다. 그리고 1년이 지나면 5% 내에서 증액이 가능하지만, 이는 불가피한 상황에 한하여 적용되며, 임차인은 그 증액을 거절할 수 있다.(차임증감청구권행사가능).

(2) 5% 내에서 증액이 가능하다 하더라도, 최초 임대료 5% 초과시 과태료부과 및 세제혜택역시 배제된다.

4. 양자의 가장 큰 차이점

1) 미등록임대사업자와는 달리 등록임대사업자는 임대의무기간 동안이 아닌 전체 임대 기간 동안 5%를 초과하여 임대료를 증액할 수 없다는 점이다. (동법 제44조 제2항 : 2019.4.23.개정. 동년 10.23. 이후 시행). 따라서 임대료 증액의 기준이 되는 계약은 종전 계약이며 임차인이 바뀔 경우 바뀐 임차인에게 종전 계약보다 5%를 초과해서 증액할 수 없다. 물론 최초 계약시에는 시세에 따라 임대료를 정할 수 있다.

2) 기존의 임대차계약이 존재하는 상태에서 임대사업자로 등록을 할 경우의 임대료 증액의 기준은 임대사업자의 등록시점에 따라 달라진다.즉, 개정된 민간임대주택법이 시행되기 이전에 등록을 한 경우에는 새로운 임대차계약 시 5%초과증액이 가능하다. 물론, 시행 이후 등록을 한 경우에는 초과 증액이 불가능하다.

5. 세법상 증액 제한 적용 시기

세목	근거법률		혜택내용	적용시기
양도 소득세	소득 세법	동시행령 제155조 20항	거주주택 + 장기임대주택 중 거주주택 양도시 비과세 적용	2019.2.12. 이후 계약분
		동시행령 제167조의 3	장기임대주택 양도시 중과세 배제(장기특별공제 적용)	2019.2.12. 이후 계약분
	조세 특례법	동시행령 제97조의 3	8년(10년) 이상 계속하여 임대한 경우 장기특별공제 50%(70%) 적용	2014.1.1. 이후 계약분
		동시행령 제97조의 4	6~10년이상 임대한 후 양도 시 장기특별공제 추가공제물(2-10%)적용	5%를 적용되지 않음
		동시행령 제97조의 5	10년 이상 계속하여 임대한 경우 임대기간 중 발생양도소득 100% 감면	2014.12.23. 후 계약분
종합 소득세		동시행령 제96조	소형주택 임대사업자에 대한 세액감면	2019.2.10. 후 계약분
종합 부동산세 종부세법		동시행령 제3조	일정요건 충족 임대주택에 대해 종부세 합산배제적용	2019.2.10. 후 계약문

참고: 국세(소득세법, 조세특례제한법, 종합부동산세법)는 2019.2.12. 개정으로 2019.2.12. 이후 최초계약 또는 갱신하는 계약에 한해 종전 임대차계약 대비 임대료를 5% 이상 받은 세제혜택이 추징되거나 앞으로 받지 못하게 된다. 다만, 조세특례제한법은 각 조문마다 그 적용시기가 다르므로 위 내용을 확인하면 된다.

제2장 상가건물임대차보호법

제1절 입법 취지(목적)

(가) 동법의 입법취지는 상가건물의 임대차에 있어서 사회적. 경제적 약자인 임차인을 보호함으로써 임차인의 경제생활의 안정을 도모하기 위하여 민법에 대한 특례를 규정함이다.

(나) 대체로 주택임대차보호법과 유사한 내용을 정하고 있다. 이 법 역시 편면적 강행규정(임차인에게 불리한 특약은 무효)이다.

제2절 적용 범위

1. 사업자등록의 대상이 되는 상가건물의 임대차

본법은 상가건물(제3조제1항에 따른 사업자등록의 대상이 되는 건물을 말한다)의 임대차(임대차 목적물의 주된 부분을 영업용으로 사용하는 경우를 포함한다)에 대하여 적용한다. 다만, 제14조의2에 따른 상가건물임대차위원회의 심의를 거쳐 대통령령으로 정하는 보증금액을 초과하는 임대차에 대하여는 적용하지 아니한다.

1) "상가건물"의 의미

(1) 적용 범위

(가) 상가건물은 동법 제3조 1항의 규정에의한 사업자등록의 대상이 되는 건물을 말하며 임대차 목적물의 주된 부분을 영업용 내지 사업용으로 사용하는 경우를 포함한다. 다만 대통령령이 정하는 보증금액을 초과하는 임대차에 대해서는 그러하지 아니 하다(동법 제2조 1항).

(나) 따라서 사업자등록증 발급 대상이 될 수 없는 비업무용 내지 비사업용 건물은 본법의

적용대상이 될 수 없다.

대표적으로는 교회, 사찰, 동창회 및 친목 단체의 사무실(향우회 등), 종중, 단순히 상품의 보관, 제조, 가공 등에 이용되는 공장, 물건을 단순히 보관하는 창고 등을 들 수 있다.

(다) 사업자등록의 대상은 주택임대차보호법과는 달리 자연인 (외국인 포함)외에 법인도 당연히 포함하고 있음이 특징이다.

(2) 사업자등록의 유효성 여부

가) 신청과 판단기준

사업자가 사업자등록증의 신청을 위한 필요서류를 구비하여 관할세무서에 사업자등록증을 신청하였으나 세무서장의 수려 거부 또는 반려되거나 보완을 명하므로 인해 미비요건 등을 보완하여 재신청하였다면, 재신청 또는 보완한때에 사업자등록의 신청이 있는 것으로 본다.

반면 사업자가 적법하게 사업자등록에 필요한 서류를 구비하여 신청하였음에도 불구하고 관할세무서장이 수리하지 않은 경우임이 판명된 경우는 최초 신청 시에 사업자등록이 신청 된 것으로 본다.

나) 적법성 여부

상가건물을 임차하고 사업자등록을 마친 사업자가 임차 건물의 전대차 등으로 당해 사업을 개시하지 않거나 사실상 폐업한 경우는 그 사업자등록은 부가가치세법 및 상가건물임대차보호법이 상가임대차의 공시방법으로 요구하는 적법한 사업자등록이라고 볼 수 없다 (대판 2006.1.13, 2005다64002).

(3) 대항력과 우선변제권

상가건물의 임차인이 임대차보증금 반환채권에 대하여 상가건물 임대차보호법 제3조 제1항 소정의 대항력 또는 같은 법 제5조 제2항 소정의 우선변제권을 가지려면 임대차의 목적인 상가건물의 인도 및 부가가치세법 등에 의한 사업자등록을 구비하고, 관할세무서장으로부터 확정일자를 받아야 하며, 그중 사업자등록은 대항력 또는 우선변제권의 취득요건일 뿐만 아니라 존속요건이기도 하므로, 배당요구의 종기까지 존속하고 있어야 하는 것이며, 상가건물을 임차하고 사업자등록을 마친 사업자가 폐업한 경우는 그 사업자등록은 상가건물 임대차보호법이 상가임대차의 공시방법으로 요구하는 적법한 사업자등록이라고 볼 수 없으므로(대판2006. 1. 13. 2005다64002 판결 참조), 그 사업자가 폐업신고를 하였다가 다시 같은 상호 및 등록번호로 사업자등록을 하였다고 하더라도 상가건물 임대차보호법상의 대항력및 우선변제권이 그대로 존속한다고 할수 없다(대판 2006.10.13. 2006다56299).

2) 보증금액 상한에 의한 제한

(1) 보증금의 제한

본 법은 대통령령이 정하는 보증금액을 초과하는 임대차에 대하여는 적용되지 않는다(동법 제2조1항 단서).

(2) 해당지역별 보증금 한도

(가) 서울특별시: 9억 원 이하
(나) 수도권정비계획법에 따른 과밀억제권역(서울특별시는 제외한다, 부산광역시, 부산광역시 기장군): 6억 9,000만 원 이하
(다) 광역시(수도권정비계획법에 따른 과밀억제권역에 포함된 지역과 군 지역은 제외한다. 부산광역시제외), 세종특별자치시, 파주, 화성, 안산시, 용인시, 김포시, 광주시: 5억 4,000만 원 이하
(라) 그 밖의 지역: 3억 7,000만 원 이하

2. 일시사용을 위한 임대차 등

(가) 일시사용을 위한 임대차임이 명백한 경우에는 이를 적용하지 아니 한다(동법 제16조).

(나) 이 법은 등기하지 아니한 전세계약(미등기전세)에 대하여 준용하며 이 경우 전세금은 임대차의 보증금으로 본다(동법 제17조).

(다) 이 법은 2002년 11월 1일 후 체결되거나 갱신된 임대차부터 적용한다(부칙 제1조). 다만 대항력(동법 제3조). 우선변제권(동법 제5조).

(라) 최우선변제권(제14조)의 규정은 이 법 시행당시 존속중인 임대차에 대하여도 이를 적용하되, 이 법 시행 전에 물권을 취득한 제3자에 대하여는 그 효력이 없다(부칙 제2조).

(마) 동법 제2조 1항 단서의 규정에 의한 보증금액을 정함에 있어서는 당해지역의 경제적 여건이나 임대차 목적물의 규모 등을 감안하여 지역별로 구분하여 규정하되, 보증금 외에 차임이 있는 경우에는 그 차임액에 은행법에 의한 금융기관의 대출금리 등을 감안하여 대통령령이 정하는 비율을 곱하여 환산한 금액을 포함하여야 한다(동법 제2조 2항). 다만 임차인이 부담하기로 한 부가가치세액은 동법의 차임에 포함되지 않는다.

참고: 보증금한도와 약정액의 효력

상가임대분양계약서에 "기부채납에 대한 부가가치세액은 별도"라고 기재되어 있는 경우, 위 상가임대분양계약서의 대량성이나 계약서의 작성 방식과 계약체결 경위 등에 비추어 보면 위 부가가치세 부담에 관한 약정은 약관의규제에관한법률 제2조 제1항 소정의 '약관'에 해당하는데, 분양자가 위 상가를 기부채납하고 그 대가로 무상사용권을 부여받은 행위가 부가가치세법상의 '재화의 공급'에 해당되어 부가가치세가 부과된다는 것은 일반인은 잘 알지 못하는 것이고, 부과가 된다고 하더라도 그 액수가 얼마인지 미리 알기도 어려우며, 특히 수분양자들이 임대분양계약서에서 정한 임대보증금을 납부 할 당시 부가가치세가 포함된 금액을 공급가액과 구분하여 납부하였으므로, 위 약정 당시 기부채납에 따른 부가가치세를 위 부가가치세와 혼동할 우려가 있음에도 불구하고 분양자 측에서 이 점에 관한 명백한 고지나 설명이 없었고, 부동문자로 인쇄된 계약조항 제2조의 임대보증금 납부란에 수분양자에게 상당한 부담이 되고 중요한 위 부가가치세 부담조항을 기재해 넣은 점, 또한 수분양자가 이중으로 부가가치세를 부담하게 되는 것은 형평에 어긋나고 불측의 손해를 입게 된다는 점 등을 감안할 때 위 계약서 제2조 중 기부채납에 대한 부가가치세 부담에 관한 부분은 위 법률 제6조 제2항 제2호 소정의 "고객이 계약의 거래 형태 등 제반 사정에 비추어 예상하기 어려운 조항"에 해당하여 공정을 잃은 것으로 추정되므로, 위 법률 제6조 제1항에 의하여 무효이다(대판 1998. 12. 22. 97다15715).

1. 취득요건

1) 대항력 취득요건

가) 대항력 취득시기

임대차는 그 등기가 없는 경우에도 임차인이 건물의 인도와 사업자등록증을 신청한 때에는 그 다음날부터 제3자에 대하여 효력이 생긴다(동법 제3조 1항).

나) 주의사항

(가) 예컨대 주택임대차보호법에 있어서는 해당부분에서 설명하였듯이 임대차계약서에 주소지가 명확히 기재되지 않았다 할지라도 임차인이 주민등록상의 전입지번에 실제 거주하면 본 임대차계약서는 유효한 공시방법으로 인정받을 수 있다.

(나) 반면 상가건물임대차보호법은 사업자등록증이 주택임대차보호법상의 대항요건의 공시방법으로서의 주민등록증을 대신하게 됨에 따라 상가건물임대차에 있어서 공시의 유효성은 지번으로 판단하게 된다.

(다) 그러므로 사업자등록증에 있어서 주소가 정확하게 기재되어야 유효한 공시방법으로 보호를 받을 수 있다.

(라) 따라서 사업자등록신청서에 첨부한 임대차계약서상의 임대차 목적물 소재지가 당해 상가건물에 대한 등기부상의 표시와 불 일치하는 경우는 특별한 사정이 없는 한 그 사업자등록은 제3자에 대한 관계에서 유효한 임대차의 공시방법이 될 수 없다.

2) 건물의 일부에 대한 취득요건

건물의 일부분을 임차한 경우는 그 사업자등록이 제3자에 대한 관계에서 유효한 임대차의 공시방법이 되기 위해서는 사업자등록 신청 시 그 임차 부분을 표시한 도면을 첨부하여야 한다(대판 2008.9.25., 2008다44238 참조).

🔍 참고: 대항력 또는 우선변제요건

1. 상가건물의 임차인이 임대차보증금 반환채권에 대하여 상가건물 임대차보호법 제3조 제1항 소정의 대항력 또는 같은 법 제5조 제2항 소정의 우선변제권을 가지려면 임대차의 목적인 상가건물의 인도 및 부가가치세법 등에 의한 사업자등록을 구비하고, 관할세무서장으로부터 확정일자를 받아야 하며, 그중 사업자등록은 대항력 또는 우선변제권의 취득요건일 뿐만 아니라 존속요건이기도 하므로, 배당요구의 종기까지 존속하고 있어야 한다.
2. 부가가치세법 제5조 제4항, 제5항의 규정 취지에 비추어 보면, 상가건물을 임차하고 사업자등록을 마친 사업자가 임차건물의 전대차 등으로 당해 사업을 개시하지 않거나 사실상 폐업한 경우에는 그 사업자등록은 부가가치세법 및 상가건물 임대차보호법이 상가임대차의 공시방법으로 요구하는 적법한 사업자등록이라고 볼 수 없고, 이 경우 임차인이 상가건물 임대차보호법상의 대항력 및 우선변제권을 유지하기 위해서는 건물을 직접 점유하면서 사업을 운영하는 전차인이 그 명의로 사업자등록을 하여야 한다(대판 2006.1.13. 2005다64002).

2. 내용

1) 임차권의 승계

임차건물의 양수인(그밖에 임대할 권리를 승계한자를 포함)은 임대인의 지위를 승계한 것으로 본다(동법 제3조 2항).

2) "임차주택의 양수인"의 의미

임차인이 대항력을 갖춘 후에 매매, 증여 등으로 임차건물의 소유권을 취득한 자를 말한다.

3) 임차권의 등기

가) 대항력 또는 우선변제권을 갖춘 임차인은 제621조 1항의 규정에 의하여 임대인의 협

력을 얻어 임대차 등기를 신청하는 경우는 신청서에 부동산등기법 제156조에 규정된 사항 외에 사업자등록을 신청한 날, 임차건물을 점유한 날, 임대차계약서에 확정일자를 받은 날, 임대차의 목적이 건물의 일부인 경우는 해당부분의 도면을 첨부하는 경우는 대항력이 인정된다.

나) 그리고 동법 제6조 5항 및 6항의 규정은 제621조의 규정에 의한 건물임대차등기의 효력에 관하여 이를 준용한다(동법 제7조).

4) 경매에 의한 임차권의 소멸

(가) 임차권은 임차건물에 대하여 민사집행법에 의한 경매가 행해진 경우에는 그 임차건물의 경락에 의하여 소멸한다.

(나) 다만, 보증금이 전액 변제되지 아니한 대항력이 있는 임차권은 그러하지 아니 하다(동법 제8조).

제4절 존속기간

1. 최단기간

기간의 정함이 없거나 기간을 1년 미만으로 정한 임대차는 그 기간을 1년으로 본다(동법 제1조 1항 본문).
다만, 임차인은 1년 미만으로 정한 기간의 유효함을 주장할 수 있다(동법 제9조 1항 단서).

2. 임대차관계의 존속

임대차관계가 종료한 경우에도 임차인이 보증금을 반환받을 때까지는 임대차관계는 존속하는 것으로 본다(동법 제9조 2항).

3. 계약갱신요구권 등

1) 내용

임대인은 임차인이 임대차기간이 만료되기 6개월 전부터 1개월 전까지 사이에 계약갱신을 요구할 경우 정당한 사유 없이 거절하지 못한다.

2) 예외

(가) 임차인이 3기의 차임액에 해당하는 금액에 이르도록 차임을 연체한 사실이 있는 경우
(나) 임차인이 거짓이나 그 밖의 부정한 방법으로 임차한 경우
(다) 서로 합의하여 임대인이 임차인에게 상당한 보상을 제공한 경우
(라) 임차인이 임대인의 동의 없이 목적 건물의 전부 또는 일부를 전대한 경우
(마) 임차인이 임차한 건물의 전부 또는 일부를 고의나 중대한 과실로 파손한 경우
(바) 임차한 건물의 전부 또는 일부가 멸실되어 임대차의 목적을 달성하지 못할 경우
(사) 임대인이 목적 건물의 전부 또는 대부분을 철거하거나 재건축하기 위하여 목적 건물의 점유를 회복할 필요가 있는 경우
(아) 그 밖에 임차인이 임차인으로서의 의무를 현저히 위반하거나 임대차를 계속하기 어려운 중대한 사유가 있는 경우

3) 행사범위

임차인의 계약갱신요구권은 최초의 임대차기간을 포함한 전체 임대차기간이 5년을 초과하지 아니하는 범위 내에서만 행사할 수 있다(동법 제10조 2항).

4. 법정갱신(묵시적 갱신)

(가) 임대인이 임대차기간 만료 전 6월부터 1월 이내에 임차인에 대해 계약갱신 거절의 통지나 조건 변경에 대한 통지를 해야 한다.
그렇게 하지 않은 경우에는 임대차 기간이 만료된 때에 전 임대차와 동일한 조건으로 다시 임대차한 것으로 본다.

이때 임대차의 존속기간은 정함이 없는 것으로 본다. 기간의 정함이 없는 임대차는 그 기간을 1년으로 인정하며 임차인은 재계약 체결 없이 상가를 1년 동안 사용할 수 있다.

(나) 이와 같은 묵시적 갱신기간 중일지라도 임차인은 언제든 임대인에 대해 계약해지의 통고를 할 수 있다.
임대인이 그 통고를 받은 날로부터 3월이 경과하면 계약 해지의 효력이 발생하여 임대인은 임차인에게 보증금을 반환해주어야 한다.

5. 보증금의 회수 등

1) 우선변제권

(가) 위 대항요건을 갖추고 관할세무서장으로부터 임대차계약서상의 확정일자를 받은 임차인은 민사집행법에 의한 경매 또는 국세징수법에 의한 공매 시 임차건물(임대인소유 대지 포함)의 환가 대금에서 후순위권리자 그 밖의 채권자보다 우선하여 보증금을 변제받을 권리가 있다(동법 제5조 2항).

(나) 임차인은 임차건물을 양수인에게 인도하지 아니하면 2항의 규정에 의한 보증금을 수령할 수 없다(동법 제5조 3항).

(다) 우선변제의 순위와 보증금에 대하여 이의가 있는 이해관계인은 경매법원 또는 체납처분청에 이의를 신청할 수 있다(동법 제5조 4항).

(라) 임차인이 임차건물에 대하여 보증금반환청구소송의 확정판결, 그밖에 이에 준하는 집행권원에 의하여 경매를 신청하는 경우에는 민사집행법 제41조에도 불구하고 반대의무의 이행이나 이행의 제공을 집행개시의 요건으로 하지 아니한다.

2) 최우선변제권

(1) 내용

(가) 임차인은 임대건물가액(임대인 소유의 대지가액을 포함한다)의 3분의 1 범위 내에서 보증금 중 일정액을 다른 담보물권자보다 우선하여 변제받을 권리가 있다.

(나) 이 경우 임차인은 건물에 대한 경매신청의 등기 전에 제3조제1항의 요건을 갖추어야 한다(동법제14조 1항).

(2) 요건

(가) 임차인의 보증금이 일정범위 내여야 한다.

(나) 임차인은 건물에 대한 경매신청의 등기 전에 법 제3조 1항의 요건(대항요건)을 갖추어야 한다. 즉, 임차건물의 인도와 사업자등록증의 발급신청이 그것이다.

(3) 우선변제를 받을 임차인의 범위

우선변제를 받을 임차인은 보증금과 차임이 있는 경우 법 제2조 제2항의 규정에 의하여 환산한 금액의 합계가 다음 각호의 구분에 의한 금액 이하인 임차인으로 한다.

(가) 서울특별시: 6,500만 원 이하

(나) 수도권정비계획법에 따른 과밀억제권역(서울특별시는 제외): 5,500만 원 이하

(다) 부산광역시: 3,800만 원 이하

(라) 부산광역시 기장군: 3,000만 원 이하

(마) 광역시(군 지역은 제외), 안산시, 용인시, 김포시, 광주시: 3,800만 원 이하

(바) 세종특별자치시, 파주시,화성시 그 밖의 지역: 3,000만 원 이하

(사) 그 밖의 지역 3,000만 원 이하

(4) 우선변제를 받을 보증금의 범위

가) 임차인의 보증금 중 일정액이 상가건물의 가액의 3분의 1을 초과하는 경우는 상가건

물의 가액의 3분의 1에 해당하는 금액에 한해 우선변제권이 있다.

나) 하나의 상가건물에 임차인이 2인 이상이고, 그 각 보증금중 일정액의 합산액이 상가
    건물의 가액의 3분의 1을 초과하는 경우는 그 각 보증금 중 일정액의 합산액에 대한
    각 임차인의 보증금 중 일정액의 비율로 그 상가건물의 가액의 3분의 1에 해당하는
    금액을 분할한 금액을 각 임차인의 보증금중 일정액으로 본다.

다) 다만 동법 제2조 2항의 규정에 의하여 보증금 외에 차임이 있는 경우의 차임액은 월
    단위의 차임액으로 본다(동법 제6조 2항).

라) 보증금의 범위
    (가) 서울특별시: 9억 원 이하
    (나) 수동권정비계획법에 따른 과밀억제권역(서울특별시는 제외한다, 부산광역시,부
        산광역시기장군): 6억 9,000만 원 이하
    (다) 광역시(수동권정비계획법에 따른 과밀억제권역에 포함된 지역과 군 지역은 제외
        한다. 부산광역시제외), 세종특별자치시, 파주, 화성, 안산시, 용인시, 김포시,
        광주시: 5억 4,000만 원 이하
    (라) 그 밖의 지역 : 3억 7,000만 원 이하

(5) 최우선변제금액(보증금 및 월세환산액의 합산금액 기준)

(가) 서울특별시: 2,200만 원 이하
(나) 수도권정비계획법에 따른 과밀억제권역(서울특별시 제외): 1,900만 원 이하
(다) 부산광역시: 1,300만 원 이하
(라) 부산광역시 기장군: 1,000만 원 이하
(마) 광역시(군 지역은 제외), 안산시, 용인시, 김포시, 광주시: 1,300만 원 이하
(바) 세종특별자치시, 파주시, 화성시 그 밖의 지역: 1,000만 원 이하
(사) 그 밖의 지역 1,000만 원 이하

근저당 설정일	대상지역	환산보증금	보증금	최우선변제금
2001. 11.01.	서울특별시	2억 4,000만 원	4,500만 원	1,350만 원
	과밀억제권역	1억 9,000만 원	3,900만 원	1,170만 원
	광역시(군 제외)	1억 5,000만 원	3,000만 원	900만 원
	기타지역(광역시의 군 포함)	1억 4,000만 원	2,500만 원	750만 원
2010. 07.25.	서울특별시	2억 6,000만 원	4,500만 원	1,350만 원
	과밀억제권역	2억 1,000만 원	3,900만 원	1,170만 원
	광역시(군 제외)	1억 6,000만 원	3000만 원	900만 원
	기타지역(광역시의 군 포함)	1억 5,000만 원	2,500만 원	750만 원
2013. 12.31	서울특별시	3억 원	5,000만 원	1,500만 원
	과밀억제권역,인천광역시	2억 5,000만 원	4,500만 원	1,350만 원
	광역시(군 제외), 안산시, 용인시, 김포시, 광주시	1억 8,000만 원	3,000만 원	900만 원
	기타지역(광역시의 군 포함)	1억 5,000만 원	2,500만 원	750만 원
2018. 01.25	서울특별시	4억 원	6,500만 원	2,200만 원
	과밀억제권역, 인천광역시	3억 원	5,500만 원	1,900만 원
	광역시(군제외), 안산시, 용인시, 김포시, 광주시	2억 4,000만 원	3,800만 원	1,300만 원
	기타 지역(광역시의 군 포함)	1억 8,000만 원	3,000만 원	1,000만 원
2019. 04.01	서울특별시	6억 1,000만 원	6,500만 원	2,200만 원
	과밀억제권역, 인천광역시	5억 원	5,500만 원	1,900만 원
	부산광역시(기장군 제외)	5억 원	3,800만 원	1,300만 원
	부산광역시 기장군	5억 원	3,000만 원	1,000만 원
	광역시(군 및 부산광역시 제외) 안산시, 용인시, 김포시, 광주시	3억 9,000만 원	3,800만 원	1,300만 원
	세종특별자치시, 파주시, 화성시	3억 9,000만 원	3,000만 원	1,000만 원
	기타지역(광역시의 군 포함)	2억 7,000만 원	3,000만 원	1,000만 원
2019. 04.02. 부터 현재	서울특별시	9억 원	6,500만 원	2,200만 원
	과밀억제권역	6억 9,000만 원	5,500만 원	1,900만 원
	부산광역시	6억 9,000만 원	3,800만 원	1,300만 원
	부산광역시 기장군	6억 9,000만 원	3,000만 원	1,000만 원
	광역시, 안산시, 용인시, 김포시, 광주시	5억 4,000만 원	3,800만 원	1,300만 원
	세종특별자치시, 파주시, 화성시	5억 4,000만 원	3,000만 원	1,000만 원
	그 밖의 지역	3억 7,000만 원	3,000만 원	1,000만 원

6. 임차권등기명령

임차권등기명령에 관하여는 주택임대차보호법 참조

7. 민법에 따른 임대차등기의 효력

제7조 (「민법」에 따른 임대차등기의 효력 등)

① 「민법」 제621조에 따른 건물임대차등기의 효력에 관하여는 제6조제5항 및 제6항을 준용한다.

② 임차인이 대항력 또는 우선변제권을 갖추고 「민법」 제621조제1항에 따라 임대인의 협력을 얻어 임대차등기를 신청하는 경우에는 신청서에 「부동산등기법」 제74조제1호부터 제5호까지의 사항 외에 다음 각 호의 사항을 기재하여야 하며, 이를 증명할 수 있는 서면(임대차의 목적이 건물의 일부분인 경우에는 그 부분의 도면을 포함한다)을 첨부하여야 한다.[개정 2011.4.12 제10580호(부동산등기법)][[시행일 2011.10.13]]

1. 사업자등록을 신청한 날

2. 임차건물을 점유한 날

3. 임대차계약서상의 확정일자를 받은 날

[전문개정 2009.1.30.]

8. 상가권리금의 보호

제10조의3(권리금의 정의 등) ① 권리금이란 임대차 목적물인 상가건물에서 영업을 하는 자 또는 영업을 하려는 자가 영업시설·비품, 거래처, 신용, 영업상의 노하우, 상가건물의 위치에 따른 영업상의 이점 등 유형·무형의 재산적 가치의 양도 또는 이용대가로서 임대인, 임차인에게 보증금과 차임 이외에 지급하는 금전 등의 대가를 말한다.

② 권리금 계약이란 신규임차인이 되려는 자가 임차인에게 권리금을 지급하기로 하는 계약을 말한다.

[본조신설 2015. 5. 13.]

제10조의4(권리금 회수기회 보호 등) ① 임대인은 임대차기간이 끝나기 6개월 전부터 임대차 종료 시까지 다음 각 호의 어느 하나에 해당하는 행위를 함으로써 권리금 계약에 따라 임차인이 주선한 신규임차인이 되려는 자로부터 권리금을 지급받는 것을 방해하여서는 아니 된다. 다만, 제10조제1항 각 호의 어느 하나에 해당하는 사유가 있는 경우에는 그러하지 아니하다. 〈개정 2018. 10. 16.〉

1. 임차인이 주선한 신규임차인이 되려는 자에게 권리금을 요구하거나 임차인이 주선한 신규임차인이 되려는 자로부터 권리금을 수수하는 행위

2. 임차인이 주선한 신규임차인이 되려는 자로 하여금 임차인에게 권리금을 지급하지 못하게 하는 행위

3. 임차인이 주선한 신규임차인이 되려는 자에게 상가건물에 관한 조세, 공과금, 주변 상가건물의 차임 및 보증금, 그 밖의 부담에 따른 금액에 비추어 현저히 고액의 차임과 보증금을 요구하는 행위

4. 그 밖에 정당한 사유 없이 임대인이 임차인이 주선한 신규임차인이 되려는 자와 임대차계약의 체결을 거절하는 행위

② 다음 각 호의 어느 하나에 해당하는 경우에는 제1항제4호의 정당한 사유가 있는 것으로 본다.

1. 임차인이 주선한 신규임차인이 되려는 자가 보증금 또는 차임을 지급할 자력이 없는 경우

2. 임차인이 주선한 신규임차인이 되려는 자가 임차인으로서의 의무를 위반할 우려가 있거나 그 밖에 임대차를 유지하기 어려운 상당한 사유가 있는 경우

3. 임대차 목적물인 상가건물을 1년 6개월 이상 영리목적으로 사용하지 아니한 경우

4. 임대인이 선택한 신규임차인이 임차인과 권리금 계약을 체결하고 그 권리금을 지급한 경우

③ 임대인이 제1항을 위반하여 임차인에게 손해를 발생하게 한 때에는 그 손해를 배상할 책임이 있다. 이 경우 그 손해배상액은 신규임차인이 임차인에게 지급하기로 한 권리금과 임대차 종료 당시의 권리금 중 낮은 금액을 넘지 못한다.

④ 제3항에 따라 임대인에게 손해배상을 청구할 권리는 임대차가 종료한 날부터 3년 이내에 행사하지 아니하면 시효의 완성으로 소멸한다.

⑤ 임차인은 임대인에게 임차인이 주선한 신규임차인이 되려는 자의 보증금 및 차임을 지급할 자력 또는 그 밖에 임차인으로서의 의무를 이행할 의사 및 능력에 관하여 자신이 알고 있는 정보를 제공하여야 한다.
[본조신설 2015. 5. 13.]

제10조의5(권리금 적용 제외) 제10조의4는 다음 각 호의 어느 하나에 해당하는 상가건물 임대차의 경우에는 적용하지 아니한다. 〈개정 2018. 10. 16.〉

1. 임대차 목적물인 상가건물이 「유통산업발전법」 제2조에 따른 대규모점포 또는 준대규모점포의 일부인 경우 (다만, 「전통시장 및 상점가 육성을 위한 특별법」 제2조 제1호에 따른 전통시장은 제외한다)

2. 임대차 목적물인 상가건물이 「국유재산법」에 따른 국유재산 또는 「공유재산 및 물품 관리법」에 따른 공유재산인 경우
[본조신설 2015. 5. 13.]

제10조의6(표준권리금계약서의 작성 등) 국토교통부장관은 법무부장관과 협의를 거쳐 임차인과 신규임차인이 되려는 자의 권리금 계약 체결을 위한 표준권리금계약서를 정하여 그 사용을 권장할 수 있다. 〈개정 2020. 7. 31.〉
[본조신설 2015. 5. 13.]

제10조의7(권리금 평가기준의 고시) 국토교통부장관은 권리금에 대한 감정평가의 절차와 방법 등에 관한 기준을 고시할 수 있다.
[본조신설 2015. 5. 13.]

1) 권리금분쟁

권리금은 유형재산(해당 점포의 인테리어비용 등)과 무형재산(매출 규모 등)에 대해 새로운 임차인이 기존 임차인에게 주는 금전을 말한다. 영업이 잘되는 점포일수록 권리금이 높다. 이러한 권리금은 임대차계약의 당사자인 임대인과는 무관하게 임차인끼리 주고받는 구조여서 논란이 끊이지 않아 2015년 법제화되었으나, 그 후에도 현재에 이르기 가지 끊임없이 분쟁이 있다. 즉, 서울시 상가임대차분쟁조정위원회에 의하면 서울에서 벌어진 상가임대차 분쟁 원인 30.9%가 권리금이라 한다. 위원회 측은 "권리금 법제화 이후 임차인의 권리금 회수 기회가 보장되고 있지만, 권리금 자체가 모호한 개념인 데다 사례별로 구체적인 이해관계가 다 달라 갈등이 끊이지않는다"고 밝혔다.
한국감정원에 의하면, 이 같은 권리금은 현재 전국 점포 10곳 중 8곳에 형성돼 있을 정도로 보편적이다.

2) 권리금의 유형

일반적으로 권리금은 그 특성에 따라 다음과 같은 3가지 유형으로 분류된다. 그러나 현실에서는 이들 권리금의 가치를 객관적으로 평가하기는 어려워 '상가권리금'이라 통칭한다.

(1) 바닥권리금

점포가 자리한 상권과 입지에 따라 점포가 활성화될 것으로 전망해 주고받는 권리금으로 일종의 '자릿세'다. 점포위치, 상권 등, 이른바 장소적 이익을 토대로 형성된다.

(2) 영업권리금

영업노하우, 거래처, 신용 등 점포의 무형자산의 대가를 말한다. 대체로 이전 임차인에게 1년 치 순이익을 권리금으로 지불한다. 병원이나 학원 등을 거래할 때 주로 거론된다. 앞선 매장의 장부를 확인하는 등 해당 매출에 대한 정확한 판단이 필요하나 신규 임차인 입장에서는 기존 경영자의 말이나 부동산 업자의 말에 의존할 수밖에 없다는 단점이 있다.

(3) 시설권리금

영업시설, 비품 등 유형자산의 대가이다. 대체로 설치할 때의 시설비에 감가상각비를 적
용해 계산한다. 시설 감가상각은 1년 단위로 30%씩 시설 비용을 절사하는 것이 관례로
알려져 있다.

3) 권리금의 법적 성격

(1) 실정법적 근거

상가건물임대차보호법(이하 법) 제10조의 3에 의해 권리금이라함은 상가건물에서 영업을
하는 자 또는 하려는 자가 '영업시설, 비품, 거래처, 신용, 영업상의 노하우, 상가건물 위
치에 따른 영업상의 이점' 등을 양도하거나 혹은 이를 이용하게 할 때 보증금, 차임 의외
에 지급하는 금전등의 대가를 의미한다.
따라서 법에서 규정하는 권리금은 위의 세가지 유형을 포괄하는 개념으로 보아야 한다.

(2) 목적

본 규정은 권리금의 보호를 목적으로 하는 것인데, 임대인에게 임차인의 권리금 회수를
방해하지 못하게 하고, 이를 위반하여 임대인이 방해행위를 하였을 경우 임차인의 입은
손해를 배상하도록 함으로써 임차인의 권리금이 보호되도록 하고 있다(법 제10조의4).
즉, 임대인은 정당한 사유 없이(제10조 제1항의 각호에 해당하는 사항) 임차인이 주선한
신규임차인과의 임대차계약 체결을 거절할 수 없다.

(3) 권리금 회수 방해행위의 유형

권리금 회수 방해행위의 유형에 해당해야 한다.
권리금 회수 방해행위란 다음 각호의 하나에 해당되는 경우를 말한다 (법제10조의4).

(가) 임대인이 임차인이 주선한 신규임차인이 되려는 자에게 임차인이 지급받아야 할 권
　　리금을 요구하거나 수수하는 행위

(나) 임대인이 임차인이 주선한 신규임차인이 되려는 자로 하여금 임차인에게 권리금을
지급하지 못하게 하는 행위

(다) 임대인이 임차인이 주선한 신규임차인이 되려는 자에게 현저히 고액의 차임과 보증
금을 요구하는 행위

(라) 그 밖에 정당한 사유 없이 임대인이 임차인이 주선한 신규임차인이 되려는 자와 임대
차계약의 체결을 거절하는 행위를 의미일 경우 방해행위로서 규정된다

(4) 법적 기간

권리금이 개정법의 보호를 받기 위해서는 임차인은 '임대차기간이 끝나기 3개월 전부터
임대차 종료시까지' 신규임차인을 주선하여야 한다.
따라서 이 기간 내에 임대인이 방해행위를 할 경우에만 임대인에게 손해배상책임이 있다
고 규정하고 있다(제10조의4).

(5) 방해행위에 대한 손해배상 청구

위의 (4)의 기간 중에는 임차인의 권리금 회수를 어렵게 하는 임대인의 방해행위가 원칙
적으로 금지된다. 또한, 임대인의 방해행위로 인하여 임차인에게 손해가 발생할 경우 임
차인은 그에 대한 배상을 청구할 수 있다.
다만, 손해배상의 청구의 대상은 이 기간내의 행위에 한 하므로, 임차인은 이 기간이 아닌
때에 발생한 임대인의 방해행위를 이유로 하여 상가건물 임대차보호법에 따른 손해배상을
청구할 수는 없다.

(6) 법적 기간이 초과하여도 합의하에 연장가능

임대차기간 종료 시까지 권리금을 회수하지 못한 경우라도 임차인은 임대인과의 합의하에
신규임차인을 주선하고 그로부터 권리금을 지급받을 수 있을 것이다.

(7) 5년의 계약갱신기간과 무관

임차인이 계약갱신을 요구할 수 있는 5년의 기간이 지난 이후라도 임대차가 종료되었다면

권리금의 보호를 받을 수 있다. 즉, 권리금 보호는 임대차가 종료될 때 적용되는 것으로서
계약갱신요구권과 관련이 없다.

(8) 권리금의 범위

임대인이 임차인에게 지급해야 하는 손해배상액은 신규임차인이 임차인에게 지급하기로
한 권리금과 임대차 종료 당시의 권리금 중 낮은 금액을 넘지 못한다(법 제10조의 4제 3
항). 즉, 임차인이 신규임차인 권리금 계약을 통해 지급받기로 했었던 권리금 액수와 임
대차 종료 당시에 객관적으로 형성되어 있는 권리금 액수 둘 중 낮은 금액이 임차인이 지
급받을 수 있는 손해배상액의 상한이 된다.

(9) 권리금 보호관련 법의 적용 기간

임차인은 법이 개정되기 전 임대차 계약을 체결하였다고 하더라도 개정법 시행일인 2015.
5.13.에 계약 기간 중에 있다면 권리금 보호를 받을 수 있다(부칙 제3조).
따라서, 법 시행일인 2015.5.13. 당시 이미 종료된 임대차계약의 임차인은 법에 따라
권리금 보호를 받을 수 없다.

(10) 환산보증금을 초과하는 임대차에도 적용

환산보증금을 초과하는 임대차에도 적용 된다.
상가건물 임대차보호법은 환산보증금 내의 임대차계약만을 적용범위로 함이 원칙이지지
만, 권리금 보호 조항의 경우 예외적으로 환산보증금을 초과하는 임대차에도 적용된다.

(11) 편면적 강행규정

임차인에 불리한 규정은 무효이다(편면적 강행규정).
임차인이 임대인과 '신규임차인 주선 포기', '권리금을 주고받지 않기로 한다'라는 특약을
하였다고 하더라도 상가건물 임대차보호법 규정에 위반된 약정으로 임차인에게 불리한 것
이므로 효력이 없다(제15조). 따라서 원칙적으로 특약은 무효이나, 그 특약이 임차인에
게 불리하지 않다는 특별한 사정이 있으면 유효할 수도 있다.

(12) 권리금 보호 규정이 적용되지 않는 경우

가) 보호 범위

법 제10조의5는 상가건물이 ① 유통산업발전법에 따른 대규모점포 또는 준대규모 점포의 경우 ② 국유 혹은 공유재산의 경우 권리금 규정의 적용을 제외하도록 규정하고 있기에 이러한 건물에 상가를 임차한 경우 권리금을 보호받을 수 없을 가능성이 있다.

나) 개정입법 취지

개정법은 임대인에게 직접 권리금을 보상하도록 하는 것이 아니라 임차인이 주선한 신규임차인과 계약체결 의무를 부과하는 방법으로 임차인의 권리금 회수를 보장하고 있다.
그런데 건물이 철거·재건축되는 경우 임차인이 기존 건물의 신규임차인을 주선할 수가 없고, 임차인이 기존건물에서 이룩한 영업가치를 가로채는 경우로 보기 어렵기 때문에 권리금 보호 범위에 포함되지 않는다고 해석해야 한다.

9. 차임 등의 증감청구권 등

1) 차임 등의 증감청구 내용

가) 차임 또는 보증금이 임차건물에 관한 조세, 공과금, 그 밖의 부담의 증감이나 경제 사정의 변동으로 인하여 상당하지 아니하게 된 경우에는 당사자는 장래의 차임 또는 보증금에 대하여 증감을 청구할 수 있다.

나) 그러나 증액의 경우에는 대통령령으로 정하는 기준에 따른 비율을 초과하지 못한다.

2) 증감청구의 제한

증액청구는 임대차계약 또는 약정한 차임 등의 증액이 있은 후 1년 이내에는 하지 못한다.

3) 월차임전환시 산정률의 제한

차임 또는 보증금의 증액청구는 청구당시의 차임 또는 보증금의 100분의 9의 금액을 초과하지 못한다.

📁 참고: 환산보증금계산시 부가가치세 포함 여부(긍정)

우선 국세청은 확정일자 신고 당시 부가가치세를 포함한 금액으로 신고하도록 하고 있다. 예컨대, 찬반의 논란은 있으나, 상가건물에 관한 임대차 계약 시에는 부가가치세를 포함하여 임차인이 실제로 임대인에게 지급하여야 할 금액을 차임으로 정하게 되고, 계약당사자의 관점에서는 차임 중 부가가치세 부분과 그 나머지 부분을 분리하여 취급하지 아니하는 것이 일반적이므로, 특별한 사정이 없는 한 차임액은 부가가치세를 포함한 금액이라고 할 것이다. 또한 재정경제부 질의답변서에서도 "환산보증금은 임차인이 최종적으로 지급하는 월세 상당액으로 봐야한다"는 법무부의 유권해석에 따라 환산보증금 산정 시 부가세를 포함하여야 한다"고 밝힌 바 있다.

[판례] 상가 임차인이 계약만료 하루 전에 갱신 거절을 통보한 경우의 법적 효력

1. 상가 임차인이 임대차 기간 만료를 불과 하루 남기고 계약을 갱신하지 않겠다고 통보한 경우 임차인의 통보대로 계약은 임대차 기간 만료일에 바로 종료되는 것인지와 관련하여 정리해 보면, 예컨대 금전적인 여유가 없는 임대인이라면 묵시적 갱신이 될 것으로 여기고 다음 임차인을 구하거나 임대차 보증금의 반환을 준비하지 않고 있다가 임차인의 이러한 통보를 받게 되면 크게 당황할 것이다.
주택임대차의 경우엔, "임대인이 임대차 기간이 끝나기 6개월 전부터 2개월 전까지의 기간에 임차인에게 갱신 거절의 통지를 하지 않거나 계약 조건을 변경하지 않으면, 갱신하지 않는다는 뜻의 통지를 하지 않은 경우에는 그 기간이 끝난 때에 전 임대차와 동일한 조건으로 다시 임대차한 것으로 본다"는 묵시적 갱신 규정을 두고있다. 임차인이 임대차 기간이 끝나기 2개월 전까지 통지하지 않아도 또한 이와 같다고 정하고 있다(제6조 제1항).

2. 반면 상가건물 임대차보호법은 묵시적 갱신에 관해 "임대인이 임대차 기간이 만료되기 6개월 전부터 1개월 전까지 사이에 임차인에게 갱신 거절의 통지 또는 조건 변경의 통지를 하지 않은 경우에는 그 기간이 만료된 때에 전 임대차와 동일한 조건으로 다시 임대차한 것으로 본다"고만 규정하고 있을 뿐이다. 즉, 임차인이 언제까지 통지하지 않으면 묵시적 갱신이 되는지에 대한 규정은 두지 않고 있다(제10조 제4항).
따라서 상가 임차인이 임대차 기간이 만료되기 6개월 전부터 1개월 전까지 아무런 조치를 취하지 않다가 만료 1개월 전부터 만료일 사이에 갱신 거절의 통지를 한 겨우를 두고는 의견이 분분하다.최근 이에 대한 대법원의 판단이 나왔다(2024. 6. 27. 선고 2023다307024 판결).
관련 사건은 상가 임차인인 원고가 임대차 기간 만료 하루 전에 갱신 거절의 통지를 한 뒤 임대인인 피고를 상대로 그에 따른 보증금 반환을 청구한 사안이었다. 1심과 2심은 "임대차 기간이 만료되기 6개월 전부터 1개월 전까지 사이에 임차인이 별다른 조치를 취하지 않은 이상, 임대차 계약은 기간 만료일 전 1개월이 경과해 일단 묵시적으로 갱신되었다가 갱신 거절 통지를 한 날로부터 3개월이 지난 때에 해지되어 종료되므로 보증금에서 3개월치 월세를 공제하고 돌려주면 된다"고 판시했다.

3. 그런데 대법원의 판단은 달랐다. 대법원은 "상가건물임대차보호법이 주택임대차보호법과 달리 상가 임차인의 갱신 거절 통지 기간에 대해 명시적인 규정을 두지 않은 이상 원칙으로 돌아가 임차인의 갱신 거절 통지 기간은 제한이 없다고 보아야 한다"며 "해당 임대차 계약은 묵시적 갱신이 인정되지 않고 임대차 기간의 만료일에 바로 종료한다"고 판시했다.

4. 원칙적으로 기간을 정한 임대차 계약은 법률의 특별한 규정이 없는 한 기간이 만료함으로써 종료한다. 민법 제639조는 임대차 기간이 만료한 뒤 임차인이 임차물의 사용, 수익을 계속하고 임대인이 상당한 기간 안에 이의를 제기하지 않은 때에는 묵시의 갱신이 인정된다고 정하고 있을 뿐이다. 민법에 의하면 임차인이 임대차 기간 만료 전에 갱신 거절의 통지를 하면 묵시의 갱신이 인정될 여지가 없다.

실전
경매·공매·NPL
교과서
법원경매편

ⓒ 송순근, 2026

초판 1쇄 발행 2026년 4월 17일

지은이   송순근
펴낸이   이기봉
편집   좋은땅 편집팀
펴낸곳   도서출판 좋은땅
주소   서울특별시 마포구 양화로12길 26 지월드빌딩 (서교동 395-7)
전화   02)374-8616~7
팩스   02)374-8614
이메일   gworldbook@naver.com
홈페이지 www.g-world.co.kr

ISBN   979-11-388-5890-8 (03360)

- 가격은 뒤표지에 있습니다.
- 이 책은 저작권법에 의하여 보호를 받는 저작물이므로 무단 전재와 복제를 금합니다.
- 파본은 구입하신 서점에서 교환해 드립니다.